RUTH RENDELL'S

CRIME STORIES I

WUNDERLICH TASCHENBUCH

Veröffentlicht im Rowohlt Taschenbuch Verlag GmbH,
Reinbek bei Hamburg, Februar 2000
Der gefallene Vorhang
Übersetzt von Ilse Bezzenberger

Wege des Bösen
Übersetzt von Malte Krutzsch

Umschlaggestaltung Barbara Hanke
(Foto: SUPERSTOCK)
Satz Aldus PostScript (PageOne)

Gesamtherstellung Clausen & Bosse, Leck
Printed in Germany
ISBN 3 499 26226 6

INHALT

DER GEFALLENE VORHANG

Der Vorfall hatte sich im Frühjahr nach seinem sechsten Geburtstag ereignet. Seine Mutter sprach davon immer nur als von «jenem grauenvollen Nachmittag». Immerhin ist es keine Übertreibung, denn sie redete oft darüber, besonders dann, wenn er sich auf irgendeine Weise hervortat, was häufig der Fall war, denn er war gut in der Schule und schaffte Prüfungen spielend.

Zeigte sie zum Beispiel ihren Freundinnen sein Freischwimmerzeugnis oder einen Preis, mit dem er für seine Geographiekenntnisse ausgezeichnet worden war, so sagte sie wohl: «Wenn ich bedenke, wir hätten Richard verlieren können an jenem grauenvollen Nachmittag! Da *muß* man doch einfach glauben, daß einer über uns wacht, nicht wahr?» Und indem sie ihn mit den Armen umklammerte: «Du hättest getötet werden können – oder noch schlimmer!» (Eine wahrhaft bemerkenswerte Feststellung!) «Unerträglich, auch nur daran zu denken!»

Anscheinend war es aber nicht unerträglich, darüber zu reden. «Nicht einmal, ach, fünfzigmal habe ich ihm eingeschärft, nicht mit Fremden zu sprechen oder in irgendwelche Autos zu steigen. Aber Jungens sind eben Jungens, und als es soweit war, da hatte er alles vergessen. Natürlich wurde er mit Süßigkeiten geködert und in den Wagen gelockt.» An diesem Punkt folgte jeweils ein Wispern, begleitet von bedeutsamen Blicken in seine Richtung. «Drohungen, Schlüpfrigkeiten, verführt zu Gott weiß was ... Wir werden nie erfahren, wieso wir ihn lebend wiederbekommen haben.»

Was Richard nicht begreifen konnte, war, woher seine Mutter soviel darüber wußte. Sie war doch gar nicht dabeigewesen. Bloß er und der Mann waren dabeigewesen, und *er* konnte sich auf rein gar nichts mehr besinnen. Ein Vorhang war vor dem Teil seines Gedächtnisses niedergegangen, der die Details «jenes grauenvollen Nachmittags» speicherte. Nur an das, was unmittelbar davor und unmittelbar danach geschah, konnte er sich erinnern.

Sie wohnten damals in Upfield, einem südlichen Vorort Londons, in einem kleinen Reihenhaus in der Petunia Street, er und seine Mutter und sein Vater. Seine Mutter war schon über vierzig gewesen, als er geboren wurde, und er hatte weder Brüder noch Schwestern. («Darum haben wir dich ja so lieb, Richard.») Er durfte nicht mit den anderen Kindern auf der Straße spielen. («Du bleibst wohl besser für dich, Liebling.») Gleich um die Ecke in der Lupin Street wohnte seine Großmutter, die Mutter seines Vaters. Großmutter kam nie zu ihnen ins Haus, obwohl sein Vater das wohl sehr gern gesehen hätte.

«Ich wollte, du würdest meine Mutter Sonntag zum Tee einladen», hörte er ihn einmal sagen.

«Wenn diese Frau auch nur einen Fuß in dieses Haus setzt, Stan, dann verlasse ich es auf der Stelle.»

So kam also Großmutter nie zum Tee.

«Ich weiß sehr wohl, was recht und billig ist, Stan, und ich habe durchaus nicht vor, den Jungen von seiner Großmutter fernzuhalten. Einmal in der Woche kannst du meinetwegen mit ihm rübergehen, solange ich nicht persönlich mit ihr in Berührung kommen muß.»

Es gab insgesamt drei Häuser, in die zu gehen Richard gestattet wurde – sein eigenes, das der Großmutter und dann das Nachbarhaus in der Petunia Street, in dem die Wilsons mit ihrer Brenda und ihrem John wohnten. Manchmal spielte er dort mit John im Garten, aber viel Spaß machte das nicht, denn Brenda, die viel älter war, beinahe schon sechzehn, schimpfte unentwegt mit ihnen herum, sie sollten sich nicht schmutzig machen. Er und John gingen in dieselbe Schulklasse, aber seine Mutter ließ ihn nie allein mit John gehen, dabei war die Schule nur drei Straßen entfernt. Ja, sie war äußerst besorgt und nervös seinetwegen. Noch ehe der Unterricht zu Ende war, wartete sie bereits am Schultor auf ihn, um ihn sicher nach Hause zu bringen.

Aber einmal in der Woche ging er nicht direkt nach Hause. Er freute sich schon immer auf den Mittwoch, denn das war der Nachmittag, den er bei seiner Großmutter verbrachte, und die kurze Spanne, wenn seine Mutter ihn allein ließ bis zu dem Augenblick, da er das Haus der Großmutter erreichte, war die einzige Zeit, die er ganz für sich allein hatte.

Es spielte sich immer gleich ab: Mutter holte ihn von der Schule ab, und sie gingen den Plumtree Grove entlang bis zur Ecke Petunia Street. Die Lupin Street zweigte ein Stückchen weiter unten vom Grove ab. Seine Mutter geleitete ihn noch über die Straße, dann winkte sie ihm mit einem ermutigenden Lächeln nach, bis sie ihn um die Ecke Lupin Street verschwinden sah. Bis zu Großmutters Haus waren es von dort noch knappe hundert Meter. Und diese hundert Meter, das war seine Freiheit, seine Eigenständigkeit.

«Vergiß nicht – den ganzen Weg tüchtig laufen, ja?» rief Mutter ihm jedesmal nach.

Aber hinter der Ecke hörte er jedesmal auf zu rennen und trödelte gemächlich weiter. Dann spielte er wohl mit der Katze, die immer auf dem verwilderten Grundstück herumstromerte, oder er kletterte auf den aufgeschichteten Ziegelsteinen herum, die anscheinend vergebens auf Bauleute und Mörtel warteten, um zu irgend etwas verarbeitet zu werden. Manchmal, wenn ihre Arthritis sie nicht zu sehr plagte, stand Großmutter auch an der Tür und wartete auf ihn. Dann fand er es auch gar nicht weiter schlimm, daß er Katze und Klettern diesmal auslassen mußte, denn bei Großmutter war es immer so gemütlich. Großmutter hatte einen mächtig großen Fernseher – ungewöhnlich groß für jene Tage –, und vor dem durfte er sitzen und Schokolade futtern, bis sein Vater in der Fabrik Schluß hatte und zum Tee erschien. Und was für ein Tee! Bratfisch und Pommes frites gab es, aber nicht etwa fertig gekauft, sondern von der Großmutter selbst zubereitet; danach dann Sahnebaisers und Schokoladenéclairs, Pfirsiche aus der Dose, mit süßer Kondensmilch drüber, und das alles spülte man mit köstlichem Zitronensprudel hinunter. («Es ist eine Schande, wie deine Mutter den Jungen verzieht, Stan!») Eigentlich sollten sie um sieben zu Hause sein, aber jedesmal wenn es auf sieben zuging, fiel der Großmutter ein, daß es im Fernsehen gleich einen Cowboyfilm gäbe, und dann hätte sie ja auch noch ein bißchen Cola und ein paar Kekse und Kartoffelchips, die man dabei knabbern könne ... Sie konnten von Glück sagen, wenn sie vor neun in der Petunia Street anlangten.

«Beschwere dich nicht bei *mir*», sagte seine Mutter dann, «wenn seine schulischen Leistungen morgen darunter leiden.»

An «jenem grauenvollen Nachmittag» ließ seine Mutter ihn wie gewöhnlich an der Ecke laufen, nachdem sie ihn über die Straße gebracht hatte. Daran konnte er sich noch gut erinnern, ebenso daß er Ausschau gehalten hatte, ob Großmutter an der Tür wartete. Als er sah, daß sie nicht dort stand, war er auf das Baugrundstück geschlichen, um die Katze aus ihrem Unterschlupf zu scheuchen, den sie sich im Ziegelschutt gebaut hatte. Es war Ende März, ein schöner Nachmittag, und jetzt um vier Uhr herrschte noch vollstes Tageslicht. Er hatte die Katze gestreichelt, hatte noch gedacht, wie mager und knochig sie doch war und daß ein Quentchen von Großmutters Fisch und Pommes frites ihr sehr guttun würden, und dann ... Ja, was dann? An diesem Punkt fiel der Vorhang. Drei Stunden später hob er sich dann wieder. Da war er im Plumtree Grove und schlenderte gemächlich vor sich hin. («Rannte in wilder Panik, und dieser Kerl hinter ihm her!») Na, und wem konnte man dort schon begegnen? Natürlich Wilsons Brenda auf dem Weg zu ihrem allabendlichen Treffen mit ihrem Freund!

Brenda hatte mit dem Finger auf ihn gezeigt, hatte ihn angestarrt und gellend aufgeschrien. Und dann war sie auf ihn zugestürzt, hatte ihn umschlungen, ihn an sich gequetscht, daß ihm Hören und Sehen verging. Vielleicht war es dieser Schreck gewesen, weshalb er sein Gedächtnis verloren hatte? Aber die anderen sagten nein. Sie sagten, er sei schon vorher erschrocken («zu Tode erschrocken») gewesen, und Brendas Überfall oder der markerschütternde Schrei, den seine Mutter von sich gegeben hatte, als sie ihn sah, hätten damit nichts zu tun.

Die Petunia Street war voll von Polizeifahrzeugen gewesen, und vor ihrem Haus stand eine Menschentraube. Brenda zerrte ihn hindurch und schrie: «Ich hab ihn gefunden, ich hab ihn gefunden!»

Und plötzlich war da sein Vater gewesen; ganz weiß im Gesicht redete er auf die Polizisten ein, und seine Mutter lag halbtot auf dem Sofa und kriegte Brandy eingeflößt, und – Wunder über Wunder! – auch Großmutter war da! Das war überhaupt das denkwürdigste Ereignis gewesen an jenem denkwürdigen Nachmittag: seine Großmutter hatte ihren Fuß ins Haus gesetzt, ohne daß seine Mutter auf der Stelle daraus verschwunden war!

Sie fingen alle gleichzeitig an, ihm Fragen zu stellen. Hatte er sie eigentlich beantwortet? Das einzige, was noch in seinem Gedächtnis haftete, war der Schrei seiner Mutter, dieser langgezogene, gellende Ton, und der große, offene Mund, aus dem er kam, während sie sich auf ihn stürzte. Irgendwie – obwohl er das nicht hätte erklären können – verband er diesen Schrei und die Art, wie sie ihn packte, als wolle sie ihn verschlingen, mit dem Fallen des Vorhangs.

Von nun an wurde er auch nicht für einen Augenblick allein gelassen; nicht einmal mehr mit John in Wilsons Garten durfte er spielen. Und an Besuche bei der Großmutter war überhaupt nicht zu denken, nicht einmal unter Aufsicht, denn Großmutters Arthritis war so schlimm geworden, daß sie sie ins Altenspital des Upfielder Krankenhauses gebracht hatten. Der Mann wurde übrigens niemals gefaßt. Ein paar Jahre später wurde ein kleines Mädchen aus dem Plumtree Grove entführt und ermordet. Auch diesen Täter entdeckte man nie, aber seine Mutter war überzeugt, es sei ein und derselbe Kerl gewesen.

«Genausogut hätte es unsern Richard treffen können. Gar nicht auszudenken, daß so ein Bursche die Gegend unsicher macht wie ein wildes Tier.»

«Was hat er mir denn getan, Mami?» fragte Richard zaghaft.

«Wenn du es nicht mehr weißt, um so besser. Vergiß es einfach, streich es ein für allemal aus deinem Leben.»

Ja, wenn sie ihn nur gelassen hätte!

«Was hat er mir getan, Papa?»

«Ich weiß es nicht, Richard. Keiner von uns weiß es, weder ich noch die Polizei, noch deine Mutter, auch wenn sie es glaubt. Frauen tun nun mal gern so, als ob ihnen nichts auf der Welt verborgen wäre, und ich glaube eben, daß du ihr auch nicht mehr erzählt hast als uns.»

Sie brachte ihn zur Schule und holte ihn wieder ab, bis er zwölf war. Die anderen Kinder hänselten ihn gnadenlos. Weder durfte er zu ihnen nach Hause gehen, noch durften sie ihn besuchen. («Man kann nie wissen, wen die so alles kennen und was für einen Umgang die haben.») Erst als er ihr über den Kopf gewachsen war und jeder einsehen mußte, daß er viel zu groß war, um von irgendeinem Mann angegriffen zu werden, hörte seine Mutter auf, ihn auf Schritt und Tritt zu begleiten.

Das Erwachsenwerden lüftete zwar nicht den Schleier über «jenen grauenvollen Nachmittag», aber es brachte doch die Erkenntnis mit sich, *was* alles hätte geschehen können. Und als er langsam begriff, daß es nicht bloß Drohungen, Schläge oder Schauergeschichten waren, mit denen der Fremde ihm zugesetzt haben konnte, da fing er an, sich wie ein Aussätziger zu fühlen, so, als sei sein Körper von einem widerwärtigen

Schleim überzogen, den nichts und niemand abwaschen konnte. Und es gab keine Möglichkeit, die Wahrheit zu erfahren! Ihm blieb nichts übrig, als zu hoffen, daß seine Mutter die Sache endlich auf sich beruhen ließe. Darüber hinaus konnte er sich nur strikt vor allen näheren Bekanntschaften hüten und mit aller Kraft für die Schule arbeiten. Dort machte er sich dann auch sehr gut, weil er ziemlich intelligent war und keinerlei äußere Ablenkung hatte. Niemand überraschte es, daß er den Sprung an eine gute Universität schaffte – nicht gerade Oxford oder Cambridge, aber doch eine fast ebenso gute («Allein der Gedanke, daß all die Intelligenz vergeudet gewesen wäre, wenn dieser Kerl seinen Willen bekommen hätte!») –, wo er auf einen wissenschaftlichen Abschluß hinarbeitete. Er war das erste Mitglied der Familie, das je ein College oder eine Universität besucht hatte, und die einzige Wolke am Himmel, wie sein Vater sich ausdrückte, war, daß es der Großmutter nicht vergönnt war, ihn in seinem Glanz zu sehen.

Sie war im Hospital gestorben, als er vierzehn war, und hatte seinen Eltern ihr Haus hinterlassen. Sie verkauften es ebenso wie ihr eigenes und schafften dafür ein weit schöneres und größeres an, mit einer Garage und einem ordentlichen Garten, in einem Vorort, der fünf Kilometer von Upfield entfernt lag. Ihr bißchen Erspartes vererbte die Großmutter Richard; es sollte ihm ausgezahlt werden, wenn er achtzehn war. Es war gerade genug, um sich einen Wagen davon zu kaufen, und als er in den Osterferien von der Universität heimkam, da erstand er einen zwei Jahre alten Ford und machte seinen Führerschein.

«Nein, dieser Junge», sagte seine Mutter, «er schafft einfach *jede* Prüfung, die ihm in die Quere kommt. Es ist fast, als *könnte* ihm gar nichts schiefgehen, selbst wenn er es darauf anlegte. Er hat eben einen Schutzengel, der über ihm wacht; den hat er immer schon gehabt, seit er sechs Jahre alt war.» Ihr Mann hatte sie wegen ihres allzu brillanten Gedächtnisses gerügt, so daß sie jetzt «jenen grauenvollen Nachmittag» nur noch andeutungsweise erwähnte. «Ja, seitdem das – na, du weißt schon – passiert ist und er verschont geblieben ist.»

Bewundernd sah sie zu, wie er sicher und gelassen um den Block chauffierte. Bloß schade, daß er nicht ein nettes Mädchen neben sich sitzen hatte, eine vernünftige, arbeitsame Braut, keins von diesen Pipimädchen, eine, die die Anzahlung für ein Haus und für anständige Möbel zusammensparte. Richard hatte noch nie ein Mädchen gehabt. Im College hatte es zwar eine gegeben, die er mochte und die ihn – so glaubte er wenigstens – vielleicht auch mochte. Aber er hatte sie nie gebeten, mit ihm auszugehen. Er war sich eben nicht sicher, ob er einer Mädchenbekanntschaft überhaupt gewachsen wäre, von Liebe ganz zu schweigen.

Am Tag nachdem er seinen Führerschein gemacht hatte, fiel ihm ein, er könne mal nach Upfield hinüberfahren und John Wilson besuchen. Natürlich steckte, wie er sich selbst eingestand, mehr dahinter als der Wunsch, eine alte Freundschaft aufzufrischen. John war bisher sein einziger Freund gewesen, aber er hatte sich ihm immer unterlegen gefühlt, denn John war (weil man ihm die Chance dazu gegeben hatte) stets vergnügt und gesellig gewesen. Schon als er vierzehn war, hatte der ein Mädchen gehabt, mit dem er ging. Im eigenen Wagen bei den Wilsons vorzufahren, frisch von der Universität, nach Abschluß des zweiten Semesters – diese Vorstellung gefiel ihm sehr.

Es war ein Mittwoch Anfang April, ein schöner, milder Nachmittag, und jetzt, um vier Uhr, herrschte noch vollstes Tageslicht. Er hatte sich den Mittwoch ausgesucht wegen des frühen Ladenschlusses in Upfield. John würde also um diese Zeit nicht mehr in der Eisenwarenhandlung sein, in der er arbeitete, seit er vor drei Jahren die Schule verlassen hatte.

Er fuhr aus südlicher Richtung den Plumtree Grove entlang und hatte fast die Petunia Street erreicht, da kam ihm plötzlich die Idee, mal wieder einen Blick auf Großmutters altes Haus zu werfen und nachzusehen, ob auf dem verwahrlosten

Grundstück inzwischen irgend etwas gebaut worden war. Jahrelang, eigentlich sein halbes Leben lang, hatten die Ziegelsteine dort zwecklos herumgelegen. Die magere alte Katze allerdings war schon verschwunden oder gestorben, längst bevor seine Eltern umzogen. Tatsächlich, die Ziegelsteine lagen noch immer da, inzwischen überwuchert von Gras und Nesseln. Er bog in die Lupin Street ein und fuhr langsam am Rinnstein entlang, bis er Großmutters Haus im Blickfeld hatte. Es steckte genug von seiner Mutter in ihm, das ihn hinderte, direkt vor dem Haus anzuhalten. («Bleib für dich und kümmere dich nicht um Dinge, die dich nichts angehen!») Also hielt er in einiger Entfernung an.

Man hatte es hellrosa gestrichen und die Fensterrahmen in Himmelblau dagegen abgesetzt. Richard fand, früher sei es schöner gewesen, beigefarben verputzt und mit braunem Holz. Dennoch fuhr er nicht weiter. Ein merkwürdiges Gefühl hatte sich seiner bemächtigt, so sonderbar und bedrängend, wie er es noch niemals erlebt hatte. Gebannt verharrte er auf seinem Platz und starrte auf die verödete Wildnis aus Bauschutt, Ziegeln und wucherndem Unkraut. Ach was, nichts als Sentimentalität, Nostalgie, sagte er zu sich selbst – lediglich die Erinnerung an jene Mittwochnachmittage, die immer die Höhepunkte der ganzen Woche gewesen waren, weiter nichts!

Es war wirklich absurd, wie er jetzt diese Schutthalde mit den Augen absuchte und förmlich darauf wartete, daß die alte Katze auftauchte. Wenn sie noch lebte, dann mußte sie inzwischen etwa so alt sein wie er, und so alt wird selten eine Katze. Und trotzdem, seine Blicke suchten wie gebannt weiter. Und da, gerade als er energisch versuchte, jene träumerische, halb betäubte Befangenheit abzuschütteln und endlich zu John zu fahren, da regte sich etwas Lebendiges hinter dem Gestrüpp. Ein Junge, vielleicht acht Jahre alt. Richard hatte nicht die Absicht, aus dem Wagen zu steigen. Und dennoch fand er sich draußen wieder. Ohne zu wissen, wie es geschah, schloß er die Tür ab und schlenderte zu dem Baugrundstück hinüber.

Natürlich, man konnte ja vom Auto aus nicht viel sehen, keine Einzelheiten … das mußte der Grund gewesen sein, weshalb er ausgestiegen war, lediglich der Wunsch, das Paradies seiner Kindheit genauer zu betrachten. Sehr klein erschien es ihm, bei weitem nicht als die wilde Hügellandschaft voller Bausteinhaufen und grasüberwachsenen Mulden, an die er sich erinnerte, nichts als ein verwildertes Fleckchen Land, keine acht Meter breit und knapp doppelt so lang. Natürlich war es ihm damals größer vorgekommen, weil er selber soviel kleiner gewesen war, kleiner sogar als der Knirps, der jetzt auf dem Ziegelhaufen saß und ihn neugierig ansah.

Er hatte nicht die Absicht, mit dem Jungen zu reden. Schließlich war er ja kein Kind mehr, sondern ein Mann. Und wenn schon für Kinder ein striktes Verbot bestand, nicht mit Fremden zu sprechen, so bestand doch wohl ein zwar unausgesprochenes, aber ebenso striktes Verbot für einen Mann, mit Kindern zu sprechen. Wenn er beabsichtigt hätte, mit diesem Jungen zu reden, dann wären seine Worte sehr viel anders ausgefallen, etwa, daß auch er früher schon hier gespielt oder daß er einmal hier in der Nähe gewohnt hätte. Die Worte, die ihm tatsächlich von den Lippen kamen, mußten ihm von einer unsichtbaren Macht in den Mund gelegt worden sein, eine Macht, die sich tief in seinem Inneren verbarg.

«Weißt du nicht, daß das unbefugte Betreten des Grundstücks verboten ist?»

Der Junge rutschte zögernd von dem Steinhaufen herunter. «Aber alle Kinder spielen hier, Mister.»

«Schon möglich, aber das ist keine Entschuldigung. Wo wohnst du?»

In der Petunia Street, aber heute gehe ich zu meiner Großmutter … Nein.

«In der Upfield High Road.»

«Na, dann steig mal in meinen Wagen», sagte der Mann. «Ich fahre dich nach Hause.»

Zweifelnd meinte der Junge: «Aber es wird keiner zu Hause

sein. Meine Mutti arbeitet mittwochs bis spät, und einen Vater habe ich nicht. Ich soll immer gleich von der Schule nach Hause gehen und mir meinen Tee und mein Essen machen und dann warten, bis Mutti um sieben kommt.»

... Zu meiner Großmutter zum Tee und zum Essen ...

«Und warum bist du nicht gleich nach Hause gegangen? Statt dessen lungerst du hier rum und betrittst unbefugt fremder Leute Eigentum.»

«Sind Sie Polizist, Mister?»

«Ja», sagte der Mann, «ja, das bin ich.»

Der Junge stieg bereitwillig in den Wagen. «Fahren wir jetzt zur Polizei?»

«Vielleicht fahren wir später zum Revier. Erst mal möchte ich mich mit dir unterhalten. Zunächst einmal fahren wir ...» Ja, wohin sollten sie fahren? Der Süden Londons war reich an Grünflächen und Parklandschaften. Der Wandsworth Park, der Tooting Park, Streatham Park ... Wie kam er ausgerechnet auf den Drywood Park, der doch so weit entfernt war, eine Gegend, die er nur vom Hörensagen kannte, ohne je im Leben dort gewesen zu sein, soweit er wußte? Aber der Mann damals hatte ihn gekannt, und jetzt war er der Mann, nicht wahr? «Wir fahren zum Drywood Park, und da unterhalten wir uns ein bißchen. Da auf der Ablage ist noch ein bißchen Schokolade. Kannst dir was nehmen, wenn du magst.» Er ließ den Motor an, und sie fuhren an Großmutters altem Haus vorbei. «Na, nimm schon alles», sagte er.

Und der Junge nahm alles. Er hieße Barry, erzählte er; er war acht Jahre alt und hatte weder Bruder noch Schwester, noch einen Vater, bloß seine Mutti, und die arbeitete, damit sie beide leben konnten. Seine Mutti hatte ihm eingeschärft, niemals zu einem Fremden ins Auto zu steigen. Aber bei einem Polizisten war das ja was anderes, nicht wahr?

«Ganz was anderes», meinte der Mann.

Es war nicht leicht, den Drywood Park zu finden, denn die Beschilderung war dürftig hier draußen. Aber merkwürdig, nachdem er erst einmal hingefunden hatte, war ihm die gesamte Anlage irgendwie vertraut.

«So, jetzt parken wir», sagte er, «unten am See.» Mit Leichtigkeit fand er den See. Man folgte einfach dem Fahrweg, der den Park in zwei Hälften teilte, und bog dann links in einen schmalen Pfad ab. Auf dem See schwammen Enten. Er war von Bäumen umgeben, aber in der Ferne sah man doch Häuser und eine Reihe kleiner Läden. Dicht am Wasser hielt er an und stellte den Motor ab.

Barry war völlig ruhig. Aufmerksam und voller Vertrauen lauschte er dem Vortrag des Polizisten über gutes Betragen, über unbefugtes Betreten fremder Grundstücke, und er wurde auch nicht nervös oder unaufmerksam, als der Mann seine Lektion beendet hatte und anfing, von sich selbst zu erzählen. Der Mann hatte ein schrecklich einsames Leben gehabt, fast eine Art Gefängnisdasein, denn er hatte nie allein ausgehen dürfen. Sogar wenn er in seinem Zimmer über den Schularbeiten saß, hatten sie ihn überwacht. («Laß deine Tür offen, Liebling. In diesem Haus haben wir keine Geheimnisse voreinander.») Und nicht einen einzigen Freund hatte er gehabt. Ob vielleicht Barry sein Freund sein wollte? Bloß für ein paar Stunden, bloß für einen Nachmittag? Barry wollte.

«Aber jetzt sind Sie doch erwachsen», meinte er tröstend.

Der Mann nickte. Später, behauptete Barry, wenn er sich auf die Einzelheiten dieses «schrecklichen Erlebnisses», wie seine Mutter es nannte, besann, dies sei der Moment gewesen, da der Mann angefangen hätte zu weinen, denn Barry vergaß nie die geringste Kleinigkeit.

Eine kleine, ziemlich schmutzige Hand schob sich über die Hand des Mannes und hielt sie fest. Noch nie hatte jemand auf diese Weise seine Hand gehalten. Einfach so – weder besitzergreifend noch befehlend («Faß mich fest an, Richard, wenn wir über die Straße gehen!»), sondern zart, mitleidig, liebevoll. Ihre Hände blieben verschlungen. Hatte zuerst die kleine über der großen gelegen, so umschloß später die große die kleine und hielt sie sehr fest. Eine Spannung, ein Gefühl, das die Zeit stillstehen ließ, bannte die beiden Menschen im Wagen. Dann brach das Kind den Bann, und die Zeit lief weiter.

«Ich krieg ein bißchen Hunger», sagte es kläglich.

«Kein Wunder, du hast ja auch nichts gegessen. Weißt du was? Wir könnten ja ein bißchen Fisch mit Pommes frites essen? Eins von den Geschäften dort drüben ist eine Imbißstube.»

Barry war schon dabei, aus dem Wagen zu klettern.

«Nein, du nicht», sagte der Mann. «Es ist besser, ich gehe allein. Du wartest hier, okay?»

«Okay», sagte Barry.

Es dauerte bloß zehn Minuten – denn er wußte genau und ohne hinzusehen, welches der Geschäfte es war –, und als er zurückkam, saß Barry geduldig da und wartete auf ihn. Der Bratfisch und die Pommes frites waren gut, fast so gut wie die, die Großmutter immer gemacht hatte. Als sie mit dem Essen fertig waren und ihre fettigen Finger an seinem Taschentuch saubergewischt hatten, war die Dämmerung hereingebrochen. In den weit entfernten Häusern und Läden flammten die Lichter auf, aber hier unten am See unter den Bäumen war es ganz dunkel.

«Wieviel Uhr ist es?» wollte Barry wissen.

«Viertel nach sechs.»

«Dann muß ich jetzt nach Hause.»

«Wie wär's mit ein bißchen Versteckspielen? Deine Mutti ist doch jetzt noch gar nicht da. Und ich kann dich in zehn Minuten nach Upfield zurückbringen.»

«Ich weiß nicht … wenn sie nun früher kommt?»

«Bitte», sagte der Mann, «bitte, bitte, bloß eine kleine Weile. Als ich ein Kind war, da hab ich auch hier Verstecken gespielt.»

«Aber Sie haben doch gesagt, Sie hätten nie irgendwo gespielt. Sie haben gesagt …»

«So, hab ich? Vielleicht stimmt es auch gar nicht. Ich bin ein bißchen durcheinander, weißt du.»

Barry sah ihn ernst an. «Gut. Aber ich versteck mich zuerst.»

Er blickte Barry nach, wie er zwischen den Bäumen verschwand. Erwachsene, die Verstecken spielen, halten sich nie an die Spielregeln, von wegen bis hundert zählen! Aber der Mann tat es. Er zählte langsam und genau, und dann stieg er aus dem Wagen und begann um den See herumzugehen. Er brauchte lange, bis er Barry fand, der bei diesem Spiel viel routinierter war als er, eine Routine, die sich erst recht zeigte, als der Junge mit Suchen dran war. Die Dunkelheit wurde immer dichter, und außer ihnen war keine Menschenseele im Park. Er und das Kind waren ganz allein. Jetzt versteckte sich wieder Barry. Laut zählend saß der Mann im Wagen – achtundneunzig, neunundneunzig, hundert. Als er verstummte, wurde ihm die tiefe Stille ringsum bewußt, die nur durch das schwache Summen des Verkehrs auf der South Circular Road durchbrochen wurde, so wie auch die Dunkelheit durch einen rötlichen Schimmer gemildert wurde, die Lichtglocke des abendlichen London. Der Junge steckte weder hinter einem der Bäume am Wasser noch zwischen den Büschen, und auch nicht unter dem Gestrüpp am Graben neben dem Fahrweg.

Wo, zum Teufel, hatte sich der dumme Bengel verkrochen? Sein plötzlicher Ärger war völlig irrational, schließlich hatte er das Spiel ja selbst vorgeschlagen. War er wütend, weil der Junge ihm überlegen war? Oder steckte etwas viel Elementareres, Untergründigeres dahinter? Blinder Jähzorn, daß dieser dumme kleine Knirps sich ihm entzog?

«Wo bist du, Barry? Los, kommt raus. Mir reicht's jetzt.»

Keine Antwort. Der Wind raschelte durch die Blätter, und ein kleiner Zweig fiel ihm aus einer Baumkrone vor die Füße. Mein Gott, dieser kleine Teufel! Was mache ich, wenn ich ihn nicht finde? Was denkt der sich eigentlich?

Wenn ich den kriege, dann ... den bringe ich um!

Er zitterte plötzlich. Das Blut pulsierte dröhnend in seinem Kopf. Er brach einen Stock aus dem Gestrüpp und begann, wie wild um sich zu schlagen. Wütend rief er in die Dunkelheit hinein: «Barry! Barry, komm raus, sag ich dir. Komm sofort raus, hast du gehört?» Er kümmert sich nicht um mich, er mag mich nicht, niemand mag mich …

Da hörte er ein leises Kichern aus der Baumkrone über sich, dann ein Knacken der Zweige, ein rutschendes Geräusch. Und schwang da nicht Hohn mit in dem Kichern? Da! Nein, nicht direkt über ihm, dort seitlich. Aber wo denn, wo genau? Da, direkt über dem Ufer. Dort in dem Baum, der fast über das Wasser hinausragte. Mit einem hörbaren Plumps landeten zwei kleine Füße auf dem Erdboden, begleitet wiederum von diesem aufgeregten Kichern, das einen verrückt machen konnte! Der Mann stand ganz still. Seine Finger flochten sich ineinander, als umschlössen sie einen zarten Hals, drückten unaufhaltsam zu, bis es knackte und alles Leben herausgepreßt war … Lauf, Barry, lauf …! Lauf, Richard, lauf in den Plumtree Grove, zu Brenda, nach Hause zu Mutter, die so genau weiß, was ein «grauenvoller Nachmittag» ist.

Der Mann brach durch die Büsche zum Teich hinunter. Der Junge war inzwischen wieder entwischt, aber weit konnte er nicht sein. Und seine Beine waren schließlich lang und stark genug, um ihn einzuholen. Und seine Hände waren stark genug, um ein für allemal Schluß zu machen mit den Zweifeln, mit der Angst und mit dem Vorhang vor seinem Gedächtnis.

Aber der Junge war einfach nirgends … nirgends! Halt! Dieses Geräusch, das konnten doch nur Füße sein, die sich angstvoll, Schritt für Schritt, davonstahlen. Er fuhr herum. Und da kam das Kind auf ihn zu. Ein wenig beklommen ging es zwischen den hohen Baumstämmen hindurch – es kam auf ihn zu! Seine Kehle war wie zugeschnürt. Es mußte etwas in seinem Gesicht sein, etwas Drohendes, ein furchtbarer Ernst, verstärkt wohl noch durch das Halbdunkel, denn der Junge verhielt den Schritt. Lauf, Barry, lauf! Lauf ganz schnell fort …

Sie starrten einander an, einen Augenblick, eine Ewigkeit,

die zwölf lange Jahre umspannte. Und plötzlich brach das Kind in ein jauchzendes Lachen aus, furchtlos und voller Unschuld. Es rannte vorwärts und warf sich in die Arme des Mannes. Und der Mann fing das Kind auf, erlöst von der Angst und dem Zorn eines halben Lebens. Er hob den Jungen in die Höhe, hob ihn lachend an sein lachendes Gesicht. Sie lachten um die Wette, voll stürmischer Freude, daß sie sich endlich doch noch gefunden hatten in der Dunkelheit unter den wispernden Bäumen, und sie hielten einander umschlungen in warmer Freundschaft.

«Komm jetzt», sagte Richard, «ich bringe dich nach Hause. Ich weiß selbst nicht, was ich mir dabei gedacht habe, mit dir hier herauszufahren.»

«Na, um Verstecken zu spielen», meinte Barry, «es war doch prima, oder?»

Sie gingen zum Wagen zurück. Es war zwar schon nach sieben, als sie in der Upfield High Road ankamen, aber doch noch nicht viel später.

«Ich glaube nicht, daß Mutti schon da ist.»

«Ich lasse dich hier aussteigen, nicht vor eurem Haus.» Richard machte die Tür auf, um ihn hinauszulassen. «Und, Barry ...?»

«Ja, was ist, Mister?»

«Steig nie wieder zu einem Fremden ins Auto, ja? Versprichst du mir das?»

Barry nickte. «Okay.»

«Ich hab mich früher mal von einem fremden Mann mitnehmen lassen. Und dann konnte ich mich jahrelang nicht mehr daran erinnern, was geschehen war. Aber heute ist mir alles wieder eingefallen, weil ich dir begegnet bin. Jetzt weiß ich wieder alles haargenau. Der war ganz in Ordnung, der Mann damals, bloß ein bißchen einsam – so wie ich heute. Wir waren im Drywood Park, haben Fisch und Pommes frites gegessen und haben Verstecken gespielt, geradeso wie du und ich. Und dann hat er mich zurückgebracht, bis dicht vor mein

Haus, so wie ich dich jetzt zurückbringe. Aber immer geht das nicht so ab.»

«Woher wissen Sie das?»

Richard blickte auf seine kräftigen Hände. «Ich weiß es eben», sagte er. «Wiedersehen, Barry, und … vielen Dank!»

Er fuhr weiter. Bloß einmal blickte er noch zurück, um zu sehen, ob das Kind heil nach Hause gekommen war. Barry erzählte seiner Mutter alles haarklein. Aber sie ließ sich nicht davon abbringen, daß es eine schlimme Sache gewesen sei, und rief die Polizei an. Weil Barry jedoch die Nummer des Wagens nicht angeben konnte und auch keine Ahnung hatte, wie der Fremde hieß, war da wenig zu machen. Der Mann wurde nie gefunden.

(The Fallen Curtain, 1974)

SO WAS TUT MAN DOCH NICHT

«So was tut man doch nicht.» Das sind die letzten Worte aus «Hedda Gabler», und Ibsen läßt es jenen Mann aus einer Art Fassungslosigkeit heraus sagen, konsterniert, weil die Realität soviel abwegiger ist als alle Fiktion. Ich weiß genau, wie es dem Mann zumute war, denn ich sage es mir selbst jedesmal wieder, wenn meine Gedanken an die harte Tatsache stoßen, daß Reeve Baker wegen des Mordes an meiner Frau fünfzehn Jahre im Gefängnis absitzt, daß ich dabei meine sehr eigene Rolle gespielt habe und daß alles dies ausgerechnet uns dreien geschehen mußte! «So was tut man doch nicht.» Aber man tut es doch.

Für mich war das Leben bis dahin niemals ungewöhnlicher gewesen als fiktive Begebenheiten. Es war immer wunderbar alltäglich, ruhig und behaglich gewesen, und bei den meisten Leuten, die ich kannte, verlief es in ganz ähnlichen Gleisen. Bloß bei Reeve war es anders. Gerade dieser Kontrast zwischen seiner Art zu leben und meiner eigenen war es ja auch, weshalb ich mir Reeve zum Freund machte und seine Gesellschaft immer so sehr genoß. Wenn er gegangen war, sagte ich dann wohl selbstzufrieden zu Gwendolen:

«Mein Gott, wie langweilig muß ihm unser Leben vorkommen.»

Einer meiner Bekannten hatte ihm meinen Namen genannt, als er mit seinen Finanzen hoffnungslos durcheinandergeraten war und Schwierigkeiten mit der Steuerbehörde bekam. Als Steuerberater, der unter seinen Klienten eine Menge Schriftsteller hat, war ich an ihre unverantwortliche

Einstellung dem Geld gegenüber gewöhnt – an die Art, wie sie unfehlbar ihr künstlerisches Temperament als Entschuldigung heranziehen für etwas, das in Wirklichkeit nichts anderes als wohlberechnete Steuerhinterziehung ist. Es gelang mir, die Dinge für Reeve in Ordnung zu bringen und ihm zu zeigen, wie er mehr oder weniger liquide bleiben konnte. Ich nehme an, es war eine Geste der Dankbarkeit, daß er Gwendolen und mich zum Essen in ein Restaurant einlud. Daraufhin baten wir ihn wenig später zu uns nach Hause, und schon bald waren wir enge Freunde geworden.

Schriftsteller und die Art und Weise, wie sie arbeiten, haben etwas Faszinierendes für so simple Gemüter wie mich. Mir ist es ein Rätsel, woher sie ihre Ideen beziehen, wie sie eine Sache aufbauen, wie sie ihre Gestalten erfinden, sie sprechen lassen und so weiter. Aber Reeve verstand sich sehr gut darauf. Dann versetzte er das Ganze mir nichts, dir nichts an den Hof Ludwigs des Fünfzehnten oder ins mittelalterliche Italien oder sonstwohin. Ich habe seine sämtlichen neun historischen Romane gelesen und seine – sagen wir: Virtuosität sehr bewundert. Aber eigentlich habe ich sie nur ihm zu Gefallen gelesen. Denn im Grunde sind mir Kriminalromane viel lieber, und mit einem anderen literarischen Genre habe ich mich selten abgegeben.

Gwendolen meinte einmal, es sei doch schier unglaublich, wie Reeve auch noch seine Bücher derartig mit Dramatik vollstopfen könne, wo doch sein Leben schon ein einziges Drama sei. Vermutlich müsse er das alles auf dem Papier loswerden. Aber ich glaube eher, daß im Grunde jeder seiner Helden er selbst ist, lediglich umgesetzt in die Gestalt des Cesare Borgia oder des Casanova. In allen nämlich konnte man Reeve wiedererkennen, hochgewachsen, schön und atemberaubend, wie sie waren, und jeder ein wahrer Teufel, wenn es um Frauen ging. Reeve war, als ich ihn kennenlernte, etwa seit einem Jahr von seiner Frau geschieden und hatte seitdem einen wahren Rattenschwanz von Freundinnen gehabt, Mannequins, Schauspielerinnen, Mädchen aus der Modebranche, Sekretärinnen, Journalistinnen, Lehrerinnen, hochkarätige Geschäftsführerinnen und sogar eine Zahnärztin. Einmal, als wir bei ihm zu Besuch waren, spielte er uns eine Schallplatte mit einer Arie aus «Don Giovanni» vor, einer weiteren Gestalt übrigens, mit der er sich identifizierte und über die er schrieb. Sie nannte sich die Registerarie und zählte all die verschiedenen Frauentypen auf, die der Don geliebt hatte – Blonde, Brünette, Rothaarige, Junge, Alte, Reiche und Arme; und enden tut sie sinngemäß etwa so: Solange eine nur einen Unterrock trägt, weiß man, was er tun wird. Komisch, ich weiß sogar noch den italienischen Text für diese Stelle, obgleich es das einzige Italienisch ist, das ich überhaupt kann. *Purche porti la gonella voi sapete quel che fa.* Danach lacht dann der Sänger ziemlich anzüglich, das Hohnlachen eines Verführers, genau abgestimmt auf die Begleitmusik. Und Reeve lachte auch. Er meinte, das sei ihm aus der Seele gesprochen.

Ich bin altmodisch, ich weiß. Ich bin konventionell. Sex ist was für die Ehe, soweit es mich betrifft, und was man an Sex vor der Ehe erlebt – bei mir war es nie viel –, also ich kann nicht anders daran zurückdenken als an ein etwas peinliches Geheimnis. Ich konnte auch nie recht glauben, daß es bei den Leuten wirklich soviel Sex außerhalb der Ehe gab. Das war doch alles Klatsch und Angeberei, dachte ich. Ja, das habe ich tatsächlich geglaubt. Ich machte mich sogar selbst zum Narren, indem ich mir einbildete, wenn Reeve von einem neuen Mädchen erzählte, mit dem er «ausginge», dann meine er wirklich Ausgehen, sie zum Essen einladen oder zum Tanzen oder so; und dann brächte er sie im Taxi heim, vielleicht mit einem Gutenachtkuß an der Haustür. Bis ich ihn an einem Sonntag, an dem wir ihn zum Mittagessen eingeladen hatten, morgens anrief, um ihn zu fragen, ob wir uns nicht vorher zu einem Aperitif im Pub treffen wollten. Er klang völlig verschlafen, und im Hintergrund hörte ich ein Mädchen kichern. Und da hörte ich ihn sagen:

«Zieh dir was an, Mäuschen, und mach uns 'ne Tasse Tee, ja? Mir brummt der Schädel so entsetzlich.»

Ich erzählte es Gwendolen.

«Was hattest *du* denn gedacht?»

«Ich weiß nicht», erwiderte ich. «Mindestens dachte ich, du würdest schockiert sein.»

«Wieso? Er ist ein sehr gut aussehender Mann und erst siebenunddreißig; das ist doch natürlich.» Aber sie war doch ein wenig rot geworden. «Ich bin ja auch ziemlich schockiert», fügte sie rasch hinzu. «Für unsereins ist das eben nichts, diese Art, wie er lebt, nicht wahr?»

Und dennoch nahmen wir gewissermaßen daran teil, sozusagen vom Rande her. Denn als wir Reeve besser kannten, verzichtete er auf all die Umschreibungen und Ausflüchte, mit denen er bisher unsere Gefühle geschont hatte, und erzählte uns ohne Hemmungen Anekdoten aus seiner amourösen Gegenwart oder Vergangenheit.

Etwa von dem Mädchen, das so verrückt nach ihm war, daß sie sich, selbst nachdem er mit ihr gebrochen hatte, in seine Wohnung schlich und sich nackt in sein Bett legte, und das an einem Abend, als er gerade mit einer neuen Freundin nach Hause kam. Oder die Geschichte von der verheirateten Frau, die ihn zwei Stunden lang in ihrem Schrank versteckt hielt, bis ihr Mann endlich fortging ... Und dann das Mädchen, das kam, um ein Pfund Zucker zu leihen, und die ganze Nacht blieb ... Blonde Mädchen, dunkle Mädchen, dicke, dünne, reiche, arme ... *Purche porti la gonella voi sapete quel che fa.*

«Wirklich – eine andere Welt», sagte Gwendolen.

Und ich setzte hinzu: «In der die anderen leben.»

Wir waren eingeschliffen auf solche Klischees. Unser ganzes Leben war ein einziges Klischee: das typische, weitverbreitete Leben der Mittelklasse in der westlichen Welt. Wir besaßen ein alleinstehendes Haus in einem der *richtigen* Vororte, und wir besaßen solide Möbel und unverwüstliche Teppiche. Ich hatte meinen Wagen und sie den ihren. Ich fuhr um halb neun ins Büro und kam um sechs zurück. Gwendolen putzte das Haus, ging einkaufen und gab Damenkaffees. Abends saßen wir am liebsten zu Hause vorm Fernseher, und gewöhnlich gingen wir um elf Uhr schlafen. Ich glaube, ich bin ein guter Ehemann gewesen. Nie habe ich den Geburtstag meiner Frau vergessen oder versäumt, ihr an unserem Hochzeitstag Rosen zu schicken, nie habe ich mich vor meinem Anteil am Geschirrspülen gedrückt. Und sie war eine ausgezeichnete Ehefrau, eher romantisch veranlagt als sinnlich. Jedenfalls, mit mir war sie nie sehr sinnlich.

Sie bewahrte jede Geburtstagskarte auf, die ich ihr jemals schickte, ebenso sämtliche Aufmerksamkeiten zum Valentinstag aus der Zeit, als wir verlobt waren. Gwendolen gehörte zu den Frauen, die mit Hingabe auch die kleinsten Andenken sammeln. In einer Schublade ihrer Frisierkommode verwahrte sie zum Beispiel die Menükarte des Restaurants, in dem wir unsere Verlobung gefeiert haben, eine Ansichtskarte des Hotels, in dem wir unsere Flitterwochen verbrachten, und sämtliche Fotos, die je von uns gemacht wurden, die Hochzeitsbilder jedoch in einem ledergebundenen Album. Ja, sie war erzromantisch, und trotz all ihrer Schüchternheit warf sie Reeve gelegentlich in einer Anwandlung von Kühnheit seine Gefühllosigkeit vor.

«Aber das kannst du doch nicht machen mit jemandem, der dich liebt», sagte sie einmal, als er uns seine brutale Absicht kundtat, mir nichts, dir nichts in Urlaub zu fahren, ohne seiner neuesten Freundin zu sagen, wohin er führe, oder auch nur, daß er überhaupt wegführe. «Du brichst ihr ja das Herz!»

«Gwendolen, Liebling, sie hat doch gar kein Herz. Frauen haben nun mal keins. Statt dessen besitzen sie einen ganz anderen Mechanismus, nämlich eine Kombination aus Teleskop, Lügendetektor, Skalpell und Kastrationswerkzeug.»

«Du bist einfach zynisch», erwiderte meine Frau. «Paß auf, eines Tages verliebst du dich selbst, und dann wirst du sehen, wie das ist.»

«Nicht unbedingt. Wie schon der alte Shaw sagt –» Reeve zitierte ständig, was andere Schriftsteller gesagt hatten –, «behandle nicht die anderen, wie du von den anderen behandelt werden möchtest, denn wir haben nun mal nicht alle den gleichen Geschmack.»

«Wir haben wohl alle den gleichen Geschmack, wenn es darum geht, schlecht behandelt zu werden.»

«Daran hätte sie denken sollen, bevor sie versuchte, mich und mein Leben zu steuern. Nein, nein, ich werde mal in aller Stille eine Weile verduften. Vielleicht fahre ich auch gar nicht weg; vielleicht sage ich auch bloß, ich führe weg, und verkrieche mich vierzehn Tage in meinen vier Wänden. Man füllt einfach den Gefrierschrank voll, legt sich einen Alkoholvorrat an ... Ich hab das schon mal gemacht, in einer ähnlichen Situation. Das ist äußerst angenehm, und ich kriege einen Berg Arbeit geschafft.»

Gwendolen verschlug es die Sprache, und ich muß sagen, mir auch. Man fragt sich nach diesen Kostproben von Reeves Moral vielleicht, was es denn war, das ich an Reeve so mochte. Ich weiß es jetzt selbst nicht mehr. Seinen Charme vielleicht, seine überschäumende Gastfreundschaft, das reuevolle Bedauern, mit dem er von seinem Leben sprach, während er meines als das Ideal hinstellte, von dem alle Welt träumte; vielleicht seine Hilflosigkeit gegenüber Finanzangelegenheiten und dazu seine Bewunderung für meine Fähigkeit, sie in den Griff zu bekommen; seine Art, mich zu behandeln, als seien wir beide Männer von Welt, bloß ich hätte den besseren Teil erwählt ... Wenn wir ihn zu einer unserer langweiligen, bescheidenen Parties einluden, so war er jedesmal der aufregende Mittelpunkt, der witzige Unterhalter, der Retter in der Not bodenloser Langeweile, der geschäftige Barmann und vor allem der einzige unter unseren Bekannten, der nicht Steuerberater, Bankdirektor, Rechtsanwalt, praktischer Arzt oder Geschäftsführer einer Firma war. Wir hatten seine Bücher im Regal stehen. Unsere Freunde borgten sie aus und erzählten ihren Bekannten, sie hätten Reeve Baker in unserem Haus kennengelernt. Er verlieh uns jenes Flair, das uns um Zentimeter über das Niveau der Bourgeoisie erhob und uns interessant erscheinen ließ.

Vielleicht hätte ich mich damals lieber ernsthaft fragen sollen, was *er* eigentlich an uns hatte.

Es war vor ungefähr einem Jahr, als mir erstmals eine gewisse Kühle zwischen Gwendolen und Reeve auffiel. Der scherzhafte Umgangston, den sie beide mit Begeisterung gepflogen hatten – eine Mischung aus neckischen Liebeserklärungen und flammenden Komplimenten seinerseits und schüchtern-empörten Verweisen ihrerseits –, war abrupt verstummt. Wenn wir drei beisammen waren, so unterhielten sie sich quasi nur über mich, so als ob ich ihr Dolmetscher sei. Ich fragte Gwendolen, ob Reeve etwas getan habe, das sie verärgert hätte?

Sie sah mich fassungslos an. «Wieso fragst du das?»

«Du wirkst jetzt immer ein bißchen mürrisch ihm gegenüber.»

«Das tut mir leid», erwiderte sie. «Ich werde mir Mühe geben, netter zu sein. Ich wußte gar nicht, daß ich mich so verändert habe.»

Auch mir gegenüber hatte sie sich verändert. Manchmal zuckte sie schon zusammen, wenn ich sie nur berührte, und wenn sie sich mir auch niemals verweigerte, so lag doch eine apathische Ergebenheit in ihren Umarmungen.

«Was ist eigentlich los?» fragte ich nach einem völligen Fehlschlag, der mich sehr verstörte, weil es das erste Mal war.

Sie sagte, nichts sei los, und dann meinte sie: «Wir werden einfach älter. Du kannst eben nicht erwarten, daß es immer noch so ist, als wären wir frisch verheiratet.»

«Um Gottes willen», sagte ich, «du bist fünfunddreißig und ich neununddreißig. Wir sind doch noch nicht senil.»

Sie seufzte und sah unglücklich aus. Überhaupt war sie launisch und schwierig geworden. Zwar machte sie in Reeves Gegenwart kaum noch den Mund auf, aber wenn er nicht da war, redete sie viel über ihn, sie ergriff geradezu jeglichen Vorwand, sich über ihn und seinen Charakter zu verbreiten. Als an unserem zehnten Hochzeitstag eine Glückwunschkarte von ihm kam, die an uns beide gerichtet war, schien sie unsäglich verärgert. Ich hatte ihr wie immer Rosen schicken lassen. Ende der Woche vermißte ich die Quittung für eine Rechnung, die ich bezahlt hatte – als Wirtschaftsprüfer bin ich in diesen Dingen begreiflicherweise sehr eigen –, und ich wühlte im Papierkorb herum, weil ich dachte, ich hätte sie vielleicht weggeworfen. Ich fand sie auch tatsächlich. Und ich fand noch etwas, nämlich die Glückwunschkarte, die ich Gwendolen zusammen mit den Rosen geschickt hatte.

Alle diese Dinge bemerkte ich wohl. Das war ja gerade das Unglück bei mir, ich registrierte die Dinge zwar, aber es fehlte mir an Lebenserfahrung, um zwei und zwei zusammenzuziehen und zu einem unumstößlichen Ergebnis zu kommen. Ich besaß einfach nicht genug gesunden Menschenverstand, um dahinterzukommen, weshalb meine Frau nie zu Hause war, wenn ich sie nachmittags anrief, oder weshalb sie unentwegt neue Kleider kaufte. Ich bemerkte es, ich wunderte mich darüber, aber das war auch alles.

Auch an Reeve fiel mir einiges auf. Vor allem, daß er aufhörte, von seinen Liebschaften zu sprechen.

«Er wird wohl endlich erwachsen», meinte ich zu Gwendolen.

Sie reagierte voller Wärme, ja Begeisterung. «Das glaube ich allerdings auch.»

Aber sie hatte sich getäuscht. Die Phase, die ich für sein Zölibat hielt, dauerte bloß drei Monate. Und als er dann wieder eine neue Freundin erwähnte, tat er es nur mir gegenüber. Sehr vertraulich, bei einem Wochenenddrink im Pub, erzählte er mir von diesem «saftigen Küken», kaum zwanzig Jahre alt, das er in der vorigen Woche auf einer Party kennengelernt hätte.

«Das hält doch wieder nicht, Reeve», warnte ich ihn.

«Das will ich auch stark hoffen! Wer will schon, daß es *dauert*?»

Gwendolen jedenfalls bestimmt nicht. Als ich es ihr erzählte, war sie zuerst ungläubig, dann entgeistert. Und als ich sagte, es täte mir leid, ihr davon erzählt zu haben, weil Reeves Rückfall sie so sehr aufrege, da fauchte sie mich an, sie hätte nicht vor, sich mit mir über Reeve zu unterhalten. Danach wurde sie immer reizbarer, nervöser und auch deprimierter. Wenn das Telefon klingelte, stürzte sie hin. Ein- oder zweimal kam ich nach Hause und fand weder meine Frau noch ein Abendessen vor. Und wenn sie dann kam, sah sie blaß und elend aus und sagte, sie habe einen Spaziergang gemacht. Ich bestand darauf, daß sie unseren Arzt aufsuchte, und der verschrieb ihr Beruhigungsmittel, die aber ihre Depressionen nur noch verstärkten.

Reeve hatte ich seit einer Ewigkeit nicht gesehen. Aber eines Tages rief er mich aus heiterem Himmel im Büro an, um mir zu sagen, er führe jetzt für drei Wochen nach Südfrankreich.

«Und das bei dem wackeligen Zustand deiner Finanzen?» fragte ich. Ich hatte einen Kampf mit ihm ausfechten müssen, ehe ich ihn soweit kriegte, daß er die Januarrate seiner zweimal jährlich fällig werdenden Einkommensteuer zahlte, und ich wußte, daß er praktisch bankrott war, bis er im Mai die Vorauszahlung für sein neues Buch bekommen würde. «Südfrankreich ist ganz schön teuer, was?»

«Ich schaff das schon», war seine Antwort. «Mein Bankdirektor gehört zu meinen Bewunderern, der läßt mich mein Konto überziehen.»

Gwendolen schien nicht sonderlich überrascht, als sie von Reeves Ferienplänen erfuhr. Er hatte mir erzählt, er führe allein – das «saftige Küken» war längst in der Versenkung verschwunden –, und sie meinte bloß, er brauchte eben Ruhe, zumal dort keins von diesen Mädchen wäre, die ihm so zusetzten, wie sie es ausdrückte.

Als ich Reeve kennengelernt hatte, wohnte er in einer Mietwohnung, aber ich überredete ihn, eine Eigentumswohnung zu kaufen, aus Sicherheitsgründen und auch als Investition. Sie eine Gartenwohnung zu nennen war reichlich übertrieben; genaugenommen war es Souterrain, die Tiefetage eines großen, viktorianischen Hauses in Bayswater. Eigentlich führte mich mein Weg zum Büro nicht durch seine Straße, aber manchmal, wenn der Verkehr sehr stark war, schlich ich mich so hinten herum und kam dann an seinem Haus vorbei. So war es auch eines Morgens wieder, als er schon etwa zwei Wochen verreist war, und natürlich warf ich im Vorüberfahren einen Blick auf sein Fenster. Man wirft nun mal einen Blick auf die Fenster eines Freundes, wenn man daran vorbeikommt, meine ich, selbst wenn man weiß, daß dieser Freund gar nicht zu Hause ist. Sein Schlafzimmer ging nach vorne hinaus, und das Fenster war zur Hälfte sichtbar, die untere Hälfte dagegen hinter dem aufgeschütteten Rasen verborgen. Ich sah, daß die Vorhänge zugezogen waren. Nicht besonders schlau, dachte ich, geradezu eine Einladung für Einbrecher! Und dann dachte ich nicht weiter daran. Zwei Tage später kam ich wieder vorüber, diesmal sehr langsam, weil der Verkehr sich staute, und wieder schaute ich zu Reeves Fenster hinüber. Jetzt waren die Vorhänge nicht mehr ganz geschlossen, sie klafften in der Mitte etwa fünfzehn Zentimeter auseinander. Was immer nun ein Einbrecher auch tun mag, es ist sehr unwahrscheinlich, daß er die Fenstervorhänge aufzieht. Ich dachte in diesem Falle auch weniger an Einbrecher, als daß Reeve wohl vorzeitig zurückgekommen sei.

Da ich ohnehin zu spät zur Arbeit kommen würde, wenn ich noch länger in diesem Verkehrsstau steckenbliebe, stellte ich kurz entschlossen den Wagen bei der nächsten freien Parkuhr ab. Klopfen wir doch mal an beim alten Reeve, dachte ich, und lassen uns von ihm eine Tasse Kaffee machen! Niemand öffnete. Aber als ich nochmals einen Blick auf das Fenster warf, da war ich fast sicher, daß die Vorhänge inzwischen wieder bewegt worden waren, und zwar während der letzten zehn Minuten. Ich klingelte bei der Frau in der oberen Wohnung. Sie kam im Morgenmantel an die Tür.

«Es tut mir leid, Sie zu stören», entschuldigte ich mich, «aber wissen Sie zufällig, ob Mr. Baker schon zurück ist?»

«Der kommt erst am Samstag», erwiderte sie.

«Wissen Sie das genau?»

«Natürlich weiß ich das genau», sagte sie ziemlich ungnädig. «Ich habe ihm am Montag eine Nachricht durch die Tür geschoben, und wenn er schon zurück wäre, dann hätte er sich das Päckchen, das ich für ihn angenommen habe, doch sofort abgeholt.»

«Wissen Sie, ob er seinen Wagen genommen hat?» fragte ich und kam mir dabei vor wie der Detektiv in meinen Lieblingskrimis.

«Natürlich hat er den Wagen genommen. Was soll das alles? Was hat er denn getan?»

Ich versicherte, er habe gar nichts getan, soweit ich wüßte, und sie knallte mir die Tür vor der Nase zu. Also ging ich hinüber zu dem Garagenanbau des Hauses. Viel konnte ich durch die kleinen Riffelglasscheiben der verschlossenen Tür von Reeves Garage nicht sehen, aber doch genug, um sicher zu sein, daß sie nicht leer war, daß vielmehr jener grünliche Schimmer von Reeves Fiat herrührte. Und da wußte ich Bescheid. Der war überhaupt nicht weggefahren! Ich schmunzelte in mich hinein bei dem Gedanken, wie er sich die ganzen drei Wochen dort in seiner Wohnung versteckt hielt, von Tiefkühlkost lebte und sich die meiste Zeit in den hinteren Räumen aufhielt, wo er, da sie auf einen Hof mit hohen Mauern hinausgingen, ungefährdet Licht anhaben konnte, bei Tag und bei Nacht. Warten wir also bis Samstag, sagte ich mir. Und ich malte mir aus, wie ich ihn nach Details seiner Reise ausfragen würde, wie ich ihm kleine Fallen stellen würde, bis selbst er mit seiner Schriftstellerphantasie würde zugeben müssen, daß er überhaupt nicht fort gewesen war.

Gwendolen deckte gerade den Tisch fürs Abendessen, als ich heimkam. Ich hatte beschlossen, niemanden außer ihr in den Spaß einzuweihen, den ich mit Reeve vorhatte. Sie horchte auch sofort auf, als ich nur Reeves Namen erwähnte, aber als ich mit meinem Bericht bei seinem Wagen angekommen war, der in der Garage stünde, da starrte sie mich an, und alle Farbe wich aus ihrem Gesicht. Sie setzte sich hin, und das Bündel Messer und Gabeln, das sie hielt, fiel in ihren Schoß.

«Um Himmels willen, was ist denn los?» fragte ich.

«Wie kann er nur so grausam sein! Wie kann er zu irgend jemandem so grausam sein!»

«Ach, Liebling, Reeve ist nun mal völlig skrupellos, wenn es sich um Frauen handelt. Du weißt doch, er hat uns ja selbst erzählt, daß er das schon früher getan hat.»

«Ich rufe ihn an», sagte sie, und ich sah, daß sie zitterte. Sie wählte seine Nummer, und ich hörte das Rufzeichen.

«Er wird nicht abnehmen», prophezeite ich. «Wenn ich gewußt hätte, daß es dich derartig aufregt, dann hätte ich es dir nicht erzählt.»

Sie sagte kein Wort mehr. Auf dem Herd in der Küche kochte das Essen, der Tisch war erst halb gedeckt, aber sie kümmerte sich nicht darum und ging in die Diele. Und kurz darauf hörte ich die Haustür zufallen.

Ich weiß, ich bin ein bißchen schwer von Begriff in mancher Hinsicht, aber dumm bin ich nicht. Selbst ein Mann, der seiner Frau so vertraut, wie ich es tat – genauer gesagt, der nie auch nur die Notwendigkeit für solch ein Vertrauen in Betracht gezogen hatte –, mußte jetzt begreifen, daß irgend etwas passiert war. Nichts Besonderes natürlich, beruhigte ich mich selbst; der Zusammenbruch einer Schwärmerei ihrerseits, einer Art Heldenverehrung, die Reeve durch seine Schmeicheleien und

Vertraulichkeiten in ihr entfacht hatte. Natürlich fühlte sie sich hintergangen, betrogen, wenn sie jetzt erfuhr, daß er sie über seine Pläne und Absichten beschwindelt hatte, nachdem er ihr vorgegaukelt hatte, sie sei seine ganz spezielle Freundin und Mitwisserin all seiner Geheimnisse. Immerhin ging ich nach oben, um mich selbst zu vergewissern, durch einen Blick in jene Kommodenschublade nämlich, in der sie ihre kleinen Schätze verwahrte. Unanständig? Sie selbst schloß sie ja niemals zu; nie hatte sie versucht, ihren Inhalt vor mir geheimzuhalten.

Und all die kleinen Souvenirs von unserer ersten Begegnung, unserer Brautzeit, unserer Hochzeit waren noch da. Zwischen einer Geburtstagskarte und einem Gruß zum Valentinstag fand ich eine gepreßte Rose. Aber da lagen auch, etwas abseits in einem Nest aus dem Spitzentaschentuch, das ich ihr einmal geschenkt hatte, ein Knopf und ein Medaillon. Das Medaillon hatte sie von ihrer Mutter geerbt, die verblaßte Fotografie im Innern jedoch – irgendeine undefinierbare, längst verstorbene Verwandte – war durch einen Ausschnitt aus einem Schnappschuß ersetzt worden, und er stellte Reeve dar. Und in der anderen Seite befand sich eine Haarlocke. Den Knopf kannte ich. Er stammte von Reeves Blazer, und man sah auch, daß er nicht einfach abgeschnitten worden war. Er mußte ihn also irgendwo in unserem Haus verloren haben, und sie hatte ihn aufgehoben. Das Haar gehörte auch Reeve, schwarz, wellig und hier und da von einem grauen Faden durchzogen; und es war ebenfalls nicht abgeschnitten worden. Sie mußte es bei einem unserer Besuche in seiner Wohnung heimlich aus seiner Haarbürste gezupft und zu einer Locke zusammengedreht haben. Arme kleine Gwendolen … Lediglich sekundenlang hatte ich Reeve verdächtigt; einen schmerzlichen Augenblick lang, nachdem sie gegangen war, saß ich da und fragte mich, ob er etwa … Konnte mein bester Freund …? Aber nein! Er hatte ihr ja nie einen Brief oder etwa Blumen geschickt. Es war also alles nur ihre Einbildung, und aus diesem

Grunde – ich wußte ja schließlich, wohin sie gegangen war – *mußte* ich verhindern, daß sie zu ihm ging und eine Demütigung erfuhr.

Ich steckte die Sächelchen in meine Tasche in dem vagen Gedanken, sie könnten mir helfen, ihr klarzumachen, wie kindisch sie sich benahm. Sie hatte nicht ihr Auto genommen. Gwendolen scheute sich immer, in der Londoner Innenstadt herumzufahren. Ich stieg also in meinen Wagen und fuhr zu der U-Bahn-Station, an der sie, wie ich wußte, aussteigen würde.

Eine Viertelstunde nachdem ich dort war, erschien sie, schritt schnell davon und warf nervöse Blicke nach rechts und links. Als sie mich sah, fuhr sie zusammen und blieb stocksteif stehen.

«Steig ein, Liebling», sagte ich sanft, «ich möchte mit dir reden.»

Sie stieg ein, aber sie sprach kein Wort. Ich fuhr zur Bayswater Road hinunter und von dort in den Hydepark. Dort hielt ich auf dem Ring unter den Platanen an, und weil sie immer noch schwieg, sagte ich:

«Du mußt nicht glauben, daß ich dich nicht verstehe. Wir sind jetzt zehn Jahre lang verheiratet, und ich muß zugeben, ich bin ein ziemlich langweiliger Bursche. Reeve ist so ganz anders, so aufregend und ... Also, es ist wahrscheinlich nur natürlich, wenn du jetzt glaubst, du seist in ihn verliebt ...»

Sie sah mich mit steinernem Gesicht an. «Ich liebe ihn, und er liebt mich.»

«Ach, Unsinn», sagte ich, aber es war nicht die Kühle des Frühlingsabends, die mich frösteln machte. «Er hat seinen Charme spielen lassen, und du bist darauf reingef...»

Sie unterbrach mich: «Ich lasse mich scheiden.»

«Um Himmels willen», sagte ich. «Du kennst doch Reeve kaum. Du bist doch noch nie mit ihm allein gewesen, oder?»

«Nie mit ihm allein gewesen?» Sie brach in ein schrilles, verzweifeltes Gelächter aus. «Er ist seit sechs Monaten mein

Geliebter. Und jetzt gehe ich zu ihm. Um ihm zu sagen, daß er sich von nun an nicht mehr vor den Frauen zu verstecken braucht, denn ich werde immer bei ihm sein.»

Wie gelähmt starrte ich sie im Halbdunkel des Wagens an. «Das glaube ich dir nicht», würgte ich hervor, aber ich glaubte ihr doch. Ja, ich glaubte ihr. «Du meinst, du und er … und alles … Du, meine Frau?»

«Ich werde Reeves Frau sein. Ich bin die einzige, die ihn versteht, die einzige, mit der er reden kann. Das hat er mir selbst gesagt, bevor – bevor er wegfuhr.»

«Bloß – er ist gar nicht weggefahren.» Aufquellende Röte breitete sich vor meinen Augen aus wie eine riesige Blutlache. «Dumme Gans!» schrie ich sie an. «Begreifst du denn nicht, daß er sich vor *dir* versteckt? Er hat es getan, um *dich* loszuwerden, so wie er zuvor all die anderen losgeworden ist. Dich lieben? Er hat dir noch nicht mal das kleinste Geschenk gemacht, nicht mal ein Foto. Wenn du jetzt hingehst, wird er dich nicht reinlassen. Du bist die letzte, die er reinlassen würde.»

«Ich geh aber zu ihm», schrie sie zurück und machte sich wild an der Wagentür zu schaffen. «Ich gehe zu ihm, und ich lebe mit ihm. Und dich will ich *nie* wiedersehen!»

Am Ende bin ich dann heimgefahren. Ihr Wunsch ist in Erfüllung gegangen. Sie hat mich nie wiedergesehen.

Als sie um elf nicht zurück war, benachrichtigte ich die Polizei. Sie baten mich, aufs Polizeirevier zu kommen und eine Vermißtenanzeige aufzugeben. Im übrigen nahmen sie meine Ängste nicht besonders ernst. Anscheinend vermutet man, wenn eine Frau in Gwendolens Alter verschwindet, mit Sicherheit, daß sie mit einem Mann auf und davon ist. Ernst nehmen taten sie es allerdings, als ein Parkwächter am nächsten Morgen ihre strangulierte Leiche zwischen ein paar Büschen fand.

Das war am Donnerstag. Die Polizei wollte wissen, wohin Gwendolen möglicherweise gegangen sein konnte, so weit entfernt von ihrem Haus? Sie verlangten Namen und Adressen unserer sämtlichen Freunde und Bekannten. Kannten wir irgend jemanden in Kensington oder Paddington oder Bayswater, irgendwo in der Umgebung des Hydeparks? Ich sagte, nein, nicht daß ich wüßte. Am nächsten Tag fragten sie mich wieder, und ich sagte, als ob es mir soeben einfiele:

«Höchstens Reeve Baker. Der Schriftsteller, wissen Sie.» Ich gab ihnen seine Adresse. «Aber der ist auf Urlaub, schon seit drei Wochen. Er kommt erst morgen zurück.»

Was danach passiert ist, erfuhr ich bei der Zeugenvernehmung während Reeves Prozeß – seinem Prozeß wegen des Mordes an meiner Frau. Die Polizei erschien am Samstag morgen bei ihm. Ich glaube, anfangs haben sie ihn nicht im geringsten verdächtigt. Nach allem, was ich als notorischer Kriminalromanleser weiß, wird man ihn bis ins einzelne nach unserem Privatleben ausgefragt haben. Sein Pech war es, daß die Polizisten schon mit ein paar seiner Nachbarn gesprochen hatten. Reeve hatte doch alle diese Leute glauben lassen, er sei wirklich verreist. Der Milchmann zum Beispiel und der Zeitungsjunge waren überzeugt, er sei nicht zu Hause gewesen. Als sie ihn dann selbst vernahmen und er sehr wohl wußte, weshalb sie es taten, da geriet er in Panik und wagte nicht zu sagen, er sei in Frankreich gewesen. Sie hätten ihm ja auch ohne die geringsten Schwierigkeiten das Gegenteil beweisen können. Also erzählte er die Wahrheit, gab an, er habe sich versteckt gehalten, um sich den Nachstellungen einer Frau zu entziehen. Welcher Frau? Das wollte er nicht sagen. Aber die Frau aus dem Obergeschoß tat es. Immer und immer wieder hatte sie schließlich beobachtet, wie Gwendolen ihn an den Nachmittagen besucht hatte, sie hatte gehört, wie sie sich gestritten hätten, wie Gwendolen wild beteuert habe, sie liebe ihn, und er habe gebrüllt, er ließe sich nicht an die Kette legen, und er würde alles daransetzen, sich vor ihrer Besitzgier zu retten.

Natürlich hatte er kein Alibi für den Mittwochabend. Es entging dem Richter und den Geschworenen nicht, daß er sein Bestes tat, sich eins zurechtzubasteln, schließlich ist es bei einem Schriftsteller nicht weiter verwunderlich, wenn seine Phantasie mit ihm durchgeht. Aber er bedachte dabei nicht, wie hartnäckig und gründlich die Polizei arbeitet. Und abgesehen davon gab es ja auch knallharte Indizien für seine Schuld. Hauptsächlich waren es drei Beweisstücke, die bei Gericht vorgelegt wurden: Reeves Blazer, an dessen Ärmel ein Knopf fehlte, der dazugehörige Knopf und ein Büschel seiner Haare. Der Knopf war bei Gwendolens Leiche gefunden worden, und die Haare hafteten an ihrem Mantel …

Meine eifrige Lektüre von Kriminalromanen ist also nicht umsonst gewesen. Allerdings habe ich seither keinen einzigen mehr gelesen. So was tut man doch nicht, finde ich, nach so einer Geschichte.

(People Don't Do Such Things, 1976)

EIN SCHLECHTES HERZ

Sie waren ziemlich aufdringlich gewesen, und so hatte er denn, als sie ihn zum drittenmal fragten, schließlich angenommen. Ergeben, ja fast fatalistisch hatte er zugesagt, zum Essen zu ihnen zu kommen. Aber als er sich dann auf den Weg machte – weit aus London hinaus –, da dachte er verdrossen, sie hätten eigentlich soviel Takt besitzen können, die Bekanntschaft mit ihm völlig abzubrechen. Kein anderer Angestellter, den er entlassen hatte, war ihm je derartig penetrant auf den Leib gerückt. Gedroht hatte man ihm – das ja, etliche sogar hatten ihm gedroht, und einer hatte sogar versucht, ihn zu erpressen, aber keiner hatte die Unverfrorenheit besessen, ihn zum Essen einzuladen. Das gehörte sich einfach nicht. Ein dezenter Mann hätte das nie getan. Aber Hugo Crouch war eben kein dezenter Mann, und das war es ja – unter anderem – auch gewesen, weshalb er ihn gefeuert hatte

Er wußte genau, weshalb sie ihn eingeladen hatten. Sie wollten ihn ins Kreuzverhör nehmen. Weil er das ahnte, hatte er ja auch vorgeschlagen, man solle sich – auf seine Kosten – in einem Restaurant treffen. In einem öffentlichen Restaurant konnte man schließlich einen Mann nicht weithin hörbar unter Anklage stellen, dort wäre er ihnen nicht so auf Gedeih und Verderb ausgeliefert gewesen. Aber sie hatten hartnäckig darauf bestanden, daß er zu ihnen hinauskäme, und schließlich hatte er sich darein gefügt. Immerhin war er ein älterer Mann mit einer Herzschwäche, und dann diese fast zwanzig Kilometer von seiner Wohnung bis zu ihrem Haus, im Schneckentempo durch den Nebel und den Nieselregen eines widerlichen

Februarabends. Das war einfach unzumutbar, aber er würde ihnen schon zeigen, daß er es schaffte, *ihn* kriegten sie damit nicht klein! O ja, der Präsident der Firma Fraser würde ihnen schon zeigen, daß er sich von einem aufgeblasenen Weltbeglücker wie Hugo Crouch nicht einschüchtern ließ, er würde die Situation meistern, genauso wie er damals mit dem Erpresser fertig geworden war.

Als er die Ausläufer des Waldes erreichte, pladderte der Regen so heftig, daß er die Scheibenwischer auf äußerste Geschwindigkeit schalten mußte. Wieder einmal war er dankbar, daß er sich diesen neuen Wagen mit all seinen aufwendigen Extras angeschafft hatte. Und ganz gewiß hätte die Firma diese Anschaffung nicht verkraftet, wenn er Hugo Crouch auch nur einen Tag länger behalten hätte. Wenn er all den idiotischen Forderungen Hugos nachgegeben hätte, dann säße er heute noch mit dem alten Daimler da; und die Winter-Kreuzfahrt hätte er sich ebensowenig leisten können. Hugo war ihm ein richtiger Dorn im Fleische gewesen mit seinen Extratouren und mit diesem Spleen, in einem Haus mitten im Epping Forest zu wohnen, jawohl, buchstäblich mitten im Wald, völlig isoliert, nicht einmal in Reichweite eines der umliegenden Dörfer. Ein Direktor der Firma Fraser hatte gefälligst erreichbar zu sein. Sich hier draußen zu vergraben, das war doch einfach lächerlich.

Die mächtigen Scheinwerfer des Wagens schnitten einen gewundenen Fahrweg aus dem Dunkel. Die grauen Baumstämme zu beiden Seiten verliehen ihm Ähnlichkeit mit einem düsteren Säulengang. Alle paar Sekunden wurde das Bild durch einen Regenvorhang ausgelöscht, um unter dem Schwung der Scheibenwischer für kurze Augenblicke wieder zu erscheinen. Glücklicherweise war er schon einmal hier gewesen, sonst hätte er leicht die hohe Mauer mit dem hölzernen Tor verfehlen können, hinter der das Crouchsche Haus lag, eine viktorianische Villa mit spitzem Giebel, schmutzfarben, schäbig, in seinen Augen einfach scheußlich. Jeder, der einen Abrißauftrag dafür erteilen würde, erwiese der ganzen Umgebung einen Dienst, dachte er grimmig, als er durch das hölzerne Tor fuhr. Nicht ein einziges Licht war zu sehen. Er erinnerte sich, ihre Wohnzimmer lagen nach hinten heraus, aber sie hätten ja schließlich zu seiner Orientierung etwas Beleuchtung einschalten können. Ohne seine Scheinwerfer hätte er den Eingang nie gefunden. Er preßte die Schachtel Pfefferminzkonfekt, die er für Elisabeth Crouch mitgebracht hatte, an sich und hastete den überfluteten gepflasterten Weg entlang, daß das Wasser nur so aufspritzte. Von oben plätscherte der Regen aus der schadhaften Dachrinne herab wie aus unzähligen Wasserhähnen. Und die rettende Eingangstür war natürlich – wie konnte es anders sein! – an der entlegensten Seite des Hauses. Schwer zu sagen, wo bei denen hier der Garten endete und der Wald anfing. Irgendeine Begrenzung war jedenfalls nicht zu sehen. Überhaupt gar nichts war zu sehen außer ein paar triefenden Ästen und Zweigen, schwach beleuchtet durch den matten Schimmer, der aus dem Oberlicht über der Haustür fiel.

Er ließ die Glocke anhaltend schrillen, ohne den Finger vom Klingelknopf zu nehmen, einzig in der Hoffnung, daß die Nässe nicht schon durch seinen Mantel in den neuen Maßanzug gedrungen wäre. Soeben traf ein neuerlicher Sturzbach ihn von oben in den Nacken, so daß er am ganzen Körper schlotterte. Da endlich öffnete sich die Tür.

«Duncan! Sie müssen ja total naß sein! War die Fahrt schlimm?»

«Kann man wohl sagen», japste er nur und trat mit eingezogenem Kopf in den rettenden Windfang. «Schauderhafter Abend!»

Er warf ihr förmlich die Konfektschachtel zu und gab ihr die Hand. Dann fiel ihm ein, früher hatten sie sich freundschaftlich auf die Wange geküßt. Nun, er hatte nie etwas dagegen, eine hübsche Frau zu küssen, und ihre Schuld war es ja schließlich nicht gewesen. «Wie geht es Ihnen, Elisabeth?» fragte er, nachdem ihre Wangen sich berührt hatten.

«Danke, gut. Geben Sie mir Ihren Mantel. Ich bringe ihn in die Küche, damit er trocknet. Hugo ist im Wohnzimmer. Sie kennen ja den Weg, nicht wahr?»

Einen endlosen Korridor entlang, wie er sich entsann, der weder ordentlich beleuchtet noch im mindestens geheizt war. Der ganze Kasten hier schrie förmlich nach einer Zentralheizung. Er war inzwischen so bis auf die Knochen durchgefroren, daß er nur sehnsüchtig an seine Wohnung denken konnte, wo die Heizkörper immer so heiß waren, daß man selbst jetzt im Februar die Fenster aufreißen mußte, und wo ihm seine Haushälterin just um diese Zeit eine heiße Pastete servieren würde und danach ein Poulet San Josef. Elisabeth Crouch war, soweit er sich erinnerte, eine ziemlich dürftige Köchin.

An der Wohnzimmertür blieb er stehen und wappnete sich für die Begegnung. Er hatte Hugo Crouch nicht mehr gesehen, seit der Mann erhobenen Hauptes sein Büro verlassen hatte, weil er, Duncan Fraser, Präsident der Firma Fraser, ihm überzeugend dargelegt hatte, daß er in einer anderen Position wahrscheinlich glücklicher wäre.

Also gut, je eher die ersten Worte geschafft waren, desto besser. Sehr wenige Männer in seiner Position würden sich so eine Sache wohl so zu Herzen nehmen, wie er mit seiner Feinfühligkeit es tat; und sehr wenige wären nach dieser Geschichte überhaupt noch gekommen! Er würde sich freundlich, zwanglos, allenfalls ein wenig väterlich geben. Und vor allem würde er unter keinen Umständen die Rede auf Hugos Entlassung kommen lassen. Durch nichts würde er sich dazu bringen lassen, darüber zu sprechen, wenn er es nicht wollte, und letzten Endes würde wohl die Höflichkeit, die sie ihm als Gastgeber schuldeten, dem einen Riegel vorschieben. Er öffnete die Tür, lächelte heiter und brachte sogar ein fröhliches Augenzwinkern zuwege. «Hallo, hier bin ich also, Hugo. Ich habe es tatsächlich geschafft.»

Crouch trug eine ausgesprochen saure Miene zur Schau, einen Ausdruck, den Duncan oft auf seinem Gesicht gesehen hatte, wenn er wieder mal Hugos mehr als extravagante Anordnungen oder Forderungen hatte annullieren müssen. Er lächelte nicht. Ernst reichte er Duncan die Hand und fragte ihn, was er zu trinken wünsche.

Duncan blickte sich flüchtig in dem Zimmer um, das sich nicht verändert hatte und immer noch mit den ziemlich scheußlichen viktorianischen Möbeln ausstaffiert war. Wenigstens brannte im Kamin ein mächtiges Holzklobenfeuer. «Ach ja, einen Drink», seufzte er und rieb sich die Hände. Am liebsten hätte er einen Whisky gehabt, aber darum zu bitten, wagte er nicht, denn der Doktor hatte ihn verboten. «Einen kleinen trockenen Vermouth vielleicht?»

«Ich fürchte, ich habe überhaupt keinen Vermouth im Hause.»

Diese Abfuhr versetzte ihm doch einen leichten Schock, auch wenn sie in beiläufigem Ton gesprochen war und auch wenn er dergleichen eigentlich hätte erwarten müssen. Eine erste Herausforderung? Jedenfalls hatte es ihm einen Stich versetzt. Natürlich, er hatte ja gewußt, daß sie ihm zusetzen würden, aber er hatte nicht damit gerechnet, daß der erste Schlag so prompt erfolgen würde. Also gut, sollte er doch durchblicken lassen, daß er sich eine wohlsortierte Bar nicht mehr leisten konnte, weil er seine Stellung verloren hatte. Er, Duncan, würde sich dadurch nicht aus der Fassung bringen lassen. «Dann einen Sherry, bitte», sagte er. «Haben Sie Sherry?»

«Ja, Sherry haben wir», erwiderte Hugo. «Kommen Sie, setzen Sie sich ans Feuer.»

Als er vor den leise zischenden Buchenscheiten saß und langsam auftaute, beschloß er, die Konversation zunächst auf das Wetter zu beschränken. Es war ja wohl auch das naheliegendste Thema, um das Eis zu brechen, bis Elisabeth erschien. Sie kamen auch ganz wacker damit zurecht, schweiften sogar ab zu Sturmfluten an der Ostküste Englands und zu Autounfällen im Nebel, bis sie schließlich zurückkam und sich neben Duncan setzte.

«Wir haben weiter niemanden eingeladen, Duncan. Wir wollten Sie ganz für uns haben.»

Überflüssige Bemerkung unter diesen Umständen, dachte er. Natürlich hatten sie niemanden weiter eingeladen. Die Gegenwart weiterer Gäste hätte ja ihre Pläne durchkreuzt. Aber vielleicht war sie doch nicht so überflüssig gewesen, sondern so eine Art Eröffnungsschachzug?

«Na, wundervoll», erwiderte er.

«Wir haben uns doch eine Menge zu erzählen; da dachte ich, es sei netter so.»

«Viel netter.» Eine Menge zu erzählen? Es gab doch wohl nur eins, was sie damit meinen konnte. Aber sie sollte nur nicht denken – und der stumme Hugo da drüben mit seiner grimmigen Duldermiene ebensowenig –, daß er ihnen auch nur einen Millimeter entgegenkommen würde. Wenn sie partout das bewußte Thema ansteuern wollten, so sollten sie die ganze vorbereitende Wühlarbeit gefälligst allein bewältigen. «Wir unterhielten uns gerade darüber», informierte er sie, «wie tragisch doch all diese Verkehrsunfälle sind. Und ich meine, dem könnte doch auf sehr simple Weise abgeholfen werden.» Er erläuterte diese simple Methode, aber er merkte wohl, daß sie daran nicht besonders interessiert waren, und es überraschte ihn nicht, als Elisabeth sagte:

«Das ist wirklich faszinierend, Duncan, aber sprechen wir doch zunächst einmal von Ihnen. Was haben Sie denn so gemacht in letzter Zeit?»

Das Geschäft unter Kontrolle gebracht, das dein Mann beinahe ruiniert hätte!

«Ach, so dies und jenes», meinte er gedehnt, «nicht viel.»

«Haben Sie in diesem Winter wieder eine Kreuzfahrt unternommen?»

«Äh, ja. Ja, richtig. In die Karibik.»

«Das ist ja nett. Ich glaube, die Abwechslung hat Ihnen gutgetan.»

Sie mußte also herausstreichen, wie sehr er es nötig hätte,

daß ihm etwas «guttäte»! Und natürlich war sie nur auf die Kreuzfahrt zu sprechen gekommen, um anzudeuten, daß manche Leute sich so was eben nicht leisten konnten. «Ja, es war eine wunderbare Erholung», erwiderte er aufgeräumt. «Ich kann Ihnen da eine höchst amüsante Geschichte erzählen, die mir auf der Heimfahrt passiert ist.» Er erzählte sie ihnen, aber es klang nicht sonderlich amüsant. Elisabeth lächelte bemüht, Hugo jedoch verzog keine Miene. «Na ja, damals wirkte es komisch», meinte er kleinlaut.

«Wir können in fünf Minuten essen», lenkte Elisabeth ab. «Sagen Sie, Duncan, haben Sie eigentlich dieses Landhaus in Südfrankreich gekauft, auf das Sie damals so versessen waren?»

«O ja, das habe ich gekauft.» Was sah sie ihn so neugierig an, geradezu impertinent? Sie wartete wohl darauf, daß er sich dafür entschuldigte, sein eigenes Geld ausgegeben zu haben!

«Nun hören Sie sich bloß diesen Regen an», sagte er kopfschüttelnd. «Er hat noch kein bißchen nachgelassen!»

Ja, das fanden sie auch. Und dann senkte sich bleiernes Schweigen herab. Er sah es deutlich an den Blicken, die die beiden austauschten – in solchen Dingen konnte man ihm nichts vormachen –, sie hatten begriffen, daß sie bislang nichts erreicht hatten. Ganz schön betreten sahen die beiden aus, dachte er triumphierend. Aber die Frau eröffnete bereits die nächste Runde, und diesmal schon mit härteren Bandagen.

«Stellen Sie sich vor, wen wir letzte Woche getroffen haben, Duncan. John Churchouse!» Der Mann, der vor ein paar Jahren die anfallenden Druckereiaufträge für die Firma Fraser erledigt hatte. Duncan erinnerte sich, er mußte die Aufträge zu der Zeit erhalten haben, nachdem Hugo zum Direktor befördert worden war. Er richtete sich in seinem Sessel auf und trank den Rest seines Sherrys.

«Er erzählte uns, daß er monatelang im Krankenhaus gelegen – und daß er sehr viele Aufträge verloren hat. Er tat mir so ...»

«Bitte, dürfte ich mir wohl die Hände waschen?» fragte Duncan mit fester Stimme. «Vielleicht sagen Sie mir, wo das Bad ist?»

«Natürlich.» Sie sah enttäuscht aus. Sollte sie nur! «Oben an der Treppe, die Tür genau geradeaus.»

Duncan begab sich also ins Badezimmer. Er durfte sich natürlich nicht einbilden, sich ein für allemal aus der Schlinge gezogen zu haben. Bestimmt würden sie während der Mahlzeit wieder über ihn herfallen. Wahrscheinlich betrachteten sie eine Tafelrunde als den angemessenen Ort für ein Kreuzverhör. Na schön, ihn sollte es nicht anfechten, und bisher hatte er sich ja ganz gut gehalten.

Beide warteten sie am Fuß der Treppe, um ihn ins Eßzimmer zu geleiten, und wieder sah er, wie die Frau ihrem Mann einen Blick zuwarf, der einem Rippenstoß nicht unähnlich war. Hugo kriegte anscheinend kalte Füße. In solchen Fällen waren ja immer die Frauen die treibenden Kräfte! Duncan streifte mit einem flüchtigen Blick den Eßtisch und die Platte mit den Horsd'œuvres. Sardinen, Anchovis und Artischockenherzen – reichlich unpassend für diese Jahreszeit.

«Was haben Sie sich bloß für Umstände gemacht, Elisabeth», sagte er bewundernd.

Sie sah ihn mit einem betörenden Lächeln an. Er hatte es ganz vergessen, dieses Lächeln, das ihr ganzes Gesicht erhellte und die Augen aufblitzen ließ, irisierend blau wie das Gefieder des Eisvogels. «Die Arbeit, die uns freut, wird zum Ergötzen», zitierte sie.

«Ah, ‹Macbeth›.» Sehr gut, ein ausgezeichnetes Thema, um sie während des Vorgerichtes abzulenken! «Wissen Sie noch? Nur ein einziges Mal sind wir drei gemeinsam im Theater gewesen, und es gab ‹Macbeth›.»

«Ich weiß», erwiderte sie. «Brot, Duncan?»

«Ja, bitte. Ich habe übrigens vorige Woche diese großartige ‹Macbeth›-Aufführung einer polnischen Theatergruppe gesehen. Vielleicht waren Sie auch dort?»

«Wir waren in diesem Winter überhaupt nicht im Theater», sagte Hugo kalt. Sie mußte ihm unter dem Tisch einen Fußtritt versetzt haben, um ihm diesen Seitenhieb zu entlokken. Duncan ging nicht darauf ein und verbreitete sich statt dessen über Einzelheiten des polnischen «Macbeth», obwohl ein wachsendes inneres Unbehagen ihm derartig zusetzte, daß er sich plötzlich auf alle möglichen Namen nicht mehr besinnen konnte, weder auf die der Shakespeare-Gestalten noch auf die der Schauspieler.

«Ich wollte, Keith hätte es sehen können», meinte Elisabeth. «Es ist sein Wahlthema fürs Examen.»

Sie wollte ihn also zwingen, nach ihren Söhnen zu fragen, damit sie ihm erzählen konnte, daß sie sie aus diesem unsinnig teuren Internat herausnehmen müßten. Er dachte ja gar nicht daran! Das war vielleicht reichlich unhöflich, aber er würde nicht fragen.

«Ich glaube, Sie haben unsere Kinder nie kennengelernt, Duncan?»

«Nein, nie.»

«Sie bekommen nächste Woche Schulferien und kommen nach Hause. Ich bin so froh, daß ihre Ferien mit meinen zusammenfallen.»

«Ihre Ferien?» fragte er mißtrauisch.

«Elisabeth ist wieder Lehrerin geworden.»

«Ach, wirklich?» meinte Duncan. «Nein, danke, ich möchte nichts mehr. Es war köstlich. Kann ich Ihnen helfen? Etwas tragen vielleicht ...?»

«Bitte bemühen Sie sich nicht. Ich werde schon allein fertig.» Sie sah ziemlich gekränkt aus. «Wenn ihr zwei mich entschuldigen wollt. Ich werde mal nach dem Hauptgericht sehen.»

So blieb er also mit Hugo allein in dem zugigen Eßzimmer zurück. Er schob die Beine seitlich unter dem Tischtuch hervor, um sie möglichst nahe an den elektrischen Ofen mit der einen dürftigen Heizspirale zu bringen. Hugo plagte sich mit dem Korken einer Weinflasche ab. Er fluchte verhalten, weil er es nicht schaffte, ihn herauszuziehen.

«Lassen Sie mich mal versuchen, Hugo.»

«Danke, ich schaff das schon allein, besonders wenn Sie mir nicht so auf die Finger gucken», versetzte Hugo unbeherrscht, um dann völlig zusammenhanglos – aber daran war man bei den beiden ja gewöhnt! – fortzufahren: «Übrigens absolviere ich einen Kursus als Wirtschaftsprüfer.»

«Na ja, als Weinkellner sind Sie ja schon nahezu bilanzsicher, Hugo», witzelte Duncan, «ha, ha, ha!»

Hugo lachte nicht. Er war endlich mit dem Korken fertig geworden. «Ich denke, ich werde es schon schaffen. Mit Zahlen konnte ich ja schon immer ganz gut umgehen.»

«O ja, das konnten Sie allerdings. Mehr als gut sogar.» Das stimmte wirklich. Bloß mit dem Personal war der Mann unglaublich umgegangen, hatte Nachwuchskräften und kleinen Sekretärinnen Flausen in den Kopf gesetzt, die ihrem Stellenwert nicht entsprachen. «Ich bin überzeugt, daß Sie es schaffen.»

Warum kam denn nun die Frau nicht endlich zurück? Es mußten zehn Minuten vergangen sein, seit sie durch diese kilometerlangen Korridore in die Küche entschwunden war. Seine eigene Frau – sie war lange tot – hätte das Hauptgericht servierfertig in Schüsseln warmgestellt, bevor man sich zum Horsd'œuvre niedergesetzt hätte.

«Sie müssen sich qualifizieren, das ist die Hauptsache», fügte er hinzu. In der Ferne hörte er die Räder des Servierwagens herankommen. Eine größere Erleichterung hätten auch die Räder eines nahenden Zugs nicht auslösen können, nachdem man eine Stunde auf dem eisigen Bahnsteig gewartet hat. Er konnte zwar die Frau nicht besonders leiden, aber alles war besser, als mit Hugo allein zu sein. Warum sollte er eigentlich nicht den Stier bei den Hörnern packen, bevor sie sich an das lächerlich schmächtige Brathähnchen machten, das soeben erschienen war? Er zwang sich also zu einem Lächeln, und dann sagte er: «Ich sage Ihnen, Sie beide sind im wahrsten Sinne des Wortes auf die Füße gefallen. Glauben Sie mir, Hugo, wenn Sie erst ein erfolgreicher Wirtschaftsprüfer geworden sind, dann werden Sie zurückblicken und Gott danken, daß Ihre und Frasers Wege sich getrennt haben.»

So, das war's, damit mußte es genug sein. Sie hatten ihn ihrem Verhör unterzogen, und jetzt sollten sie ihn gefälligst in Ruhe dieses halbzerkochte Zeug essen lassen, das sie ihm da als Abendessen auftischten. Wenigstens würden sie nun wohl von irgend etwas anderem anfangen und nicht länger alles ihm überlassen, nachdem er schon den ganzen Abend die Konversation bestritten hatte. Aber statt einer Unterhaltung herrschte tiefe Stille. Keiner von ihnen wußte irgend etwas zu sagen. Und wie sehr sich Duncan, während er sich mannhaft mit seinem Hühnerflügel abmühte, auch das Hirn nach einem Gesprächsthema zermarterte, ihm fiel partout nichts ein. Ihr Haus, seine Wohnung, die Belegschaft bei Fraser, sein Wagen, die Lebenshaltungskosten, ihr Lehrerinnenjob, Hugos Kursus, die soeben verflossene Weihnachtszeit, der bevorstehende Sommer, alle diese Themen würden doch bloß unausweichlich wieder auf Hugos Entlassung zurückführen. Duncan erkannte mit verzweifelter Wut, daß überhaupt *alle* Themen der Welt darauf zurückführen würden, denn er war nun mal er, und sie waren sie, und die Entlassung stand bei diesem trübsinnigen Gastmahl zwischen ihnen wie ein unbezwingbares Schreckgespenst. Von Zeit zu Zeit hob er den Blick von seinem Teller in der Hoffnung, sie werde sein vielgerühmtes Lächeln erwidern, jenes Lächeln, das durch übermäßige Abnutzung steif und grau geworden war. Aber jedesmal, wenn er sie anschaute, fixierte sie ihn stumm und mit angespannten Gesichtszügen, sehr nüchtern, fast verbissen. Ihre Augen hatten das Eisvogelblau verloren; sie waren verhangen und dunkel wie Rauchglas.

Sie hatten also immer noch nicht genug, sie und ihr mürrischer, saftloser Ehemann! Sie wollten ihn wohl am Boden kriechen sehen. Nicht genug damit, daß er Hugos Entlassung mit offener Freimütigkeit erwähnt hatte, sie erwarteten anscheinend eine Erklärung, eine Entschuldigung. Gut, sie sollten ihre Erklärung haben. Es gab anscheinend keinen Ausweg. Sorgfältig legte er Messer und Gabel nebeneinander auf den leergegessenen Teller. Bestimmt, aber höflich lehnte er ab, als die Gastgeberin ihm nochmals anbot. Er holte tief Atem, so wie er es oft zu Beginn einer Vorstandssitzung tat und wie er es fast immer hatte tun müssen bei jenen Direktionsversammlungen, auf denen Hugo Crouch so hartnäckig und borniert auf Gehaltserhöhungen für die Angestellten bestanden hatte.

«Meine liebe Elisabeth», begann er, «mein lieber Hugo. Ich weiß sehr wohl, weshalb Sie mich heute abend eingeladen haben und auf was Sie beide dauernd anspielen, seit ich das Haus betreten habe. Und weil ich Ihre sehr liebenswürdige Gesellschaft lieber ohne weitere Peinlichkeiten genießen möchte, will ich hier und jetzt das tun, was Sie anscheinend von mir erwarten, nämlich Ihnen erklären, wie es dazu kam, daß ich Hugo zu bedenken gab, ob er sich nicht auf einem anderen Posten wohler fühlen würde als in der Firma Fraser.»

Elisabeth sagte: «Aber Duncan, hören Sie ...»

«Sie können Ihre Einwände später vorbringen, Elisabeth. Vielleicht überrascht es Sie, wenn ich sage, daß ich alles, was geschehen ist, einzig und allein *mir selbst* vorwerfen muß. Ja, ich gestehe es, alles war *meine* Schuld.» Er hob eine Hand, um Hugo zum Schweigen zu bringen. «Nein, Hugo, lassen Sie mich ausreden. Wie ich schon sagte, es war meine Schuld. Mir ist eine Fehleinschätzung unterlaufen. O ja, so war es. Ich hätte, als ich Sie beförderte, einfach sehen müssen, daß Sie den Posten nicht ausfüllen würden. Ich muß mir selber den Vorwurf machen, Ihre – nun ja, Ihre Grenzen nicht erkannt zu haben.»

Sie waren stumm. Und sie blickten weder ihn noch einander an.

«Wir Männer in verantwortungsvoller Stellung», fuhr er fort, «wir müssen es uns auch ankreiden lassen, wenn die

Leute, die wir einstellen, nicht die Kapazitäten entwickeln, die wir in ihnen vermutet haben. *Wir* sind es dann, denen es an Voraussicht fehlte, das ist alles. *Ich* trage die ganze Verantwortung auf meinen Schultern. Könnten wir es damit nun bewenden lassen? Vergeben und vergessen?»

Er hatte selten derartig verlegene und beschämte Gesichter gesehen – ein Zeichen mehr, wie wenig die beiden ihm gewachsen waren. Seine Erklärung war sicher das letzte gewesen, was sie erwartet hatten, und jede Erwiderung erübrigte sich. Er reichte ihr seinen Teller mit dem kleinen Grabhügel aus Hühnerknochen und Kartoffelschalen, und als sie ihn nahm, sah er ihr Gesicht in plötzlichem Zorn aufflammen.

Er konnte sich nicht verkneifen, sie zu fragen: «Nun, Elisabeth, haben Sie mir vergeben?»

«Dazu ist es jetzt zu spät. Aus und vorbei», sagte sie mit sehr kalter Stimme. «Für all so was ist es jetzt zu spät.»

«Tut mir leid, wenn ich Ihnen nicht die Erklärung gegeben habe, die Sie erwartet haben. Ich habe Ihnen nur die Wahrheit gesagt.»

Sie erwiderte nichts mehr. Auch Hugo sagte nichts. Und auf einmal fühlte Duncan sich sehr unbehaglich. Ihre verachtungsvollen Gesichter, die Art, wie die beiden innerlich auf Distanz gingen ... das war fast zu viel. Sein Herz begann zu hämmern. Er suggerierte sich, daß ein beschleunigtes Herz gar nichts bedeutete; nicht Herzklopfen war es schließlich, was er fürchten mußte, sondern dieser ganz spezifische Herzschmerz. Ostentativ nahm er eine seiner kleinen weißen Pillen und hoffte, sie würden daran merken, was sie angerichtet hatten.

Als sie auch weiterhin schwiegen, sagte er: «Ich glaube, ich sollte jetzt vielleicht gehen.»

«Sie haben noch keinen Kaffee getrunken», wandte Elisabeth ein.

«Macht nichts, es wäre wohl besser ...»

«Bitte bleiben Sie noch zum Kaffee», sagte sie ruhig und

ernst. «Ich bestehe darauf», fügte sie hinzu und zwang sich zu einem Lächeln.

Wieder saßen sie im Wohnzimmer, und sie boten ihm Cognac an. Er lehnte ab, weil er noch nach Hause fahren mußte, und je eher er sich auf diesen elenden Heimweg machen konnte, desto erlöster würde er sein. Hugo nahm sich einen großen Cognac und kippte ihn mit einem Schluck in sich hinein, ganz genau so, wie man Cognac niemals trinken sollte, außer man hat einen Schock erlitten oder muß sich für irgend etwas stählen. Elisabeth hatte die Abendzeitung genommen und versuchte gekünstelt, eine Unterhaltung über den Mord in Gang zu bringen, der auf der Titelseite abgehandelt wurde.

«Ich muß wirklich gehen», sagte Duncan.

«Trinken Sie doch noch einen Kaffee, es ist ja noch nicht mal zehn.»

Warum wollten sie partout, daß er bleiben sollte? Oder vielmehr, warum wollte sie es? Hugo griff schon wieder zur Cognacflasche. Duncan sagte sich, daß seine Gegenwart für die beiden bestimmt ebenso ermüdend war wie umgekehrt. Sie hatten doch erreicht, was sie wollten; oder etwa nicht? Er trank seine zweite Tasse Kaffee so schnell, daß er sich den Mund verbrannte. Dann stand er auf.

«Ich hole einen Schirm und begleite Sie nach draußen», erbot sich Hugo.

«Vielen Dank.» Es war überstanden! Jetzt würde er machen, daß er wegkam, und nie im Leben brauchte er ihnen wieder zu begegnen! Plötzlich packte ihn das beklemmende Gefühl, er könne gar nicht schnell genug aus diesem Haus wegkommen. Wirklich, seit er seine kleine Rede gehalten hatte, war die Atmosphäre ganz und gar unerträglich gewesen. «Gute Nacht, Elisabeth», sagte er. Mein Gott, was gab es denn für Platitüden, die nicht allzu absurd klangen? «Danke fürs Essen. Vielleicht treffen wir uns mal wieder.»

«Ach ja. Und ich hoffe, bald, Duncan», erwiderte sie, aber sie reichte ihm nicht ihre Wange zum Kuß. Durch die offene

Tür schlug der Regen gegen ihren langen Rock. Sie sah ihm nach, wie er mit Hugo hinausging, und ließ das Licht auf den Weg fallen, bis die beiden um die Ecke des Hauses verschwunden waren.

Er war kaum um die Ecke, da durchfuhr ihn ein heftiger Schock.

Seine Scheinwerfer leuchteten schwach, und zwar brannte das Fernlicht, aber mit dem matten Schein des Standlichts.

«Wie ist denn *das* passiert?»

«Ich nehme an, Sie haben das Licht angelassen, um den Weg zur Haustür zu sehen, und dann haben Sie es vergessen.»

«Ich bin ganz sicher, das habe ich *nicht*.»

«Es muß aber so gewesen sein. Halten Sie mal den Schirm, ich versuche mal, ihn anzulassen.» Hugo ließ Duncan auf dem überschwemmten Weg unter dem winzigen Schirm stehen, setzte sich auf den Fahrersitz und steckte den Schlüssel ins Zündschloß. Die Scheinwerfer flammten auf und erloschen dann. Sonst passierte nichts. Es war jetzt stockdunkel. «Nicht der leiseste Funke», seufzte Hugo. «Ihre Batterie ist hin.»

«Das *kann* doch nicht sein!»

«Ich fürchte aber, es ist so. Versuchen Sie selbst.»

Duncan tat es und wurde bei der Prozedur sehr naß.

«Wir gehen wohl lieber ins Haus zurück. Hier draußen werden wir naß bis auf die Knochen.»

«Was ist denn los?» fragte Elisabeth, die noch immer in der Haustür stand.

«Seine Batterie ist leer. Der Wagen springt nicht an.»

Natürlich konnten sie nichts dafür, aber insgeheim gab Duncan ihnen doch die Schuld. Schließlich war es vor ihrem Haus passiert, nachdem sie ihn zu einem abgefeimten Zweck hier herausgelockt hatten. Es lag ihm auch nicht das mindeste daran, seinen Ärger zu kaschieren.

«Tja, ich fürchte, dann muß ich mir Ihren Wagen ausleihen, Hugo.»

Elisabeth schloß die Tür. «Wir haben keinen Wagen mehr, Duncan. Wir konnten ihn nicht mehr unterhalten. Entweder den Wagen – oder wir hätten die Jungens aus dem Internat nehmen müssen. Also haben wir ihn verkauft.»

«Ich verstehe. Wenn ich dann vielleicht mal Ihr Telefon benützen dürfte, um mir ein Taxi zu bestellen. Ich habe die Nummer eines Taxiunternehmens in der Brieftasche.» Ein Blick in ihr Gesicht sagte ihm, daß auch das nicht möglich sein würde. «Jetzt sagen Sie bloß noch, Sie haben auch das Telefon abgeschafft.» Sollten sie sich zum Teufel scheren, alle beide!

«Natürlich hätten wir es uns auch weiterhin leisten können, bloß wir brauchten es einfach nicht mehr. Es tut mir leid, Duncan, aber ich weiß beim besten Willen nicht, was Sie jetzt tun können. Aber wir könnten uns ja wenigstens drinnen hinsetzen, wo es wärmer ist.»

«Ich will mich nicht hinsetzen.» Duncan brüllte es fast. «Ich muß nach Hause.» Er schüttelte die Hand ab, die sie ihm auf den Arm gelegt hatte, als wollte sie ihn – so kam es ihm vor – mit Gewalt hier festhalten. «Dann muß ich eben bis zum nächsten Haus mit Telefon laufen.»

Hugo öffnete die Tür. Der Regen war mehr eine Wand aus Wasser als eine Folge niederfallender Tropfen. «Bei diesem Wetter?»

«Was soll ich denn sonst tun?» schrie Duncan gereizt.

«Die Nacht über hierbleiben», sagte Elisabeth ruhig. «Ich wüßte wirklich nicht, was Sie anderes tun könnten, als über Nacht hierzubleiben.»

Das Bett war genau das, was man vom Crouchschen Haushalt erwarten konnte – hart, schmal und kalt. Sie hatte ihm eine Wärmflasche hineingelegt, ein Objekt, das er seit Jahrzehnten nicht mehr zu Gesicht bekommen hatte. Und Hugo hatte ihm einen Pyjama geliehen. Während all dieser Vorbereitungen hatte er unentwegt protestiert, er könne nicht bleiben und es müsse doch einen anderen Ausweg geben. Aber am Ende hatte er dann nachgegeben. Nicht daß sie übermäßig gastfreundlich gewesen wären, ihr Verhalten bei der ganzen Angelegenheit war eher … ja, wie eigentlich gewesen? Duncan lag in der Dunkelheit, hielt die Wärmflasche zwischen die Knie geklemmt und überlegte, *wie* ihr Verhalten gewesen war. Fatalistisch, ja, das traf es am besten. Sie hatten sich benommen, als sei dies nun eben unvermeidbar. Es gab keinen Fluchtweg für ihn, also mußte er halt bleiben, ob ihnen das nun gefiel oder nicht.

Fluchtweg war natürlich ein lächerliches Wort, aber auf derartige Ausdrücke verfiel man eben, wenn man für eine ganze Nacht in einem Haus in der Falle saß, deren Bewohner alles andere als freundschaftlich, wenn nicht gar feindselig waren. Weshalb war er bloß so ein Idiot gewesen, die Autoscheinwerfer anzulassen? Er *mußte* es ja getan haben, obgleich er sich partout nicht daran erinnern konnte. Aber niemand sonst hätte sie schließlich eingeschaltet – warum auch?

Er wünschte, die beiden würden endlich auch zu Bett gehen. Daß sie es noch nicht getan hatten, sah er an dem Licht, dem rechteckigen Rahmen aus gleißender Helligkeit um seine Schlafzimmertür. Und dann konnte er sie auch reden hören, nicht einzelne Worte, lediglich das Gemurmel ihrer Unterhaltung. Diese spätviktorianischen Häuser waren so jämmerlich gebaut, man hörte jedes Geräusch. Das Trommeln des Regens auf dem Dach klang, als pladdere er auf Pappe statt auf Ziegel. Nein, auf viel Schlaf konnte er nicht hoffen. Wie sollte man schlafen bei all den Geräuschen, bei allem, was ihn bedrückte; die Sorge zum Beispiel, wie er den Wagen wieder flottkriegen und wie er überhaupt morgen ins Büro kommen sollte? Und dann machte es ihn allmählich auch sehr nervös, daß die beiden so endlos aufblieben, besonders weil sie gesagt hatten: «Wenn Sie vielleicht als erster ins Badezimmer gehen wollen, Duncan? Wir kommen dann gleich hinterher!» Gleich hinterher! Das mußte jetzt reichlich eine halbe Stunde her sein. Er drückte auf den Knopf seiner Nachttischlampe und sah, daß es halb zwölf war. Höchste Zeit, daß sie ins Bett kamen, wenn sie morgen früh in ihre Schule und er in seinen Wirtschaftsprüferkursus mußte!

Wieder lag er im Dunkeln, und angesichts des irritierenden Lichtrahmens um die Tür begann er nochmals, über die Scheinwerfergeschichte nachzugrübeln. Natürlich war es schwierig, sich einer Sache ganz sicher zu sein, wenn man so durcheinander war wie er im Moment. Das innere Unbehagen, das sie im Laufe des Abends in ihm ausgelöst hatten, war einfach grauenhaft. Die schlimmsten Momente waren die gewesen, als er mit Hugo allein war, während die Frau dieses uralte Huhn aus ihrem Backofen geangelt hatte, das sie ihnen dann auftischte. Sie hatte eine wahre Ewigkeit gebraucht, dieses Hauptgericht zuzubereiten, wenn man bedachte, was dann schließlich dabei herausgekommen war. Konnte sie womöglich ...? Aber nein, nur eine Verrückte hätte so etwas tun können, und welchen Grund sollte sie auch gehabt haben? Außer ... Wenn man an solch einem gottverlassenen Ort wohnte, und man wollte einen Gast dazu bringen, über Nacht zu bleiben – wenn man jemanden mit aller Gewalt *halten* wollte – was lag dann näher, als seinen Wagen außer Gefecht zu setzen? Er schauderte, auch wenn er sich sagen mußte, daß solche Hirngespinste absurd waren.

Jetzt kamen sie wenigstens nach oben. Jedes Dielenbrett in diesem Hause knarrte, aber die Treppenstufen spielten geradezu eine Melodie wie eine kaputte alte Violine. Er hörte Hugo etwas murmeln – der Bursche hatte entschieden zuviel Cognac getrunken –, und dann sagte sie: «Laß alles andre mir.»

Wieder durchlief ihn ein Schauer, der nichts mit der Kälte zu tun hatte. Er begriff nicht, warum er plötzlich zitterte. Es war doch eine höchst natürliche Sache, wenn eine Frau so etwas vorm Zubettgehen sagte? Sie meinte damit lediglich: Du gehst schon ins Bett, ich schließe noch zu und mache das Licht aus. Und doch – der Satz war ihm irgendwie geläufig ... und zwar in einem ganz anderen Zusammenhang. Er wälzte sich auf die andere Seite, fort von dem Licht und hinein in neue Mulden der eiskalten Laken und überlegte streng, wo er das gehört hatte. Ein Zitat? Jawohl, und zwar aus «Macbeth». Lady Macbeth sagt es, während sie und ihr Mann den Mord an dem alten König aushecken. Und wie war doch gleich der Name des alten Königs? Douglas? Donald?

Jetzt kam einer von ihnen aus dem Badezimmer, und der andere ging hinein. Brauchten die immer solche Ewigkeit, um ins Bett zu kommen? Die Toilettenspülung röhrte, und ein Sturzbach ergoß sich durch die Rohrleitungen, die anscheinend genau unter seinem Bett verliefen. Füße tappten über den Vorplatz, und eine Tür wurde geschlossen. Sie schliefen also in dem Zimmer neben seinem. Er drehte sich um. Wenn doch endlich das verdammte Licht ausgehen würde! Dumm übrigens, daß da kein Schlüssel im Schloß steckte, so daß er die Tür nicht abschließen konnte.

Kaum hatte dieser Gedanke sein Gehirn gestreift, da erschien er ihm auch schon mehr als absurd. Sein Schlafzimmer abschließen – in einem Privathaus? Und wenn nun seine Gastgeberin am Morgen mit einer Tasse Tee erschiene? Sie würde das sehr befremdlich finden. Und es war sehr gut möglich, daß sie kam, nachdem sie ihm schon eine Wärmflasche ins Bett gelegt und ein Glas Wasser auf den Nachttisch gestellt hatte. Er konnte also nicht mal im Traum daran denken, seine Tür abzuschließen. Und warum sollte er auch? Da! Einer von ihnen war schon wieder im Badezimmer!

Plötzlich mußte er an einen der Männer denken, die er entlassen hatte; an den, der ihm gedroht hatte. «Glauben Sie ja nicht», hatte er gesagt, «daß Sie damit ungeschoren davonkommen. Und wenn Sie mir und meinem Haus mit Ihrer üblen Visage auch nur auf einen Kilometer zu nahe kommen, dann wird es Ihnen leid tun … falls Sie dazu dann noch Zeit haben!» Natürlich war er ungeschoren davongekommen, und nichts hatte ihm leid getan. Andererseits war er auch lieber nicht in der Kilometer-Bannmeile jenes Mannes aufgetaucht ... Jetzt war das Licht endlich erloschen. Schlaf jetzt, ermahnte er sich selbst, entleere deine Gedanken oder denke an etwas Schönes. An den Sommerurlaub in deinem Landhaus zum Beispiel ...

Die Gartenanlagen mit dem Oleander und den Bougainvillea würden wundervoll sein. Die Sonne würde seine alten Knochen wärmen, wenn er auf der Terrasse säße und durch die Schneise zwischen den Pinien hinabschauen würde auf das blaue Dreieck des Mittelmeeres, leuchtender und sanfter als die Augen einer Frau ... Ach, denk doch nicht an *diese* Frau, vergiß sie! Vielleicht sollte er die Terrasse höher aufschütten und verbreitern lassen und dort den Torso – vermutlich römisch – aufstellen, den er in den Pinienwäldern gefunden hatte? Es würde einen Haufen Geld kosten, aber es war ja *sein* Geld. Warum sollte er denn nicht sein eigenes Geld ausgeben? Er mußte wirklich versuchen, weniger dünnhäutig zu sein, sich weniger anfechten zu lassen von dem absurden sozialen Gewissen, das er aus undefinierbaren Gründen in letzter Zeit entwickelt hatte. Nicht daß er sich dadurch tatsächlich hätte abhalten lassen, sein Geld auszugeben oder sich zu vergnügen, mußte er sich mit einem inneren Schmunzeln eingestehen. Trotzdem, es war einfach lästig, weiter nichts.

Er würde also die Terrasse vergrößern und den Salon vielleicht mit einem schwarzen Marmorfußboden auslegen lassen. Frasers Profite schienen in diesem Jahr auf einen neuen Rekord zuzusteuern. Warum sollte eigentlich nicht dieser Bursche, dieser Churchouse, wieder ihre Druckaufträge übernehmen? Wenn der wirklich aus dem letzten Loch pfiff und verzweifelt war, dann würde er zweifellos jede Gelegenheit beim Schopfe fassen und zu einem sehr niedrigen Preis arbeiten ...

Verdammt noch mal, jetzt reichte es aber! Nun redeten die da drüben schon wieder! Er konnte sie durch die Wand flüstern hören, hastig und aufgeregt. Das war vielleicht ein merkwürdiges Paar, diese beiden! Nicht den leisesten Funken Humor. Verbissen ernst, wie Gestalten aus einer Tragödie.

«Die Arbeit, die uns freut, wird zum Ergötzen.» Macbeth hatte das gesagt, Macbeth, der den alten König tötet. Und sie hatte es zu ihm, Duncan, gesagt, als er sich für die Mühe entschuldigte, die er verursachte. Der König hieß übrigens auch Duncan. Natürlich, so hieß er. Er selbst hieß Duncan, und der alte König auch. Und auch er war ja in gewisser Hinsicht ein alter König, der Monarch des Fraser-Imperiums. Tuschel, tuschel, wisperten die Wände.

Er setzte sich auf und machte das Licht an. So fühlte er sich besser. Also, er war aber doch sicher, daß er diese Autoscheinwerfer nicht angelassen hatte! «Laß alles andere mir ...» Warum hatte sie gerade *das* gesagt? Warum nicht, wie jeder andere es getan hätte: «Ich kümmere mich schon um alles»? Macbeth und seine Frau hatten dem alten König in ihrem Hause Gastfreundschaft erwiesen und ihn dann in seinem Bett ermordet, obgleich er ihnen nichts Böses getan hatte, nichts, außer daß er der König war. Es bestand da doch wohl keine Parallele, oder? Denn er, Duncan Fraser, hatte sehr wohl etwas getan, etwas, das Rache herausfordern konnte. Er hatte Hugo Crouch gefeuert und ihn um seinen Lebensunterhalt gebracht. Nein, eine Parallele war es nicht ...

Er knipste das Licht wieder aus, seufzte und legte sich erneut hin. Die beiden flüsterten immer noch. Er hörte die Dielen knacken, als einer von den beiden aus dem Schlafzimmer ging. Nein, es war keine Parallele, es war schlimmer. Warum hatte er das nicht früher gesehen? Lady Macbeth und ihr Gatte hatten keinen Grund – nicht den geringsten ... Der Schweiß brach ihm aus der Stirn, und er langte nach dem Glas Wasser. Aber dann trank er doch nicht. Es war natürlich idiotisch, es nicht zu tun, aber ... Der Morgen würde ja bald kommen. «Oh, nie soll die Sonne den Morgen sehen ...!» Wo kam das vor? Mußte er sich das noch fragen?

Wer immer von den beiden im Badezimmer gewesen war,

jetzt verließ er es und ging zu dem anderen zurück. Aber nur für einen Moment. Wieder hörte er die Dielen ächzen, wieder rumorte dort jemand auf dem dunklen Vorplatz herum. Dunkel, jawohl, stockdunkel, denn diesmal hatten sie das Licht nicht angemacht. Und jetzt fühlte Duncan den ersten Schwall richtiger Angst, wie er sie nicht mehr erlebt hatte, seit er als kleiner Junge einmal im Hause seiner Eltern im Kinderzimmerschrank eingeschlossen gewesen war. Er *durfte* keine Angst haben, befahl er sich selbst, er mußte an sein Herz denken! Warum sollten sie auf Rache sinnen? Er hatte ihnen doch alles erklärt. Er hatte ihnen die volle Wahrheit gesagt und die ganze Last der Verantwortung auf seine Schultern genommen.

Das Zimmer war so dunkel, daß er nicht sehen konnte, wie sich der Türgriff bewegte. Aber hören tat er es. Es quietschte kaum hörbar. Sein Herz begann schwer und dumpf zu pochen. Er krümmte seinen Körper zusammen und drängte sich rückwärts gegen die Wand. Wer immer es war, jemand war in sein Zimmer gekommen! Seine – oder ihre? – Umrisse hoben sich rabenschwarz gegen die Dunkelheit ab.

«Was ...? Wer ...?» stammelte er mit trockener Kehle.

Der Schatten löste sich auf, glitt davon, und die Tür wurde sachte geschlossen. Sie wollten sehen, ob er schliefe. Sie wollten ihn im Schlaf umbringen! Er setzte sich auf, machte die Lampe an und verbarg das Gesicht in den Händen. «Oh, nie soll die Sonne den Morgen sehen!» Sämtliche Möbel würde er vor die Tür schieben, diese Kommode da, sein Bett, den Sessel. Seine Kehle war ausgedörrt, er griff wieder nach dem Wasserglas und nahm einen tiefen Zug. Es war eiskalt.

Sie flüsterten nicht mehr; sie warteten schweigend. Er stand auf und hängte sich seinen Mantel über. In der bitteren Kälte fing er an, die Möbel von den Wänden zu rücken. Er versuchte, das eiserne Bettgestell anzuheben, das sich so schmal und klein anfühlte, wenn man darin lag, und das doch so unheimlich schwer war.

Nach dem zweiten vergeblichen Versuch richtete er sich auf, und da fühlte er es – den Schmerz in der Brust, den linken Arm hinunter, wie eine Zwinge, die zusammengeschraubt und zugleich glühend heiß wurde. Mit rotglühenden Eisenfingern packte sie seinen Körper und preßte seine Rippen zusammen. Der Schweiß rann ihm am Körper entlang, als sei die Temperatur im Raum plötzlich ins Ungeheure gestiegen. O Gott, o Gott, das Wasser, das er getrunken hatte! Sie mußten ihm einen Arzt holen, sie *mußten* einfach, sie konnten doch nicht so erbarmungslos sein. Er war alt und müde, und sein Herz war schlecht!

Er zerrte den Mantel über dem Schmerz zusammen und stolperte hinaus auf den dunklen Flur. Ihre Tür – wo war ihre Tür? Er fand sie, indem er an der Wand entlangtastete, kratzend wie ein gefangenes Tier, und als er sie gefunden hatte, stieß er sie auf, stand schwankend auf der Schwelle und hielt den Schmerz mit beiden Händen umklammert.

Sie saßen aufrecht im Bett, mit dem Rücken gegen ihn. Ja, sie lagen nicht im Bett, sie saßen aufrecht da, ihre Silhouetten hoben sich gegen den schwachen Lichtschein ihrer Nachtlampen ab.

«Oh, bitte», stöhnte er, «bitte helfen Sie mir! Töten Sie mich nicht! Ich flehe Sie an, töten Sie mich nicht. Auf den Knien flehe ich Sie an, vergeben Sie mir. Ich weiß, es war falsch, was ich getan habe. Ich habe etwas Furchtbares getan. Nein, es war keine Fehleinschätzung, ich habe Hugo gefeuert, weil er zuviel für die Belegschaft wollte. Er wollte mehr Geld für jeden einzelnen von ihnen, und ich wollte das nicht zulassen. Ich wollte meinen neuen Wagen und meine Urlaubsreisen. Ich mußte meine Ferienvilla haben, mein schönes Landhaus, meinen schönen Garten. O Gott, ich weiß, ich war habgierig, und diese Schuld lastet mir seit Monaten Tag für Tag auf dem Gewissen. Ja, die ganze Schuld ...»

Sie wandten sich ihm zu, zwei weiße Gesichter, unversöhnlich und gnadenlos. Decken und Laken flogen zur Seite, und sie kletterten aus dem Bett. «Habt Mitleid mit mir!» schrie er. «Tötet mich nicht! Ich gebe euch alles, was ich habe, ich gebe euch eine Million ...»

Sie packten ihn mit ihren Händen, aber es war zu spät. Sie hatte ihm ja gesagt, es sei zu spät ...

«In unserem Haus!» sagte sie.

«Nicht doch», erwiderte Hugo. «Das sind die Worte von Lady Macbeth. Was heißt das schon, ob es nun in unserem Haus passiert oder nicht?»

«Ich wollte, ich hätte ihn nie eingeladen.»

«Ja, das war deine Idee. Du hast gesagt, wir wollen ihn einladen, weil er Witwer ist, weil er einsam ist. Mir lag nichts an ihm. Es war doch gräßlich, wie er dauernd darauf bestand, über meine Entlassung zu reden, während wir uns abmühten, das Thema um jeden Preis zu vermeiden. Ich hatte wirklich die Nase voll, als er dann auch noch über Nacht hierbleiben mußte.»

«Was machen wir denn jetzt?» wollte Elisabeth wissen.

«Die Polizei holen, denke ich, oder einen Arzt. Es hat aufgehört zu regnen. Ich werde mich anziehen und losgehen.»

«Aber dir geht es doch nicht gut. Du hast dich die ganze Nacht übergeben.»

«Ich bin wieder ganz okay. Ich hab einfach zuviel Cognac getrunken. War ja auch ein einziger Stress, der ganze Abend. Gott, was für eine Einladung! Keiner wußte mehr, worüber er noch reden könnte! Als du vorhin in seinem Zimmer warst, da war er doch noch ganz in Ordnung, oder?»

«Er schlief halbwegs. Das glaubte ich jedenfalls. Ich wollte mich entschuldigen für die Unruhe, die du veranstaltet hast, aber er schien so halb und halb zu schlafen. Hast du irgendwas mitgekriegt von dem, was er sagen wollte, als er hier hereinkam? Ich nicht.»

«Nein, das war ein einziges Lallen. Wir hätten nicht das geringste mehr für ihn tun können, Liebling. Wir haben ja noch versucht, ihn aufzufangen, ehe er umfiel.»

«Ich weiß.»

«Er hatte eben ein schlechtes Herz.»

«In mehr als einer Beziehung, der arme alte Mann», sagte Elisabeth, und sie breitete eine Wolldecke über Duncan, obwohl er weit davon entfernt war, Wärme, Kälte, Schuld, Angst oder sonst irgend etwas zu fühlen.

(A Bad Heart, 1973)

MAN KANN GAR NICHT VORSICHTIG GENUG SEIN

An ihrem neunzehnten Geburtstag war Della Galway zum ersten (und fast auch zum letzten) Mal mit einem Mann ausgegangen. Er stellte seinen Wagen ab, weil sie in ein Restaurant gehen wollten, und sie fragte ihn, ob er auch alle Türen und den Kofferraum abgeschlossen habe. Und als er noch einmal umkehrte und meinte, ja, es wäre wohl besser, das zu tun, da fragte sie ihn, weshalb er nicht ein einbruchsicheres Lenkradschloß hätte.

Ihre Eltern hatten sie dazu erzogen, vorsichtig zu sein. Als sie dann ihr glückliches Heim in dem sicheren kleinen Provinzstädtchen später verließ, da nahm sie die diesbezüglichen Vorstellungen ihrer Eltern mit nach London. Anfangs konnte sie nur die Miete für ein möbliertes Zimmer aufbringen. Es regte sie auf, daß die anderen Mieter oft spät in der Nacht heimkamen und die Haustür einfach nur eingeklinkt ließen. Obgleich ihr Zimmer im obersten Stockwerk des Hauses lag und sie nichts besaß, das zu stehlen sich lohnte, lag sie stundenlang im Bett und schwitzte vor Angst. In ihrer Firma war es genau dasselbe. Kein Mensch kümmerte sich dort um Sicherheitsvorkehrungen. Della war immer die letzte, die fortging, und manchmal ging sie zwei-, ja dreimal zurück und vergewisserte sich, daß alle Bürotüren und das Außenportal ordnungsgemäß verschlossen waren.

Der Personalchef legte ihr schließlich nahe, sie solle mal einen Psychiater aufsuchen.

Della war sehr ehrgeizig. Sie besaß ihr Volkswirtschaftsdiplom, hatte einen Abschluß in Betriebswirtschaft und war aus ihrem Sekretariats- und Buchhaltungslehrgang als Beste hervorgegangen. Sie wußte, ein Psychiater würde irgendeinen Defekt bei ihr finden – schließlich mußten diese Leute ihr Geld verdienen wie jeder andere auch –, und die endlosen Therapiesitzungen, die dann zwangsläufig folgen mußten, würden sie ihrem Ziel, der erste weibliche Direktor der Firma zu werden, nicht gerade näherbringen.

«Das ist nicht nötig», sagte sie in ihrer kurz angebundenen Art. «Schließlich ist es das Firmeneigentum, um das ich mich sorge. Wenn die Leute riskieren wollen, ihre wertvollen Geräte zu verlieren, bitte schön, dann ist das ihre Sache.»

Also hörte sie auf, zurückzugehen und die Türen zu überprüfen. Ihr konnte es ja egal sein, ihre eigene Sicherheit stand schließlich nicht auf dem Spiel. Und prompt brachen drei Wochen später zwei Männer ein, stahlen sämtliche elektrischen Schreibmaschinen und zerstörten den Computer vollständig. So hatte sie also nachträglich recht bekommen – obwohl sie das nicht weiter erwähnte. Die Drohung mit dem Psychiater hatte sie derartig in Schrecken versetzt, daß sie in der Firma niemals wieder ihre Einbrecherangst durchblicken ließ.

Als sie befördert wurde und eine Gehaltserhöhung bekam, beschloß sie, sich eine eigene Wohnung zu nehmen. Die Vermieterin war eine Frau so recht nach Dellas Herzen. Und auch Mrs. Swanson mochte Della vom ersten Augenblick an und erklärte ihr wie einer verwandten Seele die Sicherheitsvorkehrungen des Hauses.

«Dies ist zwar eine sehr gute Gegend, Miss Galway, aber die Kriminalität in London nimmt ja ständig zu, und ich sage immer, man kann gar nicht vorsichtig genug sein.»

Della konnte nur sagen, das sei ihr aus der Seele gesprochen.

«Deshalb lasse ich die Seitenpforte von der Straße immer verschlossen und von innen abgeriegelt. Und die Hintertür der Wohnung, die auf diesen kleinen Hof führt, muß ebenfalls immer abgesperrt und verriegelt sein. Das Badezimmerfenster, sehen Sie, geht auf den Garten hinaus, deshalb möchte ich, daß die Gartentür und die Badezimmertür des Nachts gleichfalls immer abgeschlossen sind.»

«Sehr vernünftig», stimmte Della zu. Sie bemerkte, daß an dem Schiebefenster des Wohn-Schlafzimmers Feststellschrauben angebracht waren, so daß es sich nicht weiter als höchstens fünfzehn Zentimeter öffnen ließ. «Wie hoch, sagten Sie, ist die Miete?»

«Zwanzig Pfund die Woche.» Mrs. Swanson war immerhin in erster Linie Vermieterin und erst an zweiter Stelle eine verwandte Seele, deshalb betonte sie, als Della zögerte: «Es ist eine Gartenwohnung, vollständig separat, und Sie haben Ihr eigenes Telefon. Ich habe nie die geringste Schwierigkeit, sie zu vermieten. Um zwei, zum Beispiel, kommt noch jemand, der sie besichtigen möchte.»

Della zögerte nicht weiter. Am Ende der Woche zog sie ein, nachdem sie Mrs. Swanson ihre Referenzen vorgewiesen und beteuert hatte, sie sei eine ruhige Mieterin, äußerst gewissenhaft in bezug auf Schlösser und Riegel und nicht im mindesten geneigt, «unbefugte» Personen über Nacht bei sich zu behalten. Mit «unbefugten» Personen meinte Mrs. Swanson Männer. Nach der Episode mit dem Auto an ihrem neunzehnten Geburtstag hatte Della sich zwar noch versuchsweise auf Männerbekanntschaften eingelassen, aber keiner war mehr als zweimal mit ihr ausgegangen, und keiner war je auch nur so weit vorgedrungen, sie etwa zu küssen. Sie wußte gar nicht, warum das so war, sie war doch immer höflich und nett gewesen, hatte immer darauf bestanden, für sich selbst zu zahlen, war immer darauf bedacht gewesen, ihren Mantel, ihre Handtasche und ihre Einkäufe selbst zu tragen, um ihrem Begleiter keine Mühe zu machen. Ebenso hatte sie auch immer ein wachsames Auge auf *seine* Brieftasche und seine Schlüssel gehabt und stets vorgeschlagen, daß *sie* die Theaterkarten in sichere Verwahrung nähme, und schließlich hatte sie auch noch dafür gesorgt, daß es nicht gar zu spät für ihn wurde. Daß ein Mann nach dem anderen sie versetzte, bekümmerte sie wenig. Kein Funke sexueller Gefühle hatte sie je beunruhigt, und die Vorstellung, ihr wohlgeordnetes, routinemäßig verlaufendes Leben mit einem Mann zu teilen – unordentliche, hilflose, inkonsequente Kreaturen, die sie mit Ausnahme ihres Vaters anscheinend alle waren –, diese Vorstellung war geradezu deprimierend. Sie zog es vor, sich aus eigener Kraft durchzusetzen. Eines Tages vielleicht, wenn sie so um fünfunddreißig wäre – abgesichert mit dem Spitzengehalt einer Geschäftsführerin –, ja, wenn dann vielleicht ein gleichgesinnter, ruhiger und vernünftiger Mann des Weges käme ... Aber bis dahin brauchte Mrs. Swanson keine Bedenken zu haben.

Della war sehr glücklich mit ihrer Wohnung. Sie war äußerst ruhig, ein kleines Refugium, still und geschützt an der Rückseite des Hauses. Nie hörte sie einen Ton von ihren Nachbarn in den anderen Wohnungen, und umgekehrt natürlich auch nicht. Nur gelegentlich begegnete sie jemandem, wenn sie von ihrem eigenen Wohnungseingang durch den Flur zur Haustür hinüberging. Es waren mausgraue Leute, die verstohlen und eilig ihren Höhlen zustrebten und allenfalls ein Kopfnicken oder ein gemurmeltes «Guten Abend» riskierten. So sollte es ja auch sein. Auch die Wohnung war genau so, wie sie sein sollte.

Der kombinierte Wohn-Schlafraum sah bei Tag aus wie ein Wohnzimmer, denn das Bett wurde lediglich zur Nacht aus einer durch einen Vorhang verborgenen Wandnische heruntergeklappt. Das Fenster ging auf den Hof hinaus, den Della aber nie benutzte. Nie entriegelte sie die Seitenpforte zur Straße oder die Hintertür oder – überflüssig, das zu betonen – versuchte gar, die Feststellschrauben zu lösen, um das Fenster weiter als fünfzehn Zentimeter zu öffnen.

Jeden Abend, wenn sie das Geschirr gespült und jede Fläche der akkurat geordneten Küche saubergewischt, wenn sie ihr Bad genommen, ihren Schlaftrunk bereitet und das Bett aus der Wand geklappt hatte, machte sie sich auf ihren Sicherheits-Rundgang, genau wie es ihr Vater zu Hause immer getan hatte. Als erstes schloß sie die Hintertür auf, schob die Riegel zur Seite und überquerte den Hof, um zu prüfen, ob das Seitentor zur Straße ordnungsgemäß gesichert war. Es war zwar immer, als habe niemand auch nur daran gerührt, aber Della wollte doch lieber ganz sichergehen, und manchmal ging sie sogar mehrmals zurück, für den Fall, daß der Augenschein getrogen hatte. Dann verriegelte und verschloß sie die Hintertür der Wohnung, ebenso die Gartentür und die Badezimmertür. Alle diese Türen gingen von einem kleinen Raum ab, der etwa zweieinhalb Meter im Quadrat maß und von Mrs. Swanson das Gartenzimmerchen genannt wurde, das seinerseits wieder durch eine Tür zur Küche hin abgeriegelt werden konnte. Auch diese Tür schloß Della ab. Sie bedauerte, daß man nicht auch die Tür abschließen konnte, die von der Küche zum Wohn-Schlafzimmer führte, aber aufgrund einer unverständlichen Nachlässigkeit seitens Mrs. Swanson fehlte hier ein Schloß. Ihre eigentliche Eingangstür im Wohn-Schlafzimmer dagegen war natürlich mit einem Sicherheitsschloß ausgestattet. Als letztes, bevor sie zu Bett ging, verriegelte sie diese Wohnungstür.

Dann war sie sicher. Obwohl sie manchmal noch ein- oder zweimal wieder aufstand, um sich äußerste Gewißheit zu verschaffen, fiel sie doch meist nach diesen Vorbereitungen in einen gnädigen Schlaf, in dem Bewußtsein, daß selbst der gerissenste Einbrecher nicht hereinkommen konnte.

Aber eine Schattenseite gab es doch, nämlich die Miete.

«Diese Wohnung», erklärte Mrs. Swanson, «ist ja eigentlich auch für zwei Leute gedacht. Vor Ihnen hat ein Ehepaar darin gewohnt, und davor haben zwei Damen sie sich geteilt.»

«Ich könnte nicht mein Bett mit jemandem teilen», erwiderte Della schaudernd, «oder auch nur mein Zimmer.»

«Wenn Sie eine nette Freundin als Mitbewohnerin fänden, dann hätte ich nichts dagegen, im Gartenzimmerchen noch ein einzelnes Bett aufzustellen. Auf diese Weise könnte Ihre

Freundin ungehindert durch die Hoftür aus und ein gehen, vorausgesetzt, Sie versprechen mir hoch und heilig, sie abends immer ordentlich zu verriegeln.»

Della dachte nicht daran, nach einer Wohnungspartnerin zu inserieren. Man kann gar nicht vorsichtig genug sein. Andererseits *mußte* sie einfach jemanden finden, wenn sie in der Lage sein wollte, sich neue Wintergarderobe zu kaufen, ganz zu schweigen von den Heizkosten für die Wohnung. Aber es mußte die richtige Person sein, jemand, der nicht nur ihren eigenen Ansprüchen genügte, sondern auch Mrs. Swansons ...

«Oh, das ist ja entzückend!» sagte Rosamund Vine. «So ruhig und sauber. Und einen Garten haben Sie auch! Sie hätten mal das Loch sehen sollen, in dem ich bisher gehaust habe. Das wimmelte nur so von Mäusen.»

«Mäuse gibt es nur», entgegnete Della streng, «wenn man Essen herumliegen läßt.»

«Das tue ich ganz bestimmt nicht. Ich werde immer ganz achtsam sein. Ich bezahle also die Hälfte der Miete, und ich bekomme den Schlüssel für die Hintertür, ja? Auf diese Weise störe ich Sie nicht, wenn ich mal abends spät nach Hause komme.»

«Ich hoffe, Sie werden abends nicht spät nach Hause kommen», meinte Della. «Mrs. Swanson ist sehr eigen in dieser Hinsicht.»

«Kein Sorge», Rosamund klang fast bitter, «es gibt nämlich auch nichts und niemanden, der mich bis spät in die Nacht von zu Hause fernhalten könnte. Und überhaupt, der letzte Bus hält ja um Viertel vor zwölf hier am Ende der Straße.»

Della schob ihre Bedenken beiseite, und Mrs. Swanson schien keine zu haben, nachdem sie sich mit Rosamund unterhalten hatte. Ihr Hauptanliegen war es, dem Mädchen die Sicherheitsvorkehrungen zu erklären. Rosamund hörte bescheiden und unter ernstem Kopfnicken zu. Della war froh, daß diese Aufgabe nicht ihr zugefallen war, denn sie wollte nicht, daß Rosamund nachher übertriebene Dinge in der Firma herumerzählte. Um so besser, wenn sie alles auf Mrs. Swanson schieben konnte.

Rosamund Vine war mit der gleichen Sorgfalt ausgewählt worden, die Della bei jeglicher Entscheidung walten ließ. Drei Wochen lang hatte sie sie beobachtet und die Ohren offengehalten, ehe sie sich entschloß. Sie hatte sich tunlichst niemanden mit einem zu niedrigen Gehalt ausgesucht, andererseits aber auch niemanden, der in der Firma eine ihr überlegene Stellung einnahm. Auch die Vorstellung einer außergewöhnlich hübschen Mitbewohnerin behagte ihr nicht – so eine führte bestimmt einen hektischen Lebenswandel – oder auch einer gar zu gescheiten Person, die sie womöglich in ermüdende Diskussionen verwickelte. Ein elegantes Mädchen würde die Schränke mit ihren Kleidern und das Badezimmer mit ihrem Kosmetikkram füllen; und ein begabtes Mädchen würde Musikinstrumente, einen Webstuhl oder Kisten voller Bücher anschleppen. Nein, von allen Kandidatinnen blieb schließlich nur Rosamund übrig. Sie war klein, ruhig und nicht unansehnlich, eine Sekretärin (aber nicht Dellas Sekretärin) und überdies die Tochter eines Geistlichen, der auch noch zufällig zur selben Zeit auf derselben Universität gewesen war wie Dellas Vater. Es war Della, die ähnliche Moralbegriffe hegte wie eine viktorianische Hausherrin gegenüber den «Verehrern» ihrer Dienstmädchen, nicht entgangen, daß das Mädchen nie einen Freund erwähnt hatte und daß ihr auch kein Bürotratsch über Rosamunds Liebesleben zu Ohren gekommen war.

Also richteten sich die beiden jungen Frauen wohlgemut zusammen ein. Selten gingen sie abends aus. Della ging stets Punkt elf ins Bett, und sie hätte natürlich von diesem Zeitpunkt an Rosamund einfach auf ihr eigenes Zimmerchen verweisen können, aber eine kleine Schwierigkeit gab es. Wenn Rosamund in ihrem Gartenzimmerchen auf dem Bett saß – denn sonst konnte sie nirgends sitzen –, dann war es für Della nicht möglich, ihre gewohnte Sicherheitsrunde zu machen.

Ein einziges Mal hatte sie es, unter Rosamunds erstaunten Blicken, versucht.

«Großer Gott», hatte Rosamund gesagt, «das ist hier ja wie Fort Knox. All diese Schlüssel und Riegel! Wovor hast du denn bloß solche Angst?»

«Mrs. Swanson will es eben so haben», erwiderte Della. Aber am nächsten Abend machte sie für beide einen heißen Schlaftrunk und schickte Rosamund damit voraus ins Wohn-Schlafzimmer, dann schlich sie sich in den Hof zu einer geheimen Überprüfung der Außenpforte.

Als sie zurückkam, untersuchte Rosamund gerade interessiert ihren Nachttisch. «Warum legst du bloß alles so abgezirkelt genau hin, Della? Dein Buch genau im rechten Winkel zum Tisch, die Zigarettenschachtel im rechten Winkel zum Buch, und sieh mal, der Aschenbecher exakt zwei Finger breit von der Lampe entfernt, als ob du nachgemessen hättest.»

«Ich bin eben von Natur aus ein ordentlicher Mensch.»

«Das Rauchen ist bei dir eigentlich komisch. Ich wäre nie darauf gekommen, daß du rauchst, bis ich hier eingezogen bin. Eigentlich paßt das gar nicht zu deinem Charakter. Und dann dieses Glas Wasser hier. Mußt du denn nachts Wasser trinken?»

«Nicht immer», erwiderte Della geduldig. «Aber ich könnte doch Durst bekommen, und dann brauche ich nicht aufzustehen und welches zu holen, nicht wahr?»

Rosamunds Fragen waren ihr durchaus nicht unangenehm. Sie zeigten doch nur, daß das Mädchen von ihrer Lebensart lernen wollte. Della brachte ihr bei, daß ein Zimmer täglich abgestaubt, der Kühlschrank einmal wöchentlich abgetaut und der Frühstückstisch gedeckt werden mußte, bevor man ins Bett ging, ebenso daß sämtliche Fenster geschlossen und die Feststellschrauben angezogen sein mußten. Sie fragte Rosamund aus über die Zimmer, in denen sie früher gewohnt hatte, in der Absicht, ihr ihren jetzigen Komfort gegenüber der Schäbigkeit vergangener Zeiten bewußtzumachen, und sie bekam einen richtigen Schock, als Rosamund zögernd damit herausrückte, daß sie in einigen dieser Gemächer – Bodenräume, provisorisch umgebaute Garagen – mit einem Mann zusammengelebt hatte. Della sagte zwar nichts, aber sie gefror geradezu. Gottlob bemerkte Rosamund ihre Mißbilligung und verschonte sie mit Details. Bald danach begann sie jedoch, abends auszugehen.

Della wollte gar nicht wissen, wohin sie ginge und mit wem. Sie hatte schließlich genug zu tun, um ihre Abende auszufüllen, sei es, daß sie sich Büroarbeit mit nach Hause brachte, oder auch Hausarbeit, Waschen und Bügeln, dann der Brief an ihre Eltern zweimal wöchentlich und schließlich noch ihr Handelsspanisch, das sie sich mittels Schallplatten selbst beibrachte. Nein, es war fast eine Erleichterung, Rosamund nicht dauernd um sich zu haben. Außerdem konnte sie so in Ruhe ihre Sicherheitsrunde machen. Das Hoftor konnte sie dabei natürlich nicht absichern, solange Rosamund nicht zu Hause war; bis dahin mußte es unverriegelt bleiben und die Hintertür zur Wohnung, für die Rosamund den Schlüssel hatte, ebenfalls. Aber immer hörte sie spätestens gegen zehn Minuten vor zwölf die Seitenpforte zur Straße sich öffnen und schließen, hörte, wie Rosamund stehenblieb und die Riegel vorschob, dann ihre leisen Schritte über den Hof, die Hintertür, wie sie auf- und dann wieder abgeschlossen wurde. Danach konnte Della in Ruhe einschlafen.

Das erste Problem entstand, als Rosamund eines Nachts nach Hause kam und das Hoftor nicht hinter sich zuriegelte. Della lauschte angestrengt in die Dunkelheit, aber sie war ganz sicher, die Bolzen waren nicht vorgeschoben worden. Selbst wenn die Hintertür zugeschlossen war – undenkbar, die Seitenpforte einzig und allein durch dieses lausige kleine Schloß abgesichert zu wissen! Sie schlüpfte in ihren Morgenmantel und ging durch die Küche in das Gartenzimmerchen. Rosamund war schon im Bett, ihre Kleidungsstücke lagen überall verstreut. Della sammelte sie auf und faltete sie ordentlich zusammen. Sie kam aus dem Hof zurück, nachdem sie die Riegel vorgeschoben hatte, da richtete sich Rosamund auf und fragte:

«Was ist denn los? Kannst du nicht schlafen?»

«Doch, doch», meinte Della mit einem kleinen, nachsichtigen Lachen, «aber Mrs. Swanson könnte bestimmt kein Auge zutun, wenn sie wüßte, daß du die Seitenpforte nicht verriegelt hast.»

«Hab ich das nicht? Ach, Della, ich weiß die meiste Zeit überhaupt nicht recht, was ich tue. Ich kann an nichts anderes mehr denken als an Chris. Ach, er ist einfach umwerfend! Und ich glaube allen Ernstes, er ist nach mir genauso verrückt wie ich nach ihm. Es kommt mir vor, als ob er mein ganzes Leben verändert hat.»

Della verbrachte den ganzen nächsten Abend damit, sich die Beschreibung des umwerfenden Chris anzuhören, wie hochintelligent er war – obgleich es ihm im Moment nicht gelang, einen seinen Fähigkeiten angemessenen Job zu finden –, wie amüsant und gebildet – und dabei leider so arm, daß er darauf angewiesen war, im Zimmer eines Freundes unterzuschlüpfen, während der verreist war. Della hörte ergeben zu, lächelte, machte hie und da passende Bemerkungen, aber sie konnte sich kaum entsinnen, sich je so gelangweilt zu haben. Jedesmal wenn sie aufstand und eine ihrer spanischen Schallplatten auflegen wollte, schwärmte Rosamund bereits wieder von einer neuen Facette seiner schillernden Persönlichkeit, bis Della schließlich sagen mußte, sie habe Kopfschmerzen und ob Rosamund sie wohl ein wenig allein lassen würde?

«Du wirst ihn ja sowieso morgen kennenlernen. Ich habe ihn zum Abendessen eingeladen.»

Unglücklicherweise war das der Abend, an dem sie bei ihrer Tante am entgegengesetzten Ende Londons zu Abend aß. Die beiden hatten sich anscheinend mächtig gut amüsiert, wie Della an dem Zustand der Küche sehen konnte, als sie nach Hause kam. Es gab wenig Dinge, die sie mehr verabscheute als feuchtes Geschirr, das einfach zum Trocknen stehengelassen wurde. Rosamund schlief schon. Della schlich sich in den Hof, um nachzusehen, ob die Bolzen vorgeschoben waren.

«Ich hab dich gestern abend spät noch so lange rumoren gehört», sagte Rosamund am nächsten Morgen. «Hast du dich über irgendwas geärgert?»

«O nein, gar nicht. Ich konnte wohl bloß nicht einschlafen, weil es später geworden war, als ich es gewöhnt bin.»

«Ganz schön verrückt, was?» meinte Rosamund und kicherte.

In der nächsten Nacht verpaßte sie den letzten Bus.

Della hatte einen angenehmen Abend verbracht. Zuerst hatte sie den Jahresbericht der Firma durchgearbeitet, dann eine Lektion Spanisch gelernt, und gegen elf lag sie im Bett und las die Memoiren einer erfolgreichen Firmenchefin. Um halb zwölf knipste sie ihre Nachttischlampe aus. Von nun an lag sie im Dunkeln und wartete auf das Geräusch der Seitenpforte.

Ihr Wecker hatte leuchtende Zeiger, und als der große über die Zehn hinauskroch, verspürte sie ein unangenehmes nervöses Prickeln, das sich über ihren ganzen Körper ausbreitete. Sie machte das Licht an, knipste es jedoch sofort wieder aus. Sie wollte nicht, daß Rosamund hereingestürzt käme mit all ihren albernen Fragen und Bemerkungen. Aber Rosamund stürzte nicht herein, und die Zeiger des Weckers legten sich übereinander, als es Mitternacht war. Jetzt gab es keinen Zweifel mehr: Der letzte Bus war weg, und Rosamund war nicht mitgekommen.

Also gut, das dumme Ding sollte nur nicht denken, daß sie sich so was gefallen ließe. Sie würde jetzt eigenhändig das Hoftor verriegeln, und Rosamund konnte dann draußen auf der Straße bleiben. Natürlich würde sie vielleicht einfach an der Haustür klingeln, einfältig und unüberlegt genug war sie ja dazu. Aber das war dann auch nicht zu ändern. Della würde sich lieber um ein oder zwei Uhr wach klingeln lassen, als dazuliegen und zu wissen, daß diese elende Seitenpforte jedermann offenstünde. Sie zog den Morgenmantel über und ging durch die tadellos aufgeräumte Küche ins Gartenzimmerchen. Rosamund hatte einen albernen Vorhang vor die Hintertür gehängt, nicht eigentlich einen Vorhang, sondern einen ziemlich schmutzigen indischen Bettüberwurf. Mit spitzen Fingern hob sie ihn hoch – und da wurde es ihr blitzartig klar. Sie *konnte* die Pforte zur Straße gar nicht abriegeln, denn die Hintertür zum Hof war ja verschlossen, und Rosamund hatte den Schlüssel.

Aber ein praktischer Mensch wie sie ließ sich davon nicht einschüchtern. Dann würde sie eben zur Haustür hinausgehen, zur Seitenpforte herumlaufen und … aber nein, das ging ja auch nicht! Wenn sie die Pforte aufmachte und dann von innen verriegelte, dann säße sie selbst ja eingesperrt im Innenhof. Die einzige Möglichkeit war, aus dem Fenster zu klettern. Verzweifelt bemühte sie sich, die Fensterschrauben zu lösen. Aber die waren seit Jahren nicht mehr benutzt worden und ließen sich nicht drehen. Sie zitterte, als sie sich auf ihre Bettkante setzte und sich eine Zigarette anzündete. Zum erstenmal in ihrem Leben befand sie sich nachts an einem unsicheren Ort, allein in einer Londoner Wohnung, mit nichts zwischen sich und ganzen Horden gewalttätiger Einbrecher als dem kümmerlichen Schloß einer Haustür, das jeder hergelaufene Dieb in fünf Minuten knacken konnte.

Welche geradezu kriminelle Fahrlässigkeit von Mrs. Swanson aber auch, die Tür zwischen Küche und Wohn-Schlafraum nicht mit einem Schloß zu versehen! Und nicht ein einziges schweres Möbelstück weit und breit, das sie gegen die Tür stellen konnte! Gewiß, das Telefon stand neben ihrem Bett, aber wenn sie nun ein Geräusch hörte und die Polizei anriefe – bestand denn überhaupt eine Chance, daß sie rechtzeitig kämen, ehe sie selbst ermordet und die ganze Wohnung verwüstet wäre?

Womit Mrs. Swanson die Wohnung allerdings ausgestattet hatte, das war ein so furchterregendes Brotmesser, wie Della es noch nie gesehen hatte. Das holte sie sich aus der Küche und legte es unter ihr Kopfkissen. So fühlte sie sich ein wenig sicherer. Aber angenommen, sie wachte nun nicht auf, wenn der Kerl hereinkäme, angenommen ... Aber das war lächerlich, sie würde sowieso nicht schlafen. Erschöpft, zitternd und gegen die Übelkeit kämpfend, kroch sie unter die Decke und knipste nach fieberhaftem Überlegen die Lampe aus. Vielleicht wenn kein Licht brannte, würde er an ihr vorübergehen, würde gar nicht wissen, daß sie da war, würde weitergehen ins Innere des Hauses, und wenn sie dann nicht schon vor Angst gestorben war ...

Um zwanzig Minuten nach eins, als sie eben drauf und dran war, nach einem Taxi zu telefonieren, um in ein Hotel zu fahren, hörte sie die Seitenpforte klicken, und Rosamund trat in den Innenhof. Della fiel mit einer so abgrundtiefen Erleichterung in die Kissen zurück, daß sie es nicht einmal mehr fertigbrachte, hinauszugehen und die Riegel zu überprüfen. Was machte es schon, wenn sie nicht vorgeschoben waren! Der Kerl würde ja zuerst an Rosamund vorbeikommen und sie zuerst töten. Della mußte sich eingestehen, daß sie sich keinen Deut darum scherte, was Rosamund zustoßen konnte, sondern einzig und allein um ihre eigene Sicherheit bangte.

Um halb sieben schlich sie sich in die Küche und legte das Brotmesser zurück, und sie saß mißgelaunt in der blitzsauberen Wohnung beim Frühstück, als Rosamund um acht Uhr erschien.

«Ich hab den letzten Bus verpaßt, ich mußte ein Taxi nehmen.»

«Du hättest mich wenigstens anrufen können.»

«Herrgott, du klingst ja wie meine Mutter. Es war schon schlimm genug, aufzustehen und ...» Rosamund wurde rot und legte erschrocken die Hand auf den Mund. «Ich meine, rauszugehen und das Taxi anzuhalten und ... Na ja, und soo spät war es ja nun auch nicht», murmelte sie.

Ihr kleiner Ausrutscher war Della nicht entgangen. Aber sie

war zu erschöpft, um ihr Vorhaltungen zu machen. Sie sagte lediglich, Mrs. Swanson wäre bestimmt sehr ungehalten, wenn sie das wüßte, und ob Rosamund ihr bitte nächstes Mal rechtzeitig im voraus Bescheid sagen könnte, wenn sie beabsichtigte, spät zu kommen. Aber als sie am Abend wieder zusammentrafen, meinte Rosamund, sie könne nun mal nicht im voraus Bescheid sagen – sie wisse ja schließlich selber nie ... Da schwieg Della. Was hatte es auch für einen Sinn zu wissen, wann Rosamund heimkäme, wenn sie das Seitentor doch nicht verriegeln konnte?

Drei Tage später riß ihr der Geduldsfaden.

An zwei der dazwischenliegenden Abende hatte Rosamund den letzten Bus verpaßt. Das Merkwürdige daran war, daß sie nicht im geringsten elend und übernächtigt aussah, Della aber dafür um so mehr. In der vergangenen Nacht hatte sie geschlagene drei Stunden steif vor Angst im Bett gelegen, das Brotmesser in der Hand, während das alte Haus um sie her in allen Fugen geknackt und das Hoftor im Winde gescheppert hatte.

«Ich möchte bloß wissen, weshalb du überhaupt noch nach Hause kommst.»

«Hättest du nichts dagegen, wenn ich es nicht tue?»

«Nicht die Bohne. Mach, was du willst.»

Heimlich, noch bevor Rosamund die Wohnung durch die Haustür verließ, schlüpfte Della hinaus und riegelte das Hoftor zu. Und Rosamund, gedankenlos wie sie war, überprüfte es natürlich auch nicht, bevor sie den Hinterausgang der Wohnung abschloß. Um zehn fiel Della in einen bleiernen Schlaf, aus dem sie kurz nach zwei Uhr geweckt wurde durch heftiges Klopfen am Seitentor, dem kurz darauf ein durchdringendes Klingeln an der Haustür folgte.

«Du hast mich ausgesperrt!» schluchzte Rosamund. «Das hat sogar meine Mutter nie gemacht. Ich war da draußen ausgesperrt auf der Straße, und ich bin völlig durchgefroren. Was hab ich dir denn getan, daß du mich so behandelst?»

«Du hast doch gesagt, du würdest nicht nach Hause kommen.»

«Wollte ich ja auch nicht. Aber wir sind ausgegangen, und Chris hatte seinen Schlüssel vergessen, und da mußte er bei einem Freund schlafen. Wär ich doch bloß auch mitgegangen!»

Hm, hier schieden sich denn wohl die Geister, fand Della. Und obgleich es nachts halb drei war, schien ihr der Zeitpunkt gekommen, die Dinge energisch klarzustellen. Mit wohlartikulierter, schulmeisterhafter Stimme erklärte sie Rosamund:

«Ich glaube, wir müssen unsere Arrangements ändern, Rosamund. Deine Wege sind nicht meine Wege, und wir beide passen eben nicht zusammen, nicht wahr? Du kannst hier wohnen bleiben, bis du etwas anderes gefunden hast, aber ich möchte, daß du augenblicklich anfängst, dir etwas zu suchen.»

«Aber was hab ich denn getan? Ich hab doch nie Krach gemacht, und ich hab auch meine Freunde nicht mitgebracht. Ich hab noch nicht mal dein Telefon benutzt, nicht ein einziges Mal. Ehrlich, Della, ich hab mir so Mühe gegeben, die Wohnung sauber und ordentlich zu halten – Mann, das hat mich fast umgebracht!»

«Ich habe dir meine Ansicht gesagt. Wir sind eben sehr verschiedene Menschen.»

«Na schön, ich zieh am Sonnabend aus. Dann geh ich eben wieder zu meiner Mutter, das ist auch nicht schlimmer. Weiß der Himmel … Und dann werden vielleicht Chris und ich …»

«Du gehst jetzt wohl besser zu Bett», unterbrach Della sie kalt. Sie selbst aber konnte nicht einschlafen. Sie fragte sich, wieso sie ein so schlechter Menschenkenner gewesen war. Und sie fragte sich auch, wie sie jetzt die Miete bezahlen wollte. Sie mußte sich jemand anderen suchen, was sonst? Eine ältere Frau vielleicht, eine Witwe oder eine Junggesellin in den mittleren Jahren …

Was sie bestimmt nicht tun würde, war, Rosamund in dieser Endphase ihres Zusammenlebens noch ihre ständige Angst wegen der Seitenpforte zu offenbaren. Denn wenn es irgend etwas gab, was sie tröstete, so war es das Bewußtsein, daß Rosamund sie für eine starke, reife und vernunftvolle Person hielt. Daraus, daß sie es ihr verheimlichte, ergaben sich jedoch für sie schier unerträgliche Höllenqualen. Rosamund schien nämlich zu glauben, allein schon ihr Anblick wäre ein Ärgernis für Della, deshalb verließ sie jeden Abend die Wohnung bereits, ehe Della nach Hause kam, und jedesmal ließ sie das Seitentor unverriegelt und die Hintertür verschlossen. Della wußte nie, ob das Mädchen mit dem letzten Bus fahren, ob sie ein Taxi nehmen oder ob Chris sie in den frühen Morgenstunden nach Hause bringen würde. Sie wußte auch nicht, ob Chris irgendwo in der Nähe wohnte oder weit entfernt. Jetzt wünschte sie, sie hätte ein wenig genauer zugehört bei Rosamunds Herzensergüssen und ihrerseits ein paar Fragen gestellt. Statt dessen hatte sie immer nur mit Schaudern daran gedacht, wie gräßlich es doch sei, mit einem Mann schlafen zu müssen, und dabei überlegt, ob sie es wohl über sich brächte, dergleichen für sich selbst auch nur in Betracht zu ziehen.

Jede Nacht nahm sie das Brotmesser mit ins Bett. Und nachdem einer von den mausgrauen Mitbewohnern, den sie im Korridor traf, ihr erzählt hatte, daß im Hause nebenan eingebrochen worden sei und daß die alte Bewohnerin einen Schlag über den Schädel bekommen hätte, fühlte sie sich bestärkt in der Überzeugung, daß das eine vernünftige Vorsichtsmaßnahme sei. Rosamund kam einmal um eins, einmal um halb drei und einmal überhaupt nicht nach Hause. Della bekam dunkle Ränder um die Augen, ihre Haut sah grau aus, und sie schlief während der Arbeit über ihrem Schreibtisch ein, während eine blitzäugige Rosamund in der Damentoilette ihren Kolleginnen von den Freuden ihrer Beziehung zu Chris berichtete.

Aber jetzt galt es nur noch, eine einzige Nacht zu überstehen.

Rosamund hatte die Nachricht hinterlassen, sie werde heute nicht nach Hause kommen. Sie würde Della ja am folgenden Abend sehen, wenn sie ihre Koffer holte und damit zu ihrer Mutter zöge. Aber sie hatte vergessen, die Seitenpforte zu verriegeln. Della dachte allen Ernstes daran, erst von innen die Bolzen vorzuschieben und dann hinüberzuklettern, zurück auf die Straße. Aber die Tür war zu hoch und zu glatt für Dellas Kletterkünste, und eine Leiter gab es nicht. Ihr blieb also nichts übrig, als ergeben ihre letzte Nachtwache anzutreten, mit Zigaretten, mit einem Glas Wasser, mit dem Telefon und dem Brotmesser. Eigentlich hätte sie erträglicher sein müssen, diese letzte Nacht, eben weil es die letzte war, statt dessen war sie schlimmer als alle vorherigen. Sie lag im Dunkeln und dachte an die alte Frau aus dem Nebenhaus, das ganz genauso gebaut war wie das, in dem sie wohnte, und an den Einbrecher, der genau wußte, wie man am einfachsten hineinkam. Sie versuchte krampfhaft, an etwas anderes zu denken, an irgend etwas, aber die alles beherrschende Angst erstickte ihre schwachen Versuche, sich etwa auf den nächsten Tag zu konzentrieren, auf die Arbeit, auf ihren Ehrgeiz, auf die Erlösung und Seelenruhe von morgen, wenn dieses Seitentor verriegelt sein würde, ein für allemal, um nie wieder geöffnet zu werden.

Rosamund hatte gesagt, sie würde nicht heimkommen. Aber man konnte sich nicht auf das verlassen, was sie sagte. Della war deshalb auch nicht weiter überrascht (wenngleich ungeheuer erleichtert), als sie kurz vor zwei die Pforte klicken hörte. Mit einem geradezu ekstatischen Seufzer – denn nun war alles ausgestanden – wartete sie auf das Geräusch der Bolzen, wenn sie vorgeschoben würden. Aber das Geräusch kam nicht. Nun, das war nicht weiter schlimm. Sie würde die Riegel selbst vorschieben, wenn Rosamund im Bett war. Sie hörte sehr behutsame Schritte, und dann wurde die Hintertür aufgeschlossen. Rosamund brauchte diesmal länger als sonst, um die Tür aufzubekommen, aber vielleicht war sie müde oder betrunken oder weiß der Himmel was.

Stille.

Dann quietschte die Hintertür und machte leise knarrende Geräusche, so als ob Rosamund sich nicht die Mühe gemacht hätte, sie fest abzusperren. Bleiern vor Müdigkeit raffte Della sich auf und legte sich ihren Morgenmantel um die Schultern. Gerade in diesem Augenblick ging das Licht in der Küche an. Als gleißendes Rechteck fiel der Schein durch die Ritzen der alten Tür. Das sah Rosamund gar nicht ähnlich. Rosamund ging nie nochmals in die Küche, wenn sie heimkam, sondern fiel augenblicklich ins Bett, ohne sich auch nur das Gesicht zu waschen. Ein unbezähmbares Zittern befiel Della. Steif und dennoch schlotternd vor Angst horchte sie. Da! Schritte auf dem Küchenboden. Die Kühlschranktür wurde geöffnet. Dann Geräusche, als suche jemand in den Schränken herum, eine Schublade wurde aufgezogen, Besteck schepperte. Sie wollte rufen: «Rosamund, Rosamund, bist du das?» Aber sie hatte keine Stimme mehr. Ihr Mund war trocken, und die Stimme versagte ihr den Dienst. Blitzartig durchfuhr sie ein Gedanke, der ihr nie zuvor gekommen war, und versetzte sie in flammende Panik. Wie konnte sie denn wissen, wie hatte sie je wissen können, ob es Rosamund war oder jemand anders, der die Wohnung durch die Seitenpforte und die zerbrechliche Hintertür betrat?

Und dann ertönte ein Husten.

Ein schwaches Hüsteln nur, mehr ein Räuspern, um die Stimme frei zu bekommen, aber es war eine männliche Stimme.

Da war ein Mann in der Küche!

Das Telefon fiel Della nicht ein. Ihr fiel nur – obgleich sie sie im Grunde keinen Augenblick vergessen hatte – die alte Frau aus dem Nebenhaus ein. In blindem Entsetzen fuhr sie mit der Hand unter das Kissen und griff nach dem Messer. Sie riß die Küchentür auf, und da war er, ein großer Mann, jung und kräftig. Da stand er vor ihr, Mrs. Swansons Silberbesteck in der einen Hand und die schwere eiserne Pfanne in der anderen. Della zögerte nicht. Sie stach mit dem Messer zu. Sie stach und stach, bis das helle Blut gegen die weißen Wände, über die saubere Bügelwäsche und den akkurat gedeckten Frühstückstisch spritzte.

Der Kommissar war sehr nett zu Rosamund Vine. Er redete sie mit ihrem Vornamen an und gab ihr eine Tasse Kaffee zu trinken. Sie trank den Kaffee, obgleich sie gar nicht recht mochte, weil sie schon im Krankenhaus welchen bekommen hatte, als man ihr sagte, daß Chris tot sei.

«Jetzt erzählen Sie mir mal über letzte Nacht, ja, Rosamund?»

«Also, ich bin mit meinem Freund ausgegangen – Chris, Chris Maitland. Er hatte seinen Schlüssel vergessen und wußte nicht, wo er schlafen sollte. Da habe ich gesagt, er sollte einfach mit mir kommen und früh morgens wieder verschwinden, bevor sie – bevor Della aufsteht. Wir mußten ihretwegen sehr vorsichtig sein. Und wir waren ja auch ganz leise. So gegen zwei haben wir uns reingeschlichen.»

«Sie haben sich also nicht bemerkbar gemacht?»

«Nein, wir dachten doch, sie schliefe. Darum haben wir auch nicht miteinander gesprochen, nicht mal geflüstert. Aber sie muß uns gehört haben.» Ihre Stimme schwankte ein wenig. «Ich bin gleich ins Bett gegangen. Aber Chris hatte Hunger, und ich hab ihm gesagt, wenn er mucksmäuschenstill ist, dann kann er sich was aus dem Kühlschrank holen. Ich hab ihm auch erklärt, wo Messer und Gabeln und Teller sind. Als nächstes hab ich dann diesen grauenhaften Schrei gehört, und dann bin ich rausgerannt, und – und Chris war ... Da war überall Blut ...»

Der Kommissar wartete, bis sie ruhiger geworden war.

«Was glauben Sie, weshalb sie ihn mit dem Messer angegriffen hat?» wollte er wissen.

«Ich weiß nicht.»

«Ich glaube, Sie wissen es doch, Rosamund.»

«Ja, vielleicht weiß ich es.» Rosamund blickte zu Boden. «Sie mochte es nicht, daß ich wegging.»

«Weil sie Angst hatte, allein zu sein?»

«Della Galway», sagte Rosamund, «hatte vor gar nichts Angst. Mrs. Swanson, ja, die fürchtete sich vor Einbrechern, aber Della doch nicht. Alle Leute im Haus wußten das von der Frau nebenan, die totgeschlagen worden war, und alle waren nervös. Alle außer Della. Die hat es mir gegenüber nicht mal erwähnt, dabei muß sie es sehr wohl gewußt haben.»

«Sie kann also nicht angenommen haben, Chris sei ein Einbrecher?»

«Aber natürlich nicht!» Rosamund fing an zu weinen. «Sie sah bloß einen Mann – meinen Mann! Sie selbst hat ja nie einen kriegen können. Jedesmal wenn ich versucht hab, ihr von ihm zu erzählen, wurde sie ganz sauer und abweisend. Sie hat uns letzte Nacht kommen gehört, und sie wußte natürlich, was wir … Na, und das hat ihr den Rest gegeben. Ich hab mal gehört, daß die in der Firma sie zum Psychiater schicken wollten, und jetzt weiß ich auch, warum.»

Der Kommissar fröstelte ein bißchen trotz seiner langen Erfahrung. Angst vor Einbrechern, das konnte man noch verstehen, aber so etwas … «Jetzt wird man sie jedenfalls bestimmt zum Psychiater bringen.» Und dann schickte er das weinende Mädchen nach Hause zu ihrer Mutter.

(You Can't Be Too Careful, 1976)

DIE DOPPELGÄNGERIN

Merkwürdige, hexenhaft anmutende Wesen saßen um den Tisch in Mrs. Cleasants Wohnzimmer. Eine von ihnen, ein angesehenes Medium, schien soeben aus einem Haufen Tarockkarten wahrzusagen. Später dann, wenn es dunkel wäre, würden sie zum Tischrücken übergehen. Ihr Ziel war, den Geist des vor einem Jahr verstorbenen Mr. Cleasant herbeizuzitieren und außerdem, so dachte Peter wütend, Lisa wieder einmal zu Tode zu ängstigen.

«Wo gehst du hin?» fragte Mrs. Cleasant, als Lisa zurückkam und den Mantel anhatte.

Peter antwortete für sie. «Ich nehme sie mit auf einen Spaziergang im Holland Park, und dann essen wir irgendwo zusammen.»

«Holland Park?» sagte das Medium. Wenn Leichen reden könnten, hätten sie gewiß eine Stimme wie diese Frau. «Seien Sie vorsichtig, nehmen Sie sich in acht. Das ist ein Ort mit einem ganz speziellen Ruf.»

Die Hexenweiber blickten sie erwartungsvoll an, aber das Medium wandte sich wieder ihren Tarockkarten zu und beäugte die Kaiserin, die sie bis auf drei Zentimeter an ihre lange Nase heranbrachte. Übel werden konnte einem bei diesem ganzen Weiberklüngel, dachte Peter. Noch sechs Monate, und er würde Lisa ein für allemal herausholen aus dieser Hexenversammlung!

Es war ein Sonntagnachmittag im Frühling, und die Luft im Park war frisch und rein, beinahe wie Landluft. Peter atmete sie in tiefen Zügen ein und reinigte sich von der Atmosphäre jenes Wohnzimmers. Er wünschte, auch Lisa würde dadurch ein wenig gelöster, ein bißchen weniger nervös und überspannt. Aber die Hand, die er nicht in der seinen hielt, griff fortwährend nach dem Amulett, das sie an einer Kette um den Hals trug, oder reckte sich aus, um auf Holz zu klopfen, wann immer sie an einem Zaun vorüberkamen.

Plötzlich fragte sie: «Was meinte die Frau eigentlich mit dem ganz speziellen Ruf, den dieser Park hat?»

«Irgendein dämlicher Aberglaube. Wie soll ich das wissen? Ich hasse solche Dinge.»

«Ich auch», meinte sie. «Aber ich fürchte mich davor.»

«Wenn wir erst verheiratet sind, mußt du nichts mehr damit zu tun haben. Dafür sorge ich schon. O Gott, ich wünschte, wir könnten sofort heiraten oder du würdest einfach zu mir ziehen, bis wir es tun können.»

«Ich kann dich ohne Mamas Einwilligung nicht heiraten, bevor ich achtzehn bin, und wenn ich einfach zu dir ziehe, dann wird sie mich unter gerichtliche Vormundschaft stellen.»

«Bestimmt nicht, Lisa.»

«Immerhin brauchen wir ja bloß noch sechs Monate zu warten. Für mich ist es doch auch schwer. Glaubst du, ich würde nicht auch lieber mit dir zusammenleben als mit Mama?»

Er mußte lächeln über ihre kindliche Zurechtweisung. «Komm, versuch mal, ein bißchen vergnügter auszusehen, ich möchte eine Aufnahme von dir machen. Wenn ich schon nicht dich selbst haben kann, dann will ich wenigstens ein Bild von dir haben.» Sie hatten einen offenen, sonnigen Platz erreicht. Er setzte sie auf einen Baumstumpf und bat sie zu lächeln. Dabei zog er die Kamera aus dem Etui. «Sieh nicht die Leute an, Liebling, sieh mich an.»

Zu dumm, daß der Mann und das Mädchen sich ausgerechnet in diesem Augenblick auf der hölzernen Bank niederlassen mußten!

«Lisa!» sagte er scharf und bereute es sofort, denn ihr Gesicht war plötzlich erstarrt zu einer Maske des Entsetzens. Er trat zu ihr. «Was ist denn los, Lisa?»

«Sieh mal das Mädchen an», stammelte sie.

«Na schön. Und was ist mit ihr?»

«Sie sieht genauso aus wie ich. Sie ist meine Doppelgängerin.»

«Unsinn. Wie kommst du denn darauf? Ihr Haar hat die gleiche Farbe, und ihr habt etwa die gleiche Figur, aber sonst gibt es gar keine Ähnlichkeiten. Sie ist doch um Jahre älter als du, und sie ist ...»

«Peter, du mußt das doch sehen! Sie könnte mein Zwilling sein. Sieh mal, der Mann, der bei ihr ist, hat es auch gemerkt. Er hat mich angeguckt und dann etwas zu ihr gesagt, und jetzt sehen sie beide her.»

Er konnte allerhöchstens eine oberflächliche Ähnlichkeit feststellen. «Gut, angenommen, sie wäre deine Doppelgängerin – was ich partout nicht finden kann –, was soll's? Warum bist du deshalb so außer dir?»

«Weißt du denn nicht Bescheid über Doppelgänger? Weißt du nicht, daß man seinen eigenen Tod sieht, wenn man seinem Doppelgänger begegnet, daß man innerhalb eines Jahres stirbt?»

«O Lisa, nun komm. So etwas Dummes habe ich noch nie gehört. Das ist wieder so ein Blödsinn, den du bei diesen verrückten alten Hexen aufgeschnappt hast. Das ist doch hirnverbrannter Aberglaube!» Aber nichts, was er sagte, konnte sie beruhigen. Ihr Gesicht war kalkweiß geworden, und in ihren Augen lag Angst. Mehr besorgt als ärgerlich streckte er die Hand aus und half ihr auf die Beine. Zitternd lehnte sie sich gegen ihn, und er sah, daß sie ihr Amulett umklammerte. «Komm, laß uns gehen», sagte er. «Wir suchen uns einen anderen Platz zum Fotografieren. Schau sie einfach nicht an, wenn es dich aufregt. Vergiß sie.»

Als sie den Weg hinuntergegangen und verschwunden waren, sagte der Mann auf der Bank zu seiner Begleiterin: «Hast du wirklich nicht gesehen, daß das Mädchen dein Ebenbild war?»

«Ich habe dir doch schon gesagt – nein.»

«Natürlich siehst du ein gut Teil älter und härter aus, das muß man zugeben.»

«Vielen Dank.»

«Aber sonst bist du beinahe ihre Doppelgängerin. Wenn man ein Dutzend Jahre und ein Dutzend Liebesaffären abzieht, dann *wärst* du ihre Doppelgängerin.»

«Stephen, wenn du wieder Streit anfangen willst, dann sag Bescheid, und ich geh nach Hause.»

«Ich fange überhaupt nichts an. Ich bin lediglich fasziniert durch ein ungewöhnliches Phänomen. Der Holland Park gilt als unheimlicher Ort. Es heißt doch, man könne hier leicht seinem eigenen Doppelgänger begegnen.»

«Das habe ich nie gehört.»

«Und doch, meine liebe Zoe, ist es so. –
‹Der Priester Zoroaster, mein totes Kind,
sah sein eignes Ebenbild
im Garten wandeln …›»

«Von wem ist das?»

«Shelley. Der Aberglaube lehrt, daß man innerhalb des nächsten Jahres stirbt, wenn man seinem Doppelgänger begegnet.»

Sehr langsam wandte sie sich ihm zu und blickte ihn an: «Möchtest du, daß ich im nächsten Jahr sterbe, Stephen?»

Er lachte: «Oh, *du* stirbst doch nicht. Du hast ja nicht sie gesehen, sondern sie hat dich gesehen; und es hat sie sehr erschreckt. Er fotografierte sie gerade, hast du das nicht gesehen? Ich wollte, ich hätte ihn gebeten, eine Aufnahme von euch beiden zusammen zu machen. Warum versuchen wir nicht, sie einzuholen?»

«Weißt du, du hast wirklich eine kranke Phantasie.»

«Nein, bloß eine gesunde Neugier. Komm jetzt mit, wenn wir schnell gehen, erwischen wir sie noch beim Eingang.»

«Wenn es dir Spaß macht», seufzte Zoe.

Peter und Lisa sahen die beiden anderen nicht kommen. Sie gingen eng umschlungen, und es war Peter gelungen, sie durch Pläneschmieden für ihre Hochzeit von dem Thema der Doppelgängerin abzulenken. Beim nördlichen Eingangstor sagte plötzlich jemand hinter ihm: «Entschuldigen Sie.» Er drehte sich um und sah den Mann vor sich, der auf der Bank gesessen hatte.

«Ja bitte?» sagte er ziemlich steif.

«Ich nehme an, Sie halten dies für eine große Unverschämtheit, aber ich habe Sie beide da hinten gesehen, und ich war – ja, ich war geradezu erschlagen von der Ähnlichkeit zwischen meiner Freundin und der jungen Dame, mit der Sie zusammen sind. Eine verblüffende Ähnlichkeit, finden Sie nicht?»

«Kann ich nicht finden», erwiderte Peter kurz angebunden. Er wagte gar nicht, Lisa anzusehen. Das hatte gerade noch gefehlt! Tiefe Bestürzung erfüllte ihn. «Nein, offen gesagt, ich sehe überhaupt keine Ähnlichkeit.»

«Aber das *müssen* Sie doch. Schauen Sie, ich wollte Sic um einen riesigen Gefallen bitten, nämlich ein Foto von den beiden gemeinsam zu machen. Würden Sie das tun? Bitte sagen Sie nicht nein!»

Peter war drauf und dran abzulehnen, und durchaus nicht höflich, da sagte Lisa: «Warum nicht? Natürlich wird er das tun. Es ist doch solch ein spaßiger Zufall, das sollten wir im Bild festhalten.»

«Sie sind ein nettes Mädchen! Ich glaube, wir sollten uns miteinander bekannt machen, was? Ich bin Stephen Davidson, und dies ist Zoe Conti.»

«Lisa Cleasant und Peter Milton», sagte Peter, noch völlig verblüfft durch Lisas warmes Entgegenkommen.

«Hallo, Lisa und Peter, nett, Sie kennenzulernen. So, jetzt stellt ihr beiden Mädchen euch mal dort drüben in das Fleckchen Sonnenschein …»

Also machte Peter eine Aufnahme und versprach, Stephen

und Zoe einen Abzug zu schicken, sobald der Film entwickelt wäre. Sie gab ihm die Adresse der Wohnung, die sie mit Stephen bewohnte, und er stellte fest, daß sie nur zwei Straßen von seiner eigenen entfernt war. Sie hätten nun gemeinsam weitergehen können, was Stephen, der mehrfach lauthals diesen neuerlichen Zufall erwähnte, anscheinend sehr lieb gewesen wäre, aber Peter sah den gequälten Ausdruck in Lisas Augen und wimmelte die beiden ab. So trennten sie sich in der Holland Park Avenue.

«Du bist doch nicht böse, daß wir nicht mit ihnen zusammen gehen?» fragte Lisa.

«Natürlich nicht. Ich bin doch viel lieber mit dir allein.»

«Da bin ich froh.» Sie fügte hinzu: «Ich hab es für dich getan.»

Er verstand. Sie hatte es seinetwegen getan, um ihm zu beweisen, daß sie mit ihren abergläubischen Ängsten fertig werden konnte. Um seinetwillen, weil er es wollte, würde sie es versuchen. Er nahm sie in die Arme und küßte sie.

Sie schmiegte sich an ihn. Er konnte ihren Herzschlag spüren. «Ich erzähle auch niemand anderem davon», erklärte sie, und er verstand, sie meinte ihre Mutter und die anderen Hexenweiber.

Er zeigte ihr die Aufnahmen nicht, als der Film entwickelt war. Zoe und Stephen sollten ihren Abzug bekommen, und damit hätte die ganze Angelegenheit dann ein Ende. Aber als er die Aufnahme in einen Umschlag steckte, fiel ihm ein, daß er ja ein paar Worte dazu schreiben mußte, und das fand er lästig, denn das Briefschreiben liebte er ganz und gar nicht. Außerdem, wenn er den Brief ohnehin zur Post tragen mußte, dann konnte er ihn ebensogut zu ihrer Wohnung bringen. Und das tat er eines Abends auch. Er hatte durchaus nicht die Absicht hineinzugehen, aber als er den Umschlag in den Briefkasten schob, erschien Zoe hinter ihm auf der Treppe.

«Kommen Sie doch rein und nehmen Sie einen Drink.»

Ihm fiel keine Ausrede ein, also nahm er an. Sie führte ihn

zwei Treppen hinauf, und während des Gehens betrachtete sie das Foto.

«Das soll nun also unsere phantastische Ähnlichkeit sein», meinte sie. «Haben Sie sie eigentlich bemerkt?»

Peter verneinte. Er fragte sich wirklich, wie Lisa so albern hatte sein können, in dieser dreißigjährigen Frau, die heute abend derartig mitgenommen und verhärmt aussah, ihre Doppelgängerin zu erblicken. «Sie hat wohl größtenteils in der Phantasie Ihres Freundes bestanden», sagte er, als sie die Wohnung betraten. «Ich bin gespannt, was er jetzt darüber denkt.»

Einen Moment zögerte sie. Dann kam ihre abrupte Antwort: «Er hat mich verlassen.»

Peter war verwirrt. «Das tut mir leid.» Er sah ihr ins Gesicht, in die Augen, deren dunkle Ringe fast wie Blutergüsse aussahen. «Sind Sie sehr unglücklich?»

«Ich werde wenigstens keine Überdosis nehmen, wenn es das ist, was Sie meinen. Wir waren vier Jahre lang zusammen. Da ist es ganz schön hart. Aber ich will Sie damit nicht anöden. Reden wir von was anderem.»

Peter hatte höchstens eine halbe Stunde bleiben wollen, aber aus der halben Stunde wurde eine ganze, und als Zoe sagte, sie würde jetzt ihr Abendessen kochen und ob er nicht bleiben wolle und mit ihr zusammen essen, da willigte er ein. Es war interessant, sich mit ihr zu unterhalten. Sie war Musiktherapeutin, und sie erzählte von ihrer Arbeit und spielte ihm Platten vor. Als sie die Mahlzeit beendet hatten, ein einfaches, aber ausgezeichnetes Essen, da fing sie an, über ihr privates Leben zu sprechen, auch über ihre schwierige Beziehung zu Stephen. Aber sie sprach ohne Selbstmitleid. Und sie konnte ebenso gut zuhören wie selbst erzählen. Es bedeutete ihm viel, sich einmal einer reifen, ausgewogenen Frau anvertrauen zu können, die ihm zuhörte, ohne ihn zu unterbrechen. Er erzählte von sich und Lisa, daß sie heiraten wollten, sobald sie achtzehn wäre und die Hälfte des väterlichen Vermögens erbte. Nicht daß das Geld irgend etwas damit zu tun hätte, beeilte er sich hinzuzufügen. Ihm wäre es lieber gewesen, sie hätte keinen Penny besessen. Alles, was er wollte, war, sie aus dieser ungesunden Atmosphäre dilettantischen Okkultismus herauszuholen, aus ihrem klösterlich-strengen Zuhause, wo sie zwar bewacht, aber dennoch korrumpiert wurde.

«Wovor hat sie Angst?» fragte Zoe, als er ihr von dem unerläßlichen Amulett erzählte und von ihrer Manie, Holz anzufassen.

Er hob die Schultern. «Vor dem Schicksal? Vor irgendeiner Rachegöttin, die ihr ihr Glück neidet?»

«Oder vielleicht vor einem Verlust», ergänzte Zoe. «Sie hat ihren Vater verloren. Vielleicht hat sie Angst, auch noch Sie zu verlieren.»

«Das ist das letzte, wovor sie sich fürchten müßte.»

Es war nach Mitternacht, als er ging. Er hatte vor, Lisa am nächsten Tag zu erzählen, wo er gewesen war. Es gab keine Geheimnisse zwischen ihnen. Aber Lisa war nervös und bedrückt – sie und Mrs. Cleasant waren bei einer spiritistischen Sitzung gewesen –, und er hielt es für klüger, nicht noch einmal ein Thema anzuschneiden, das besser der Vergessenheit anheimfiele. Also sagte er nichts. Schließlich würde er ja Zoe auch niemals wiedersehen.

Aber etwa einen Monat später – einen Monat, den er und Lisa sehr gelöst und glücklich miteinander verbracht hatten – traf er das ältere Mädchen zufällig in der Portobello Road wieder. Während sie miteinander plauderten, fiel ihm ein, daß er in ihrer Wohnung eine Mahlzeit eingenommen hatte und daß er ihr eine Einladung schuldete. Ja, er und Lisa würden sie zum Essen ausführen. In ihrer jetzigen Verfassung würde Lisa Freude daran haben, und es würde ihr guttun, wenn sie jetzt, nach einer gewissen Zeitspanne, einsah, daß ihr Aberglaube sie zu einem Irrtum verleitet hatte. Er unterbreitete Zoe die Einladung. Zunächst zögerte sie, aber als sie hörte, daß sie zu dritt sein würden, nahm sie an. Also – gemeinsames Abendessen in vierzehn Tagen; er und Lisa würden sie abholen.

«Ich habe übrigens dieses Mädchen getroffen, Zoe, und ich habe sie eingeladen, mit uns essen zu gehen. Einverstanden?»

Der Ausdruck eines verängstigten Kindes erschien auf Lisas Gesicht.

«O nein, Peter! Ich glaube, du verstehst doch wohl, daß ich sie nie wiedersehen möchte.»

«Aber warum denn nicht? Du hast doch jetzt die Fotografie gesehen und weißt, wie albern deine Befürchtungen waren. Und Stephen wird nicht dabeisein. Ich weiß, du mochtest ihn nicht, und ich ihn auch nicht. Aber sie sind gar nicht mehr zusammen. Er hat sie verlassen.»

Sie zitterte. «Laß uns nicht näher mit ihr bekannt werden, Peter.»

«Aber ich habe sie eingeladen», entgegnete er. «Ich kann das jetzt nicht mehr rückgängig machen.»

Als der verabredete Abend kam, erschien Zoe an der Tür in einem langen Kleid. Sie hatte das Haar aufgesteckt und sah königlich aus, auf geheimnisvolle Weise verwandelt.

«Wo ist Lisa?» fragte sie.

«Sie kann nicht mitkommen. Sie und ihre Mutter fahren Ende der Woche auf Urlaub nach Griechenland, und sie ist mit Packen beschäftigt.» Zum Teil war das wahr, und er sagte es so überzeugend, als sei es die volle Wahrheit. Er konnte seinen Blick nicht von der neuen, veränderten Zoe lösen, und insgeheim war er froh, daß er einen Tisch in einem exklusiven Restaurant bestellt hatte.

In dem sanften Lampenlicht sah sie wieder ganz jung aus. Und zum erstenmal sah er jetzt die Ähnlichkeit zwischen ihr und Lisa. Durch die Zauberei des Lichts und der Kosmetik, vielleicht auch durch sein eigenes, sehnsüchtiges Wunschdenken, waren sich die ältere und die jüngere Schwester an Jahren näher gekommen und zu Zwillingen geworden. Es hätte wirklich seine Lisa sein können, die ihm hier gegenübersaß an dem Tisch mit dem Silberbesteck, den Kristallgläsern und der Vase mit der einzelnen Rose, aber eine Lisa, die durch Lebenserfahrung gereift war. Nie hätte Lisa so über Bücher, über Musik und Reisen sprechen, nie auch nur mit so ernster Aufmerksamkeit zuhören können. Er bedauerte es, als der Abend zu Ende ging und er sich an ihrer Tür von ihr verabschiedete.

Lisa schien seine Verabredung mit Zoe vollkommen vergessen zu haben. Sie erwähnte sie mit keinem Wort, und auch er tat es nicht. Am nächsten Morgen würde sie mit ihrer Mutter zu der vierwöchigen Ferienreise aufbrechen, die der Arzt Mrs. Cleasant wegen ihres Gesundheitszustandes verordnet hatte.

«Ich wollte, ich müßte nicht fahren», sagte sie zu Peter. «Du weißt gar nicht, wie ich dich vermissen werde.»

«Glaubst du, ich vermisse dich nicht?»

«Paß gut auf dich auf. Ich werde keine ruhige Minute haben, aus Sorge, daß dir was passieren könnte. Du darfst jetzt nicht lachen, aber als mein Vater noch lebte, da hörte ich, wenn er verreist war, vier- oder fünfmal am Tag die Nachrichten für den Fall, daß es einen Flugzeugabsturz oder sonst eine Katastrophe gegeben hätte.»

«Aber *du* bist doch diejenige, die wegfährt, Lisa.»

«Das kommt aufs gleiche heraus.» Sie faßte nach ihrem Amulett und hob es in die Höhe. «Ich habe ja dies hier, aber du ... Willst du mein vierblättriges Kleeblatt haben, wenn ich es dir schenke?»

«Ich dachte, du hättest dich von dem ganzen Unsinn gelöst», sagte er, und seine Enttäuschung über sie überschattete ihren Abschied. Sie küßte ihn mit einer Art leidenschaftlicher Traurigkeit.

«Bitte schreib mir», bat sie. «Ich schreibe dir jeden Tag.»

Gegen Ende der ersten Woche begannen ihre Briefe einzutreffen. Es waren die ersten Briefe, die er je von ihr bekommen hatte, und sie waren wie Schulaufsätze in Geographie, hier und da angereichert durch Liebeserklärungen für den Klassenlehrer. Er war ein wenig enttäuscht, ja fast ärgerlich. Er fühlte sich einsam ohne sie, und doch fürchtete er um das Bild, das er sich von ihr gemacht hatte. Er brauchte jemanden, mit dem er darüber sprechen konnte, und nach ein paar Tagen des Zauderns rief er Zoe an. Zehn Minuten später saß er in ihrer Wohnung, trank Kaffee und hörte Musik. Ihre Gegenwart war tröstlicher, als er es für möglich gehalten hätte, denn bei einer gewissen Wendung ihres Kopfes, bei ihrer Art zu lächeln und durch die Linie, mit der ihr Haar vom Mittelscheitel aus in die Stirn fiel, glaubte er, Lisa vor sich zu sehen.

Und doch nutzte er die Gelegenheit nicht, um von seinen Zweifeln zu sprechen, sondern sagte nur: «Ich begreife gar nicht, wie ich mal denken konnte, ihr sähet euch nicht ähnlich.»

«Ich habe es doch auch nicht gesehen.»

«Dabei ist es überwältigend, einfach unheimlich.»

Sie lächelte. «Wenn Ihre Besuche bei mir Ihnen helfen, über die Zeit hinwegzukommen, während sie fort ist, dann habe ich nichts dagegen, Peter. Ich kann das verstehen, ich erinnere Sie an Lisa, und dadurch wird alles einfacher für Sie.»

«Es ist nicht bloß das», wehrte er ab. «Sie müssen nicht denken, daß es nur das ist.»

Sie erwiderte nichts. Es war nicht ihre Art nachzubohren, Verhöre anzustellen oder ein egoistisches Selbstwertgefühl hervorzukehren. Aber als sie das nächste Mal zusammen waren, da erklärte er es ihr unaufgefordert, und er erschrak zutiefst vor seinen eigenen Worten, die weit verräterischer und unmißverständlicher waren als die Gedanken, denen sie entsprangen.

«Es ist nicht wahr, daß Sie mich an Lisa erinnern. Das ist es nicht. Es ist einfach ... Ich sehe in Ihnen das, was Lisa einmal werden könnte; bloß, sie wird niemals so werden.»

«Wer wollte auch gerne so werden wie ich?»

«Jedes junge Mädchen. Denn Sie sind so, wie eine Frau sein sollte, Zoe, klug und vernünftig und freundlich und eigenständig und – schön.»

«Und selbst wenn es so wäre», meinte sie leichthin, «warum sollte Lisa nicht auch so werden?»

«Weil sie, wenn sie achtzehn ist, wohlhabend sein wird, eine reiche Erbin. Sie wird nie für ihr eigenes Auskommen arbeiten, kämpfen oder lernen müssen. Wir werden in einem Haus in der Nähe ihrer Mutter wohnen, und sie wird werden wie ihre Mutter, hohl und neurotisch. Sie wird von Schlaftabletten leben, wird ihre ganze Zeit mit Spiritisten zubringen und sich in irgendwelche krankhaften Kults verstricken. Wenn ich Sie dagegen ansehe, dann sehe ich nicht Lisas Doppelgängerin. Das heißt, ich sehe sie schon – ihre Alternative gewissermaßen, wenn Sie so wollen, nach einer Spanne von dreizehn Jahren, wenn ihr ein anderer Lebensweg vorgezeichnet worden wäre. Und ebenso sehe ich Sie, wie *Sie* sein würden, wenn Sie ein Leben geführt hätten, wie Lisa es führt und immer führen wird.»

«Sie können ihr doch helfen, solch ein Leben nicht zu führen, wenn Sie sie lieben», sagte Zoe ernst.

Und dann hörten Lisas Briefe plötzlich auf zu kommen. Eine ganze Woche verstrich ohne einen einzigen Brief. Angesichts dessen, was mit ihm geschah, hatte er beschlossen, Zoe nicht wiederzusehen. Aber sie wohnte so nahe, und er dachte so oft an sie, daß er nicht widerstehen konnte. Er ging zu ihr und erzählte ihr eine Lüge, von der er sich einredete, sie könnte wahr sein: Lisa war zu jung, um irgend jemanden treu und unverbrüchlich lieben zu können. Ihre Briefe wären immer kühler geworden und endlich gar nicht mehr gekommen. Zoe hörte ihm still zu, seinen drängenden Überzeugungsversuchen, seinen Vergleichen zwischen seiner Verlassenheit und der ihren; und als er sie küßte, da erwiderte sie seine Küsse zuerst voller Zweifel, dann aber mit einer Glut, die ihrer eigenen Einsamkeit entsprang. Sie schliefen miteinander. Und als er sie später fragte, ob er die Nacht über bei ihr bleiben dürfe, da sagte sie ja. Und er blieb.

Von da an verbrachte er jede Nacht bei ihr. Er ging kaum noch nach Hause. Als er es doch einmal tat, fand er zehn Briefe auf der Fußmatte liegen. Lisa und ihre Mutter waren weitergereist auf irgendeine ägäische Insel – die Heimat eines Mystizisten, den Mrs. Cleasant dringend kennenlernen wollte –, wo der Postverkehr mehr oder minder dem Zufall überlassen blieb. Voller Ungeduld und Schuldgefühle las er die kindischen Briefe, das ewige «Peter, Liebling, ich vermisse dich, ich werde nie wieder wegfahren ...», und dann ging er zurück zu Zoe.

Warum hatte er Zoe nur von diesen Briefen erzählt! Er wünschte, er hätte es nicht getan. Um ihrer Klugheit und Aufrichtigkeit willen hatte er sie begehrt, und jetzt schlugen genau diese Eigenschaften gegen ihn zurück.

«Wann kommt sie wieder?»

«Nächsten Sonnabend.»

«Peter, ich weiß zwar nicht, was du tun willst, mich verlassen und sie heiraten, oder sie verlassen und bei mir bleiben, aber wie immer du dich entscheidest, du *mußt* ihr von uns erzählen.»

«Das kann ich nicht!»

«Du mußt. So oder so, du mußt. Und wenn du bei mir bleiben willst, welche Alternative hättest du auch?»

Sie beide behalten, bis er sich sicher war, bis er es genau wußte, was richtig war! «Du weißt, ich kann ohne dich nicht sein, Zoe. Aber ich kann ihr das nicht sagen, noch nicht. Sie ist ein solches Kind.»

«Du willst dieses Kind heiraten, Peter. Du liebst sie doch.»

«Tue ich das?» fragte er sich zögernd. «Jedenfalls glaubte ich es.»

«Sie zu hintergehen, Peter, dazu gebe ich mich nicht her, das mußt du verstehen. Wenn du nicht versprichst, ihr alles zu erzählen, dann kann ich dich nicht wiedersehen.»

Vielleicht, wenn er Lisa wiedersähe ... Am Sonntag morgen ging er durch den Park zum Haus ihrer Mutter. Das Medium war da und noch eine andere Frau, die aussah wie eine Eingeweihte bei einer schwarzen Messe; tiefernst lauschte sie Mrs. Cleasants Bericht über den Mystizisten und sein spirituelles

Eindringen in die Geheimnisse der Großen Pyramide. Lisa flog in seine Arme und weinte vor Glück.

«Das Kind hat jede Nacht von Ihnen geträumt, Peter», sagte Mrs. Cleasant mit abwesendem Blick. «Und was für Träume sie gehabt hat! Natürlich ist sie übersinnlich begabt, genau wie ich. Als wir merkten, daß der Postverkehr sich verzögerte, beschwor ich sie, Ihnen durch die Macht des Gedankens eine Botschaft zu senden. Aber sie weigerte sich.»

«Ich wußte, du würdest das nicht mögen», erklärte Lisa. Sie saß auf seinen Knien und schmiegte sich in seine Arme. Er konnte es ihr nicht erzählen! Später vielleicht, wenn er die Hochzeit erst einmal hinausgezögert und die Gemüter sich ein wenig abgekühlt hätten und ... Jetzt jedenfalls kam es gar nicht in Frage, es ihr zu sagen.

Zoe aber erzählte er, er habe es ihr gesagt. Er *mußte* es tun, damit er sie wiedersehen konnte.

«Wie hat sie es aufgenommen?»

«Oh, ziemlich gut», log er. «Während der Ferien scheint sie die Aufmerksamkeit sehr vieler Männer auf sich gezogen zu haben. Ich glaube, sie fängt gerade erst an zu begreifen, daß ich nicht der einzige Mann auf der Welt bin.»

«Und sie nimmt es hin – das mit uns?»

Warum fragte sie so hartnäckig, warum machte sie es ihm so schwer? Er redete kühn drauflos, voll innerem Abscheu gegen sich selbst.

«Ich wage zu behaupten, sie sieht darin für sich selbst sogar so etwas wie einen Fluchtweg in die Freiheit.»

Das überzeugte sie. Wer selber daran gewöhnt ist, die Wahrheit zu sagen, der kommt nicht darauf, der Aufrichtigkeit des anderen zu mißtrauen. «Ich bin ihr zwar nur einmal begegnet, und das auch nur für ein paar Minuten, aber ich frage mich doch, ob du dir nicht etwas vorgemacht hast, Peter, als du sagtest, sie liebte dich so sehr? Du wirst sie also nicht wiedersehen?»

Er sagte nein. Er sagte, es sei alles aus zwischen ihnen, sie hätten sich getrennt. Aber die Ungeheuerlichkeit dessen, was er getan hatte, entsetzte ihn. Und als er das nächste Mal mit Lisa zusammen war, da konnte er nicht anders, als ihr wieder und wieder zu sagen, wie sehr er sie liebe und wie sehr er sich danach sehne, sie mit sich fortzunehmen. War er im Begriff, diese kindische Leidenschaft für eine Frau, die fünf Jahre älter war als er selbst, zu überwinden? Die beiden waren sich in vieler Hinsicht so ähnlich. Und wenn er nun irgendwann einmal der einen überdrüssig wurde und sich nach der anderen sehnte? Und doch ging er in der folgenden Nacht wieder zu Zoe.

Mit bewundernswerter, aber auch erschreckender Geschicklichkeit teilte er seine Zeit zwischen der einen und der anderen. Es war nicht allzu schwierig. Gesellschaftliche – und okkultistische – Verpflichtungen nahmen Lisa ständig in Beschlag, und Zoe glaubte ihm, wenn er sagte, er sei durch seine Arbeit aufgehalten worden. Der Herbst kam, und immer noch dauerte es an, sein Doppelleben. Seine Bindung an Zoe, ja seine Abhängigkeit von ihr, war immer stärker geworden, und es tat ihm leid um jede Minute, die er ohne sie verbringen mußte. Aber Lisa und ihre Mutter hatten das Hochzeitsdatum festgesetzt, und wie gelähmt sah er es näher und näher kommen.

Eines Nachmittags im Oktober wollte er sich mit Zoe am Nordeingang des Holland Parks treffen. Lisa mußte zu einer Anprobe ihres Hochzeitskleides, und hinterher war sie mit ihrer Mutter zum Essen eingeladen, in der Hexenhöhle – wie er es nannte – des Mediums. Soweit war alles in Ordnung. Er wartete fast eine Stunde lang am Eingang. Als Zoe nicht kam, ging er zu ihrer Wohnung, aber niemand öffnete auf sein Klingeln. Von seiner eigenen Wohnung aus rief er während des Abends fünfmal bei ihr an, aber jedesmal verhallte das Klingeln im Leeren. Er verbrachte eine schlaflose Nacht, seit vier Monaten die erste, in der er allein war.

Den ganzen nächsten Tag versuchte er von seiner Arbeitsstelle aus, Zoe zu erreichen, und das erste Mal, seit er sie kannte, unterließ er es, Lisa anzurufen. Aber als er um sechs nach Hause kam, klingelte sein eigenes Telefon. Natürlich würde das Zoe sein, sie *mußte* es sein! Er nahm den Hörer ab und hörte Mrs. Cleasants schleppende Stimme.

«Peter?»

Die Enttäuschung durchfuhr ihn wie ein Schmerz. «Ja», antwortete er mühsam. «Wie geht es Ihnen? Wie geht es Lisa?»

«Peter, ich habe sehr schlechte Nachrichten. Ich glaube, Sie kommen besser her. Ja, jetzt, sofort.»

«Was ist denn los? Ist Lisa etwas passiert?»

«Lisa ist – ist von uns gegangen. Heute nacht hat sie eine Überdosis meiner Pillen genommen. Ich habe sie heute morgen gefunden – tot.»

Er stürzte aus dem Haus. Leblos und fahl waren die Blätter in der Dämmerung des Parks, einige fielen bereits von den Zweigen. Hier an dieser Stelle hatte er die Aufnahme gemacht, als die Bäume ihr erstes Frühlingsgrün zeigten, genau hier hatte er Lisa hingesetzt, mitten in einen Flecken hellen Sonnenscheins. Und da hatte sie Zoe gesehen.

Mrs. Cleasant war nicht allein. Einige Damen ihres magischen Zirkels waren bei ihr, aber sie war ruhiger, als er sie je erlebt hatte. Er vermutete, sie stand unter Drogen.

«Wie ist es passiert?» fragte er.

«Wie ich Ihnen gesagt habe. Sie nahm eine Überdosis.»

«Aber – warum?» Er wand sich unter den Blicken des Mediums, das ihn anstarrte, als sähe es Geister hinter ihm.

«Mit Ihnen hat es nichts zu tun, Peter», sagte Mrs. Cleasant. «Sie haben Sie geliebt, das wissen Sie. Und sie war so glücklich gestern. Ihre Anprobe wurde kurzfristig abgesagt. Da sagte sie, sie brauche frische Luft, es sei so ein wunderbarer Tag, und sie würde zu Ihnen gehen. Sie hatte ihr Amulett weggeworfen – das Amulett, das sie immer getragen hat –, weil Sie es nicht leiden konnten, wie sie erklärte. Ich habe sie beschworen, es nicht zu tun, es war ja ein harmloses Ding, und vielleicht nützt so etwas, wer weiß? Wenn sie es getragen hätte ...»

«O ja, wenn sie unter dem großen Schutz gestanden hätte!» warf das Medium ein.

Mrs. Cleasant fuhr fort: «Wir waren zum Essen eingeladen. Als sie nicht kam, ging ich allein. Ich dachte doch, sie sei bei Ihnen – gut aufgehoben bei Ihnen, Peter. Aber ich ging doch früher wieder nach Hause, und da war sie dann. Sie sah so müde und verängstigt aus und sagte, sie ginge jetzt ins Bett. Ich fragte noch, ob irgend etwas nicht stimme, und da sagte sie ...» Aber Mrs. Cleasants Stimme erstickte unter Schluchzen, und die Hexenweiber umflatterten sie, tätschelnd und murmelnd.

Schließlich war es das Medium, das es ihm mit ihrer Totenstimme erklärte: «Sie sagte, sie habe im Park ihre Doppelgängerin gesehen.»

«Aber das war doch vor sechs Monaten!» brach es aus ihm heraus. «Das war im April.»

«Nein, sie hat ihre Doppelgängerin gestern nachmittag gesehen, ihr eignes Ebenbild im Garten wandeln. Und sie hat gewagt, es anzusprechen. Wer weiß denn, was der eigene Tod einem antwortet, wenn man es wagt, ihn anzureden?»

Da rannte er fort, fort aus dem Haus. Er winkte einem Taxi, und mit erstickter Stimme gab er dem Fahrer Zoes Adresse. Ihre Fenster waren hell erleuchtet. Er läutete, wieder und wieder. Und dann, als sie nicht kam und das Licht drinnen immer noch brannte, hämmerte er mit den Fäusten gegen die Tür und schrie ihren Namen. Als er begriff, daß sie nicht kommen würde, daß er sie für immer verloren hatte, sie und ihr Ebenbild, sie und ihre Doppelgängerin, da sank er auf der Schwelle zusammen und begann zu weinen.

Der Taxifahrer, der eben auf der Suche nach einem Fahrgast die Straße wieder herunterkam, hielt ihn für betrunken, und nachdem er den gestammelten Wortfetzen mühsam seine Adresse entnommen hatte, fuhr er ihn nach Hause.

(The Double, 1975)

DIE VENUSFLIEGENFALLE

Kaum hatte Daphne ihren Hut abgenommen und ihn auf Merles Bett gelegt, da griff Merle auch schon danach und stülpte ihn sich auf ihre gelben Locken. Es war ein roter Filzhut, und zufällig paßte er genau zu Merles rotem Kleid.

«Es ist doch merkwürdig», meinte Merle und betrachtete sich in ihrem Frisierspiegel, «jeder, der uns beide sieht – jeder Außenseiter, meine ich –, würde nie darauf kommen, daß *ich* die Einzelgängerin bin und *du* all die Männer und Kinder hattest.»

«Ich hatte nur zwei Männer und drei Kinder», erklärte Daphne.

«Du weißt schon, was ich meine», sagte Merle, und Daphne, die neben ihre Freundin getreten war, mußte zugeben, daß sie es wußte. Merle war so üppig, so rosig und überquellend feminin, während sie selbst – nun ja, sie hatte es aufgegeben zu verhehlen, daß sie eine kleine, vertrocknete Witwe war, der man jeden einzelnen Tag ihrer siebzig Jahre ansah.

Merle nahm den Hut ab und legte ihn neben die Stoffpuppe, unter deren gelbem Satinrock sich ihr Nachthemd und der Beutel mit Lockenwicklern verbarg. «Komm, jetzt zeige ich dir die Wohnung, und dann nehmen wir einen Sherry und machen es uns gemütlich. Ich habe sogar deinen sweet Sherry besorgt. Du siehst, ich habe selbst nach vierzig Jahren deine Vorlieben nicht vergessen.»

Daphne sagte nicht, daß es trockener Sherry war, den sie damals wie heute bevorzugte. Ergeben ging sie hinter Merle her, und erst jetzt wurde ihr die ungewöhnliche Hitze bewußt.

Wahre Wolken von Wärme entströmten den schweren Relieftapeten und den üppigen Flauschteppichen.

«Ich bin ganz hingerissen, daß du hier in dieses Haus ziehst, meine Liebe. Hier, dies ist mein kleines Extrazimmer. Es ist doch gut zu wissen, daß man mal Freunde beherbergen könnte, wenn man wollte. Nicht daß viele kämen. Ganz unter uns, Liebste, die Leute gönnen es mir eben nicht, daß ich es zu etwas gebracht habe, und das so ganz aus eigener Kraft. Die Menschen sind ja so niederträchtig, das habe ich besonders festgestellt, als ich älter wurde. Darum bin ich ja auch so froh, daß du eingewilligt hast herzuziehen, ich meine, daß *einmal* jemand meinem Rat gefolgt ist.»

«Du hast das hier alles sehr hübsch gemacht.»

«Na ja, ich sage immer, das Apartment bot die Möglichkeiten, und ich habe den Geschmack beigesteuert. Deine Wohnung ist natürlich viel beschränkter, und ehrlich gesagt, sie bietet sich kaum an für eine großzügige Ausgestaltung. Ich an deiner Stelle würde als allererstes eine Zentralheizung einbauen lassen.»

«Das werde ich wohl auch tun, wenn ich es mir leisten kann.»

«Weißt du, Daphne, es gibt Dinge, bei denen man es sich einfach schuldig ist, sie sich zu leisten. Aber das mußt du selbst am besten wissen, ich denke nicht daran, mich da einzumischen. Wenn dir die Kälte zu sehr zusetzt, bist du jedenfalls jederzeit hier oben willkommen. *Jederzeit*, wohlverstanden. So, jetzt kommt mein Wohnzimmer, meine Pièce de résistance.»

Merle machte die Tür auf wie ein junges Mädchen, das den Deckel eines Schmucketuis mit dem Geschenk eines Liebhabers öffnet.

«Oh, was für eine Menge Pflanzen», sagte Daphne beklommen.

«Ich war schon immer verrückt nach Pflanzen. Mein erstes eigenes Unternehmen war ja auch ein Blumenladen. Ich hätte eine kleine Goldmine daraus machen können, wenn meine

Partnerin nicht so gemein und rachsüchtig gewesen wäre. Die war von vornherein darauf aus, mich rauszuekeln. Gefällt dir mein Boudoir? Ich habe es erst letztes Jahr vollständig renovieren lassen, und ich finde, dieser Perlmutterglanz ist eine gelungene Sache.»

Es herrschte hier die Atmosphäre eines Treibhauses. Zwei Sessel, ein Sofa und die Lampen daneben auf den von Krimskrams überladenen Beistelltischchen waren in der Mitte des großen Raumes wie auf einer Insel zusammengedrängt. Nein, nicht wie auf einer Insel, dachte Daphne, mehr wie in einer Lichtung in einem tropischen Urwald. Borde, Fensterbänke, weiße Tröge auf schmiedeeisernen Beinen waren überwuchert von üppig sprossendem Pflanzenwuchs, grün, glänzend, voll dichten Blattwerks, eine unbewegliche Wildnis, der ein merkwürdig grüner Geruch entströmte.

«Sie verschlingen all meine Zeit. Es ist ja nicht bloß das Gießen, die Sorge für die richtige Temperatur und so. Nein, Pflanzen wissen es, wenn man sie liebt. Sie gedeihen nur in einer Atmosphäre der Liebe. Ehrlich, ich glaube nicht, daß du in ganz London ein gelungeneres Exemplar einer Opuntia findest als meine hier. Besonders stolz bin ich auf die Peperomias und natürlich auf die Xygocacti. Ich nehme an, du hast sie in ihrer natürlichen Umgebung wachsen sehen bei all deiner verrückten Herumreiserei?»

«Wir waren meist in Stockholm oder New York, Merle.»

«Ach, wirklich? Es sind eben so viele Jahre vergangen, während du dir nicht die Mühe gemacht hast, einmal zu schreiben. Ich bin gar nicht mehr auf dem laufenden. *Ich* dagegen habe nämlich sehr viel an dich gedacht. Du mußt wissen, daß du wirklich immer mein Mitgefühl hattest bei dieser ewigen Umzieherei und dieser gräßlichen Scheidung von – wie hieß er noch gleich? Und dann die Kinder, mit denen du fertig werden mußtest, und dann wieder eine neue Heirat und all das! Ich fand immer, es war doch schade, daß ich so viel aus meinem Leben gemacht hatte, während du ... Was ist denn los?»

«Diese Pflanze, Merle! Sie hat sich bewegt.»

«Das kommt, weil du sie berührt hast. Wenn du einen ihrer Münder anrührst, dann schließt sie sich. Sie nennt sich Dionaea Muscipula.»

Die Pflanze stand ein wenig abseits in einem Majolikatopf, der in einem kunstvollen weißen Ständer steckte. Sie sah sehr gesund und kräftig aus, hatte zarte, schimmernde Blätter, und aus ihrer Mitte wuchsen fünf rotgoldene Blüten. Als Daphne genauer hinsah, gewahrte sie, daß diese Blüten tatsächlich eher Mündern ähnelten, wie Merle es gesagt hatte, als Blumen. Wie bärtige Münder sahen sie aus, sanft, reif und saftig. Einer davon war jetzt geschlossen.

«Hat sie auch einen gewöhnlichen Namen?»

«Natürlich. Venusfliegenfalle. Muscipula heißt Fliegenfresser, meine Liebe.»

«Was, um alles in der Welt, meinst du damit?»

«Daß sie Fliegen frißt. Ich habe mich jahrelang abgemüht, eine zu züchten. Und als es mir endlich gelang, war ich ganz außer mir.»

«Ja, ja, aber was meinst du damit, sie frißt Fliegen? Sie ist doch kein Tier.»

«In gewissem Sinne doch, Liebling. Das Problem ist nur, es gibt hier nicht viele Fliegen. Darum füttere ich sie mit kleinen Fleischstückchen. Du bist ziemlich blaß geworden, Daphne. Hast du Kopfschmerzen? Komm, jetzt trinken wir unseren Sherry, und dann sehe ich zu, daß ich eine Fliege fange. Dann kannst du zuschauen, wie sie sie auffrißt.»

«Das möchte ich wirklich lieber nicht tun, Merle», sagte Daphne und rückte von der Pflanze fort. «Ich will gewiß deine Gefühle nicht verletzen, aber ich kann nicht – also, ich meine, ich verabscheue die Vorstellung, freie Lebewesen zu fangen und sie an – an dieses Ding da zu verfüttern.»

«Freie Lebewesen? Wir reden schließlich von Fliegen.» Merle, üppig und nach Parfüm duftend, griff Daphne am Arm und zog sie fort. Ihr Kleid war aus rotem Chiffon mit flatternden Ärmeln, und ihre Fingernägel hatten die gleiche Farbe. «Das Schlimme an dir ist, du bist nichts als ein Nervenbündel, heute noch viel mehr als damals in unserer Mädchenzeit. Ich danke Gott jeden Tag von neuem, daß ich nicht einmal weiß, was das ist, neurotisch zu sein. Komm, hier ist dein Sherry. Ich habe dir ein großes Glas vollgefüllt, damit du wieder zu Kräften kommst. Ich werde es mir zur Aufgabe machen, auf dich aufzupassen, Daphne. Du kennst doch sonst niemanden in London, oder?»

«Nein, kaum jemanden», erwiderte Daphne und setzte sich so, daß sie die Venusfliegenfalle nicht sehen konnte. «Meine Jungens sind in den Staaten, und meine Tochter in Schottland.»

«Gut, dann mußt du also jeden Tag hier heraufkommen. O nein, du störst nicht. Als ich erfuhr, daß du tatsächlich herkommen würdest, da habe ich mir gesagt, ich muß dafür sorgen, daß Daphne sich nicht einsam fühlt. Aber glaube bloß nicht, daß du mit den anderen Mietern hier im Haus zurechtkommst. Entweder sind sie hochnäsige Snobs, oder sie sind – na ja, eben nicht gerade die Sorte Menschen, die man kennenlernen möchte. Aber was reden wir über die anderen. Reden wir doch von uns. Es sei denn, du findest deine Vergangenheit zu schmerzlich, um darüber zu sprechen?»

«Das würde ich nicht gerade sagen ...»

«Nein, du reißt dich sicherlich nicht darum, unliebsame Erinnerungen wieder aufzufrischen. Jetzt gieß ich dir noch ein Tröpfchen Sherry in dein Glas, und dann erzähle ich dir alles über mein letztes Unternehmen, meine Agentur.»

Daphne lehnte ihren Kopf gegen ein Kissen, schob eine Efeuranke beiseite und stellte sich aufs Zuhören ein.

Merle schabte von einem Filetsteak breiiges Fleischmus herunter. Sie war heute ganz in durchsichtiges Gold gehüllt und trug eine Bernsteinkette um den Hals, die jedoch halb unter ihrer Rüschenschürze verborgen war.

«Das habe ich immer für meine Babies gemacht, wenn ich anfing, sie auf feste Kost umzustellen», sagte Daphne.

«Babies, Babies – du immer mit deinen Babies! Jetzt kommst du seit drei Wochen tagtäglich hierherauf, und ich glaube, du hast dir keine einzige Gelegenheit entgehen lassen, über deine Babies und deine Männer zu reden. Es tut mir leid, meine Liebe, ich wollte dich nicht kränken, aber man kriegt es wirklich so satt, diese Frauen wie du, die unentwegt von diesem Aspekt des Lebens reden, als hätte unsereins allen Ernstes etwas versäumt.»

«Warum schabst du eigentlich dieses Fleisch, Merle?»

«Um meine kleine Venus zu füttern. Das ist ihr Frühstück. Komm mal mit. Ich habe auch eine Fliege für sie, die habe ich unter einem Sherryglas gefangen. Mehr als eine konnte ich leider nicht erwischen.»

Die Fliege war sehr klein. Sie krabbelte an der Innenseite des Glases in die Höhe, aber als Merle erschien, begann sie zu fliegen und summte verzweifelt gegen die durchsichtige Glocke ihres Gefängnisses. Daphne wandte sich ab. Sie trat an das große, mit Pflanzen vollgestellte Erkerfenster und tat, als interessiere sie sich für die Aussicht. Sie hörte das kratzende Geräusch des Glases und Merles triumphierend japsenden Atemzug. Ihre Schritte waren sehr schwer, und die Fußbodenbretter unter dem dicken Teppich knarrten. Mit sehr sanfter, mütterlicher Stimme begann Merle auf die Pflanze einzureden.

«Wirklich eine wundervolle Aussicht», sagte Daphne betont lebhaft. «Man kann kilometerweit sehen.»

Merle sagte: «C'est Venus toute entière à sa proie attachée.»

«Wie bitte?»

«Du warst ja nie gut in Sprachen, meine Liebe. Komm, tu bloß nicht so, als ob du von der Aussicht begeistert bist. Du bist bloß überempfindlich, wenn es um die wahren Finessen des Gärtnerns geht. Ich kann solche Verlogenheit nicht ausstehen. Außerdem bin ich jetzt fertig. Sie hat ihr Frühstück gegessen, und all ihre Münder sind geschlossen. Wem winkst du da eigentlich zu?»

«Einem netten jungen Paar, das in der Wohnung nebenan wohnt.»

«Also, bitte tu das nicht.» Merle sah ebenfalls hinunter, dann richtete sie sich hoch auf, ganz goldener Faltenwurf und steife, goldene Locken. «Du kannst es ja nicht wissen, Liebes, aber diese beiden Leute sind nun wirklich das letzte. Erstens einmal sind sie kein Paar; sie sind nicht verheiratet, da bin ich mal sicher. Gewiß, mich geht es ja nichts an. Was mich aber sehr wohl was angeht, ist, daß sie hier einen Hund halten – da, sieh mal, diese Töle, dieser Spaniel –, und dabei verstößt es absolut gegen die Hausordnung, in diesen Wohnungen Tiere zu halten.»

«Und was ist mit deiner Fliegenfalle?»

«Komm, sei nicht albern, ja? Wie ich schon sagte, die halten sich diesen Hund, der den ganzen Garten verdreckt. Ich habe schon an die Hausverwaltung geschrieben, aber diese Leute sind ja so lax; die haben vor mir keinen Respekt, wohl, weil ich eine alleinstehende Frau bin. Aber gerade vorgestern habe ich noch einmal geschrieben, und soweit ich weiß, werden sie jetzt tatsächlich hinausgesetzt.»

Zehn Meter unterhalb des Fensters, auf dem Parkplatz zwischen dem Haus und dem Garten, hob der junge Mann in Jeans und Lederjacke seinen Hund hoch und verstaute ihn auf dem Rücksitz eines ramponierten Autos. Seine Begleiterin, deren hüftlanges Haar annähernd die Farbe von Merles Kleid hatte, nahm auf dem Beifahrersitz Platz. Aber der junge Mann zögerte mit dem Einsteigen. Merle hatte ihr Gesicht dicht an die Fensterscheibe gebracht, da blickte er hinauf und hob zwei weit gespreizte Finger.

«Ooh!» japste Merle. «Das einzige, was man mit solchen Leuten machen kann, ist, sie einfach zu ignorieren. Stell dir vor, der läßt den Köter seine Notdurft gegen ein wirklich bezauberndes Exemplar von Cryptomeria japonica verrichten.

Ach, vergessen wir ihn, und trinken wir lieber eine schöne Tasse Kaffee.»

«Merle, wie lange leben eigentlich diese Blüten an deiner Venus-Dingsda? Ich meine, die verwelken doch bald mal, oder?»

«Nein, das tun sie nicht. Die blühen eine wahre Ewigkeit. Weißt du, Daphne, so gern ich dich auch habe, aber ich würde dich um keinen Preis allein in dieser Wohnung lassen. Du hast ja geradezu einen persönlichen Haß auf meine Muscipula. Du würdest sie am liebsten umbringen, was?»

«Ich setze jetzt mal den Kaffee auf», entgegnete Daphne. Merle telefonierte nach einem Taxi. Dann verstaute sie ihr kleines rotes Notizbuch mit all den Telefonnummern darin in ihre scharlachfarbene Kunstledertasche, ebenso ihren Lippenstift, den goldgetönten Kompaktpuder, ihre Schlüssel, ihr Scheckbuch und vier Fünfpfundnoten.

«Wir hätten doch zu Fuß gehen können», meinte Daphne.

«Nein, das hätten wir nicht, meine Liebe. Wenn ich meinen Einkaufstag habe, dann möchte ich mich frisch fühlen und mich nicht schon durch den Fußmarsch halb tot machen. Es ist ja wohl nicht die Geldausgabe, die dir Kopfzerbrechen macht, wie? Denn du weißt ja, daß *ich* das bezahle. Ich bin mir des Unterschieds zwischen unseren Einkünften durchaus bewußt, Daphne, und wenn ich ihn sonst nicht weiter erwähne, so nur, weil ich mich bemühe, taktvoll zu sein. Ich möchte dir heute etwas kaufen, irgend etwas wirklich Hübsches zum Anziehen. In meinen Augen ist es eine wahre Schande, daß deine werten Ehemänner sich nicht besser darum gekümmert haben, daß du anständig versorgt bist.»

«Ich habe vollkommen genug zum Anziehen, Merle.»

«Ja, aber alles grau und schwarz. Das einzige helle Stück, das du besitzt, ist dieser rote Hut, und den trägst du auch gar nicht mehr.»

«Ich bin eben alt, meine liebe Merle. Ich mag mich nicht mit grellen Farben aufdonnern. Ich habe mein Leben hinter mir.»

«Nun, *ich* habe meins nicht hinter mir! Ich meine, ich ...» Merle biß sich auf die Lippen und verschmierte dabei tiefroten Lippenstift auf ihre Zähne. Sie marschierte durch den Raum, nahm ihren Ozelotmantel von der Rückenlehne des Sofas und blieb vor der Venusfliegenfalle stehen. Ihre flammenfarbenen Mäuler standen offen. Sie tippte mit den Fingerspitzen dagegen, und sofort schnappten sie zu. Merle kicherte. «Weißt du, woran du mich erinnerst, Daphne? An eine Fliege. Genauso siehst du nämlich aus mit deinem grauen Mantel und dem komischen kleinen Schleierfummel an deinem Hut. Wie eine Fliege!»

«Da ist das Taxi», sagte Daphne.

Vor dem riesigen, überheizten Kaufhaus stiegen sie aus. Merle schleppte Daphne durch die Schmuckabteilung, durch die Parfümerie, an runden Ständern mit Gürteln und Plastikmodellen für Miederwaren vorüber. Mit dem Lift fuhren sie aufwärts. Merle erstand ein Modellkleid aus orangefarbenem Chiffon mit Ziermünzen am Rock. Dann ging es wieder abwärts mit dem Lift und ins nächste Warenhaus. Merle kaufte eine exklusive Gesichtslotion, Eau de Cologne und einen goldenen Parfümzerstäuber. Wieder ging es mit der Rolltreppe nach oben. Merle kaufte einen glänzenden Messinggürtel und versuchte, für die Freundin einen grün-blauen Seidenschal zu kaufen. Daphne willigte schließlich ein, sich ein paar Strümpfe schenken zu lassen, elastische Stützstrümpfe für ihre Krampfadern.

«Jetzt essen wir auf dem Dachgarten Mittag», erklärte Merle.

«Ich hätte nur gern eine Tasse Tee.»

«Und ich nehme erst mal einen gewaltigen Sherry. Aber zuerst muß ich mich frisch machen. Ich muß dringend einen Penny ausgeben und mir mein Gesicht zurechtmachen.»

Sie mußten Schlange stehen mit ihrem Penny. Der Vorraum der Damentoilette hatte an der einen Seite Ablagen aus grünem Marmor mit Spiegeln darüber und auf der gegenüberliegenden Seite eine Reihe grüner Waschbecken. Daphne setzte sich. Ihre Füße waren geschwollen. Es waren wohl zwanzig oder dreißig Frauen hier, die ihre Gesichter herrichteten, falsche Augenwimpern neu befestigten und dergleichen mehr. Ein Mädchen, dessen Gesicht ihr irgendwie bekannt vorkam, bürstete sich das lange, rotblonde Haar. Merle stellte ihre Handtasche auf einem freien Plätzchen der grünen Marmorplatte ab. Sie wusch sich die Hände, entnahm dem Duftspender ein Wölkchen Calèche und fächelte sich, während sie zurückkam, Luft zu, indem sie ihren Mantel hastig abwechselnd auf- und zumachte. Hier war es noch heißer als in ihrer Wohnung.

Sie setzte sich nieder und drehte ihren Hocker zum Spiegel.

«Wo ist meine Handtasche?» schrie sie plötzlich. «Ich habe meine Handtasche hier abgestellt. Jemand hat meine Handtasche gestohlen. Daphne, Daphne, jemand hat meine Handtasche gestohlen!»

Das perlmutterfarbene Satinsofa bog sich unter Merles Gewicht. Daphne strich sanft die goldenen Locken zurück und legte einen neuen, mit Kölnisch Wasser getränkten Wattebausch auf die rote, von Falten durchzogene Stirn.

«Na, schon ein bißchen besser?»

«O ja, ich bin völlig in Ordnung. Schließlich gehöre ich nicht zu diesen neurotischen Weibern, die wegen so etwas Zustände kriegen. Gott sei Dank hatte ich ja einen zweiten Schlüssel beim Portier hinterlegt, und das Sicherheitsschloß war nicht abgesperrt.»

«Du wirst beide Schlösser auswechseln lassen müssen, Merle.»

«Natürlich werde ich das gelegentlich tun. Ich werde mich nächste Woche darum kümmern. Schließlich kann hier wohl kaum jemand reinkommen, nicht wahr? Sie wissen ja nicht, wer ich bin. Ich meine, sie wissen doch nicht, wessen Schlüssel sie erwischt haben.»

«Aber sie haben deine Handtasche.»

«Daphne, Liebling, hör doch auf, ewig wiederzukäuen, was wir längst wissen. Ich weiß doch, daß sie meine Handtasche haben. Der springende Punkt ist aber, es war nichts in der Tasche, woraus ersichtlich wird, wer ich bin.»

«Es war zum Beispiel dein Scheckbuch mit deinem Namen drin.»

«Mein Name, Liebes, ist – falls es deiner Aufmerksamkeit entgangen sein sollte – Mrs. Smith. Schließlich habe *ich* meinen Namen nicht mein Leben lang dauernd geändert wie du.» Merle richtete sich auf und nahm einen Schluck sweet Sherry. «Der Kaufhausdirektor war sehr charmant, nicht wahr? Und die Polizisten auch. Ich glaube fast, sie finden sie wieder, weißt du. Es ist ja auch eine sehr besondere Tasche, nicht so etwas wie das grauschwarze Ding, das du da mit dir herumschleppst. Meine kleine rote hätte glatt in deine hineingepaßt. Ein Jammer, daß ich nicht daran gedacht habe, sie wirklich hineinzutun.»

«Ja, hättest du nur», meinte Daphne.

Daphnes Telefon klingelte. Es war halb zehn Uhr. Sie saß vor ihrem elektrischen Öfchen und beendete eben ihr Frühstück.

Merle klang ganz aufgeregt. «Was sagst du bloß! Ist es nicht wunderbar? Eben ruft der Kaufhausdirektor an, um mir zu sagen, daß sie meine Tasche gefunden haben. Na ja, es war nicht er persönlich, es war seine Sekretärin, so ein dümmliches Mädchen mit affektierter Sprache. Aber das geht mich ja nichts an. Sie haben meine Tasche im Vorraum der Damentoilette gefunden. Sie war hinter einen Heizkörper gerutscht. Ist das nicht ein wahres Wunder? Natürlich war das Geld weg, aber mein Scheckbuch und meine Schlüssel waren noch drin. Ich bin bloß froh, daß ich gestern nicht deinen Rat befolgt und sofort die Schlösser habe auswechseln lassen. Es ist eben nie gut, impulsiv zu handeln, Daphne.»

«Nein, wahrscheinlich nicht.»

«Ich habe verabredet, daß ich um elf Uhr komme und meine Tasche abhole. Sobald ich also aufgelegt habe, telefoniere ich nach einem Taxi; und ich möchte, daß du mitkommst, Liebes. Ich nehme nur noch schnell ein Bad und versorge meine Pflanzen – übrigens ist es mir geglückt, eine Schmeißfliege für Venus zu fangen –, dann wird das Taxi hier sein.»

«Ich fürchte, ich kann nicht mitkommen, Merle.»

«Was soll denn das heißen? Und warum, um alles in der Welt, nicht?»

Daphne zögerte, dann sagte sie: «Ich habe zwar gesagt, ich kenne kaum jemanden in London, aber diesen einen kenne ich doch, diesen ... Nun ja, er war ein Freund meines zweiten Mannes, und er kommt heute um zwölf zum Lunch zu mir, Merle. Ich muß also hierbleiben und alles vorbereiten.»

«Ein *Mann?*» fragte Merle. «Schon *wieder* ein Mann?»

«Ich halte dann eben nach deinem Taxi Ausschau, Merle, und wenn ich sehe, daß du zurück bist, dann komme ich rasch hinauf, und du erzählst mir alles, ja? Tut mir leid, daß ich nicht ...»

«Leid? Was tut dir leid? Ich kann meine Handtasche schließlich auch alleine abholen. Ich bin ja daran gewöhnt, auf eigenen Füßen zu stehen.» Krachend wurde der Hörer aufgelegt.

Merle nahm ein Bad und zog das orangefarbene Kleid an. Ein ziemlich auffälliges Gewand für den Vormittag mit all seinen Rüschen und Goldmünzen, aber sie konnte nicht anders, als ein neu erstandenes Kleid auch sofort anzuziehen. Der Ozelotmantel würde ja auch das meiste verdecken. Dann wässerte sie die Peperomias und strich ein wenig Blätterwachs auf den Efeu. Die Schmeißfliege war während der Nacht gestorben, aber der Dionaea Muscipula schien das nichts auszumachen. Sie reckte Merle ihre offenen, orangefarbenen Schlünde entgegen und verschlang die tote Schmeißfliege ebenso gierig wie die Filetstückchen.

Merle setzte ihren Turban aus cremefarbener Seide auf und legte einen langen, leuchtendroten Chiffonschal um. Ihr Ersatzschlüssel für das Sicherheitsschloß lag wie immer unter dem Topf mit der Sansevieria. Also sperrte sie beide Türschlösser ab. Dann brachte das Taxi sie zum Warenhaus. Merle segelte hochgemut ins Direktionsbüro, und als der Manager ihr erklärte, er habe keine Sekretärin, und weder habe er in ihrer Wohnung angerufen, noch habe man leider ihre Tasche gefunden, da fiel sie in sich zusammen wie ein großer, orangefarbener Luftballon, in den jemand eine Nadel gepikt hatte.

«Da hat man Ihnen wohl leider einen Bären aufgebunden, Miss Smith.»

Merle riß sich zusammen. Das schaffte sie noch allemal, sie mit ihrer hervorragenden Selbstdisziplin! Die lächerlichen Hilfsangebote des Managers für ihr inneres Gleichgewicht jedenfalls – Aspirin, einen Cognac, Benachrichtigung der Polizei und dergleichen – hatte sie nicht nötig. Sie sagte ihm gehörig ihre Meinung, nämlich, *wenn* hier eine Verschwörung gegen sie im Gange sei – und davon sei sie überzeugt –, dann sei *er* bestimmt mit von der Partie. Dann rauschte sie die Treppen hinunter und verschaffte sich mit rudernden Armen und lauthals schreiend ein Taxi.

Das erste, was ihr merkwürdig vorkam, als sie zu Hause anlangte, war, daß die Tür nur mit dem Sicherheitsschloß abgesperrt war. Sie hätte schwören können, daß sie beide Schlösser verriegelt hatte, aber ihr Gedächtnis hielt sie wohl zum Narren, kein Wunder nach dem Schock, den sie erlitten hatte. Auf dem Teppich in der Diele lag ein wenig Erde. Merle mochte das gar nicht, Erde auf ihrem goldenen Velours! Sie schwitzte in ihrem Ozelotmantel, also zog sie ihn aus und öffnete die Tür zum Wohnzimmer.

Daphne sah das Taxi kommen und Merle daraus hervorschießen wie die orangefarbene Orchidee aus der schwarzen Hutschachtel des Zauberers. Sie schien außer sich vor Aufregung, ihr Turban war total verrutscht. Daphne lächelte in sich hinein und schüttelte den Kopf. Sie deckte den Tisch und machte den Salat, von dem sie wußte, daß der Freund ihn gern aß, für den Lunch fertig, dann ging sie nach oben zu Merle.

Auf jedem Treppenpodest hing ein Spiegel. Daphne war so klein und dünn, daß sie durch das Steigen kaum außer Atem geriet. Jedesmal wenn sie einen Treppenabsatz erreicht hatte, sah sie eine kleine, graue Frau ihr entgegenkommen, eine Frau mit weichem weißem Haar und großen, ein wenig schüchternen grauen Augen, die ein graues Wollkleid trug, halb verdeckt durch eine zarte Spitzenstola. Sie lächelte ihrem Spiegelbild zu. Gewiß, sie war jetzt alt, aber sie hatte ihre großen Augenblicke gehabt, ihre Freuden, ihre Genugtuungen, ihre innigen Glücksmomente. Und jetzt stand ihr ein neuerliches Vergnügen bevor, eine Begegnung, auf die sie sich schon seit Wochen freute. Und wer wußte, was sich daraus entwickeln würde? Mit einem letzten Lächeln für ihr Spiegelbild stieß sie die angelehnte Tür zu Merles Wohnung auf.

Jemand hatte in Merles grüner Laube, in diesem Garten des Paradieses, eine Bombe geworfen. Nein, das konnte es nicht gewesen sein, denn die Zimmerdecke war noch da, ebenso der Teppich und die perlmutterfarbene Satingarnitur, wenn auch zerrissen und über und über mit Erde beschmiert. Jede einzelne Pflanze war umgeknickt und auseinandergerissen worden. Blätter lagen zuhauf auf dem Boden wie herbstliches Laub, bloß diese waren grün, üppig, zerquetscht. Und inmitten dieser Verwüstung, zwischen zerrissenen Blättern und gekappten Stengeln, aus denen der Saft troff, zwischen Scherben von Porzellan lag die Venusfalle. Ihre Wurzeln waren aus dem Ballen gerissen, und ihre Münder für immer geschlossen.

Merle versuchte zu schreien, aber sie brachte nur ein gurgelndes Geräusch zustande, den von Entsetzen zu einem Röcheln erstickten Aufschrei aus einem Alptraum. Sie fiel auf die Knie und kroch blindlings umher. Keuchend und unverständliche Worte murmelnd, grub sie in der verstreuten Erde herum, griff nach zerfetzten Blättern und versuchte, sie zusammenzusetzen wie Teile eines Puzzles. Sie kauerte sich über die Fliegenfalle, nahm sie liebkosend in die Arme und wiegte sich unter Wehklagen hin und her.

Sie hörte nicht, daß die Tür ins Schloß fiel. Es dauerte lange, ehe sie Daphne gewahrte, die stumm auf sie herunterblickte. Merle hob ihr rotes, tränenüberströmtes Gesicht. Daphne hatte die Hand auf den Mund gepreßt, die Hand mit den beiden Eheringen. Und Merle meinte, Daphne müsse sich den Mund zuhalten, um nicht in lautes Lachen auszubrechen.

Langsam und schwerfällig erhob sie sich. Sie hielt ihren langen, orangefarbenen Schal in den Händen und drehte ihn, drehte ihn ... Und sie war überrascht, wie gut ihre Stimme ihr gehorchte, wie ruhig und normal sie klang.

«Du hast es getan», sagte sie, «*du* hast es getan. Du hast meine Handtasche gestohlen, und du hast meine Schlüssel genommen. Und dann hast du mich hier fortgelockt, und dann bist du hier hereingekommen und hast es gemacht.»

Daphne begann zu zittern und schüttelte nur den Kopf. Sie flog am ganzen Körper, und die Hand schlug schlotternd gegen ihren Mund. Sie wußte nicht, sprach Merle zu sich selbst oder zu ihr, sie wußte nur, daß es stimmte: «Du hast mich gehaßt, du warst so neidisch! Du hattest nichts, aber ich, ich hatte Erfolg, Liebe und Glück.» Ihre Stimme hob sich und mit ihr der Schal. «O ja, wie du mich haßt, immer schon ...!» schrie Merle. «Haß, Haß, giftiger, neidischer Haß!» Riesig, rot und ausufernd wuchs sie über Daphne her, umfing sie mit Moschusduft, mit Blütenranken, umschlang mit dem Schal den fragilen Insektenhals und überwältigte die Fliege. Bis die Fliege aufhörte zu zittern und stille war.

Ein älterer Herr mit einem schwarzen Homburg hatte den Vorplatz überquert und stieg die Stufen hinauf, einen Strauß Blumen in der Hand. Der junge Mann in der Lederjacke beachtete ihn nicht. Er wischte sich Erde und klebriges Grün von den Händen und sagte zu dem Mädchen mit den langen Haaren: «Rache ist süß.» Dabei warf er die scharlachfarbene Handtasche hinten in seinen Wagen. Dann stiegen sie ein, er, das Mädchen, der Hund, und fuhren davon.

(The Venus Fly Trap, 1972)

DIE ANSCHMIEGSAME

Das Mädchen hing an ihren Händen außen an einem Balkongitter. Der Balkon war im zwölften Stockwerk des Hochhauses nebenan. Seine Wohnung lag im neunten Stock, und er mußte zu ihr hochblicken. Es war halb sieben Uhr morgens. Er war durch den Lärm eines Flugzeugs geweckt worden, das abenteuerlich tief über die Häuser hinweggebraust war. Er war hochgefahren und ans Fenster getreten. Sein verschlafener Blick glitt über einen leeren blauen Himmel, leer bis auf den verschwindenden, blitzenden Pfeil des Flugzeugs, und er blieb im Niedergleiten – ungläubig zunächst – an der baumelnden Gestalt hängen.

Er glaubte allen Ernstes zu träumen. Schließlich war diese Stunde des Sonnenaufgangs ja auch die Stunde der Träume. Dann, als er begriff, daß er nicht träumte, nahm er an, es handle sich um ein Filmdouble. Natürlich, es ging um eine Filmszene, und da unten wimmelten sie gewiß alle herum, die Kameramänner, das ganze Filmteam, und alle Sicherheitsvorkehrungen waren peinlich korrekt eingehalten worden. Und wahrscheinlich war das Mädchen auch noch nicht einmal ein richtiges ädchen, sondern eine ausgestopfte Puppe. Er öffnete das Fenster und blickte hinunter. Die Parkplätze, die gepflasterten Höfe, die Grasflächen zwischen den Häusern, alles lag leer und verlassen. An der Balkonbrüstung bewegte sich eine Hand der Puppe, umklammerte seinen Halt fester, verzweifelter ... Da mußte er es denn glauben, was hier augenscheinlich geschah – unglaublich allein deshalb, weil dem Melodram, diesem häufigen Bestandteil realen Lebens, immer etwas Unglaubwürdiges anhaftet.

Dieses Mädchen hier versuchte sich umzubringen, aber jetzt hatte sie den Mut verloren und versuchte, am Leben zu bleiben. Über diesen seinen Gedanken und Schlußfolgerungen verstrichen etwa dreißig Sekunden. Dann handelte er. Er griff nach dem Telefon und wählte den Notruf der Polizei.

Das Erscheinen der Polizeiwagen und die Rettung des Mädchens in letzter Minute wurden zum Hauptthema des Geschwätzes und der Spekulationen unter den Hausbewohnern beider Wohnblöcke. Irgend jemand hatte herausbekommen, daß er es gewesen war, der die Polizei alarmiert hatte, und er wurde zum Helden wider Willen. Er war ein bescheidener, ruhiger junger Mann, den soviel geballtes Rampenlicht durchaus irritierte. So war er erleichtert, als das Gerede allmählich verstummte, weil die Sensation verklungen war und er endlich wieder seine Wohnung betreten und verlassen konnte, ohne daß man mit Fingern auf ihn zeigte wie auf den heiligen Georg und ihm womöglich auch noch gratulierte.

Etwa vierzehn Tage nach jenem dramatischen Morgen, als er sich fertig machte, um ins Theater zu gehen, und eben in seinen Mantel schlüpfte, klingelte es an seiner Tür. Er erkannte das Mädchen, das draußen stand, nicht. Er hatte ja auch nie ihr Gesicht gesehen.

Sie sagte: «Ich bin Lydia Simpson. Sie haben mir das Leben gerettet. Ich bin gekommen, um Ihnen zu danken.»

Er war vollkommen verwirrt. «Aber das ist doch nicht nötig», erwiderte er verlegen lächelnd. «Nein, wirklich, das ist doch nicht nötig. Ich habe nur getan, was jeder andere auch getan hätte.»

Sie war ruhig und gelassen, nicht im geringsten so, wie er sich eine erfolglose Selbstmordkandidatin vorgestellt hätte. «Aber niemand anderes *hat* es getan», meinte sie.

«Möchten Sie nicht auf einen Drink hereinkommen?»

«O nein. Das war nicht meine Absicht. Und ich sehe, Sie wollen gerade ausgehen. Ich wollte Ihnen nur vielen, vielen Dank sagen.»

«Aber ich bitte Sie – nicht der Rede wert!»

«Nicht der Rede wert, jemandem das Leben zu retten? Ich werde Ihnen *immer* dankbar sein.»

Er wünschte, sie würde entweder hereinkommen oder fortgehen. Wenn dies hier sich noch länger hinzöge, dann würden die Leute in den anderen Wohnungen seines Stockwerks es hören, würden herauskommen, und schon würde es wieder losgehen mit dem Gerede über die «tapferste Tat des Jahres». «Aber nicht doch», wehrte er sich verzweifelt, «wirklich, ich habe es schon fast vergessen.»

«*Ich* werde es nie vergessen.»

Ihre Art, so ruhig und doch so intensiv, bereitete ihm Unbehagen; um so erleichterter war er, als sie gedankenvoll lächelnd im Lift verschwand. Ein Glück, daß sie sich wahrscheinlich nie wieder begegnen würden. Das Merkwürdige war, daß sie es dennoch taten, nämlich am nächsten Morgen an der Bushaltestelle. Sie kam nicht wieder auf seine Rettungsaktion zu sprechen, sondern erzählte ihm von ihrem neuen Job, der auch der Grund war, weshalb sie um diese Zeit an der Haltestelle war. Es stellte sich heraus, daß ihre Arbeitgeber ihre Büros in der Citystreet hatten, direkt neben seiner Firma, deren Klienten sie auch noch waren. Sie fuhren also gemeinsam zur Arbeit. Er verließ sie mit weit anderen Gefühlen als denen vom Abend zuvor. Es war kaum zu glauben, daß sie dreißig war – diese Information hatte er von seinen Nachbarn –, sie sah wesentlich jünger aus, klein und fragil wie sie war, mit ihrer sehr weißen Haut und ihrem sehr blonden Haar.

Es wurde ihnen zur Gewohnheit, morgens gemeinsam mit dem Bus zu fahren, und manchmal winkte sie ihm vom Balkon aus zu. Eines Abends trafen sie sich zufällig vor ihrem Büro. Sie trug einen Arm voller Akten, um zu Hause weiterzuarbeiten, und meinte seufzend, wenn sie gewußt hätte, wie schwer sie seien, hätte sie sie bestimmt nicht mitgenommen. Natürlich trug er sie ihr den ganzen Weg bis in ihre Wohnung und blieb dann auf einen Drink. Sie sagte, sie würde jetzt ihr

Abendessen kochen, ob er nicht einfach bleiben wolle? Er blieb. Während sie in der Küche war, nahm er sein Glas mit hinaus auf den Balkon. Merkwürdiges Gefühl, sich vorzustellen, wie sie damals im Morgengrauen in ihrer Verzweiflung hier herausgetreten war, sich außen an der Brüstung heruntergelassen hatte und wie ihr dann plötzlich der Mut abhanden gekommen war angesichts der gähnenden Tiefe, auf deren Grund der Tod lauerte. Als sie ins Zimmer zurückkam, fiel ihm erneut auf, wie zart sie war, wie ungeheuer schutzbedürftig.

Die Wohnung war makellos ordentlich und sauber. Die meisten Mädchen, die er kannte, lebten mehr oder minder in einem Chaos. Unabhängig und emanzipiert, wie sie waren, drängten sie sich in die Männerberufe und verachteten weibliches Können als entwürdigend. Seine Mutter war eine Superhausfrau gewesen, und so liebte er allein schon aus Gewohnheit ein makellos sauberes Zuhause. Lydias Möbel waren wunderbar poliert. Wenn sie ihn je wieder einlüde, beschloß er im stillen, dann würde er nicht versäumen, ihr Blumen für diese funkelnden Glasvasen mitzubringen.

Nach dem Essen, einer ausgezeichneten, ja exzellenten Mahlzeit, hatten Speis und Trank seine Hemmungen so weit abgebaut, daß er sie unvermittelt fragte:

«Warum haben Sie es getan?»

«Sie meinen, warum ich versucht habe, mich umzubringen?» Sie sprach sanft und mit sachlicher Gelassenheit, so als hätte er sie gefragt, warum sie ihre Stellung gewechselt hätte. «Ich war verlobt, und er hat mich wegen einer anderen verlassen. Es schien so sinnlos, noch weiterzuleben.»

«Und sind Sie jetzt darüber hinweg?»

«O ja. Ich bin glücklich, daß es mir nicht gelungen ist. Oder besser gesagt, daß Sie mich daran gehindert haben.»

«Sie werden das nie wieder versuchen, ja?»

«Nein, warum sollte ich auch? Was für eine Frage!»

Es machte ihn seltsam glücklich, daß sie versprochen hatte,

es nicht noch einmal zu versuchen. «Jetzt möchte ich Sie aber auch einmal zum Essen einladen», sagte er beinahe beim Fortgehen. «Warten Sie ... Nicht am Montag, wie wäre es mit ...»

«Wir brauchen das doch jetzt nicht zu verabreden, nicht wahr? Wir sehen uns doch morgen früh.»

Sie hatte ein sehr süßes Lächeln. Er mochte die aggressiven, selbstsicheren Frauen nicht. Lydia trug niemals Hosen oder Minikleider, sondern lange, weite Röcke mit Blumenmustern. Als er seine Hand um ihren Ellbogen legte, um sie über die Straße zu führen, griff sie nach seinem Arm und ließ ihn nicht mehr los.

«Wählen Sie für mich», bat sie, als ihr im Restaurant die Speisekarte vorgelegt wurde.

Sie rauchte nicht und trank nichts Härteres als süßen Weißwein. Sie konnte auch nicht Auto fahren. Manchmal fragte er sich, wie sie es fertigbrachte, einen anspruchsvollen Job auszufüllen, ihre Miete aufzubringen und ganz allein zu leben. Sie war so überaus feminin, so anschmiegsam und sanft. Und es schmeichelte ihm, als Tränen in ihren großen, grauen Augen erschienen, weil er sie wegen einer Firmenangelegenheit eines Abends nicht sehen konnte. Es war seit drei Wochen der erste Abend, den sie nicht gemeinsam verbrachten, und er vermißte sie derartig, daß ihm klar wurde, er mußte in sie verliebt sein.

Seinen Heiratsantrag, höchst formell dargebracht und von einem riesigen Strauß roter Rosen begleitet, nahm sie ohne Zögern an. «Natürlich will ich dich heiraten. Mein Leben hat dir gehört seit dem Moment, da du es gerettet hast. Ich hatte schon immer das Gefühl, zu dir zu gehören.»

Sie heirateten sehr schnell. Lydia hatte etwas gegen eine große Hochzeit. Überhaupt paßten er und sie so ideal zusammen. Ihr Geschmack stimmte in so vielen Dingen überein; ihre gemeinsame Vorliebe für Ruhe und Ordnung zum Beispiel, für eine geradezu altmodische Lebensweise voller Gleichmaß und feststehender Gewohnheiten. Und sie hatten die gleichen

Ziele: ein Haus in den nordwestlichen Vororten und zwei Kinder. Aber zunächst einmal würde sie noch weiter arbeiten.

Er war entzückt und voller Bewunderung, wie sie es schaffte, das neue Haus so tadellos in Ordnung zu halten, ihn jeden Morgen mit frischgewaschener Unterwäsche und gebügeltem Oberhemd und jeden Abend mit einem vorzüglichen Essen zu versorgen. Soviel Fürsorge war ihm nicht mehr zuteil geworden, seit er das Haus seiner Mutter verlassen hatte. Genauso, fand er, sollte eine Frau sein – unauffällig tüchtig, sanft, aber fachkundig, feminin und süß, aber dennoch gebildet. Der Haushalt lief so reibungslos, als ob zwei unsichtbare Dienstmädchen den ganzen Tag darin am Werk wären.

Um die tägliche Hausarbeit zu schaffen, stand sie jeden Morgen um sechs auf. Er schlug vor, eine Putzfrau einzustellen, sie jedoch wollte keine. Aber sie widersprach nicht etwa voller Trotz, sondern so, daß es ihm schmeichelte.

«Ich könnte es gar nicht ertragen, wenn eine andere Frau für deine Sachen sorgte, Liebling.»

Sie war einfach vollkommen.

Sie gingen gemeinsam zur Arbeit, gemeinsam zum Lunch, sie kamen gemeinsam heim, aßen zusammen, sahen zusammen fern, hörten Musik oder lasen in friedvoll schweigsamer Zweisamkeit. An den Wochenenden verbrachten sie jede Minute zusammen. Sie waren sich einig, daß ihr Haus aufs perfekteste eingerichtet werden mußte mit Wasch- und Spülmaschine, Trockner, Gefrierschrank, Mixern, Staubsauger und Bohnermaschine, mit supermodernem oder richtig antikem Mobiliar, also gingen sie an den Samstagen gemeinsam Einkaufen.

Er war glücklich. So mußte eine Ehe sein, fand er. Das war es, was im Gottesdienst gemeint war – ein Fleisch, und nichts sonst zählte mehr. Er hatte in der Tat fast alles aufgegeben; die Leute etwa, die er früher gekannt hatte. Lydia war keine sehr gesellige Frau und hatte keine Freundinnen. Er fragte sie, warum eigentlich nicht.

«Frauen», meinte sie, «wollen doch nur andere Frauen kennenlernen, um mit ihnen über ihre Männer zu klatschen. Und ich habe eben über meinen Mann nichts zu klagen, Liebling.»

Seine eigenen Freunde schienen ein wenig eingeschüchtert durch die pompöse Großartigkeit, mit der sie sie bewirtete, durch die Fingerschalen, die Obstmesser und dergleichen. Vielleicht waren sie aber auch durch ihr unmißverständlich langes Schweigen irritiert, durch die gewisse Art, immer wieder verstohlen auf die Uhr zu sehen. Es war ja auch nur natürlich, daß sie es nicht mochte, wenn die Leute die halbe Nacht blieben. Sie wollte eben mit ihm allein sein. Das würden sie doch wohl verstehen und ein Einsehen haben. Nein, seine Klienten und ihre Frauen *konnten* nicht irritiert sein, im Gegenteil, sie mußten sich gefreut haben. Denn wo sonst hätte man ihnen in einem Privathaus ohne Angestellte ein Dinner mit fünf Gängen vorgesetzt, noch dazu ein so exquisit zubereitetes? Natürlich hatte Lydia die ganze Zeit davor in der Küche gestanden, und ebenso natürlich war sie nach dem Essen halt erschöpft gewesen, nun ja, ein wenig bissig vielleicht gegenüber dem Herrn, der Kaffee über ihren neuen Teppich verschüttet hatte, oder gegenüber jenem anderen, einem amüsanten, aber taktlosen Börsenmakler, der ihn partout überreden wollte, übers Wochenende auf einen Herren-Golf-Ausflug mitzukommen.

«Warum haben die eigentlich geheiratet», fragte sie nicht ganz ohne Grund, «wenn sie immer alles daransetzen, von ihren Frauen wegzukommen?»

Eigentlich hätte er etwa jetzt, im Alter von vierunddreißig Jahren, in seinem Beruf befördert werden müssen. Er arbeitete seit fünf Jahren bei seiner Firma und erwartete, zum Direktor ernannt zu werden. Weder er noch Lydia konnte verstehen, weshalb seine Ernennung so lange auf sich warten ließ.

«Ob das womöglich damit zusammenhängt, daß ich nicht nach Feierabend im Büro herumsitze und mit den anderen trinke?»

«Die werden doch wohl verstehen, daß ein verheirateter Mann mit seiner Frau zusammen sein möchte.»

«Wer weiß. Ich hätte vielleicht doch zu dieser Riverboatparty gehen sollen, bloß, du weißt ja, da waren Frauen nicht mit eingeladen. Ich konnte mir doch denken, wie unglücklich du gewesen wärst, wenn ich allein gegangen wäre.»

Wie auch immer, er hatte sich wahrscheinlich völlig geirrt, was den Grund für die Verzögerung seiner Ernennung betraf, denn gerade als er begann, sich deswegen ernsthafte Gedanken zu machen, bekam er seinen Direktorenposten. Das bedeutete Gehaltserhöhung, ein eigenes Büro und eine eigene Sekretärin. Allerdings war er etwas beunruhigt durch verschiedene andere Konsequenzen der Beförderung, vor allem die Aussicht auf künftige Auslandsreisen. Aber davon brauchte er Lydia ja vorerst noch nichts zu erzählen. Statt dessen erwähnte er die Sekretärin, die er jetzt einstellen mußte.

«Das ist ja wunderbar, Liebling.» Sie waren zur Feier des Ereignisses zu zweit essen gegangen. Von seiner Idee, eine Party zu geben, hatte Lydia nichts gehalten. «Ich habe vierzehntägige Kündigung», sagte sie, «aber zwei Wochen wirst du doch warten können, ja? Ach, es wird wundervoll, wenn wir den ganzen Tag zusammen sein können!»

«Ich verstehe nicht ganz», sagte er, obwohl er sehr wohl verstand.

«Liebling, du bist ein bißchen begriffsstutzig heute abend. Wo könntest du wohl eine bessere Sekretärin finden als mich?»

Sie waren mittlerweile vier Jahre verheiratet.

«Du wirst deine Stellung aufgeben und ein Baby bekommen.»

Sie nahm seine Hand und lächelte ihm ins Gesicht. «Das kann warten. Wir brauchen keine Kinder, die uns einander näherbringen. Du bist mein Mann und mein Kind und mein Freund, alles zugleich, und das ist genug für mich.»

Er mußte ihr klarmachen, warum es für sie nicht in Frage

käme, seine Sekretärin zu werden. Es stimmte zwar alles haargenau, was er ihr über interne Firmenpolitik, über Günstlingswirtschaft und so weiter erzählte und wie heikel es in seiner Position wäre, wenn seine Ehefrau für ihn arbeitete, aber sehr überzeugend brachte er seine Argumente nicht vor.

Sie sagte nur mit ihrer kleinen, sanften Stimme: «Können wir jetzt gehen, bitte? Könntest du um die Rechnung bitten? Ich möchte hier fort.»

Kaum waren sie zu Hause, da begann sie zu weinen. Er versuchte es neuerlich mit Erklärungen. Aber sie weinte nur. Er sagte, sie könne ja andere Leute fragen. Jeder würde es ihr bestätigen. Ein Direktor in einer kleineren Firma wie seiner könne nicht seine Frau für sich arbeiten lassen. Sie könne ja den Vorstand persönlich anrufen, wenn sie ihm nicht glaube.

Sie erhob nicht einmal ihre Stimme; sie wurde ja nie wild oder hysterisch. «Du willst mich nicht», sagte sie wie ein zurückgewiesenes Kind.

«Ich will dich sehr wohl. Ich liebe dich, aber – begreifst du denn nicht? – hier handelt es sich um meine Arbeit, das ist etwas anderes.» Er wußte schon, bevor er das folgende sagte, daß er es lieber hätte lassen sollen. «Du mochtest meine Freunde nicht, und ich habe sie aufgegeben. Ich lade meine Klienten nicht mehr hierher ein. Ich bin tagtäglich nur etwa sechs Stunden von dir fort. Ist das alles noch nicht genug für dich?»

Es gab keinen Streit. Sie wiederholte nur immer wieder, er wolle sie nicht. Sie weinte fast die ganze Nacht, und am Morgen war sie zu erschöpft, um zur Arbeit zu gehen. Zweimal rief er sie während des Tages an. Ihre Stimme klang zwar tränenverschleiert, aber ruhig; anscheinend hatte sie resigniert. Das erste, was ihm auffiel, als er am Abend in die Tür seines Hauses trat, war der Gasgeruch.

Sie lag auf dem Küchenboden. Auf einem Kissen vor dem geöffneten Gasofen ruhte ihr zarter, blonder Kopf. Ihr Gesicht war sanft gerötet.

Er riß das Fenster auf und trug sie hin, hielt ihren Kopf in die frische Luft. Sie war am Leben, sie würde wieder zu sich kommen! Als ihr Puls kräftiger wurde und sie regelmäßiger zu atmen begann, küßte er sie wie von Sinnen, beschwor sie laut, nicht zu sterben, sondern für ihn zu leben. Als er glaubte, es riskieren zu können, sie für einen Augenblick allein zu lassen, alarmierte er über den Notruf einen Krankenwagen.

Sie behielten sie ein paar Tage im Krankenhaus, und es war von psychotherapeutischen Maßnahmen die Rede. Sie weigerte sich jedoch, sich einer Behandlung zu unterziehen.

«Ich habe es nie getan, außer wenn ich wußte, daß ich nicht geliebt wurde», sagte sie.

«Was meinst du damit – ‹nie›, Liebling?»

«Als ich siebzehn war, nahm ich eine Überdosis Tabletten, weil ein Junge mich verlassen hatte.»

«Das hast du mir nie erzählt.»

«Ich wollte dich nicht aufregen. Ich wäre lieber gestorben, als dich unglücklich zu machen.»

Angenommen, er hätte sie nicht rechtzeitig gefunden? Er schauderte bei dem Gedanken an diese Möglichkeit. Das Haus war grauenhaft ohne sie. Er vermißte sie schmerzlich, und er nahm sich vor, ihr in Zukunft noch mehr Zeit und Aufmerksamkeit zu widmen.

Sie machte sich nichts daraus, in den Ferien zu verreisen. Und weil sie niemals Urlaub machten, selten Gäste einluden und keine Kinder hatten, war es ihnen möglich, Ersparnisse zu machen. Sie verkauften ihr Haus und erwarben ein größeres, moderneres. Seine Firma forderte ihn auf, für drei Wochen nach Kanada zu reisen. Er zögerte nicht eine Sekunde, er lehnte augenblicklich ab.

Ein aufstrebender jüngerer Kollege bekam den Kanada-Auftrag. Es irritierte ihn, als ihm in der Firma ein Gerücht zu Ohren kam, seine Frau sei irgendwie leidend, und das bloß, weil sie ihre Stellung aufgegeben hatte, seit sie das neue Haus gekauft hatten. Lydia leidend? Sie war glücklicher, als sie es je gewesen war, stattete das Haus mit Neuanschaffungen aus, renovierte eigenhändig Zimmer, ließ den Garten neu anlegen. *Wenn* einer von ihnen kränklich war, dann er. Er schlief in letzter Zeit nicht gut und war Schüben von Depressionen ausgeliefert. Der Arzt verschrieb ihm Tabletten gegen die Schlaflosigkeit und riet ihm zu einer Luftveränderung. Vielleicht arbeitete er zuviel? Ob er es nicht einrichten könne, einen Teil seiner Arbeit zu Hause zu erledigen?

«Ich habe es auf mich genommen», erklärte Lydia sanft, «den Doktor anzurufen, und das vorgeschlagen. Du könntest doch zwei oder drei Tage in der Woche zu Hause bleiben, und ich erledige die Sekretärinnenarbeit für dich.»

Sein Vorgesetzter war einverstanden. Er glaubte zwar, einen Anflug von Befremden im Lächeln des Mannes zu erkennen, aber er erhielt die Erlaubnis, zu Hause zu arbeiten, und manchmal sah er, obwohl er mit seinen Mitarbeitern telefonierte, vier oder fünf Tage hintereinander keinen anderen Menschen als seine Frau. Sie war, wie er feststellen mußte, als Sekretärin ebenso perfekt wie als Ehefrau. Ihm blieb kaum etwas zu tun. Sie formulierte seine Presseverlautbarungen und schrieb seine Briefe, ohne daß er sie diktieren mußte, erledigte mit Charme und Sachkenntnis Telefongespräche und arrangierte seine Verabredungen. Und wenn die Arbeit getan war, umsorgte sie ihn unermüdlich. Nicht daß sie je etwa einen schnellen Imbiß vom Tablett gegessen hätten – jeder Mittagstisch, jede Abendtafel war raffiniert gedeckt. Und wenn es ihm auch manchmal in den Sinn kam, daß während der letzten zwei Jahre nur sechs andere Menschen von diesen Kristallgläsern, dem Silber, dem ganzen luxuriösen Aufwand Gebrauch gemacht hatten, so sagte er es nicht laut.

Seine Depressionen verschwanden nicht, nicht einmal, nachdem er inzwischen außer Schlaftabletten auch noch Beruhigungsmittel schluckte. Sie sprachen nie mehr über ihre Selbstmordversuche, aber er mußte oft daran denken, und er fragte sich, ob er vielleicht irgendwie angesteckt worden sei von ihrer Neigung. Wenn er vor dem Schlafengehen eine Pille aus der Glasflasche in seine Hand fallen ließ, dann war oft die Versuchung groß, sie alle herauskullern zu lassen und sie mit einem Schluck frischen, kalten Wassers hinunterzuspülen. Warum, wußte er selbst nicht, denn er hatte doch alles, was ein Mann sich nur wünschen konnte – eine perfekte Ehe, ein schönes Haus, eine gute Stellung, eine ausgezeichnete körperliche Gesundheit und nichts, was ihn belastete oder einschränkte. Denn wie hatte Lydia es ausgedrückt? «Kinder wären doch eine solche Belastung gewesen, Liebling», oder, als er vorschlug, sie sollten sich einen Hund anschaffen: «Haustiere sind eine so entsetzliche Belastung, und sie ruinieren einem das ganze Haus.» Jawohl, dieses Zuhause und diese Annehmlichkeiten waren genau das, was er sich immer gewünscht hatte. Und dennoch, als er auf die Vierzig zuging, begann er schlecht zu träumen, und seine Träume handelten von Gefängnissen.

Eines Tages sagte er zu ihr: «Ich kann jetzt verstehen, warum du versucht hast, dich umzubringen. Ich meine, ich kann verstehen, daß jemand es tun möchte.»

«Siehst du, wir verstehen uns eben wirklich in jeder Beziehung», meinte sie. «Aber laß uns nicht mehr davon reden. Ich werde es nie wieder versuchen.»

«Und ich bin wohl nicht der Selbstmördertyp, oder?»

«Du?» Sie war keineswegs alarmiert, sie nahm ihn einfach nicht ernst, wie sie ihn ja überhaupt immer nur in der Beziehung zu sich selbst sah, niemals als Einzelperson. Und er machte sich auch augenblicklich im stillen Vorwürfe. Lydia? Lydia, die ihm ihr ganzes Leben gewidmet hatte, die seine kleinsten Wünsche und Bedürfnisse ihren eigenen überordnete? «Du? Du hättest doch überhaupt keinen Grund dazu», sagte sie lachend. «Du weißt doch, wie sehr du geliebt wirst. Außerdem würde ich dich rechtzeitig retten, genau wie du mich gerettet hast.»

Seine Firma hatte sich vergrößert, und man hatte den Plan

gefaßt, eine Filiale in Melbourne zu eröffnen. Nachdem er so energisch bestritten hatte, daß seine Frau leidend sei oder daß etwas mit ihr nicht stimme, bot ihm sein Chef die Chance, für drei Monate nach Australien zu gehen und die Zweigstelle dort in Gang zu bringen. Wiederum zögerte er nicht: er nahm an. Natürlich würde die Firma für seine Reise aufkommen. Als er nach Hause fuhr, überlegte er, wie teuer Lydias Flug nach Melbourne, ihre Hotelunterkunft und ihr Unterhalt dort sein würden. Alle Selbstmordgedanken waren wie fortgeblasen. Er konnte es schaffen, er würde es glatt schaffen! Drei Monate fort sein, überlegte er, in einem neuen Land, ganz neue Leute kennenlernen, und dann am Ende noch gelobt werden für die geleistete Arbeit, vielleicht auch eine Gehaltserhöhung ...

Sie kam ihm in der Diele entgegen und umarmte ihn. Diese Umarmungen beim Abschied und beim Wiedersehen (obwohl diese Gelegenheiten immer seltener wurden) waren noch genauso leidenschaftlich wie in der ersten Zeit ihrer Verlobung. Er mußte sich allerdings darauf gefaßt machen, daß sie ihr Haus nicht gern verlassen würde, aber das mußte durchgestanden werden. Am Ende würde sie, wie sie es so oft beteuert hatte, überallhin mit ihm gehen.

Er trat in die weitläufige Wohnhalle. Sie war makellos wie immer, aber irgend etwas war anders; irgendeine große Veränderung war hier vor sich gegangen. Ihr roter Teppich war durch einen neuen ersetzt worden, zart cremefarben, dick und flauschig. «Gefällt er dir?» fragte sie lächelnd. «Ich habe ihn heimlich gekauft und verlegen lassen, als Überraschung für dich. O Liebling, gefällt er dir nicht?»

«Doch, doch, er gefällt mir», erwiderte er. Und dann fragte er: «Wieviel hat er gekostet?»

Das war eine Frage, die er kaum jemals stellte, aber jetzt hatte er seine Gründe. Sie nannte eine Summe, die ziemlich genau den Kosten für ihre Australienreise gleichkam.

«Wir hatten doch gesagt, wir legen es zurück, um Anschaffungen für das Haus zu machen», sagte sie und legte ihm die

Arme um den Hals. «Insofern ist es doch eigentlich keine Extravaganz. Der hält ewig. Und für was sonst sollen wir schließlich Geld ausgeben, wenn nicht für unser Haus?»

Er küßte sie und meinte, es sei schon in Ordnung. Nein, es sei keine Extravaganz, ja, und er würde ewig halten, ewig …

Sie speisten von Kopenhagener Geschirr, von georgianischem Silber und von Waterford-Kristall. Auf dem Tisch war ein Blumenarrangement, das seinen süßen Duft an die schale Atmosphäre drohenden Verrats verschwendete: Er mußte nach Australien, und sie konnte nicht mitkommen! Er fürchtete sich, es ihr zu sagen. Eine unsägliche Feigheit lähmte ihn.

Woche um Woche drückte er sich davor, es ihr zu sagen, und er ertappte sich bei dem infamen Gedanken – warum sollte er es ihr überhaupt sagen? Er wollte, er mußte fort! Konnte er nicht einfach abhauen und bei der ersten Zwischenlandung irgendwo aus Europa anrufen und sagen, man hätte ihn ohne Vorankündigung geschickt, in einer dringenden Angelegenheit? Er hätte schon früher versucht, sie anzurufen, aber keine Verbindung bekommen? Sie würde keinen Selbstmordversuch unternehmen, da war er sicher, wenn sie wußte, daß er zu weit weg wäre, um sie zu retten. Und sie würde ihm verzeihen, denn sie liebte ihn ja. Aber dem standen zu viele praktische Hindernisse im Wege, seine Kleidung zum Beispiel, das ganze Gepäck. Es war verrückt, an so etwas auch nur zu denken! Lydia so etwas anzutun! Nicht einmal seinen ärgsten Feind würde er so behandeln, geschweige denn seine geliebte Frau.

Wie sich herausstellte, hätte er auch nicht einmal die Möglichkeit dazu gehabt. Sie war schließlich seine Sekretärin, und kein Mann, wieviel er auch seiner Frau verschweigen mag, kann vor seiner Sekretärin Geheimnisse haben. Die Fluglinie rief wegen einer Rückfrage an, und so erfuhr sie es.

«Wie lange wirst du fortbleiben?» fragte sie matt.

«Drei Monate.»

Sie wurde blaß. Wie unter einem körperlichen Schwächeanfall sank sie zurück.

«Ich werde jeden Tag schreiben – und telefonieren.»

«Drei Monate», wiederholte sie.

«Ich habe mich einfach nicht getraut, es dir zu sagen. Ich *muß* fahren, Liebling. Begreifst du nicht, daß ich fahren muß? Es würde eine Unsumme kosten, dich mitzunehmen, und wir haben das Geld einfach nicht.»

«Nein», sagte sie, «nein, natürlich nicht.»

Sie weinte bitterlich die folgende Nacht, aber am nächsten Morgen erwähnte sie seine bevorstehende Reise nicht wieder. Sie arbeiteten zusammen wie immer, kameradschaftlich und konzentriert, aber ihr Gesicht war weiß wie Papier. Als sie ihre Arbeit beendet hatten, fing sie an, von den Sachen zu reden, die er brauchen würde, und von den Koffern, die angeschafft werden mußten. Mit trauriger, monotoner Stimme erklärte sie, sie werde schon alles erledigen, er solle sich den Kopf nur nicht belasten mit den Vorbereitungen.

«Und du wirst dir auch keine Sorgen um mich machen wegen der Flugreise?»

Die Art, wie sie es lächelnd unter Kopfschütteln verneinte, als sei seine Frage absurd, unrealistisch, sagte es ihm nur allzu deutlich: Die Toten können sich keine Sorgen machen. Sie hatte vor zu sterben. Er begriff, daß es sträflich optimistisch gewesen war, sich einzubilden, sie werde keinen Selbstmordversuch unternehmen, wenn er nur weit genug fort sei.

Die Zeit verstrich. Nur noch ein Tag bis zu seiner Abreise. Aber er würde nicht fahren, er wußte das. Er wußte es schon seit über einer Woche, bloß er scheute sich ebenso davor, seinem Chef zu sagen, daß er nicht fahren würde, wie er sich davor gefürchtet hatte, seiner Frau zu sagen, daß er es tun würde. Wieder träumte er von Gefängniszellen, und beim Erwachen erkannte er, daß sein Leben entweder von Knechtschaft und Furcht oder von Gefangenschaft und Furcht beherrscht wurde.

Aber *einen* Ausweg gab es aus beidem. Es war am Nachmittag des letzten Tages, als er sich entschloß, ihn einzuschlagen.

Er hatte weder seiner Frau noch seinem Chef gesagt, daß er nicht nach Australien fahren würde, deshalb war alles fix und fertig gepackt und sein Gepäck in der Diele zusammengestellt mit einer Präzision, wie nur Lydia sie beherrschte. Sie hatte gesagt, sie ginge eben fort, um seinen leichten Anzug, den er am nächsten Tag tragen sollte, aus der Reinigung zu holen, und er hatte die Haustür ins Schloß fallen hören.

Das war vor einer halben Stunde gewesen. Während ihrer Abwesenheit, so hatte sie ihm tieftraurig und zärtlich eingeschärft, solle er doch nach oben gehen und überprüfen, ob sie beim Packen irgend etwas Lebensnotwendiges vergessen hätte. Schließlich ging er wirklich nach oben, aber aus einem anderen Grund. Nichts Lebensnotwendiges, etwas Sterbensnotwendiges war es, was er wollte – die Flasche mit den Schlaftabletten.

Die Schlafzimmertür war geschlossen. Er öffnete sie und sah sie auf dem Bett liegen. Sie war gar nicht fortgegangen. Seit einer halben Stunde schon lag sie da, die leere Tablettenflasche noch immer in der schlaffen Hand. Er fühlte ihr den Puls, und ein kräftiges, wenn auch unstetes Pochen teilte sich seinen Fingern mit. Sie lebte noch. Eine Viertelstunde etwa, und der Noteinsatzwagen würde sie ins Krankenhaus geschafft haben. Er packte das Telefon und setzte einen zitternden Finger in die Drehscheibe, um den Notruf zu wählen. Sie würde gerettet werden. Gott sei Dank war er wieder einmal gerade noch rechtzeitig gekommen!

Er blickte auf ihr friedvolles, ruhiges Gesicht nieder. Sie sah kein bißchen älter aus als an jenem Tage, als sie zu ihm gekommen war, um ihm für die Rettung ihres Lebens zu danken. Zögernd, fast ohne seinen Willen, löste er den Finger von der Wählscheibe. Ein dumpfer Schluchzer erstickte ihn fast, und er hörte sich wie von ferne in wimmerndes Weinen ausbrechen. Er nahm sie in die Arme, küßte sie leidenschaftlich und rief immer und immer wieder ihren Namen.

Und dann ging er schnell aus dem Zimmer und verließ das

Haus. Ein Bus kam: Er stieg ein und löste einen Fahrschein zu einem weit entfernten Außenbezirk. Dort legte er sich in einem Park, den er nie zuvor gesehen hatte, ins Gras und fiel in einen tiefen Schlaf.

Als er aufwachte, war es fast dunkel. Er sah auf seine Uhr und stellte fest, daß mehr als genügend Zeit verstrichen war. Er wischte sich die Augen trocken, denn anscheinend hatte er im Schlaf geweint, erhob sich und ging nach Hause.

(The Clinging Woman, 1974)

DIE ESSIGMUTTER

Alles dies ist geschehen, als ich elf war.

Mop Felton ging mit mir zusammen in die Schule und galt als meine Freundin. Ich sage «galt», denn sie war eine jener «dicken» Freundinnen, die alle kleinen Mädchen zu haben scheinen, ohne sie allzu gern zu mögen. Ich hatte Mop nie richtig gemocht. Das wußte ich damals schon ebenso wie heute, aber sie war nun mal meine Freundin, weil sie in der nächsten Straße wohnte, weil sie im selben Alter und in derselben Klasse war und weil meine Eltern – obgleich nicht näher bekannt mit den Feltons – es so wollten.

Mop war ein nervös-überspanntes, dramatisches Geschöpf, in mancher Hinsicht uralt für ihr Alter, in anderer wiederum überaus jung. Rückblickend scheint es mir, als hätte sie überhaupt kein Selbstvertrauen, dafür aber eine um so höhere Selbsteinschätzung gehabt. Sie war ein Einzelkind, das zu lautstarken Wutanfällen oder beleidigtem Schweigen Zuflucht nahm, wenn man es aufzog. Sie war groß, sehr mager und dunkel, und es war nicht allein ihr Haar, dünn und strähnig, das ihr ihren Spitznamen eingetragen hatte. Ihr richtiger war Alicia. Ich weiß nicht, weshalb wir sie Mop nannten, und wenn ich heute darin eine entfernte Anspielung auf «mopping and mowing» erblicke (eine Shakespearesche Floskel für Grimassenschneiden, die allenfalls zu ihr gepaßt hätte) oder wenn der einsilbige Name die Verwandtschaft mit einem Irrwisch, mit etwas Hexenhaftem suggeriert (ebenfalls durchaus passend), dann unterstelle ich uns wahrscheinlich einen intellektuellen Esprit, den wir damals gar nicht besaßen. Wir schwelgten geradezu in Spitznamen. Vielleicht tun das alle Schulmädchen. Wir verfuhren bei ihrer Erfindung weder subtil noch geistreich. Ich, Margaret, wurde zum Beispiel Margarine tituliert. Rhoda Joseph, die einmal bei einer öffentlichen Wordsworth-Rezitation steckengeblieben war und munter drauflosimprovisiert hatte, war seither für alle Zeiten Lucy; und Elizabeth Goodwin hieß Tölpel, seit ihr dieser Beiname einmal auf dem Hockeyplatz von einer höheren Autorität verpaßt worden war. Unsere Spitznamen waren auch nicht obligatorisch, sie konnten jederzeit durch unsere richtigen Vornamen ersetzt werden. Wir gebrauchten sie zum Beispiel niemals in Gegenwart unserer Eltern oder Lehrer; und sie ihrerseits hätten sich, wenn sie ihnen zu Ohren gekommen wären, niemals herabgelassen, uns so zu nennen. Um so erstaunlicher war es deshalb, sie aus dem Mund Mr. Feltons zu hören, des ältesten und reichsten all unserer Väter.

Wenn er ein Zimmer betrat, in dem Mop und ich waren, dann sagte er: «Na, wie geht's denn meiner alten Mopsy heute?» Und zu mir gewandt: «Sieh da, die lustige alte Margarine!»

Ich kicherte dann, so wie ich es immer tat, wenn mir etwas einigermaßen Verwirrendes begegnete, das ich nicht recht verstand. Ich war zwar ein aufgewecktes Kind, aber nicht sonderlich sensibel. Überhaupt sind ja Kinder meistens nicht besonders einfühlsam. Ich kann mich nicht erinnern, daß mir Mop je leid getan hätte, weil sie einen Vater hatte, der – obwohl schon über fünfzig – sich allzu oft benahm, als seien sie gleichaltrig. Trotzdem war ich's zufrieden, daß mein eigener Vater, wenn Mop hereinkam, höchstens leicht abwesend von seinem Buch aufblickte und murmelte: «Hallo – äh, Alicia, nicht wahr?»

Die Feltons gehörten einer etwas gehobeneren Gesellschaftsschicht an als wir, eine Tatsache, die ich ohne Fragen und ohne Verdruß hinnahm. Ihr Haus war viel größer als unseres, beide Eltern besaßen einen eigenen Wagen, und sie speisten abends warm. Gewöhnlich gab Mr. Felton Mop dabei ein halbes Glas Sherry zu trinken.

«Du sollst nicht wie eine Ignorantin aufwachsen, was Weine betrifft», sagte er dann wohl.

Und wenn ich bei ihnen war, dann bekam ich auch Sherry. Ich nehme an, es war Manzanilla, denn er war sehr trocken und blaßgelb, von der gleichen Farbe wie der Stein in dem Ring, den Mrs. Felton trug und der ihren Ehering vollständig überdeckte.

Sie besaßen ein Ferienhaus auf dem Lande, in das sie übers Wochenende fuhren oder auch manchmal während der Sommerferien. Einmal nahmen sie mich für einen Tag mit. Und in dem Sommer nach meinem elften Geburtstag sagte Mr. Felton:

«Warum nimmst du nicht die alte Margarine mit in die Ferien?»

Heute kommt es mir merkwürdig vor, daß ich überhaupt mitfahren wollte. Ich hatte eine sehr glückliche Kindheit, eine ruhige, unverbrüchliche, von keinerlei Überlegungen belastete Beziehung zu meinen Eltern und meinen Brüdern. Eigentlich mochte ich Rhoda und Elizabeth viel lieber als Mop, deren Wutanfälle, Spinnereien und ewige Launen mich anödeten, und Mrs. Felton mochte ich von allen Erwachsenen, die ich kannte, am allerwenigsten. Trotzdem wollte ich sehr gerne mitfahren. Die Wahrheit war, daß sich schon damals meine Leidenschaft für Häuser bemerkbar machte, eine Passion, die später dazu führte, daß ich Architektin wurde, und ein einziger Tag bei den Feltons auf dem Lande hatte genügt, um mich in ihr Bauernhaus zu verlieben. Mein ganzes bisheriges Leben hatte sich in einer etwa 1935 erbauten Doppelhaushälfte in einem Londoner Vorort abgespielt. Das Landhaus der Feltons, das den (wenn auch nicht für meine Begriffe) reichlich prätentiösen Namen «Sanctuarium» hatte, war ein vierhundert Jahre altes Fachwerkhaus, der Traum jedes Kalendermachers, das Ideal einer Schokoladenreklame. Ich sehnte mich danach, in diesen uralten Mauern zu schlafen, über Fußböden zu gehen, die schon dagewesen waren, bevor die Armada kam, mein Gesicht gegen Fensterscheiben zu pressen, in denen sich schon die Halskrause oder der gestärkte Kragen eines Puritaners gespiegelt hatte.

Meine Mutter hatte allerlei Einwände. Es gefiel ihr zwar, daß ich mit Mop bekannt war, vielleicht auch, daß ich in das soziale Ambiente der Feltons einbezogen wurde, aber mir war schon früher aufgefallen, daß sie mich nicht allzu gern der Obhut der Mrs. Felton überließ.

«Und Mr. Felton wird doch lediglich an den Wochenenden dort sein», meinte sie unsicher.

«Wenn es Margaret nicht gefällt», beruhigte mein Vater sie, «dann schreibt sie eben nach Hause, und wir schicken ihr ein Telegramm, in dem steht, daß du dir ein Bein gebrochen hast.»

«Besten Dank», sagte meine Mutter. «Ich wollte, du brächtest den Kindern nicht solche Täuschungsmanöver bei.»

Aber am Ende willigte sie doch ein. Wenn ich mich unglücklich fühlte, dann sollte ich von einer Telefonzelle des Dorfes aus anrufen, und dann würden sie mir ein Telegramm schicken, daß ich dringend meine Großmutter besuchen müßte. *Das* bedeutete anscheinend nicht, mir Täuschungsmanöver beizubringen.

Ich war denn auch zunächst nicht im mindesten unglücklich, und es dauerte eine ganze Weile, ehe ich auch nur leise beunruhigt war. Es gab so viel zu tun, denn es war dort ein Obstzuchtgebiet, und wir pflückten für Mr. Gould, den Farmer, Früchte. Dafür wurden wir auch bezahlt, was Mrs. Felton anscheinend für unter unserer Würde hielt. Sie pflegte keinen Umgang mit Farmern oder Landarbeitern. Ihre engste Freundin war eine gewisse Lady Elsworthy, eine alte Dame, deren Titel sie in meiner Einschätzung in die höchsten Ränge der Aristokratie beförderte. (Später erfuhr ich, daß sie die Witwe eines geadelten Beamten der Zivilverwaltung war.) Ich erstarb jedenfalls vor Schüchternheit, wann immer sie und ihr Sohn im «Sanctuarium» auftauchten. Um so lieber war mir die Gesellschaft unserer nächsten Nachbarin, einer Mrs. Potter, die sich ihrerseits vielleicht an meiner jugendlichen Begeisterung für Architektur freute. Jedenfalls gewährte sie mir Zutritt zu «The Hall», einem William-and-Mary-Herrenhaus, durch dessen weitläufige Gemächer ich an ihrer Hand gehen durfte, eingeschüchtert vor Staunen und vollkommen glücklich.

Das «Sanctuarium» hatte einen kleinen Salon, ein großes Wohn- und Eßzimmer, eine Küche und ein Badezimmer im Parterre und zwei Schlafzimmer im Obergeschoß. Die Zimmerdecken waren schräg und derartig dicht an dicht von Balken abgestützt – von denen manche auch noch geschnitzt waren –, daß sie mir heute trotz aller Echtheit wahrscheinlich geradezu vulgär vorkommen würden. Ebenso bin ich überzeugt, daß ich heute die gesamte Einrichtung der Feltons vulgär finden würde, denn all ihre Wohlhabenheit führte nicht etwa dazu, daß sie echte Antiquitäten sammelten. Sie besaßen vielmehr diese typischen, abgewetzten oder mit künstlicher Patina überzogenen Tische und kleine Schreibpulte, wie sie – höchst geschickt an den richtigen Stellen mit Kratzern und Kerben versehen und mit überzeugend verblichenem, goldgeprägtem Leder in Braun, Oliv oder Bernsteinfarbe ausgelegt – in einer Antiquitätenfabrik in Romfort hergestellt wurden. Ich wußte das, weil Mr. Felton, der übers Wochenende kam, es jedem erzählte, der in der Nähe war.

«Und wie alt würden Sie dies hier schätzen, Lady Elsworthy?» fragte er dann wohl und tappte dabei auf eines der gefälschten Tischchen, auf das er ihr Glas mit zitronengelbem Sherry abstellte. «Hundertfünfzig Jahre? Zweihundert?»

Natürlich wußte sie es nicht oder war vielleicht zu wohlerzogen, es zu sagen.

«*Ein* Jahr ist die richtige Antwort! Fließbandarbeit vom letzten Jahr, und ich behaupte, daß höchstens ein Experte den Unterschied feststellen kann.»

Dann bekam Mop ihr halbes Glas Sherry, ich bekam meins,

und die Erwachsenen beobachteten uns gespannt und warteten geradezu auf die Anzeichen von Betrunkenheit, die sie anscheinend bei den Jungen so amüsant und bei den Alten so abstoßend finden. Anschließend gab es Dinner mit rotem oder weißem Wein, von dem wir allerdings nichts bekamen. Sie tranken immer Wein, sogar dann, wenn die Mahlzeit, was häufig vorkam, nur aus Sandwiches und kalten Beilagen bestand. Mr. Felton pflegte ihn sonnabends mitzubringen, manchmal einen ganzen Karton mit zwölf Flaschen. Ob es guter französischer Wein war oder das billige, saure Zeug, das mein Vater Rachenputzer nannte? Was immer ich auch durch Mr. Feltons Genußsucht über Sherrysorten gelernt hatte, in puncto Wein blieb ich eine Ignorantin.

Wein aber spielt in dieser Geschichte eine Rolle, und zwar eine wichtige. Denn einmal, als sie an dem dunkelroten Zeug in ihrem Glas nippte – blutschwarz und, wenn ich mich recht erinnere, mit einem noch schwärzeren, flockigen Bodensatz –, sagte Lady Elsworthy:

«Selbst wenn Sie nur eine bescheidene Weintrinkerin sind, meine Liebe, sollten Sie sich – ja wirklich, das sollten Sie unbedingt! – eine Essigmutter zulegen.»

Ich war nicht die einzige unter den Anwesenden, die anfing zu kichern. Es gab Ausrufe wie «Eine *was?*» und Gelächter, bis Lady Elsworthy zu einer ausführlichen Erklärung ansetzte, was eine Essigmutter sei, nämlich eine Kultur von Essigbakterien, die Wein in Essig verwandelt. Ihr Sohn, den die Erwachsenen Peter nannten, steuerte chemische Details bei, die Potters stellten interessierte Fragen, und von Zeit zu Zeit sagte jemand: «Essigmutter – was für ein Name!» Mich interessierte das alles nicht sonderlich, also trollte ich mich in den Garten, wo sich nach ein paar Minuten Mop zu mir gesellte. Sie hatte wie immer ein Buch bei sich, aber anstatt sich hinzusetzen, das Buch aufzuschlagen und so zu tun, als ob ich Luft sei, wie sie es gewöhnlich tat, stand sie an einen Baum gelehnt und starrte in die Ferne, über das Stour Valley und die Weeping Hills hinweg, und ihr Gesicht hatte jenen angespannten Ausdruck, der meistens ihren Wutanfällen vorausging. Ich fragte sie, was los sei.

«Ich habe mich übergeben.»

Ich wußte zwar, das stimmte nicht, trotzdem fragte ich sie, warum.

«Dieses gräßliche alte Weib und dieses gräßliche Ding, über das sie dauernd redete! Wie ein Stück Leber in einer Flasche, hat sie gesagt.» Ihr Mund zitterte. «Warum nennt sie es bloß Essig*mutter*?»

«Weiß ich doch nicht», sagte ich. «Vielleicht weil Mütter Kinder machen, und das Ding macht Essig?»

Aber das schien sie nur noch wütender zu machen, und sie stieß mit dem Fuß gegen den Baum.

«Wollen wir zum Teich hinuntergehen, oder willst du lesen?» fragte ich.

Aber Mop antwortete mir nicht, deshalb schlenderte ich allein zum See hinunter und beobachtete die Fledermäuse, die über den blaßgrünen Himmel zuckten. Mop war in unser Schlafzimmer hinaufgegangen. Sie lag im Bett und las, als ich zurückkam. Obwohl ich selbst keine Leseratte war, weiß ich noch genau, welche Bücher sie mochte, und ich erinnere mich, daß meine Mutter fand, man solle ihr nicht erlauben, sie zu lesen. An jenem Abend war es Lefanus «Onkel Silas», in das sie sich vertiefte, nachdem sie Dr. James' «Geistergeschichten eines Antiquars» gerade ausgelesen hatte. Ich glaube nicht, daß ich damals eine Beziehung zwischen ihrem literarischen Geschmack und ihrer Reaktion auf die Essigmutter erkannte, ebensowenig wie ich letzteres mit irgendeinem Mangel in ihrem Verhältnis zu ihrer eigenen Mutter in Verbindung brachte. Ich konnte es wohl auch gar nicht, ich war ja viel zu jung. Außerdem hatte mich persönlich die Unterhaltung während des Abendessens nicht im mindesten angefochten, und ich ging ohne die leiseste Vorahnung dessen, was kommen würde, zu Bett.

Als Mop und ich am nächsten Morgen aus der Kirche kamen – im nachhinein glaube ich, daß Mr. und Mrs. Felton uns weniger aus überzeugter Frömmigkeit hinschickten, als um auf die Nachbarn Eindruck zu machen –, trafen wir im «Sanctuarium» wieder einmal die Elsworthys an. Lady Elsworthy, ihr Sohn und Mrs. Felton blickten gespannt in einen bauchigen Glasballon, dessen enger Hals mit einem Stopfen verschlossen war. Darin war eine braune Flüssigkeit, auf der ein lappiges Gerinnsel schwamm, das in der Tat große Ähnlichkeit mit einer Scheibe Leber hatte.

«Es ist lebendig», sagte Mop angeekelt, «es ist eine Art Tier.»

Lady Elsworthy sagte unwirsch, sie solle nicht so eine Zimperliese sein, und Mrs. Felton lachte dazu. Ich glaube, meine Mutter wäre ärgerlich geworden, wenn ein Gast in unserem Hause zu mir gesagt hätte, ich solle nicht so eine Zimperliese sein. Und außerdem sah ich, daß Mop sich diesmal wirklich übergeben würde.

«Wir müssen es aber nicht behalten, oder?» fragte sie kläglich.

«Natürlich werden wir es behalten», erwiderte Mrs. Felton. «Was fällt dir überhaupt ein, so zu reden, wo Lady Elsworthy sie mir freundlicherweise geschenkt hat! Jetzt werden wir nie wieder den ekelhaften Fabrikessig kaufen müssen.»

«Essig kostet doch gar nicht viel», wandte Mop flehentlich ein.

«Also das ist mir vielleicht ein Kind! Sie denkt wohl, das Geld wächst auf den Bäumen!»

Nun erging sich Lady Elsworthy in Instruktionen, wie das Ding zu behandeln sei. Es mußte in der Wärme stehen. «Nicht etwa da draußen in Ihrer eisigen Küche, meine Liebe!» Und es mußte mit Wein gefüttert werden, mit den Resten aus jeder Flasche, die sie tranken. «Aber bitte keinen Weißwein. Erzähle du ihr, warum nicht, Peter, du weißt, ich kenne mich mit dem wissenschaftlichen Kram nicht so aus. Und dann darf sie auf keinen Fall mit einem Messer oder einem Löffel berührt werden.»

«Ja, wenn sie mit Metall in Berührung kommt», erklärte Peter Elsworthy, «dann schrumpft sie zusammen und stirbt. Sie sehen, in gewisser Hinsicht ein zartes Pflänzchen.»

Mop war hinausgegangen und hatte die Tür hinter sich zugeknallt. Lady Elsworthy beugte sich hingebungsvoll über ihr Geschenk, hob den Glasballon auf und trug ihn an einen Platz, wo es weder zu hell noch zu kalt war. Aus dem Garten hörte ich das Dröhnen des Rasenmähers, mit dem Mr. Felton sich emsig abmühte. Die beiden anderen hatten sich ein wenig von dem Fenster und der breiten Bahn hellen Sonnenlichts entfernt, in dem sie gestanden hatten. Als Peter Elsworthy von dem «zarten Pflänzchen» sprach, sah ich, wie seine und Mrs. Feltons Augen sich begegneten und seltsame Blicke austauschten – rätselhaft, unverständlich und meinem Wissen über solche Dinge um Jahre voraus. Sein Gesicht wurde ganz weich und merkwürdig. Fast hätte ich losgekichert, so wie ich manchmal im Kino kicherte, aber ich hütete mich doch lieber, lief in den Garten und prustete dort los. «Hihi, verknallt sind die, total verknallt!» Und dabei stieß ich aufgeregt meinen Fuß gegen einen Stein.

Aber ich war nicht allein. Mr. Felton erschien hinter mir. Er schob den Rasenmäher vor sich her, und wie gewöhnlich schwitzte er in der Hitze, so daß sein Gesicht rot und roh aussah wie das Innere eines Beefsteaks, nachdem der kroß gebratene Rand abgeschnitten ist. In meinen Augen war er mehr ein Großvater als ein Vater.

«Und wer ist verknallt, meine alte Margarine? Füße weg, oder ich schneide dir die Zehen ab!»

Es war August, und die Jagdsaison hatte begonnen. Deshalb nahm Mr. Felton an den Sonntagnachmittagen jetzt immer seine Schrotflinte, die sonst sehr dekorativ in der Küche hing, und ging auf Kaninchenjagd. Ich nehme an, er tat es weniger aus dem Wunsch, Kaninchenfleisch zu essen, als um mit den

Elsworthys mithalten zu können, die blindlings auf alles Wehrlose schossen, das da fleuchte und kreuchte. Aber er war ein miserabler Schütze, und ich war jedesmal erleichtert, wenn er mit leeren Händen heimkam. Am Sonntagabend fuhr er dann jedesmal wieder nach London zurück.

«Der arme Daddy muß wieder in die Tretmühle», pflegte er beim Abschied zu sagen. «Paß gut auf dich auf, meine alte Mop.» Und zu mir gewandt, meinte er verschmitzt: «Und du gib acht, daß du nicht schmilzt in all dem Sonnenschein, Margarine!»

An jenem Sonntag ließ Mrs. Felton ihn versprechen, am nächsten Wochenende wieder ein Dutzend Flaschen mitzubringen.

«Nachschub für meine Essigmutter.»

«Es ist doch dumm, Wein zu verschwenden, um Essig daraus zu machen», sagte Mop. Ich verstand nicht, warum sie während dieser Abschiedsszenen immer so nervös und mit geballten Fäusten um ihre Eltern herumstrich und sie beide nicht aus den Augen ließ. Heute weiß ich, daß sie sich, obwohl sie so rüde gegen sie war und sich nicht viel aus ihnen zu machen schien, verzweifelt danach sehnte, Anzeichen von Zuneigung zwischen den beiden zu sehen, Zärtlichkeiten, die über die apathische Geste, mit der Mrs. Felton ihm ihre Wange entgegenhob und den flüchtigen Kuß, den Mr. Felton darauf placierte, hinausgingen. Aber sie wartete vergebens, und jedesmal wenn das Auto verschwunden war, erlag sie prompt einer ihrer anscheinend unerklärlichen Anwandlungen von schlechter Laune oder Gekränktheit.

So begann eine neue Woche, in welcher sich unsere Gewohnheiten, wie sie bis dahin gang und gäbe waren, sehr verändern sollten.

Wie ein ordentlicher professioneller Schriftsteller habe ich der Gestalt der Mrs. Felton bisher nur Andeutungen zuteil werden lassen und dadurch, wie ich hoffe, die Neugier des Lesers geweckt. Bisher habe ich es mir versagt, sie genauer zu beschreiben. Aber nachdem nun (wie in jedem guten Theaterstück) ihr Auftritt durch die Münder der anderen Gestalten quasi angekündigt ist, will ich nicht länger zögern. Die Bühne ist frei für sie, und sie wird sie unter Fanfarenklängen und in großer Aufmachung betreten.

Sie war eine große, schlanke Frau, und ihre Haut war braun wie die eines blassen Indianers. Ich fand sie alt und sehr häßlich, und die Bemerkung meiner Mutter, die ich einmal aufgeschnappt hatte, nämlich, sie sei bildschön, wenn man das Zigeunerhafte möge, konnte ich ganz und gar nicht verstehen. Sie war wohl etwa sieben- oder achtunddreißig. Ihr Haar war schwarz und kraus wie ein Büschel vom Feuer versengten Heidekrauts, und es wuchs ihr so weit ins Gesicht, daß es fast bis an ihre gewölbten schwarzen Augenbrauen reichte. Sie hatte einen großen Mund mit dicken, bräunlichen Lippen, die sie niemals anmalte, und riesengroße Augen, deren Weiß wie feuchte Eierschale schimmerte.

Auf dem Land trug sie Hosen und ein Hemd. Manche ihrer Kleider nähte sie selbst, und die waren ziemlich auffallend. Ich erinnere mich an einen langen, weiten Kapuzenmantel aus braunem Rupfen und an ein langes Abendkleid aus besticktem Leinen. Zu jener Zeit trugen die Damen höchst selten lange Mäntel und Kleider, weder abends noch am Tag. Sie war Kettenraucherin, und ihre Finger waren gelb vom Nikotin.

Mich ignorierte sie fast vollständig. Ich wurde durchgefüttert, wurde angehalten, mich ordentlich zu waschen und meine Kleidung zu wechseln, und es wurde mir verboten, nach Einbruch der Dunkelheit draußen zu sein. Aber abgesehen davon sprach sie kaum mit mir. Ich glaube, sie hatte eine tief eingewurzelte Abneigung gegen Kinder, denn Mop erging es kaum besser als mir. Mrs. Felton gehörte zu der Sorte Frauen, die ihre Kinder nur anreden, um sie auszuschimpfen. Wie adrett und wohlanständig Mop sich auch herrichtete und wie sehr sie sich gelegentlich auch um tadelloses Benehmen mühte – und ich glaube, sie strengte sich wirklich an –, nie brachte Mrs. Felton es über sich, sie zu loben. Oder wenn sie es wirklich einmal tat, so ließ sie prompt zu guter Letzt noch einen giftigen Stich folgen, ein «Na ja, aber sieh dir mal deine Nägel an!» oder «Das ist ja sehr nett, aber muß es ausgerechnet in diesem Augenblick sein?» Und Mops Name schrillte auf ihrer Zunge, als sei er eigens deshalb ausgewählt worden, eine kleine grüne Schlange, die heimtückisch aus ihrer Höhle schlüpfte, eine Schleimspur hinter sich lassend, ein bösartiges Zischen: «Alicia!»

Aber zu Beginn jener dritten Woche vollzog sich mit ihr eine leichte Veränderung. Nicht daß sie netter und freundlicher geworden wäre, nein, eher abwesender, auf nervöse Weise in sich gekehrt. Mops Unarten blieben unbeachtet, und auch ich erntete keine giftigen Blicke, wenn ich zu spät zu Tisch kam. Es war am Abend des Dienstags, als die erste Flasche Wein auf dem Abendbrottisch erschien.

Wir nahmen dieses Abendbrot – kalt, wie gewöhnlich, aber doch mehr als eine Teemahlzeit – meistens gegen halb acht oder acht Uhr ein, und danach wurden wir ins Bett geschickt. Und noch nie waren wir aufgefordert worden, zum Essen Wein zu trinken. Selbst an den Wochenenden bekamen wir ja niemals Wein, abgesehen von den winzigen Gläsern Sherry aus Erziehungsgründen. Aber an diesem Abend stellte Mrs. Felton zur Zeit des Sonnenuntergangs – ich weiß noch, das Zimmer war ganz orange und warm und still – statt der Teekanne eine Flasche Rotwein und drei Gläser auf den Tisch.

«Ich mag keinen Wein», sagte Mop.

«O ja, du magst ihn sehr wohl. Du magst doch Sherry.»

«Ich mag dies dunkle, rote Zeug nicht. Das schmeckt bitter. Daddy würde auch nicht erlauben, daß ich Wein trinke.»

«Dann werden wir es Daddy eben nicht erzählen. Und wenn

es bitter schmeckt, kannst du dir Zucker hineintun. Mein Gott, jedes andere Kind würde sich vorkommen wie im Himmel, wenn es Wein zum Essen bekäme. Du weißt eben gar nicht, wie gut du es hast, nie hast du das gewußt. Du bist durch und durch undankbar.»

«Du willst ja bloß, daß wir es trinken, damit du die Reste für dein gräßliches Essig-Dingsda nehmen kannst», giftete Mop.

«Das ist nicht gräßlich. Untersteh dich, so mit mir zu sprechen!» versetzte Mrs. Felton, und doch war so etwas wie Erleichterung in ihrer Stimme. Ob ich mich wirklich daran erinnere? Kann ich das damals tatsächlich bemerkt haben? Nein. Ich weiß es wohl erst heute, nachdem all die Zeit vergangen ist und ich mit jedem Jahr die Zusammenhänge deutlicher begriff. Also gut, ich hörte keine Erleichterung, sah kein untergründiges Motiv in Mrs. Feltons Beharrlichkeit. Ich nahm es kritiklos hin, obwohl es absurd war und die Dinge geradezu auf den Kopf zu stellen schien, daß wir eine teure Substanz trinken sollten, damit die übrigbleibenden Reste in eine billige Substanz verwandelt werden konnten. Aber die Kindheit ist nun mal ein Wunderland, in dem es oftmals gilt, schon vor dem ersten Hahnenschrei ein halbes Dutzend Unwahrscheinlichkeiten gläubig hinzunehmen.

Ich trank also meinen Wein, und Mop trank widerwillig sogar zwei Gläser, nachdem sie Zucker hineingerührt hatte. Das meiste übrige trank Mrs. Felton, die sodann den Rest als Nahrung für die Essigmutter in den Glasbehälter goß. Ich glaube nicht, daß ich je zuvor Wein getrunken oder auch nur probiert hatte. Er stieg mir zu Kopf, und kaum lag ich gegen neun Uhr im Bett, als ich auch schon in einen schweren Schlaf fiel.

Mop war sogar noch vor mir eingeschlafen. Ohne sich zu waschen, war sie ins Bett getaumelt, und schon während ich mein Nachthemd anzog, hörte ich ihre schweren Atemzüge. Das war ungewöhnlich. Nicht daß sie an krankhafter Schlaflosigkeit litt, aber für ein Kind war sie doch ein schlechter Schläfer. Wenn ich abends langsam in die sanften Wolken des

Schlafs eintauchte, in den köstlichen Dämmerzustand, der jeden Augenblick in völlige Bewußtlosigkeit übergehen konnte, hörte ich sie meistens sich in ihrem Bett hin und her wälzen oder sogar aufstehen und im Zimmer herumwirtschaften. Ich wußte auch, daß sie manchmal nach unten ging, um ein Glas Wasser zu holen, oder auch nur, um ein wenig bei ihrer Mutter zu sein, denn jedesmal nach solcher nächtlichen Exkursion nahm Mrs. Felton sie sich beim Frühstück gehörig vor, indem sie irgendwelchen unsichtbaren Zuhörern vorjammerte, wieso sie denn bloß mit einem derartig ruhelosen, nervösen Kind geschlagen sei, das nicht einmal als Baby je eine Nacht friedlich durchgeschlafen hätte.

An diesem Dienstagabend hatte sie jedenfalls keine Schwierigkeiten mit dem Einschlafen. Erst viel später, tief in der Nacht, wie sie mir am nächsten Morgen erklärte, sei sie aufgewacht und habe dann stundenlang schlaflos gelegen. Sie hatte die Kirchturmuhr zwei und drei schlagen hören; ihr Kopf hatte geschmerzt, und sie hatte ein merkwürdiges Zittern in den Gliedmaßen gespürt. Aber soweit ich weiß, erzählte sie nichts davon ihrer Mutter, und ihr Kopfweh muß wohl im Laufe des Vormittags vergangen sein, denn als ich um zehn das Haus verließ, um mit Mrs. Potter zu einer Auktion zu gehen, die in einem der benachbarten Herrenhäuser abgehalten wurde, da lag sie auf einer Decke auf dem vorderen Rasen und las das Buch, das Mr. Felton ihr am Wochenende mitgebracht hatte – «Fünfzig verwunschene Häuser». Und als ich zurückkam, las sie immer noch, war vertieft in den «Kupferstich» oder sonst eine Schauergeschichte des Blackwood-Verlags.

Etwa an diesem Tag begann auch das, was ich heute ihre Besessenheit in bezug auf die Essigmutter nennen würde. Des öfteren, mindestens drei- oder viermal, fand ich sie, wenn ich ins Eßzimmer trat, vor der Romfort-Fabrik-Antiquität von Tisch, auf welchem Lady Elsworthys Geschenk stand, und sie starrte mit atemloser, angewiderter Faszination auf die Bakterienkultur in dem Glas, als handle es sich um ein in Alkohol konserviertes Reptil. Für mich war dieses Ding in keiner Weise widerlich oder unheimlich, es war im Grunde noch nicht einmal eine Neuigkeit. Ich hatte einmal in Großmutters Speisekammer einen vergessenen Teller Kompott gesehen, der vollständig gegoren und verschimmelt war, und abgesehen davon, daß der Pilzschwamm auf dem Kompott grünlich gewesen war, bestand kaum ein Unterschied zu diesem Bakteriengewächs. Mops Gesichtsausdruck, abgestoßen und gebannt zugleich, ließ mich kichern. Und das war ein Fehler, denn sie fuhr herum und holte mit ihrem dünnen, drahtigen Arm aus.

«Halt dein Maul, du! Ich hasse dich!»

Aber bis zum Abendessen hatte sie sich beruhigt und sprach auch wieder mit mir. Wir saßen auf der Mauer über der Straße und sahen zu, wie Mr. Goulds Herefordkühe von der Weide den Weg entlang zur Farm zurückgetrieben wurden. Schwalben saßen auf den Telefondrähten aufgereiht wie weiße und schwarze Perlen an einer Kette. Der Himmel war gelbgrün, und große Vögel zogen heimwärts darüber hin.

«Am liebsten würde ich einen Teelöffel reinstecken», sagte Mop unvermittelt, «und dann zugucken, wie sie zusammenschrumpft und stirbt.»

«Sie würde es merken», sagte ich.

«Wer – sie?»

«Na, deine Mutter natürlich.» Ich wunderte mich über die Frage, wo die Antwort doch auf der Hand lag. «Wer denn sonst?»

«Was weiß ich.»

«Das ist doch bloß ein Pilz», meinte ich, «der tut dir doch nichts.»

«Aliiicia!» Ein schriller Schrei, eine Geisterstimme, die Assoziationen von Wein und Essig heraufbeschwor.

«Los, komm, Margarine», sagte Mop. «Das Abendbrot ist fertig.»

An diesem Abend bekamen wir keinen Wein, aber am nächsten erschien wiederum eine Flasche mit drei Gläsern. Auch das Essen war reichhaltiger als sonst, Fleischpastete mit Kartoffeln und Salat. Vielleicht war der Wein diesmal süßer oder von besserer Qualität, denn er schmeckte mir gut, und ich trank zwei Gläser. Es kam mir nie in den Sinn, mich zu fragen, was meine Eltern – außerordentlich mäßig und nahezu abstinent – von dieser Verderbnis ihrer Tochter wohl denken würden. Aber wie sollte ich auch. Für ein Kind sind nun mal Erwachsene allwissend. Sowenig ich Mrs. Felton mochte, ich hätte ihr nie unterstellt, daß sie mir Böses zufügen oder auch nur zulassen würde, daß mir Böses geschah.

Auch Mop trank folgsam. Diesmal gab es keinen Widerspruch von ihrer Seite. Vielleicht versuchte sie wieder einmal, sich bei ihrer Mutter einzuschmeicheln. Wir gingen um neun zu Bett, und ich glaube, Mop schlief noch vor mir ein. Ich schlief tief und bleiern wie gewöhnlich, und doch war ich mir während der Nacht einer Störung bewußt, so als hätte mich jemand aufgeweckt und mit mir gesprochen. Daran erinnerte ich mich zunächst undeutlich, als ich am nächsten Morgen erwachte. Es war gegen sieben, ein perlmuttschimmernder Morgen voller Vogelgezwitscher. Mop saß im Nachthemd auf der Fensterbank.

Sie sah jammervoll aus, so als ob sie sich gerade übergeben hätte oder als ob eine böse Erkältung im Anzug sei.

«Ich hab heute nacht versucht, dich aufzuwecken», sagte sie.

«Ja, mir war auch so … Hast du schlecht geträumt?»

Sie schüttelte den Kopf. «Ich bin aufgewacht und hörte die Uhr eins schlagen, und dann habe ich Schritte gehört – hier unten auf dem Weg.»

«Du meinst, hier im Garten?» fragte ich verblüfft. «Kamen sie, oder gingen sie?»

«Weiß ich nicht», sagte sie merkwürdig verkniffen. «Sie müssen wohl gekommen sein.»

«Ein Einbrecher? Wir sollten mal runtergehen und nachsehen, ob was gestohlen worden ist.»

«Es war *kein* Einbrecher.» Sie war richtig böse auf mich, und ihr Gesicht sah ganz fleckig aus. «Ich bin ja unten gewesen. Erst lag ich eine Weile wach und hörte nichts mehr, aber ich konnte nicht mehr einschlafen und hatte Durst auf einen Schluck Wasser. Da bin ich runtergegangen.»

«Na und? Weiter!» drängte ich.

Aber Mop konnte nicht weitersprechen. Und selbst ich, unsensibel und gleichgültig ihr gegenüber, wie ich nun einmal war, merkte, daß irgend etwas sie zutiefst verstört hatte. Und auf einmal wußte ich wieder, was mich in der Nacht für kurze Augenblicke aufgeweckt hatte, ich erinnerte mich plötzlich genau, was geschehen war. Jemand hatte halb erstickt geschrien, wie unter einem Alptraum. Mop war durch ihre eigenen Angstschreie aufgewacht, und die Worte, die sie gestammelt hatte, waren: «Die Essigmutter! Die Essigmutter!»

«Du hattest eben einen Alptraum», sagte ich tröstend.

«Oh, halt bloß den Mund», stöhnte Mop. «Du kapierst aber auch nie was. Ich werde dir nie wieder was erzählen.»

Später am Tag erzählte sie es mir dann doch. Ich glaube, sie sah inzwischen die Ereignisse etwas klarer, obwohl sie immer noch verstört wirkte, als sie zum Höhepunkt dessen kam, was nach ihrer beharrlichen Meinung auf keinen Fall ein Traum gewesen war. Sie sei, so erzählte sie, etwa eine halbe Stunde, nachdem sie die Schritte gehört hatte, hinuntergegangen. Licht hatte sie nicht angemacht, denn der Mond schien sehr hell. Die Tür zum Eßzimmer stand offen, und sie sah in einem Sessel am Fenster eine Gestalt, deren Kopf von einer Kapuze verhüllt war. Die Gestalt sei ganz in Braun gekleidet gewesen. Und dann sei die Kapuze heruntergeglitten und habe das Gesicht freigegeben. Und da hätte sie losschreien müssen, wegen dieses Gesichts, das gar kein Gesicht gewesen sei, sondern ein großes, lappiges Stück blutiger Leber.

«Du hast geträumt», beruhigte ich sie. «Das *mußt* du geträumt haben. Du warst nämlich im Bett, als du geschrien hast, also hast du es geträumt.»

«Ich *bin* aber runtergegangen», versteifte sich Mop.

«Kann ja sein», räumte ich bereitwillig ein, «aber das andere war bestimmt ein Traum. Denn deine Mutter wäre doch bestimmt gekommen, wenn sie dich unten hätte schreien hören.»

Mit keinem Wort wurde der Traum, oder was immer es gewesen war, noch erwähnt. Am folgenden Sonnabend kam Mr. Felton und nahm uns mit zur Young Farmers Show in Marks Tey. Er brachte mir Grüße meiner Eltern und die Nachricht, daß mein ältester Bruder sein Examen bestanden und sieben Einsen bekommen hätte. Darüber war ich sehr glücklich. Am Sonntag nachmittag ging er mit Peter Elsworthy auf die Jagd, und als sie wiederkamen, erklärte Peter, er werde mit Mop und mir und Mrs. Felton am nächsten Dienstag an die See fahren.

Dieser Dienstag war ein wundervoller Tag, vielleicht der schönste der ganzen Ferien im «Sanctuarium», und nachdem ich am Morgen nach Mops bösem Traum schon überlegt hatte, ob ich vom Dorf aus den verabredeten, verlogenen Telefonanruf tätigen sollte, fand ich nun erleichtert, daß ich sehr gern noch bis zum Ferienende bleiben würde.

Mittags gab es ein Picknick, und wir badeten begeistert im seichten Wasser der flach anlaufenden See. Mrs. Felton trug ein ordentliches, blau-weißes Baumwollkleid, in dem ihre braune Haut wie Bronze wirkte, hatte ihr Haar zu einer glatten Frisur gebändigt, lächelte, war freundlich und nannte Mop sogar einmal «Liebes». Auf einmal mochte ich sogar Peter Elsworthy. Wahrscheinlich war es eine jener plötzlichen blinden Schwärmereien, wie sie bei kleinen Mädchen nur allzu leicht ausgelöst werden – durch ein Lächeln, durch einen einzigen Satz, gesprochen wie zu einem Gleichaltrigen, durch eine zufällige Berührung mit der Hand ... Dort auf dem sonnigen Strand jedenfalls fühlte ich mich durch unerklärliche Gefühle zu ihm hingezogen, in eine Leidenschaft getrieben, die sein Anblick vorher nie bei mir ausgelöst hatte und die ebenso schnell wieder erstarb, wie sie aufgelodert war. Als die Sonne unterging und wir den Strand verlassen hatten, da war er wieder weiter nichts als Mrs. Feltons Freund vorn auf dem Fahrersitz des Wagens.

Ich war ihm den ganzen Tag über wie ein kleiner Hund gefolgt, und vielleicht war diese unverhohlene Ergebenheit schuld daran, daß er uns an unserer Gartentür absetzte und sich weigerte, mit hineinzukommen, um das Gedeihen der Essigmutter zu bewundern. Seine Entschuldigung war, er müsse seine Mutter zu einer Dinnereinladung seiner Tante begleiten. Mrs. Felton schnappte wütend ein, als er weg war, und wir bekamen ein Abendessen aus geronnenem Rührei und Zitronenlimonade vorgesetzt.

Am nächsten Abend erschien eine Flasche Claret auf dem Tisch. Während des Essens klingelte das Telefon, und weil Mrs. Felton durch das Gespräch draußen beschäftigt war, nahm ich mir die Kühnheit heraus, mein Glas Wein in den Bottich mit der Essigmutter zu gießen.

«Das sag ich ihr», zischte Mop mir zu.

«Ist mir egal», sagte ich, «ich kann das einfach nicht trinken, dies eklige, saure Zeug.»

«Was fällt dir ein, Daddys Wein eklig zu nennen, wo du hier zu Gast bist!» empörte sie sich. Aber sie sagte Mrs. Felton nichts. Ich glaube, eigentlich hätte sie ihren eigenen Wein gern hinterhergegossen, aber vielleicht fürchtete sie, der Pegel in dem Krug würde zu stark ansteigen. Oder war sie damals schon soweit, daß keine zehn Pferde sie mehr in die Nähe der Essigkultur gebracht hätten?

Ich hatte keinen Wein nötig, um schläfrig zu werden, aber wenn ich ihn getrunken hätte, wäre mein Schlaf vielleicht noch schwerer und tiefer gewesen. Dünnes Mondlicht lag über unserem Zimmer, als ich nachts aufwachte. Mops Bett war leer. Sie stand an der Tür, hielt sie halb offen und zitterte am ganzen Körper. Es war ein bißchen gespenstisch, wie ihr langer Schatten so über die Fachwerkbalken der Wände waberte. Aber ich konnte nicht das geringste hören.

«Was ist denn los?» fragte ich.

«Da unten ist jemand.»

«Woher weißt du? Brennt dort Licht?»

«Ich habe Glas gehört», wisperte sie.

Wie kann man Glas hören? Aber ich wußte schon, was sie meinte, und es behagte mir gar nicht. Ich stand ebenfalls auf, ging zur Tür hinüber und blickte die Treppe hinunter. Ein schwacher Lichtschein fiel unter der Tür des Eßzimmers hindurch, ein weißlicher Schimmer, der vom Mondlicht herrühren konnte, oder auch von der Öllampe, die sie manchmal benutzten. Und dann hörte auch ich Glas – das Klirren von Glas gegen Glas – und ein feines, tröpfelndes Geräusch.

Schwer atmend und mit hysterischer Stimme flüsterte Mop: «Und wenn sie nun nachts umgeht, in jedes Haus, wo sie eine haben? Sie geht um und wacht über sie, und dann – dann passiert es! Da, jetzt ist sie unten, und jetzt macht sie es. Horch!»

Glas gegen Glas ...

«Das ist doch verrückt», sagte ich energisch, «das kommt bloß von den Büchern, die du immer liest.»

Sie antwortete nicht. Wir machten die Tür zu, legten uns wieder ins Bett und ließen die Bettlampe an. Das Licht war beruhigend. Wir hörten die Uhr zwölf schlagen. Da sagte ich: «Können wir jetzt wieder schlafen?» Und als Mop nickte, machte ich das Licht aus.

Der Mond war verschwunden, vielleicht durch die Wolken verdeckt. Durch die schwarze Stille ertönte ein seltsamer, langgezogener Schrei. Ich wußte nicht, was das war, aber kein Kind von elf Jahren konnte das schließlich wissen. Mir war nur klar, daß der Schrei nichts mit Kummer, mit Schmerzen oder Schrecken zu tun hatte, sondern mit Triumph, mit etwas endlich Erreichtem; dennoch war er zugleich unwirklich, weit außerhalb menschlicher Selbstbeherrschung.

Mop begann zu schreien.

Ich hatte das Licht angemacht, hüpfte auf meinem Bett auf und nieder und brüllte sie an, sie solle still sein. Da flog die Tür auf, und Mrs. Felton kam hereingestürzt, mit wilder Haarmähne, den dunklen, blutfarbenen Seidenmantel hastig um den Körper gezerrt und in der Taille verknotet. Ich war auf Wut und Empörung gefaßt, aber Mrs. Felton sagte nichts. Sie tat etwas, was ich bei ihr noch nie gesehen hatte, etwas, das ich bei ihr nie für möglich gehalten hatte. Sie riß Mop in ihre Arme, streichelte sie, wiegte sie hin und her. Beide weinten sie. Und ich hörte Schritte auf dem Gartenweg. Leise und gleichmäßig entfernten sie sich und verhallten schließlich.

Mop verlor über alles das am nächsten Tag kein einziges Wort. Sie zog sich in ihre Bücher und ihre Launen zurück. Heute glaube ich, daß die unerwartete Demonstration der Zuneigung, die sie in jener Nacht von ihrer Mutter erfahren hatte, sie zu der Hoffnung verleitete, es möchten weitere folgen. Statt dessen verfiel Mrs. Felton in eine seltsame Abwesenheit, in eine Art permanenter Trance. Mit kichernder Verlegenheit beobachtete ich, wie sie Mop einfach übersah, Mop, die um sie herumstrich, ihr ins Gesicht blickte und versuchte, ihre Aufmerksamkeit zu erregen. Als Mop es schließlich aufgab und sich mit Dr. James und seinen Dämonen in den Garten zurückzog, lag Mrs. Felton auf dem Eßzimmersofa, rauchte und starrte an die Decke. Einmal ging ich hinein, um meine Strickjacke zu holen, denn Mrs. Potter wollte mich am Nachmittag in die mittelalterliche Stadt Lavenham mitnehmen; da lag sie immer noch dort, lächelte höchst seltsam in sich hinein, und ihre langen braunen Hände spielten mit den rotbraunen Perlen ihrer Halskette.

Am Freitag nachmittag brach sie zu einem einsamen Spaziergang auf und blieb Stunden fort. Es war sehr heiß, zu heiß, um sich in einem Garten aufzuhalten, in dem es nur den mageren Schatten eines Apfelbaums gab. Deshalb saß ich am Eßtisch und arbeitete an meinem Skizzenbuch mit Landhausentwürfen, zu denen Mrs. Potter mich angeregt hatte, und Mop las, als das Telefon klingelte. Mop ging hinüber und nahm ab, und selbst bis ins Eßzimmer, über den Flur hinweg, konnte ich Mr. Feltons Trompetenstimme hören.

«Wie geht's, wie steht's, meine alte Mop?»

Ich konnte alles mit anhören, nämlich, daß er schon heute abend kommen würde statt morgen früh. So gegen Mitternacht würde er dasein, und sie sollte es bitte der Mutter ausrichten. Aber die sollte nicht auf ihn warten, er hätte ja einen Schlüssel. Und seine schönsten Grüße bitte an die gute alte Margarine, wenn sie nicht inzwischen bereits zu einem kleinen Pfützchen zerschmolzen wäre!

Mrs. Felton kam um fünf zurück – in Peter Elsworthys Wagen. In ihrem Haar waren Blätter, und hinten an ihrem Rock kleine Grashalme. Sie steckten die Köpfe über der Essigmutter zusammen, brachten sie in einen schattigen, kühlen Winkel und begeisterten sich an der Farbe der Flüssigkeit unterhalb des schwimmenden Leberlappens.

«Ein zartes Pflänzchen, das nicht überhitzt werden darf», meinte Peter Elsworthy, zupfte ein Blatt aus Mrs. Feltons Haar und lachte dabei. Ich fragte mich, wieso ich ihn jemals auch nur hatte nett finden können.

Mop und ich bekamen zum Abendbrot Rosé aus einer gedrungenen, flachen Flasche, auf deren Etikett der Kreuzgang eines Klosters abgebildet war. Inzwischen hatte Mrs. Felton wohl begriffen, daß ich keinen Wein nötig hatte, um müde zu werden, darum erließ sie es mir, mehr als ein Glas zu trinken. Der Glasbottich mit der Essigmutter war dreiviertel voll. Ich war schon im Bett und Mop schon fast ausgezogen, als mir einfiel, was ihr Vater ihr aufgetragen hatte.

«Ach, ich hab ganz vergessen, es ihr zu sagen», gähnte Mop, der die Augen fast zufielen.

«Du kannst doch runtergehen und es ihr jetzt noch sagen.»

«Da wäre sie höchstens sauer. Und außerdem hat er ja einen Schlüssel.»

«Du magst bloß nicht allein im Dunkeln runtergehen», sagte ich. Mop erwiderte nichts. Sie ging zu Bett und zog sich die Decke über den Kopf.

Wir haben nie wieder miteinander gesprochen.

Sie kam nach den Ferien nicht wieder in die Schule, und nach einem halben Jahr sagte mir meine Mutter, sie würde überhaupt nicht wiederkommen. Ich erfuhr nie, was mit ihr geschehen war. Das einzige – oder fast das einzige –, an was ich mich von ihr erinnere, war ihr mageres, bleiches Gesicht, das in letzter Zeit immer so verstört ausgesehen hatte, mit tiefen, dunklen Rändern um die Greisinnenaugen. Und ich erinnere mich noch an die Bücher auf ihrem Nachttisch. «Fünfzig Geisterhäuser», «Die Werke des Sheridan Lefanu», «Das Beste von Montague Rhodes James». Und dann an das bleiche Mondlicht in unserem Zimmer mit all seinen Balken und der schrägen Decke. Die nächtliche Stille der gespenstischen alten Landschaft. Der Weindunst in meiner Kehle, die Benommenheit, die in schweren Schlaf überging ...

Aus diesem schweren Schlaf war ich durch zwei scharfe Explosionen gerissen worden, durch das Geräusch splitternden Glases. Mop war schon aus dem Zimmer, bevor ich aus dem Bett torkelte, mit meinem vernebelten Kopf kaum wissend, wo ich war. Irgendwo unten schrie Mop wie von Sinnen. Ich ging hinunter. Das ganze Haus, dieses Haus mit dem Namen «Sanctuarium», war hell erleuchtet. Ich machte die Tür zum Eßzimmer auf.

Mr. Felton lehnte gegen den Tisch, die Schrotflinte noch immer in der Hand. Ich glaube, er weinte. An viel Blut kann ich mich nicht erinnern, bloß an die bräunliche Nacktheit der Mrs. Felton und über sie geneigt Peter Elsworthy, der sich seinen verwundeten Arm hielt. Und dann an den Geruch von Schießpulver wie bei einem Feuerwerk und an den ätzenden Essiggestank überall, von dem einem übel wurde. Und zwischen Glasscherben die gellend schreiende Mop mit einem Messer, mit dem sie unablässig auf die dicke, schleimige Lebermasse einstach, die auf dem Teppich lag.

(The Vinegar Mother, 1976)

DAS FALLEN DER MÜNZE

Die Hotelwirtin führte sie zwei Treppen hinauf zu ihrem Zimmer. Einen Lift gab es nicht. Es gab auch keine Zentralheizung, und es war – obzwar bereits April – sehr kalt.

«Bißchen klein, wie?» meinte Nina Armadale.

«Es ist aber ein Doppelzimmer. Tut mir leid, etwas anderes haben wir nicht mehr.»

«Ich nehme an, ich muß dankbar sein, daß es nicht auch noch ein Doppelbett hat», sagte Nina.

Ihr Mann zuckte bei diesen Worten zusammen, das tat ihr richtig wohl. Sie trat ans Fenster und blickte in eine schmale Gasse hinunter, die von einer Backsteinmauer begrenzt war. Die Uhr der Kathedrale schlug fünf. Nina konnte sich vorstellen, wie diese Nacht werden würde, jede Stunde Glockenschläge, womöglich sogar jede Viertelstunde. Nur gut, daß sie ihre Schlaftabletten bei sich hatte.

Die Hotelwirtin versuchte immer noch, sich für den Mangel an Bequemlichkeit zu entschuldigen. «Sehen Sie, morgen findet in der Kathedrale eine große Hochzeit statt. Sir William Tarrants Tochter. Es kommen an die fünfhundert Gäste, und die meisten von ihnen übernachten hier in der Stadt.»

«Wir gehen auch hin», erklärte James Armadale. «Deshalb sind wir ja gekommen.»

«Dann werden Sie das Problem sicherlich verstehen. Also, das Badezimmer ist gleich da hinten im Flur, rechtsherum und dann die dritte Tür links. Abendessen um halb acht und Frühstück zwischen acht und neun. Oh, und ich zeige Mrs. Armadale wohl besser noch, wie man den Gasofen anstellt.»

«Ersparen Sie sich die Mühe», fauchte Nina, «ich weiß, wie man einen Gasofen anstellt.» Sie plagte sich gerade mit der Schranktür ab, die anfangs partout nicht aufgehen wollte und, als sie endlich offen war, sich nicht wieder schließen ließ.

Die Hotelière sah ihr schweigend zu und hielt es wohl für sinnlos, helfend einzugreifen. Sie wandte sich an James: «Ich meine auch, wie die Gasuhr hier zu bedienen ist. Es ist ein Münzapparat mit einem Einwurfschlitz, in den passen Fünf-Pence-Stücke. Wir finden, damit können unsere Gäste am einfachsten zurechtkommen.»

James hockte sich neben sie und nahm den grauen Metallkasten in Augenschein. Es war eine altmodische Gasuhr mit Messingverzierungen, wie er sie seit seiner Studentenzeit in einem möblierten Zimmer nicht mehr gesehen hatte. Eine Skala mit einem roten Zeiger gab die Gasmenge an, für die man bezahlt hatte. Im Augenblick stand der Zeiger auf Null.

«Sie müssen den Hebel nach links drehen, dann stecken Sie die Münze in den Schlitz, und dann drehen Sie nach rechts ...»

James bemerkte mit Erleichterung, daß Nina nicht mehr zuhörte. Wenn nämlich der unvermeidliche Streit losginge – und der *würde* ausbrechen, sobald die Frau gegangen wäre –, dann drehte er sich vielleicht mehr um die Lästigkeit, überhaupt an dieser Hochzeit teilzunehmen, für die er nun wirklich nichts konnte, als um die verspätete Hotelbuchung, für die er sehr wohl etwas konnte.

«... dann drehen Sie ihn nach rechts und warten, bis Sie die Münze fallen hören. Ist das klar?» James beteuerte, das sei völlig klar, vielen Dank auch – und kaum hatte die Wirtin das Zimmer verlassen, da legte Nina los:

«Kannst du mir vielleicht *einen* vernünftigen Grund nennen, weshalb wir nicht hätten morgen herkommen können?»

«Ich könnte dir sogar mehrere nennen», antwortete James ergeben, «aber der wichtigste ist der, daß ich keine Lust hatte, hundertachtzig Kilometer in Gehrock und Zylinder mit dem Auto zu fahren.»

«Du meinst wohl, du hattest keine Lust, mit deinem üblichen Samstagmorgen-Sülzkopf zu fahren.»

«Laß uns keinen Streit anfangen, Nina. Laß uns wenigstens für diesen Abend ein bißchen Frieden halten. Sir William ist der Vorsitzende meiner Firma. Ich muß es mir also als Ehre anrechnen, daß wir zu dieser Hochzeit eingeladen worden sind, und wenn wir dafür einen ungemütlichen Abend und eine unbequeme Nacht in Kauf nehmen müssen, dann läßt sich das eben nicht ändern. Das gehört nun mal zum Geschäft.»

«Sag mal, großkotziger geht's wohl nicht, wie?» fragte sie auf eine Art, die man bei einer weniger attraktiven Frau giftig genannt hätte. «Ich möchte mal wissen, was dein dämlicher Sir William Tarrant sagen würde, wenn er seinen Verkaufsdirektor zu Gesicht kriegte, nachdem der eine Flasche Whisky intus hat.»

«Er sieht mich eben nicht», sagte James kühl und zündete sich eine Zigarette an. Und weil sein Kampfgeist noch nicht erlahmt war, fügte er hinzu: «Das ist *dein* Privileg.»

«Privileg!» Nina, die bisher wütend ihren Koffer ausgepackt und ihre Sachen wahllos auf eins der beiden Betten geworfen hatte, hörte jetzt abrupt damit auf, denn dabei vergeudete sie Teile der Energie, die sie zum Streiten brauchte. Sie setzte sich aufs Bett und zischte: «Gib mir 'ne Zigarette. Manieren hast du wohl gar keine, was? Weißt du eigentlich, wie ungebildet du bist? Diese Bude hier paßt haargenau zu dir, das ist genau dein Milieu, mit Münzgasuhr und das Klo hundertfünfzig Meter weit entfernt. *Dir* macht das nichts aus, solange bloß eine Bar in Reichweite ist. Aber ich – ich habe dabei das Privileg, mein Schlafzimmer mit einem widerlichen Säufer zu teilen!» Sie holte tief Luft wie ein Schwimmer und tauchte erneut in ihr Element ein: «Ist dir klar, daß wir seit zwei Jahren nicht mehr in einem Zimmer geschlafen haben? Daran hast du wohl nicht gedacht, was, als du mit der Hotelreservierung bis zur letzten Minute gewartet hast! Oder vielleicht – ja, natürlich, o mein Gott! –, vielleicht *hast* du sogar daran gedacht. Oh, ich kenne dich so gut, James Armadale! Du hast dir gedacht, hier so mit mir in einem Zimmer, und wenn wir uns dann gemeinsam ausziehen, das würde Wunder wirken, wie? Da würde ich weich werden. Da würde ich – wie nennt man das doch gleich – die ehelichen Beziehungen wiederaufnehmen. Du hast absichtlich dafür gesorgt, daß sie uns dieses – dieses Kabuff geben! Du Schwein hast es extra so eingefädelt!»

«Nein», sagte James. Er sagte es ruhig und kaum hörbar, denn der innere Abscheu, der ihn erfaßt hatte, machte ihm das Sprechen fast unmöglich.

«Du verdammter Lügner! Glaubst du, ich hätte vergessen, was für einen Aufstand du gemacht hast, als ich dich in das Extraschlafzimmer ausquartiert habe? Und glaubst du, ich habe das mit dem Weibsbild vergessen, mit dieser Frances? Ich werde das niemals vergessen, und ich werde dir niemals verzeihen. Also glaube bloß nicht, ich würde Vergangenes vergangen seinlassen, wenn du versuchst, mich zu befummeln, nachdem die Bar heute nacht schließt.»

«Das werde ich nicht tun», sagte James, und flüchtig dachte er daran, daß die Bar in einer Viertelstunde aufmachte. «Ich werde nie mehr versuchen, dich – wie du es so reizend nennst – zu befummeln.»

«Nein, weil du weißt, daß du damit bei mir nicht landen kannst. Du weißt, daß du dir damit eine Ohrfeige einhandeln würdest, die du nicht so bald vergißt.»

«Nina», sagte er, «laß uns mit dieser Unterhaltung aufhören. Das ist doch hypothetisch, es wird ja gar nicht passieren. Wenn wir auch weiterhin zusammenleben – und ich denke, das werden wir tun, obgleich Gott allein weiß, weshalb –, könnten wir dann nicht versuchen, in Frieden zu leben?»

Sie wurde rot und sagte: «Daran hättest du denken müssen, bevor du mich mit dieser Frau betrogen hast.»

«Das ist jetzt drei Jahre her», erwiderte er seufzend, «drei

Jahre. Ich will dich nicht provozieren, und wir haben es ja auch schon sattsam besprochen, aber du weißt schließlich sehr gut, warum ich dich betrogen habe. Ich bin erst fünfunddreißig, ich bin noch ziemlich jung. Ich habe es nicht verkraftet, daß man mir ‹eheliche Beziehungen› wie ein Almosen gewährte oder, wenn du das lieber hörst, daß ich dich sechsmal im Jahr befummeln durfte. Müssen wir das denn noch erörtern?»

«Wenn es nach mir geht, nicht. In meinen Augen ist es völlig gleichgültig, welche Entschuldigungen du vorbringst.» Der Zigarettenqualm in dem winzigen Zimmer ließ sie husten. Sie öffnete das Fenster und sog die feuchtkalte Luft ein. «Du fragst mich», fuhr sie fort und wandte sich zu ihm um, «weshalb wir auch weiterhin zusammenleben müssen. Ich werde dir sagen, warum. Weil du mich geheiratet hast. Ich habe ein Recht auf dich, und ich lasse mich niemals scheiden. Mich hast du sicher, bis daß der Tod uns scheidet. Bis zum Tode, James, klar?»

Er antwortete nicht. Ein eisiger Hauch war ins Zimmer gefahren, als sie das Fenster geöffnet hatte, und er griff in seine Tasche. «Wenn du bis zum Abendessen hier drinnen bleiben willst», meinte er, «dann machen wir wohl lieber den Gasofen an. Hast du vielleicht ein Fünf-Pence-Stück? Ich habe nämlich keines, ich muß erst wechseln.»

«Oh, du wirst es schon schaffen, das Wechseln. In der Bar nämlich. Nur zu deiner Information: Ich habe überhaupt kein Geld mitgenommen. Das ist *dein* Privileg.»

Als er sie allein gelassen hatte, saß sie minutenlang in dem kalten Zimmer und blickte reglos auf die Backsteinmauer der Kirche. Bis daß der Tod uns scheidet, hatte sie zu ihm gesagt. Und sie meinte es ernst damit. Sie würde ihn nie verlassen, und nie und nimmer würde sie zulassen, daß er sie verließ, aber sie hoffte, er würde sterben. Es war nicht ihre Schuld, daß sie frigide war. Sie hatte immer geglaubt, er faßte es auch so auf. Sie hatte geglaubt, ihre Schönheit, ihre Fähigkeiten als Hausfrau und Gastgeberin würden jenen gewissen Ekel, den sie nicht ändern konnte, kompensieren. Dieser Ekel richtete sich ja auch nicht gegen ihn persönlich, sondern gegen alle Männer. Er schien sich damit abgefunden zu haben und trotzdem mit ihr glücklich zu sein. Auf ihre geschlechtslose Weise hatte sie ihn ja auch geliebt. Und gerade als er ihr glücklicher und gelöster erschienen war als je zuvor während ihrer Ehe, als er endlich aufgehört hatte, jenes peinvolle Ansinnen an sie zu stellen und trotzdem so liebevoll zu ihr war, ja, sie mit Geschenken geradezu überschüttete, da hatte er es ihr plötzlich und ohne jede Scham gebeichtet. Es würde ihr nichts ausmachen, hatte er gesagt, das wisse er genau. Sie würde es ihm nicht verübeln, wenn er anderswo fände, was sie ihm offensichtlich so widerstrebend gäbe. Und da er für sie sorge und fast alle seine Freizeit mit ihr verbringe und sie als seine Frau respektiere, müsse sie doch – da sie Sex nun einmal verabscheute – erleichtert sein, daß er jemand anderen gefunden habe.

Er hatte behauptet, ihre durch die sexuelle Verdrängung aufgestauten Aggressionen seien schuld gewesen, daß sie wie eine Furie auf ihn losgefahren sei und mit den Fäusten auf ihn eingeschlagen habe, daß sie Worte geschrien habe, von denen er nicht mal geahnt hätte, daß sie sie kannte. Bis zu ihrem Todestag würde sie seine Entgeisterung nicht vergessen. Er hatte allen Ernstes gedacht, es würde ihr nichts ausmachen! Es hatte wochenlanger Sticheleien, Szenen und Drohungen bedurft, um ihn so weit zu bringen, Frances aufzugeben. Sie hatte ihn aus ihrem Schlafzimmer verbannt und sich in einen bitteren, erbarmungslosen Rachedurst eingesponnen, der anhalten würde, bis daß der Tod sie schied. Er hatte bis heute nicht begriffen, wie tödlich er sie verletzt hatte. Andere Frauen hatte es seither nicht mehr gegeben, aber er hatte zu trinken begonnen. Auch jetzt trank er natürlich, überlegte sie, und gegen neun würde er dann stockbetrunken auf dem Bett dort liegen, das nur knapp einen halben Meter von ihrem entfernt stand. Das Zimmer war zu kalt, um noch länger darin herumzusitzen. Sie versuchte, den Gasofen anzumachen, stellte den

Schalter der Düsen auf EIN, aber nichts passierte, als sie ein Streichholz daran hielt. Also ging sie entschlossen nach unten in den Aufenthaltsraum, in dem ein Kaminfeuer brannte und wo die Leute vor dem Fernseher saßen.

Beim Dinner trafen sie wieder zusammen.

James Armadale hatte seinen ersten Viertelliter Whisky bereits intus, und jetzt bestellte er zu der braunen Windsorsuppe und dem aufgewärmten Lammbraten eine Flasche Burgunder.

«Eine Frage aus purer Neugier, James», meinte Nina ironisch, «warum trinkst du so viel?»

«Um meine Sorgen zu ersäufen», erwiderte James. «Der klassische Grund, und in meinem Fall stimmt er sogar. Willst du auch ein bißchen Wein?»

«Ja, ich trinke wohl besser ein Glas mit, was? Denn sonst trinkst du die ganze Flasche leer.»

Der Speisesaal war voll. Die meisten anderen Gäste waren mittleren Alters oder schon älter. Viele von ihnen waren wahrscheinlich Hochzeitsgäste, genau wie sie. Er hatte bemerkt, daß ihr Erscheinen einige Aufmerksamkeit erregt hatte und daß man an den Nachbartischen wohlwollende Kommentare über sie austauschte. Es bereitete ihm ein bitter-schales Vergnügen, daß man sie wahrscheinlich als ein gutaussehendes, wohlsituiertes und glückliches Paar einschätzte.

«Nina», fing er an, «wir können so nicht weitermachen. Das ist nicht fair, gegenüber keinem von uns beiden. Wir machen nicht nur uns selbst kaputt, sondern den anderen auch. Wir müssen uns darüber unterhalten, was wir tun können.»

«Gut gewählt, der Zeitpunkt, was? Ich denke nicht daran, mich darüber in aller Öffentlichkeit zu unterhalten.»

Sie hatte mit leiser, verhaltener Stimme gesprochen, weit entfernt von dem aggressiven Tonfall vorhin im Schlafzimmer, und sie warf flinke, nervöse Blicke auf die Nachbartische ringsum.

«Eben weil dies sozusagen ein öffentlicher Platz ist, meine ich, haben wir bessere Chancen, vernünftig darüber zu reden. Wenn wir allein sind, wirst du sofort hysterisch, und dann kann keiner von uns ruhig und vernünftig bleiben. Wenn wir hier und jetzt darüber sprechen, dann glaube ich dich gut genug zu kennen, daß du mich nicht anschreien wirst.»

«Ich könnte aber einfach rausgehen, nicht wahr? Außerdem bist du betrunken.»

«Ich bin nicht betrunken. Offen gestanden werde ich's in einer Stunde wahrscheinlich sein – ein Grund mehr, weshalb wir uns hier und jetzt unterhalten sollten. Sieh mal, Nina, du liebst mich doch nicht, das hast du mir oft genug gesagt, und entgegen deiner verrückten Einbildung, ich hätte irgendwelche Absichten auf dich – ich liebe dich auch nicht. Die Gründe für alles das haben wir so oft erörtert, daß ich jetzt nicht noch einmal darauf zurückkommen muß, aber können wir denn nicht wirklich zu einer Art freundschaftlichem Arrangement kommen und uns trennen?»

«Damit du dann alle Weiber kriegen kannst, die du willst? Damit du dann diese Hure in mein Haus bringen kannst?»

«Nein», sagte er, «das Haus kannst du haben. Das Gericht würde dir wahrscheinlich ein Drittel meines Einkommens zugestehen, aber ich würde dir, wenn du willst, die Hälfte geben.» Fast hätte er hinzugesetzt: «Bloß, um dich loszuwerden», aber das verkniff er sich, es hätte zu provokativ gewirkt. Seine Sprache wurde bereits zähflüssig und undeutlich.

Obwohl er es beabsichtigt hatte, reizte es seinen Zorn, wie unter dem äußeren Zwang der Situation ihre Stimme sanft und ihr Gesicht kontrolliert blieb. Die Worte, die sie benutzte, waren allerdings die gleichen wie sonst. Er hatte sie schon tausendmal gehört. «Wenn du mich verläßt, dann folge ich dir. Ich gehe in die Firma und erzähle denen dort alles. Ich setze mich vor deine Tür. Ich will nicht allein gelassen werden. Lieber würde ich sterben. Ich will keine geschiedene Frau sein, bloß, weil du mich satt hast.»

«Wenn du so weitermachst», sagte er mit dicker Zunge, «dann wirst du dich als Witwe wiederfinden. Gefällt dir das besser?»

Wären sie allein gewesen, sie hätte ihm ihr Ja ins Gesicht gebrüllt. Aber sie waren nicht allein, also wandte sie ihm ihr dünnes, scharfes Lächeln zu, ein Lächeln, das ein unbeteiligter Beobachter als Amusement über ein internes, eheliches Späßchen werten konnte. «Ja», sagte sie, «ich möchte gerne Witwe sein, *deine* Witwe. Trink dich nur zu Tode, warum auch nicht? Es ist das einzige, was du tun kannst, wenn du mich loswerden willst.»

Die Kellnerin kam an ihren Tisch. James bestellte einen doppelten Cognac und «einen Kaffee für meine Frau». Er wußte, er würde sie nie loswerden. Er gehörte eben nicht zu den Männern, die einen öffentlichen Bankrott ihres Lebens verkraften. Szenen im Geschäft, Belästigungen, Einmischung von Freunden und Vorgesetzten. Er war sich darüber im klaren – entweder eine gütliche Trennung oder gar keine. Und da sie sich nie dazu bereit finden und ihn auch weder verstehen noch ihm verzeihen würde, mußte er es eben weiterhin durchstehen. Mit dieser Hilfe, dachte er, als der Cognac eine nebelhafte Euphorie in seinem Gehirn auszubreiten begann. Er leerte sein Glas auf einen Zug, murmelte ihr wegen der Zuhörer ein «Entschuldige mich» zu und verließ den Speiseraum.

Nina verzog sich wieder in das Fernsehzimmer. Es lief ein Film über ein Ehezerwürfnis, das dem ihren nicht unähnlich war. Die alten Damen mit ihrem Strickzeug und die alten Herren mit ihrer Verdauungszigarre ließen es lustlos über sich ergehen. Sie beschloß, sich ins Auto zu setzen und irgendwohin zu fahren. Es war egal wohin, alles war ihr recht, wenn es nur weit genug entfernt war von diesem Hotel und James und der Kirchturmuhr, deren Schlagwerk die Stunden mit langgezogenen, metallischen Klängen in Viertelstundensegmente zerschnitt. Es mußte doch irgendwo in der Stadt ein ruhiges Plätzchen geben, wo man eine Tasse Kaffee bekommen konnte, oder vielleicht ein Kino, in dem nicht gerade ein Film über Eheprobleme lief oder über das, dachte sie schaudernd, was die Leute sexuelle Beziehungen nannten. Sie ging nach oben, um sich die Wagenschlüssel und ein bißchen Geld zu holen.

James schlief fest. Er hatte die Krawatte abgenommen und die Schuhe ausgezogen, sonst war er völlig angezogen. Er lag auf dem Rücken und schnarchte. Dumm von ihm, nicht unter die Decke zu kriechen. Er würde frieren. Vielleicht starb er an Unterkühlung? Nun, sie würde ihn jedenfalls nicht zudecken. Lediglich das Fenster würde sie zumachen, damit es nicht zu eisig wäre, wenn sie heimkam. Die Autoschlüssel waren in seiner Jackentasche, vermischt mit einer Handvoll Kleingeld. Sie schüttelte sich, als sie die Wärme seines Körpers durch den Stoff fühlte. Sein Atem roch nach Alkohol, und er schwitzte trotz der Kälte. Unter dem Kleingeld waren zwei Fünf-Pence-Stücke. Eins davon würde sie aufheben, um es am Morgen in die Gasuhr zu werfen. Gräßlicher Gedanke, sich für die Hochzeit anzuziehen bei einer Zimmertemperatur um den Nullpunkt! Eigentlich konnte sie die Münze auch gleich einwerfen, dann brauchte sie den Gasofen morgen früh nur noch anzustellen, oder auch, wenn sie gegen Mitternacht nach Hause kam, um sich etwas aufzuwärmen.

Das Zimmer war schwach erhellt vom gelblichen Licht der Straßenlaterne draußen in der Gasse. Sie kauerte sich vor den Gasofen und stellte fest, daß sie den Schalter nach ihrem vergeblichen Versuch, die Flammen zu entzünden, nicht wieder ausgeschaltet hatte. Es war nicht ratsam, die Münze einzuwerfen, während der Schalter auf EIN stand, und für fünf Pence Gas ins Zimmer strömen zu lassen, noch dazu bei fest verschlossenem Fenster und einer schweren, alten Tür, an deren Rändern es nicht die kleinste Ritze gab. Langsam streckte sie die Hand aus, um den Hebel auf AUS zu drehen.

Ihre Finger berührten ihn. Dann verharrte ihre Hand regungslos. Sie hörte in der Stille das heftiger werdende Pochen ihres Herzens, während die Idee mit ihrer ganzen brillanten Infamie von ihr Besitz ergriff. Nicht ratsam …? War sie verrückt? Es wäre nicht ratsam, die Münze einzuwerfen, während die Düsen geöffnet waren? Was wäre denn wohl ratsamer, wirkungsvoller, endgültiger? Sie zog die Hand zurück und umschloß sie mit der anderen, weil sie zitterte. Sie richtete sich auf und betrachtete ihren schlafenden Mann. Schweißperlen standen ihm auf der blassen Stirn. Sein Schnarchen war genauso schwer und rhythmisch wie das Schlagen ihres Herzens. Witwe, dachte sie, allein und frei in einem Haus, das sie mit niemandem zu teilen brauchte. Nicht geschieden, verachtet, enteignet und verlacht von Richtern und Rechtsanwälten wegen des Makels ihrer Frigidität, nicht verspottet von dieser Frances und ihren Nachfolgerinnen, sondern eine Witwe, der alle Welt Mitleid und Respekt entgegenbringen würde. Und wohlsituiert außerdem, vielleicht sogar reich mit den Einkünften aus James' Lebensversicherung und höchstwahrscheinlich einer Pension von Sir William Tarrant.

James würde nicht vor Mitternacht aufwachen. Nein, das war falsch – er *wäre* vor Mitternacht nicht aufgewacht. Was sie meinte, war, er würde überhaupt nicht mehr aufwachen.

Die Düsen für die Gasflammen waren noch immer aufgedreht, voll aufgedreht. Sie nahm das Fünf-Pence-Stück und ging leise wieder zur Gasuhr. Es gab zwar nichts, das ihn jetzt aufwecken konnte, dennoch schlich sie auf Zehenspitzen. Das Fenster war fest geschlossen und dahinter nichts als die schmale Gasse, die schimmernde Laterne und die hohe Mauer der Kathedrale. Sie kniete sich hin und sah sich das Zählwerk genauer an. Es war das erste Mal in ihrem behüteten, verwöhnten Luxusleben, daß sie sich genötigt sah, eine Münzgasuhr mit einem Geldstück zu versehen. Aber wenn Dummköpfe wie Hotelangestellte und die Art von Gästen, die in solchen Absteigen zu wohnen pflegte, damit fertig wurden, dann konnte sie es wohl auch. Es war sicherlich kein Malheur, daß sie den Instruktionen der Inhaberin nicht aufmerksam zugehört hatte. Was hatte sie doch gesagt? Den Hebel nach links drehen, die Münze einstecken, nach rechts drehen. Nina zögerte einen Moment, gerade lange genug, um Erinnerungsfetzen an sich vorüberziehen zu lassen. James, als sie frisch verheiratet waren, James, geduldig, lieb und voller Selbstverleugnung während ihrer Flitterwochen, James, der versicherte, ihre Gefühlskälte sei nicht weiter schlimm, Zeit und Liebe würden schon ... James' verschämt lächelndes Geständnis, bei dem er ihr Frances' Namen an den Kopf warf, James, der auf eine dreitägige Sauftour verschwand, weil sie nun einmal nicht vorgeben konnte, daß die Wunde, die er ihr verpaßt hatte, nur ein oberflächlicher Kratzer gewesen wäre, und dann James, Abend für Abend für Abend betrunken ... Sie verlor keine Zeit. Sie nahm ihren Mantel, schob die Wagenschlüssel in ihre Handtasche, dann kniete sie sich nochmals hin, legte den Hebel nach links, schob das Fünf-Pence-Stück in den Schlitz, drehte den Hebel nach rechts, ging eilig, ohne sich noch einmal umzuschauen, aus dem Zimmer und schloß die Tür hinter sich.

Die Kirchturmuhr schlug Viertel vor neun.

Als die Bar um halb zwölf Uhr schloß, kam ein Schwarm von Gästen die Treppe herauf, und ihr lautstarkes Geschwätz hätte auch den gesündesten Schläfer aufgeweckt. Sie weckten auch James auf. Eine ganze Weile lag er mit offenen Augen und bewegte sich nicht, bis er die Kirchturmuhr Mitternacht schlagen hörte. Als der letzte Glockenton verhallt war, tastete er nach der Lampe und knipste sie an. Wie ein Messer fuhr ihm das grelle Licht in den Schädel, und er stöhnte. Aber so fühlte er sich ja fast immer gegen Mitternacht, kein Grund also, deswegen Aufhebens zu machen. Wen würde es auch kümmern, wer würde es auch nur hören, wenn er es täte? Nina war anscheinend noch immer unten im Aufenthaltsraum. Die Hoffnung, sie werde aus Angst, mit ihm allein zu sein, die ganze Nacht dort unten bleiben, war wohl zu hoch gespannt. Nein, wenn jetzt das Fernsehprogramm zu Ende war, dann würde sie heraufkommen und wieder loszetern wegen seiner Betrunkenheit, wegen seiner Untreue – nicht daß es nach Frances noch weitere gegeben hätte –, und sie würden hier liegen, miteinander keifen und sticheln, bis sich ein grauer Schimmer in das gelbe Laternenlicht mischen und die Kirchturmuhr ihnen verkünden würde, daß der Tag angebrochen wäre.

Und dabei war sie einmal so süß gewesen, so untröstlich und verzweifelt wegen ihres traurigen Versagens. Es wäre ihm nie eingefallen, ihr deswegen Vorwürfe zu machen, obwohl sein Körper litt. Und der Ausweg, den er dann fand und den er so treuherzig beichtete, hätte für sie alle drei eine Lösung sein können, wenn Nina vernünftig gewesen wäre. Und wohl zum tausendstenmal fragte er sich, warum er so blöde gewesen war, es ihr zu beichten. Durch diesen kleinen Betrug hätte er jetzt glücklicher sein können als je zuvor während seiner Ehe. Aber er war nicht in der richtigen Verfassung zum Nachdenken. Was hatte die Frau gesagt, wo das Badezimmer sei? Rechts den Flur entlang und dann die dritte Tür links. Er blieb liegen, bis die Uhr Viertel nach zwölf schlug, dann sah er ein, daß er es nicht länger aushalten konnte und sich auf den Weg machen mußte.

Die kalte Luft im Korridor – mein Gott, das war ja eher wie Januar als wie April! – brachte ihn ein wenig zu sich. Um so stärker spürte er den pochenden Kopfschmerz. Es war ein Wahnsinn, so weiterzumachen. Was, zum Teufel, tat er da eigentlich, wollte er partout mit fünfunddreißig Jahren zum Alkoholiker werden? Er brauchte sich gar nichts vorzumachen, er *war* bereits Alkoholiker, ein Säufer. Und wenn er mit Nina zusammenblieb, dann würde er mit vierzig ein totaler Alkoholiker sein. Aber wie sollte man eine Frau verlassen, die einen nicht loslassen wollte? Seinen Posten aufgeben, abhauen, bis ans Ende der Welt ... solche wilden Gedanken kamen ihm häufig um Mitternacht, aber wenn dann der Morgen kam, das wußte er, dann würde er doch wieder genauso weitermachen.

Etwa zehn Minuten lang blieb er im Badezimmer. Als er

durch den Korridor zurückging, hörte er Schritte auf der Treppe, und weil er wußte, daß er gräßlich aussah und ebenso gräßlich nach Alkohol roch, verbarg er sich hinter der offenen Tür einer Besenkammer. Aber es war nur seine eigene Frau. Sie verlangsamte ihre Schritte, während sie auf ihr Zimmer zuging, als müsse sie sich wappnen für irgend etwas – für meinen Anblick wahrscheinlich, dachte er. Hatte sie wirklich so starke Aversionen gegen ihn, daß sie tief durchatmen und die Fäuste ballen mußte, ehe sie ihm gegenübertreten konnte? Sie sah krank aus, völlig verstört, und als sie die Tür aufgemacht und eingetreten war, da schnappte sie hörbar nach Luft; fast war es ein erstickter Aufschrei.

Er trat hinter ihr ins Zimmer. Sie fuhr herum, erblickte ihn – und er glaubte, sie würde in Ohnmacht fallen. Schon vorher hatte sie blaß ausgesehen, aber jetzt wurde sie weiß wie Papier. Früher, als er sie noch geliebt, als er noch gehofft hatte, er könnte sie lehren, ihn zu lieben, wäre er zutiefst beunruhigt gewesen. Jetzt bekümmerte es ihn wenig, er fragte bloß: «Hast wohl was Schlimmes im Fernsehen gesehen?»

Sie antwortete ihm nicht, sondern setzte sich auf ihr Bett und vergrub den Kopf in den Händen. James zog sich aus und kroch ins Bett. Bald darauf stand auch Nina auf und begann, sich langsam und mechanisch auszukleiden. Wie immer, wenn er aus einem Alkoholexzeß auftauchte, wurde sein Körper von einem Zucken befallen, und sein Kopf war hellwach. Er würde stundenlang nicht wieder einschlafen können. Neugierig und leidenschaftslos beobachtete er sie. Er hatte längst aufgehört, Vergnügen oder gar Erregung zu empfinden, wenn er ihr beim Ausziehen zusah. Es belustigte ihn höchstens, daß sie auch jetzt – obwohl sie sich anscheinend in einer Art Schock befand, denn ihre Hände zitterten – nicht auf ihre typischen, prüden Schutzmaßnahmen verzichtete, auf die Art, ihm den Rücken zuzukehren, wenn sie aus ihrem Kleid stieg, oder sich das Nachthemd über den Kopf zu ziehen, bevor sie ihre Unterwäsche ablegte.

Sie zog ihren Morgenmantel an und ging ins Badezimmer. Als sie zurückkam, glänzte ihr Gesicht, das sie vom Make-up gereinigt hatte, fettig, und sie schlotterte am ganzen Körper.

«Nimm lieber 'ne Schlaftablette», meinte er.

«Ich hab schon im Badezimmer eine genommen. Ich wollte ein Bad nehmen, aber es gab kein warmes Wasser.» Und während sie ins Bett stieg, schimpfte sie in ihrer üblichen, schrillen Tonlage: «Nichts funktioniert in diesem verdammten Hotel. Nichts, aber auch gar nichts klappt!»

«Mach das Licht aus und schlaf. Man könnte ja denken, du müßtest den Rest deines Lebens hier verbringen und nicht bloß eine Nacht.»

Sie erwiderte nichts. Sie sagten einander nie gute Nacht. Als sie die Lampe gelöscht hatte, war es nicht sonderlich dunkel im Zimmer, denn die Laterne draußen auf der Gasse brannte noch. Selten hatte er Schlaflosigkeit als so quälend empfunden. Außerdem beschlich ihn jetzt ein Gefühl, auf das er nicht gefaßt gewesen war: Er mochte nicht das Schlafzimmer mit ihr teilen.

Ihre kalte Sittsamkeit, die ihn früher so erregt hatte, stieß ihn jetzt ab. Er stützte sich auf einen Ellbogen und betrachtete sie verstohlen. In der defensiven Stellung einer Frau, die Gewalttätigkeit fürchtet, lag sie flach auf dem Bauch, die Arme unter dem Kopf gefaltet. Obwohl die Schlaftablette bereits ihre Wirkung getan hatte und sie fest schlief, wirkte ihr Körper steif und gespannt, als könne er durch die leiseste Berührung in wilde Gegenwehr versetzt werden. Sie roch kalt, ja, sie verströmte einen säuerlichen Salzgeruch, als hätte sie Seewasser in den Adern statt Blut. Er mußte an Frauen mit richtigem, warmem Blut denken, an Frauen, die aus dem Schlaf erwachten, wenn sich das Gesicht ihres Mannes ihnen näherte, Frauen, die sich nicht abwehrend in sich zurückzogen, sondern lächelnd die Arme ausstreckten ... Für alle Zeit würde sie ihn von solchen Frauen fernhalten – bis der Alkohol oder die Zeit ihn genauso erstarren ließ, wie sie es war.

Plötzlich war ihm klar, daß er in diesem Zimmer nicht bleiben konnte. Er war imstande, irgend etwas Entsetzliches zu tun, sie zusammenzuschlagen vielleicht, oder sogar sie umzubringen. Aber sosehr er sich auch wünschte, sie los zu sein, weder Zeit noch Geld mehr an sie zu verschwenden, der Gedanke, sie umzubringen, war einfach undenkbar. Trotzdem, bleiben konnte er hier nicht.

Er stand auf und schlüpfte in seinen Morgenrock. Er würde in den Aufenthaltsraum hinuntergehen, wo sie ferngesehen hatte, würde sich eine Wolldecke nehmen und den Rest der Nacht dort verbringen. Sie würde vor neun Uhr sowieso nicht aufwachen, und um die Zeit wäre er dann zurück, um sich für diese leidige Hochzeit anzuziehen. Wirklich komisch, daß sie ausgerechnet zu einer Hochzeit gingen, daß sie Zeuge sein würden, wie ein anderer in dasselbe Boot stieg. Allerdings war es wohl nicht ganz dasselbe Boot, denn wenn man dem Firmenklatsch trauen durfte, hatte Sir Williams Tochter ihre warmen Arme schon vielen Männern geöffnet ...

Die Kirchturmuhr schlug eins. Bis neun würde das Zimmer eisig sein, und sie würden den Gasofen anmachen müssen. Eigentlich konnte er gleich ein Fünf-Pence-Stück in den Zähler einwerfen, dann wäre der Ofen gebrauchsfertig.

Die Vorderseite des Geräts lag im Schatten, aber die Zähluhr war deutlich zu sehen im Schimmer der Straßenlaterne. James kniete sich hin und dachte an die Anweisungen der Inhaberin. Besser, er probierte zunächst einmal so, bevor er sein Fünf-Pence-Stück – sein einziges – einwarf. Merkwürdig übrigens, er hätte schwören können, daß er zwei davon gehabt hatte, als er sich vorhin ins Bett gelegt hatte. Also – was hatte sie gesagt? Hebel nach links drehen, Münze einwerfen, Hebel nach rechts drehen, bis das Fallen der Münze zu hören ist. Er behielt also seine Münze in der Hand – schließlich wollte er sie nicht riskieren, falls es stimmte, was Nina behauptete, daß nämlich in diesem Hotel nichts funktionierte. Er drehte den Hebel nach links und dann nach rechts, so weit es ging.

Eine Münze fiel mit dumpfem, metallischem Klicken, und der rote Zeiger bewegte sich auf der Skala und zeigte die Einzahlung an. Gut. Er war froh, daß er sein Geld nicht vergeudet hatte. Ein Gast vor ihnen mußte die Münze eingeworfen und den Hebel nicht weit genug nach rechts gedreht haben.

James vergewisserte sich noch einmal, daß das Fenster geschlossen war, damit die Kälte nicht eindringen konnte, warf einen letzten Blick auf die schlafende Frau, dann verließ er das Zimmer und schloß die Tür hinter sich.

(The Fall of a Coin, 1975)

Der Chef lag dösend auf dem Sofa. Monty saß ihm gegenüber hochaufgerichtet auf seinem Sessel. Keiner von beiden rührte sich, als Dick sich Gin und Soda eingoß. Die beiden hielten nichts von harten Getränken, der Chef hatte allein schon gegen den Geruch etwas, aber es war nicht seine Art, seine Gefühle zu zeigen. Monty trank gelegentlich Bier, wenn er mit Dick in der *George Tavern* war. Er wiederum konnte Zigarettenrauch nicht ausstehen, und als ihm jetzt der Qualm von Dicks Capstan in die Nase stieg, nieste er.

«Gesundheit!» sagte Dick. Es war wohl besser, er rauchte sie in der Küche zu Ende, während er ihnen ihre Abendmahlzeit zurechtmachte. Es war nicht fair Monty gegenüber, ihn in seinem Alter zum Husten zu bringen. Womöglich kriegte er davon wieder Bronchitis. Es gab nichts, was Dick nicht für Montys Wohlergehen getan hätte, aber als er das Steak aus dem Kühlschrank genommen hatte und noch einmal ins Wohnzimmer zurückging, um sein Glas zu holen, da war es doch der Chef, an den er sich wandte. Monty, das war sein Freund, der beste Gefährte der Welt, den Chef dagegen konnte man nicht in solchem Licht sehen; er war eben mehr der Boss, den man respektieren und dem man sich unterordnen mußte.

«Hungrig, Chef?» fragte er.

Der Chef verließ seinen Sofaplatz und ging in die Küche. Dick folgte ihm. Es war schon fast dunkel draußen, aber doch noch hell genug, um Dick auf Montys Mantel, den alten, karierten, aufmerksam zu machen, der immer noch auf der Wäscheleine hing. Besser, er holte ihn herein, falls es in der Nacht

Regen geben würde. Dick ging also auf den Hof und hoffte wider besseres Wissen, daß der alte Tom, sein Nachbar von nebenan, das Licht in der Küche nicht bemerkte und sofort ankam. Aber diese Hoffnung war ja immer vergebens. Er hatte kaum die erste Wäscheklammer abgenommen, da hörte er bereits das Knarren der Tür und dann die brüchige, greinende Stimme:

«Wird wohl wieder kalt heute nacht.»

«Hm», meinte Dick.

«Würde mich nicht wundern, wenn es Frost gibt.»

Na wenn schon! Dick sah die wuchtige Gestalt des Chefs, die ihren Schatten in das hellerleuchtete Rechteck der Tür warf. Sehr gut, dachte er, dadurch werde ich ihn los. Hochaufgerichtet, wie er jetzt am Zaun stand, war der Chef einen guten Kopf größer als der alte Tom, der nervös grinsend zurückwich.

«Genau wie die Kinder, was?» krächzte der Alte. «Beinahe menschlich, das ist richtig unheimlich. Sieh mal, er versteht jedes Wort, das man sagt.»

Dick antwortete nicht. Er folgte dem Chef in die Küche und knallte die Tür hinter sich zu. Nichts ärgerte ihn mehr, als wenn die Leute glaubten, sie machten einem Tier Komplimente, indem sie es mit Menschen verglichen. Als ob nicht der Chef und Monty in jeder Hinsicht – geistig, körperlich und moralisch – hundertmal besser waren als alle menschlichen Wesen, denen er je begegnet war! Genau wie die Kinder – was für ein hirnverbrannter Quatsch! Kinder, die auf ihr Abendbrot warteten, würden heulen, einem auf die Nerven gehen und einem dauernd im Weg stehen. Seine Hunde dagegen, geduldig, stoisch und zielstrebig, wie sie waren, saßen ruhig und schweigend da und sahen zu, wie er ihre Steingutschüsseln mit Steak, Schrot und Vitaminzusätzen füllte. Und wenn dann die Schüsseln Seite an Seite auf dem Fußboden standen, dann schritten sie mit gelassener Würde darauf zu.

Dick sah ihnen beim Fressen zu. Monty mit seinen vierzehn Jahren hatte einen Appetit wie eh und je, bloß brauchte er länger als der Chef. Seine Zähne waren eben nicht mehr das, was sie einmal gewesen waren. Als der alte Hund seine Schüssel saubergeleckt hatte, tat er, was er immer getan hatte, seit er ein Welpe gewesen war. Er kam auf Dick zu und legte seine graue Schnauze in dessen ausgestreckte Hand. Dick kraulte ihm die Ohren.

«Guter alter Hund», sagte er. Er haßte die gängige Gewohnheit, zu einem Hund «alter Junge» zu sagen. Das waren keine Jungens. Jungens waren dreckig, laut, unbeherrscht, und sie stanken. «Ja, du bist ein Prachtstück. Guter Hund, feiner Hund!»

Ganz anders der Chef. Solche Demonstrationen von Zuneigung und Dankbarkeit wären unter seiner Würde gewesen, unvereinbar mit seinem Stammbaum und seinem Selbstverständnis. Dick und Monty kannten denn auch ihren Platz und traten zur Seite, damit der Chef in majestätischer Haltung durch die Tür schreiten und seinen Platz auf dem Sofa wieder einnehmen konnte. Dick schob Montys Sessel näher an die Heizung. Halb sieben Uhr. Er trank seinen Gin aus.

«Ich muß noch mal weggehen», erklärte er. «Aber spätestens um zehn bin ich wieder da, und dann machen wir einen tüchtigen Spaziergang. Okay?»

Monty kam mit ihm bis an die Haustür. Das hatte er immer so gehalten, und das würde er auch weiterhin tun, obgleich seine Hinterbeine steif waren vom Rheumatismus. Wir werden alle alt, dachte Dick; ich muß mich darauf gefaßt machen, daß ich ihn verliere, dieses Jahr, nächstes Jahr … Er ließ sich auf die Knie nieder und tat etwas, was er mit keinem Mann, keiner Frau und keinem Kind je getan hätte, er vollführte jene abstoßende Geste, die ihn immer fast krank machte, wenn er sah, wie sie zwischen zwei Menschen ausgetauscht wurde: Er nahm Montys Kopf in beide Hände und preßte seine Lippen auf die runzlige Stirn. Monty wedelte mit dem Schwanz und gab kleine, grunzende Glückslaute von sich. Dick schloß die Tür und holte seinen Wagen aus der Garage.

Er fuhr etwa hundert Meter die Straße entlang bis zur Telefonzelle. Für geschäftliche Angelegenheiten benutzte er nie sein privates Telefon, sondern immer eine der öffentlichen Telefonzellen zwischen seinem Haus und der *George Tavern*. Noch fünf Minuten, dann würde der Apparat drinnen anfangen zu klingeln. Außer natürlich, es ginge wieder mal etwas schief und die Sache liefe wieder mal nicht so, wie sie es geplant hatte. Diese dämliche ... ja, was? Dick haßte die verbreitete Gewohnheit, die Bezeichnungen für weibliche Tiere – Ziege, Kuh, Stute – als Schimpfnamen für Frauen zu verwenden. Wenn er seine Verachtung für das andere Geschlecht zum Ausdruck bringen wollte, dann griff er auf einschlägige Bezeichnungen aus dem Straßenjargon zurück oder auch einfach nur auf die verächtlichste, simpelste, prägnanteste und übelste, die er sich denken konnte, nämlich «Weib»! Auch jetzt sagte er es leise vor sich hin und zog die Lippen angeekelt in die Breite. Dämliches, habgieriges, beschissenes Weib!

Als seine Uhr knapp Viertel vor sieben zeigte, betrat er das Telefonhäuschen. Er brauchte nur genau sechzig Sekunden zu warten. Punkt Viertel vor begann die Glocke zu schrillen. Dick hob den Hörer ab und sagte das Losungswort, damit sie wußte, daß er selbst am Apparat war und nicht irgendein Wichtigtuer.

Er hatte ihre Stimme noch nie gehört. Sie war nervös, klang nach höherer Bildung, meilenweit entfernt jedenfalls von allen Welten, in denen er sich je bewegen würde. «Heute abend paßt es», sagte sie.

«Wird ja auch Zeit.» All ihre bisherigen Vereinbarungen waren durch seinen Gewährsmann zustande gekommen, und jedesmal war die Planung durch Verzögerungen von ihrer Seite geplatzt. Es war jetzt sechs Wochen her, seit er auf das Ding angesetzt worden war und sogar schon die erste Rate erhalten hatte. «Bringen wir es also endlich hinter uns.»

Sie räusperte sich. «Hören Sie mal, ich möchte nicht, daß Sie irgendwas Näheres über uns erfahren – ich meine, wer wir sind, oder so. Klar?»

Als ob es ihn interessierte, wer «sie» waren oder welche dreckige Leidenschaft sie an dieses Telefon, in diese Komplicenschaft getrieben hatte! Trotzdem sagte er sehr von oben herab:

«Es wird ja wohl in der Zeitung stehen, was?»

Nackte Angst machte ihre Stimme dünn. «Sie könnten mich erpressen!»

«Und Sie könnten *mich* erpressen, wenn Sie das meinen. Das Risiko gehen wir beide ein. Also los, machen Sie weiter.»

«Na gut. Also, es ist ihm nicht gutgegangen, aber jetzt ist er wieder in Ordnung, und er hat seine üblichen Spaziergänge wiederaufgenommen. Er wird um halb neun hier von zu Haus fortgehen und den West Heath Path in Richtung Finchley Road entlangspazieren. Weshalb er ausgeht und wohin er geht, das brauchen Sie ja nicht zu wissen, das geht Sie nichts an.»

«Ich wüßte auch nicht, was mich weniger interessierte», knurrte Dick. «Am besten, Sie warten an einer möglichst einsamen Stelle des Weges und so weit von den Häusern entfernt wie irgend möglich.»

«Das überlassen Sie mal mir. Ich kenne mich dort aus. Woran kann ich erkennen, daß er es ist?»

«Er ist fünfzig, kräftig, mittelgroß, silberweißes Haar, kleiner Schnurrbart. Er trägt keinen Hut, hat einen schwarzen Mantel mit schwarzem Pelzkragen an, darunter einen grauen Tweedanzug. Er müßte gegen zehn vor neun in der Mitte des West Heath Path angelangt sein.» Ihre Stimme wankte ein wenig. «Es wird doch nicht zu – grausam, ich meine, zu blutig zugehen, ja? Wie werden Sie es machen?»

«Erwarten Sie von mir, daß ich Ihnen das am Telefon erzähle?»

«Nein, nein, vielleicht nicht. – Die ersten tausend haben Sie doch bekommen?»

«Ja, vor sechs Wochen», versetzte Dick.

«Ich konnte nichts für die Verzögerung. Es war nicht meine

Schuld. Sie werden den Rest innerhalb einer Woche bekommen. Auf die gleiche Weise wie die erste Rate ...»

«Also gut, auf dem gleichen Weg. Ist das jetzt alles? Ist das alles, was ich wissen muß?»

«Ich denke schon», sagte sie. «Da wäre noch etwas – aber nein, das ist unwichtig.» Sie zögerte. «Sie lassen mich doch nicht im Stich, nicht wahr? Heute abend ist die letzte Chance. Wenn es nicht heute abend passiert, dann verliert die ganze Sache ihren Sinn. Morgen ist die Situation eine völlig andere, und ich kann nicht ...»

«Wiederhören», sagte Dick und knallte den Hörer auf die Gabel, um diese hysterisch werdende Stimme abzuwürgen. Er wollte wirklich nichts über die näheren Umstände wissen und in ihre kranken Emotionen hineingezogen werden. Verdammtes ... *Weib*! Nicht daß er irgendwelche Skrupel gehabt hätte. Für das, was sie ihm zahlte, hätte er hundert Männer ermordet statt einen einzigen. Ihn interessierte daran einzig und allein das Geld. Was kümmerte es ihn, wer er war oder wer sie war oder warum sie ihn aus dem Wege haben wollte? Mochte sie nun seine Frau sein oder seine Geliebte, was hieß das schon. Derartige Beziehungen waren Dick sowieso gänzlich fremd, und allein bei dem Gedanken an das, was es bedeutete, wurde ihm übel. Küsse, Umarmungen, der ekelhafte Akt, den sie vollzogen wie ... nein, eben nicht wie Tiere, bei Tieren war das dezent, fast würdevoll, nein, wie *Menschen*! Er spuckte in die Ecke der Telefonzelle und trat hinaus in die kalte Abendluft.

Während er nach Hampstead hinausfuhr, dachte er über das Geld nach. Durch diesen Betrag würden seine zusammengekratzten Ersparnisse genau an seine Wunschvorstellungen heranreichen. Seit Jahren schon, seit er Monty aus der Tierhandlung geholt hatte, arbeitete er verbissen auf dieses Ziel hin. Schwindleraffären, ein paar Morde aus Rache, brutale Schlägereien, das Ausbaldowern von Raubüberfällen, alles das war sehr lukrativ gewesen, und durch seine bescheidene Lebensweise – das Hundefutter war dabei immer die größte

Geldausgabe gewesen – hatte er nun endlich genug beisammen, um das Haus kaufen zu können, das ihm vorschwebte. Es würde in Schottland stehen, an der Nordwestküste, kilometerweit von jedem Dorf entfernt, eine felsige Klitsche mit genügend Grund und Boden drum herum, daß Monty und der Chef den ganzen Tag frei herumlaufen konnten. Nur zu gerne malte er sich aus, wie sie dreinblicken würden, wenn sie ihr eigenes Stückchen Moorland vor sich sähen und ihre eigenen Kaninchen zum Jagen! Er würde noch genügend Ersparnisse übrigbehalten, um für den Rest seines Lebens nicht mehr arbeiten zu müssen. Vielleicht würde er sich noch mehr Tiere anschaffen, ein Pferd vielleicht und ein paar Ziegen. Aber keine weiteren Hunde, solange Monty noch am Leben war. Das wäre nicht fair, und es war schon verwerflich genug, ja geradezu Verrat, jetzt bereits Pläne zu machen für die Zeit nach Montys Tod …

Was es bestimmt nicht geben würde in der Umgebung seines neuen Heimes, das waren Menschen. Mit ein wenig Glück würde er wochenlang keines Menschen Stimme hören. Die menschliche Rasse mit ihrem häßlichen Gesicht würde für immer aus seinem Leben ausgeschlossen sein. Dort oben im Hochland mit Monty und dem Chef würde er endlich vergessen, wie sie vierzig Jahre lang mit ihm umgesprungen waren, mit ihrer Grausamkeit und ihrer Niedrigkeit, sein brutaler, betrunkener Vater, seine Mutter, die immer nur auf Männer und auf ihr Vergnügen aus gewesen war. Später dann das Pflegeheim, die Reformschule, die Fabrikmädchen mit ihrem Gekicher über seine Unbeholfenheit und sein pickeliges Gesicht, die Arbeitgeber, die ihn nicht nehmen wollten, weil er ein Vorstrafenregister statt einer Ausbildung hatte. Jetzt endlich würde er seinen Frieden haben.

Er mußte also einen Mann töten, um es zu schaffen. Es war ja nicht das erste Mal. Er würde ihn ohne Leidenschaft und innere Anteilnahme umbringen, genauso leichthin, wie ein Fleischer ein Lamm tötet, ohne alles Mitleid. Zuerst ein kurzer

Schlag auf den Kopf, um ihn außer Gefecht zu setzen – Dick fürchtete sich nicht etwa, seinem Opfer Schmerz zuzufügen, sondern Blut auf seine Kleider zu bekommen –, und dann der entscheidende Druck hier oben, genau auf das Zungenbein …

Dick befühlte seinen eigenen Hals, um den gewissen Punkt zu ertasten. Dann parkte er den Wagen und ging in eine Kneipe. Er ließ sich ein Sandwich und noch einen Gin mit Wasser geben. Die Katze des Pächters kam und sprang ihm auf den Schoß. Er zog wie ein Magnet Tiere an. Sie wußten eben, wer ihr Freund war. Zu schade, daß der Chef Katzen so sehr haßte, sonst würde er seine schottische Menagerie um ein oder zwei bereichern. Halb acht. Dick nahm sich immer sehr viel Zeit, wenn er einen Job ausführte. Immer mit der Ruhe – das war wichtig. Sanft setzte er die Katze auf den Boden.

Gegen acht hatte er Hampstead Village hinter sich gelassen, fuhr den Branch Hill hinunter, am Whitestone Pond vorüber und hielt in der West Heath Road an. Es war eine schöne, sternklare und frostige Nacht, genau wie der alte Depp von nebenan es prophezeit hatte. Minutenlang blieb er im Wagen sitzen und überlegte, ob er irgendwie mit der Frau, mit der er gesprochen hatte, in Verbindung gebracht werden konnte. Nein, da gab es nichts. Sein Gewährsmann war so verläßlich und vertrauenswürdig, wie ein menschliches Wesen überhaupt sein konnte, und auch die Methode des Geldtransfers war narrensicher. Und was eine mögliche Spur zwischen ihm und dem Mann betraf, den er jetzt umbringen würde, so wußte Dick sehr wohl – der sicherste Mord ist der Mord durch einen völlig Fremden. Und zu seinem eigenen und seiner Auftraggeberin Glück *war* er ein Fremdling in der Welt der Menschen.

Jetzt hieß es, Posten zu beziehen und den Weg zu beobachten. Er brachte den Wagen in der Templewood Avenue möglichst dicht an den Punkt heran, wo der Fußweg abzweigte und sich über die West Heath schlängelte. Er wollte auf Nummer Sicher gehen. Es gab zwar kein eigentliches Risiko, aber es war doch immer gut, einen schnellen Rückzug sicherzustellen. Er schlenderte den Weg entlang, der zwischen Gartenzäunen bergan führte, ein steiler Pfad, anderthalb Meter breit, mit Stufen hier und da, wo das Gefälle zu steil wurde. Oben stand eine Laterne, und eine zweite etwa fünfzig Meter weiter, dort, wo der Weg von Steinmauern eingegrenzt war. Zwischen den beiden Laternen gab es eine Stelle mit lockerem Sandboden, von Bäumen und Buschwerk bewachsen. Hier, ja, hier würde er es machen, beschloß Dick. Er würde sich zwischen die Bäume stellen, bis der Mann den ummauerten Teil des Wegs herunterkäme, und er würde warten, bis er die erste Lichtzone hinter sich, die zweite aber noch nicht erreicht hatte. Hier, an der dunkelsten Stelle, würde er ihn packen. Keinerlei Dächer waren zu sehen, nur die Rückseiten weitläufiger Gärten, schwarz und verwildert. Die Sterne glitzerten zwar hell, aber der Mond war nur eine dünne weiße Sichel und gab wenig Licht.

Ein Glück, daß die bittere Kälte die meisten Leute im Hause hielt. Kaum war ihm der Gedanke durch den Kopf gegangen, da hörte er Schritte in der Ferne, und seine Hand schloß sich fester um den Metallbolzen in seiner Tasche. Wie bitte? Doch wohl jetzt noch nicht? Jetzt, um fünfundzwanzig Minuten nach acht? Oder hatte das dämliche Weibsbild schon wieder einen Fehler gemacht? Nein, hier kam ein Mädchen. Das Klicken ihrer Absätze verriet es bereits von ferne, und dann erschien sie selbst im Schein der Laterne. Mit einer Art perverser Neugier betrachtete er sie, wie sie näher kam, ein großes, schlankes Mädchen, aber dennoch mit diesen widerwärtigen Wölbungen unter dem Mantel. Rasch und nervös ging sie durch diese gottverlassene Gegend, blickte ruckweise, wie ein verängstigter Vogel, nach rechts und links, und ihr Körper wirkte geradezu deformiert durch die abstoßend enge Kleidung und den steifen Gang auf den hohen Absätzen. Nichts von der Anmut und der Würde eines Tiers! Brennend gern hätte Dick ihr einen Schrecken eingejagt. Er hätte sich auf sie stürzen und sie schütteln mögen, bis ihre Zähne aufeinanderschlügen, oder sie die Stufen hinunterjagen. Aber die Vorstellung, ohne zwingende Notwendigkeit mit menschlichem Fleisch in Berührung zu kommen, entsetzte ihn. Außerdem hätte sie sein Gesicht sehen und ihn womöglich wiedererkennen können, wenn man später die Leiche entdecken und Zeter und Mordio schreien würde. Was sollte denn aus Monty und dem Chef werden, wenn sie ihn erwischten und einlochten? Der Gedanke machte ihn frösteln.

Er ließ das Mädchen vorübergehen und wartete geduldig weiter. Dünne Wolkenfetzen verdeckten die Sterne. Um so besser, wenn es ein bißchen dunkler würde ... Zwanzig vor neun. Jetzt mußte er losgegangen sein und zum Whitestone Pond hinaufspazieren.

Dick hätte gern eine Zigarette geraucht, aber er sagte sich, das Risiko lohne sich nicht. Der Geruch konnte den Mann stutzig machen. Wieder faßte er nach dem umwickelten Metallbolzen und der locker aufgewickelten, dünnen Bilderschnur in seiner Tasche. Mit einigem Glück würde in einer Viertelstunde alles vorüber sein. Dann nichts wie zurück nach Hause zu seinem Abendspaziergang mit Monty und dem Chef, und gleich morgen würde er den Häusermakler aufsuchen, dessen Annoncen er in der Sonntagszeitung gesehen hatte. Vollkommen einsam, würde er sagen; es mußte vollkommen einsam gelegen sein, mit viel Land drum herum, vielleicht nahe an der Küste? Dem Chef würde das Schwimmen bestimmt Spaß machen, auch wenn er das wohl noch nie getan hatte in seinem Leben, das er ausschließlich in der schmutzigen Seitengasse eines Großstadtviertels zugebracht hatte. Aber alle Hunde konnten schwimmen, allein durch die Weisheit der Natur, ganz anders als die Menschen, denen man es erst beibringen mußte – wie sie ja überhaupt alles und jedes, was sie unternahmen, erst mühsam lernen mußten ...

Schritte. Ja, es war jetzt Zeit. Zehn vor neun; anscheinend war er also an Pünktlichkeit gewöhnt. Um so schlimmer für ihn. Dick verhielt sich vollkommen still, starrte auf den dunklen Zwischenraum zwischen den Mauern, bis der vage Umriß seines Opfers am Ende des Hohlwegs erschien. Während der Mann sich dem Bereich der Laterne näherte, straffte sich Dick, umschloß den Bolzen mit der Hand. Ihre Beschreibung war übrigens sehr präzise gewesen. Es war eine untersetzte Gestalt, die sich da im diffusen Licht abzeichnete; schimmernd lag es auf dem schweren, silbernen Haar und dem dichten, schwarzen Pelzkragen. Hätte Dick überhaupt jemals moralische Zweifel gehabt gegenüber dem, was er vorhatte – dieser Anblick spätestens hätte sie zerstreut. Verschwendete dieser Abschaum der Menschheit eigentlich je einen Gedanken an die Leiden der heimtückisch in Fallen gefangenen Tiere, die man ihren Todesqualen überließ, bloß damit ihre Felle auf den Mantelkragen reicher Bastarde landeten? Dick sammelte Spucke im Mund und spie leise, aber voller Haß ins Gebüsch.

Der Mann schlenderte gelöst und arglos heran, und die dunkle Schattenzone nahm ihn auf. Da trat Dick zwischen den Büschen hervor, hob den Arm und schlug zu. Der Mann gab ein Ächzen von sich, kaum lauter als ein Schluckauf, und fiel schwer in sich zusammen. Es gab kein Blut, keinen einzigen Tropfen. Dick mußte seinen Ekel vor der widerwärtigen Berührung mit dem schweren, fleischigen Körper niederkämpfen. Er griff mit beiden Händen unter die in sich zusammensackenden Schultern und schleifte den Mann unter die Laterne. Er war bewußtlos und würde es fünf Minuten lang bleiben – es sei denn, er wäre in fünf Minuten oder auch schon vorher tot.

Dick verschwendete keine Zeit damit, sein Gesicht zu betrachten, das interessierte ihn nicht. Er schob seinen Totschläger in die Tasche zurück und holte die Schnur heraus. Ein Knoten, eine Schlinge, das Ganze um den Hals gelegt, ein ruckartiger Druck gegen das Zungenbein …

Ein feiner Laut ließ ihn innehalten, als die Schnur noch schlaff in seiner Hand lag. Es waren keine Schritte, nur ein leichtes Tapsen. Er fuhr herum. Den Hohlweg herunter kam, den Schwanz steil aufgereckt, die Nase am Boden, ein Jagdhund, ein schwarz, braun und weiß gefleckter Basset. Es war einer der schönsten Hunde, die Dick je gesehen hatte – nur, ausgerechnet jetzt lag ihm nichts daran. Himmel und Hölle, dachte er, der wird auf mich zukommen, das taten sie doch immer!

Und tatsächlich, der Hund verhielt am Rande der Dunkelzone und lief dann in den Tümpel von Licht, in dem Dick hockte. Das Tier hob den Kopf und ging schwanzwedelnd auf ihn zu. Dick verfluchte das Schicksal, nicht den Hund, und streckte die Hand aus.

«Feiner Hund», flüsterte er. «Ja, du bist ein As. Ein feiner Hund bist du. Aber jetzt hau ab, ja, los, geh nach Haus!»

Der Hund entzog sich seiner Hand mit reservierter Höflichkeit, schritt an ihm vorbei und stupste seine Nase gegen das Gesicht des bewußtlosen Mannes. Das gefiel Dick ganz und gar nicht. Der Bursche konnte schließlich davon aufwachen.

«Nun mach schon!» sagte er ungeduldig und legte seine Hände schwer auf das schimmernde, dreifarbige Fell. «Dies hier ist nichts für dich. Los, hau ab, Kleiner, troll dich!»

Aber der Basset wollte nicht. Sein Schwanz zitterte, und er fing an zu winseln. Abwechselnd sah er Dick und den Mann an und gab jenes leise Fiepen von sich, das halbwegs zwischen Wimmern und Pfeifen angesiedelt ist. Da löste Dick seine Hand aus dem dicken, warmen Fell, denn eine entsetzliche Ahnung hatte ihn beschlichen. Angst, vermischt mit Übelkeit, stieg in ihm auf. Er griff in die Tasche des Mantels mit dem schwarzen Pelzkragen und brachte zum Vorschein, was er befürchtet hatte – eine geflochtene, lederne Hundeleine.

Dieses gottverdammte Weibsbild! War es das gewesen, was sie noch hatte sagen wollen, dann aber für unwichtig hielt? Daß dieser Mann nämlich hier vorüberkommen würde, weil er seinen Hund spazierenführte? Unwichtig – Himmel Herrgott! Unwichtig, ob die arme, kleine Kreatur zusehen mußte, wie ihr Herr ermordet wurde, um dann ganz allein über eine der befahrensten Hauptverkehrsstraßen Londons hinweg seinen Weg nach Haus finden zu müssen! Oder hatte sie vielleicht gedacht, er würde den Hund auch gleich umbringen? Die bodenlose Unmenschlichkeit dieser Vorstellung ließ sein Blut kochen. Am liebsten hätte er dem Kerl, so wie er da lag, den Fuß ins Gesicht gestoßen, aber er tat es nicht. Er brachte es irgendwie nicht fertig, solange der Hund zuschaute.

Aber er würde sich nicht unterkriegen lassen. Sein Haus in Schottland wartete auf ihn! Er war es dem Chef und Monty schuldig, dieses Haus anzuschaffen. Er würde nicht das ganze Geld sausenlassen, bloß weil dieses Weib wieder mal alles verkehrt gemacht hatte. Es *mußte* sich ein Ausweg finden lassen. Zum Beispiel, den Hund an die Leine zu nehmen und ihn beim Whitestone Pond über die Straße zu bringen; dann wäre er in Sicherheit. Und sein Herr bis dahin übrigens auch, denn der fing schon jetzt an, sich stöhnend zu regen. Oder er konnte den Hund ins Auto bringen. Zutraulich genug war er, weiß der Himmel – vollkommen ohne Argwohn, ohne Witterung für das, was Dick getan hatte, was er noch tun würde ... Und dann? Den Mann ermorden und den Hund des Toten mit nach Hause nehmen? Sich öffentlich sehen lassen mit dem Hund in seinem Wagen? Das war doch wohl ein Witz! Ihn am Laternenpfahl festbinden? Noch nie in seinem Leben hatte er einen Hund angebunden, und er würde auch jetzt nicht damit anfangen.

Nackte Verzweiflung packte ihn. Nicht daß er gegen den Hund Groll hegte oder auch nur den leisesten Ärger; er fühlte nichts als die hilflose Resignation eines Vaters, dessen Kind ins Zimmer kommt und seinen Beischlaf stört. Das Kind geht nun einmal vor, da gibt es nichts.

Widerstrebend entfernte er die Schnur. Unsanft hob er dabei den silberhaarigen Kopf, und der Mann stöhnte. In der Tasche, wo die Hundeleine gesteckt hatte, war ein harter, metallener Gegenstand gewesen, ein flaches Cognacfläschchen. Dick schraubte es auf und goß dem Mann ein wenig davon in den Mund. Der Hund beobachtete ihn und schlug mit dem Schwanz auf den Boden.

«Wo – wo bin ich? Was ist passiert?»

Dick machte sich nicht die Mühe zu antworten.

«Ich habe ein – einen Schlag auf den Kopf bekommen. Mein Gott, brummt mir der Schädel! Ich war weg, was?» Er griff in seine Tasche und fummelte an seiner Brieftasche herum. «Nichts angerührt, Gott sei Dank. Ich werde – ich werde mal versuchen, mich hinzusetzen. O ja, das ist besser. Wo ist Bruce? Oh, da ist er. Guter Junge, Bruce! Bin ich froh, daß ihm nichts passiert ist!»

«Das ist ein feiner Hund», sagte Dick abwesend. «Kommen Sie, Sie stützen sich wohl besser auf mich. Ich hab meinen Wagen da.»

«Sie sind zu gütig, wirklich, zu gütig. Welch ein Glück für mich, daß Sie gerade vorbeigekommen sind.»

Dick erwiderte nichts. Er mußte sich fast übergeben, als der Mann sich an seinen Arm klammerte und sich gegen ihn lehnte. Mit Bruce an der Leine gingen sie die Stufen hinunter und machten sich auf den Weg zum Auto. Es war eine wahre Erlösung, diese ekelhafte Berührung wieder los zu sein, dieses Schwergewicht, das nach Angstschweiß roch. Dick verfrachtete Bruce auf den Rücksitz, streichelte ihn und murmelte beruhigende Worte.

Das Haus, zu dem man ihn dirigierte, war sehr groß, fast eine Art Herrenhaus, an der East Heath. Alle Fenster waren hell erleuchtet. Dick hievte den Mann aus dem Wagen und schob ihn vor sich her zur Haustür. Bruce lief hinter ihnen her. Er läutete, und ein Mädchen mit Schürze und Häubchen öffnete. Hinter ihr in der Diele stand eine hochgewachsene junge Frau im Abendkleid.

Sie sagte nur ein Wort: «Vater!», und ihre Stimme war krank vor Bestürzung. Aber es war die gleiche Stimme. Er erkannte sie ebenso, wie sie die seine erkannte, als er sich abwandte von dieser Kulisse des Wohlstands und sagte: «Ich gehe dann jetzt.»

Ihre Blicke begegneten sich. Ihr Gesicht war kalkweiß und häßlich geworden durch die enttäuschte Hoffnung. Sie reichte ihrem Vater den Arm, dann fragte sie schroff: «Was ist denn passiert?»

«Ich bin überfallen worden, Liebling, aber ich bin wieder ganz in Ordnung. Dieser Herr hier ist gerade im richtigen Augenblick vorbeigekommen. Ich habe mich noch gar nicht richtig bei ihm bedankt.» Er streckte die Hand nach Dick aus. «Sie müssen hereinkommen. Sie müssen uns Ihren Namen sagen. Nein, ich bestehe darauf. Sie haben mir wahrscheinlich das Leben gerettet. Ich hätte da draußen an Unterkühlung sterben können.»

«Aber nein», sagte Dick, «doch nicht mit dem Prachthund, den Sie da haben.»

«Na, der war nicht gerade eine große Hilfe! Ein Bodyguard bist du nicht gerade, was, Bruce?»

Dick beugte sich nieder und tätschelte den Hund. Er schüttelte die Hand ab, die ihn zurückhalten wollte, wandte sich zum Gehen und sagte: «Sie werden nie kapieren, was für eine Hilfe der war!»

Ohne sich umzusehen, stieg er in seinen Wagen. Als er davonfuhr, sah er im Rückspiegel, wie die Frau ins Haus zurückging, während der Vater leicht benommen auf der Auffahrt stehenblieb und seinem Retter hilflose Gesten des Dankes nachwinkte.

Um Viertel vor zehn war Dick wieder zu Hause. Monty wartete im Flur auf ihn, der Chef dagegen lag noch immer im Wohnzimmer auf dem Sofa. Dick nahm die Leinen, hüllte Monty in seine beste Hundedecke und machte die Haustür auf.

«Zeit für ein Bierchen, noch schnell, ehe die Kneipe schließt, Monty», sagte er. «Hinterher machen wir dann unsere Runde.» Er und die Hunde atmeten die dieselschwangere

Luft ein, und Monty mußte niesen. «Gesundheit», sagte Dick. «Beschissene Gegend hier, was? Es ist ja eine verdammte Schande, aber es hilft nichts, ihr müßt noch ein bißchen länger warten auf unser Haus in Schottland.»

Und langsam, weil Monty nicht mehr so schnell konnte, gingen die drei zur *George Tavern* hinunter.

(Almost Human, 1975)

KEIN HERZ UND KEINE SEELE

Es war Mutter, die Marjorie von Paulines Freund erzählte, nicht Pauline selbst. Pauline sagte ja nie viel. Sie war schon immer ein mürrisch-verschlossenes Mädchen gewesen; mittlerweile allerdings kaum noch ein Mädchen, mußte Marjorie denken. Mutter wartete, bis sie aus dem Zimmer gegangen war, um den Tee zu holen, dann beugte sie sich in ihrem Stuhl nach vorn, legte beide Hände um den Griff ihres Stockes und flüsterte:

«Pauline hat einen Freund, einen Herrn!»

«Woher weißt du das?» fragte Marjorie. Dumme Frage – natürlich wußte Mutter es, schließlich sorgte sie ja mit allen Mitteln dafür, daß sie und Pauline ständig zusammen waren.

«Er war gestern abend hier. Erst nachdem ich ins Bett gegangen bin, ist er gekommen, aber ich konnte sie unten reden hören. Er ist nicht sehr lange geblieben, und als er ging, hörte ich ihn sagen: ‹Ich als Arzt muß dir sagen, Pauline ...› Ich nehme also an, sie hat ihn damals kennengelernt, während – während ihrer Abwesenheit.»

Marjorie liebte es gar nicht, wenn von Paulines «Abwesenheit» gesprochen wurde. Es war vielleicht töricht – engstirnig, sagte George sogar –, aber Irrenanstalt ist und bleibt nun mal Irrenanstalt, auch wenn man sie heutzutage Nervensanatorium nannte, und ihr persönlich behagte der Gedanke, daß ihre Schwester dort gewesen war, nun einmal nicht. Akute Psychose – hätte der Facharzt es nicht auch Nervenzusammenbruch nennen können? –, so was in der Familie zu haben, war doch beschämend.

«Vielleicht ist er aus – nun, aus beruflichen Gründen gekommen? Hast du sie gefragt?»

«Nein, das mochte ich nicht, Liebling. Du weißt ja, wie Pauline ist.»

Und ob Marjorie das wußte! Und jetzt mußten sie aufhören zu reden, weil Pauline mit dem Teetablett kam. Sie bestrich ein Kuchenbrötchen mit Butter, schnitt es in kleine Häppchen, band Mutter eine Serviette um den Hals, und all das verrichtete sie vollkommen schweigend.

«Warum nimmst du denn das gute Geschirr?» fragte Mutter.

«Was meinst du, Mama?» wandte Marjorie ein. «Das ist doch das alte blaue Geschirr, das ihr immer benutzt.»

«Nein, das ist es nicht.»

Marjorie versuchte nochmals zu protestieren, aber Pauline unterbrach sie. «Laß das. Sie kann es ja nicht sehen. Du weißt doch, wie schlecht ihre Augen sind.» Sie bedachte Mutter mit einem routinierten Krankenschwesterlächeln. «Na schön, dann benutzen wir eben das gute Geschirr», meinte sie, und dabei wischte sie ihr die Mundwinkel mit einem Papiertuch trocken.

Bald nachdem sie fertig waren, ging Marjorie fort. George und die Kinder, das war ihre ständige, unanfechtbare Entschuldigung. Es war ihr eben nicht möglich, lange zu bleiben. Mutter verstand das auch. Immerhin hatte sie das Geschirr abgewaschen, bevor sie ging, unter Paulines stummen Blicken, diesem entsetzlichen Schweigen, das schwerer zu ertragen war als jedes Geräusch. Am Sonnabend nachmittag war sie wieder da, um bloß mal eben hereinzuschauen, wie sie sagte, bevor sie ihre Besorgungen machte.

«Gestern abend war er wieder da», wisperte Mutter.

«Wer war da?»

«Der Doktor, der Freund von Pauline. Und er ist so lange geblieben! Ich habe schließlich nach Pauline geklingelt, weil ich auf die Toilette wollte. Es war schon elf Uhr durch, und als ich wieder im Bett war, konnte ich ihn immer noch reden hören.» Pauline war im Garten gewesen, um die frischgewaschene Wäsche von der Leine zu nehmen, Bettücher, Überschlaglaken, Handtücher, Servietten und Mutters Nachthemden. Als sie ins Zimmer zurückkam, betrachtete Marjorie sie voller Unbehagen. Ihre Schwester sah erschöpft aus. Sie war eine große, hagere, dunkelhäutige Frau, und jetzt war sie so dünn geworden, daß die alte, formlose Hose ihr lose von den Hüften hing. Schwarze Schatten umgaben ihre Augen, deren verschleierter Blick vielleicht auf die Medikamente zurückzuführen war, die sie ständig nahm, seit sie aus jener «Abwesenheit» zurück war.

«Hab ich irgendwo einen Fleck?» fragte Pauline schroff. «Oder bin ich so entzückend, daß du deine Augen nicht abwenden kannst?»

«Entschuldigung, ich war bloß in Gedanken.» Marjorie sagte, sie müsse jetzt lieber gehen, ehe die Geschäfte zumachten, und Mutter dankte ihr, daß sie gekommen sei, bloß «um nach mir alter, lästiger Person zu sehen». Marjorie traute sich nicht, Pauline noch einmal anzublicken. Sie erledigte ihre Einkäufe und kam in ziemlich schlechter Gemütsverfassung nach Hause. Aber sie wartete doch lieber, bis die Kinder verschwunden waren, ehe sie ihrem Mann das Herz ausschüttete. Der siebzehnjährige Brian und die sechzehnjährige Susan nämlich waren, wenn von ihrer Großmutter die Rede war, imstande, mit der Leichtfertigkeit der Jugend zu beteuern, die Nanna sei «ein liebes, altes Goldstück» und sie hätten nichts dagegen, wenn sie zu ihnen zöge, und daß es doch «ein echter Stress» für Tante Paulinchen sei, niemals weg zu können.

«Pauline hat einen Freund, George.»

«Du machst Witze.»

«Nein, wirklich nicht. Er ist Arzt, und sie hat ihn kennengelernt, als sie da draußen in Hightrees war. Und er ist schon zweimal abends vorbeigekommen und jedesmal bis spät geblieben. Mutter hat es mir erzählt.»

«Soso, die gute alte Pauline», schmunzelte George. «Sie ist vierzig, wenn mich nicht alles täuscht, was?»

«Sie ist zweiundvierzig», entgegnete Marjorie knapp. «Du weißt sehr gut, daß sie sieben Jahre jünger ist als ich.»

«Dabei sieht sie gar nicht danach aus, was? Die Leute halten dich immer für die Jüngere.» George lächelte seine Frau liebevoll an und griff nach der Abendzeitung.

«Du mußt mir jetzt zuhören, George. Bitte lies jetzt nicht. Ich bin noch nicht fertig. George, nimm mal an – ich meine, stell dir mal vor, sie würde heiraten?» Sie stieß die Worte atemlos, fast hysterisch hervor. «Angenommen, sie heiratet diesen Arzt?»

«Was, die gute Pauline?»

«Na ja, warum nicht? Ich weiß, sie ist nicht mehr jung und auch nicht gerade eine Augenweide, aber wenn man sich die Frauen so ansieht, die dann doch noch heiraten … Ich meine, auf das Aussehen scheint es dabei nicht so sehr anzukommen. Ich gebe nichts auf das, was die jungen Leute heutzutage reden – schließlich möchten alle Frauen heiraten, weshalb also nicht auch Pauline?»

«Aber erst mal muß ein Mann sie heiraten *wollen*.»

«Ja, schon, aber betrachte es mal von dieser Seite: Er ist Arzt, und Pauline wollte doch immer Ärztin werden, bloß Mutter ließ es nicht zu, und sie mußte sich damit begnügen, Krankenschwester zu werden. Und dann hat sie einen männlichen Verstand. Wenn sie will, ist sie mir haushoch überlegen beim Reden. Vielleicht haben die beiden eine Menge gemeinsam?»

«Na, dann viel Glück, kann ich nur sagen. Die ganze Zeit, seit ich sie kenne, ist sie noch nicht mal mit einem Mann ausgegangen, und wenn sie jetzt einen ergattern und sich verheiraten kann, ja, wie ich schon sagte – dann viel Glück!»

«Aber George, verstehst du denn nicht? Was wird dann aus Mutter? Ein Arzt hat doch bestimmt eine Praxis, ist ewig überarbeitet und was so alles dazugehört. Er wird Mutter nicht haben wollen. Du weißt nicht, wie entsetzlich Mutter ist. Sie scheucht Pauline fünf-, sechsmal während der Nacht auf. Wegen jeder Kleinigkeit läutet sie die Glocke, die sie am Bett hat. Und wenn sie tagsüber auf ist, dann hält sie Pauline pausenlos in Trab, sie verlangt ihre Brille oder ihr Strickzeug oder ihre Pillen. Pauline beklagt sich ja nie, aber manchmal glaube ich, sie würde alles tun, um bloß wegzukommen. Ich weiß, ich sollte das nicht sagen, aber ich frage mich manchmal, ob sie diesen ganzen Zusammenbruch nicht simuliert hat damals, als Mutter ihren ersten Schlaganfall hatte, in der Hoffnung, daß sie dann nie mehr zurückmüßte und ...»

«Machst du nicht vielleicht aus einer Mücke einen Elefanten?» meinte George besänftigend. «Soweit ich weiß, ist der Bursche ja bisher nur zweimal dagewesen, und vielleicht kommt er doch gar nicht mehr wieder.»

Aber dies war nun einmal die größte Sorge in Marjories Leben: daß eines Tages ihre Mutter bei ihnen leben müßte. Sie begriff ja selbst kaum, wie sie es so lange geschafft hatte, das zu verhindern. Seit dem Beginn von Mutters Krankheit nämlich wäre *sie* eigentlich die gegebene Person gewesen, für sie zu sorgen. Zum einen war sie immer Mutters Lieblingstochter gewesen. Denn Pauline hatte eigentlich ein Junge werden sollen. Noch heute konnte Marjorie sich erinnern, wie sie als Siebenjährige die Mutter zu ihren Freundinnen sagen hörte: «Ich trage nach vorn, also wird es diesmal ein Junge.» Paul – der Name stand fest, die blauen Babysachen waren fertig. Mutter war nie richtig darüber hinweggekommen, eine zweite Tochter zu haben. Marjorie erinnerte sich gut, es hatte Zurücksetzungen gegeben bis an den Rand der Grausamkeit. Vernichtende Worte, als Pauline Medizin studieren wollte, verletzende Bemerkungen, daß sie nie geheiratet hatte. Marjorie hatte ein großes Haus, groß genug, um für Mutter ein eigenes Wohn-Schlafzimmer einzurichten. Sie hatte keinen Beruf, ihre Kinder waren schon weitgehend auf sich gestellt. Welch ein Glück für sie, daß Pauline nicht Paul geworden war, denn kein Mann hätte seinen Beruf, seine Wohnung, seine ganze gewohnte Lebensführung aufgegeben, um eine ungeliebte und lieblose Mutter zu pflegen ...

Solange Mutter lebte, war es jedoch nie zu spät für eine Veränderung. Und Marjorie wußte, daß sie bei George und den Kindern nicht auf Unterstützung rechnen konnte. Ja, selbst George würde sich stillschweigend der Invasion einer Schwiegermutter fügen. Schließlich wäre es ja auch nicht *er*, den Mutter nachts hochjagen oder dem sie die Ohren vollquengeln würde über Zugluft, Rheumatismus, Augentropfen oder heiße Milch. Von *ihm* wurde ja auch nicht erwartet, sich dauernd Geschichten anzuhören, wieviel besser alles im Jahre 1910 gewesen sei, oder sich tagtäglich in grämlichem Ton fragen zu lassen:

«Meinst du, ich überstehe noch einen Winter, Liebes?»

Obwohl sie die Ältere war, hatte sie immer ein wenig Angst vor Pauline gehabt. Als Kind war ihre Schwester ein überaus verschlossenes Geschöpf gewesen, das sich oft stundenlang in ihrem Zimmer einschloß. Sie hatte damals einen selbsterfundenen Freund gehabt, eine gar nicht ungewöhnliche Kindheitserscheinung, wie sie auch Marjories Tochter Susan durchgemacht hatte. Aber Paulines «Pablo» hatte sie hartnäkkig noch bis in ihre Backfischzeit hinein begleitet und war immer das Sprachrohr für ihre eigenen Gefühle gewesen. «Pablo sagt, er will nicht gehen», hieß es, wenn irgendein Unternehmen vorgeschlagen wurde, zu dem Pauline selbst keine Lust hatte. «Pablo haßt dich», wenn es darum ging, Paulines eigenen Haß zum Ausdruck zu bringen. Pablo – aus «Pablo, der Fischer», einem populären Song jener Zeit, vermutete Marjorie – war erst während Paulines Pubertät verschwunden, und Marjorie konnte sich nicht erinnern, daß ihre Schwester seither jemals wieder ihre Gefühle gezeigt hätte. Nein, weder als Vater starb, noch als Marjories erstes Baby tot zur Welt kam. Und als man ihr sagte, daß die einzige Alternative zu Mutters Unterbringung in einem Pflegeheim mit einem Wochensatz von sechzig Pfund darin bestünde, daß sie ihren Beruf und ihre Wohnung aufgäbe, da hatte sie lediglich mit ausdruckslosem Gesicht gesagt:

«Ich nehme an, mir bleibt gar keine andere Wahl.»

Niemals hatte sie auf Marjorie als Alternative verwiesen. Aber als Marjorie zum erstenmal in dem neuen Haushalt der beiden zu Besuch gekommen war, da hatte Pauline ihrer bisherigen Gewohnheit, sich zur Begrüßung und beim Abschied zu küssen, sehr ruhig, aber unmißverständlich ein Ende gemacht, indem sie es diesmal nicht tat. Seitdem hatten sie nie mehr einen Kuß ausgetauscht. Auch nicht als Mutter ihren zweiten Schlaganfall erlitt, auch nicht als Mutter vorübergehend im Hospital war und Marjorie Pauline in Hightrees besuchte. Kein Wort der Klage über die ihr auferlegten Härten kam je über Paulines dünne, zusammengepreßte Lippen, und niemals auch setzte sie sich gegen Mutter persönlich zur Wehr, so unerträglich sie sich auch benahm. Höchstens zählte sie manchmal mit kalter, monotoner Stimme die Arbeiten auf, die sie seit dem vergangenen Abend verrichtet hatte:

«Mutter hat mich um Mitternacht geweckt, und dann wieder um vier und um fünf. Aber trotzdem war ihr Bett naß. Bis acht hatte ich alles wieder gewaschen, und dann habe ich das Wohnzimmer saubergemacht. Dann bin ich Einkaufen gegangen, aber ich hatte Mutters Rezept vergessen, also mußte ich noch einmal zurückkommen und es holen.»

Marjorie wand sich jedesmal vor Scham und Schuldgefühlen bei diesen Monologen und fing regelrecht an zu zittern, wenn Pauline am Ende ihre großen verschleierten Augen auf sie richtete, auf deren Grund ein Funke bitterer Ironie zu glimmen schien. Diese Augen sagten, was die Lippen nie gesagt hätten: «Denn wer da hat, dem wird gegeben werden, wer aber nicht hat, dem wird auch, was er hat, genommen werden.» Marjorie hätte es besser ertragen und wäre weniger verstört gewesen, wenn es zu einer richtigen Auseinandersetzung zwischen ihnen gekommen wäre. Aber das war bei Pauline unmöglich. Entschuldigte sie sich bei Pauline für einen ausgelassenen Besuch, so sagte sie nur: «Ist schon gut. Mach, wie es dir paßt.» Wollte sie ihr Mut zusprechen, so hieß es nur: «Mir fehlt nichts. Laß mich in Ruhe.» Äußerte sie ihr Mitgefühl – begleitet natürlich von der Entschuldigung, daß sie selbst eben eine eigene Familie hätte, um die sie sich kümmern müsse –, dann kriegte sie überhaupt keine Antwort, wenn sie nicht einen Blick voll tiefster Verachtung als Antwort werten wollte. Deshalb scheute sich Marjorie vorerst, bei Pauline wegen des Arztfreundes auf den Busch zu klopfen.

Eine Woche später jedoch sah sie sich genötigt, es doch zu tun. Schon als sie ins Zimmer trat, merkte sie, daß irgend etwas geschehen war, das Mutter aufgeregt hatte. Ihre Mundwinkel zeigten steil nach unten, und sie warf Pauline unentwegt beleidigte, streitsüchtige Blicke zu. Pauline ihrerseits saß eisern da, entschlossen, Mutter und Marjorie nicht eine Sekunde allein zu lassen, obwohl ihr nicht entgangen sein konnte, daß Mutter darauf brannte, Marjorie für sich allein zu haben. Aber um drei klingelte der Mann von der Wäscherei, und zu Mutters Glück schien es Schwierigkeiten zu geben wegen eines fehlenden Kopfkissenbezugs, die Pauline fast fünf Minuten lang an der Haustür festhielten.

«Der Mann war gestern abend wieder hier, Marjorie», erzählte Mutter hastig. «Und er ist in mein Zimmer gekommen und hat mit mir gesprochen. Geschimpft hat er mit mir, Marjorie, entsetzliche Sachen hat er zu mir gesagt.»

«Um Himmels willen, was meinst du damit, Mutter?»

«O Liebling, ich hoffe, sie kommt nicht gleich wieder. Ich hab ihn also gestern abend unten reden hören. So gegen zehn war es. Ich hatte mein Glas Wasser ausgetrunken, und Pauline hat mir ein neues gebracht, aber ich konnte nicht schlafen, mir war so heiß. Deshalb hab ich wieder nach Pauline geläutet, damit sie mir das Daunenkissen wegnimmt. Ich mußte klingeln und klingeln, bis sie endlich kam, und natürlich konnte ich nicht anders – na ja, mir war eben ein bißchen weinerlich zumute, Marjorie.» Mutter schnüffelte und schluckte. «Das nächste, was ich dann mitkriegte, war, daß dieser Mann, dieser Doktor, einfach in mein Zimmer hereingeplatzt war und anfing, mich zu beschimpfen.»

«Aber was hat er denn gesagt?»

«Er war sehr frech, richtig unverschämt, Marjorie. Ich wollte, du wärst hiergewesen, um mich zu beschützen. Pauline war jedenfalls nicht da, bloß er. Und wie er mich angeschrien hat!»

Marjorie war außer sich. «Aber *was* hat er gesagt?»

«Bloß, weil er Arzt ist ... Ärzte haben doch nicht das Recht zu sagen, was ihnen paßt, wenn man nicht ihr Patient ist, oder?»

«Mutter, jetzt erzähl es mir bitte, bevor Pauline zurückkommt.»

«Er hat gesagt, ich hätte verdammtes Glück, und das müßte ich mir mal klarmachen, und ich sei selbstsüchtig und anspruchsvoll, und ich hätte meine Tochter in den Zusammenbruch getrieben, und wenn ich nicht aufhörte, sie nachts aufzuscheuchen, dann würde sie wieder einen kriegen, und ... O Marjorie, es war so entsetzlich! Er redete und redete immer weiter, mit solcher tiefen, befehlsgewohnten Stimme. Ich fing an zu weinen, und ich dachte schon, er wollte mich packen und mich schütteln. Er stand da so an der Tür gegen das Licht, und er drohte mir mit der Hand und – und er schimpfte die ganze Zeit mit mir und ...»

«O mein Gott», sagte Marjorie. Jetzt *mußte* sie mit Pauline sprechen. Sie seufzte jämmerlich. Warum mußte ausgerechnet *das* passieren? Nicht daß es sie sonderlich berührte, was jemand zu ihrer Mutter sagte – es geschah ihr ganz recht, und schließlich war das alles nur zu wahr –, aber daß dieser Jemand Pauline gegenüber Zusammenhänge erwähnte, die sie selbst wahrscheinlich nie durchschaut hätte! Wenn das so weiterging, dann ... Sie ging in die Diele hinaus, wo Pauline gerade den Wäschemann abgefertigt hatte.

«Mutter redet schon den ganzen Tag über von nichts anderem. Gleich heute morgen ging es los», kam Pauline ihr zuvor.

«Na ja, kein Wunder. Du weißt, ich kritisiere dich nicht gern, aber du solltest wirklich nicht zulassen, daß irgendwelche Leute – ich meine Fremde – Mutter so aufregen.»

Pauline setzte den schweren Wäschekorb ab. Sie sah noch müder aus als sonst. Ihre Haut war welk und mitgenommen. Der Mangel an Schlaf, Ruhe und Erholung hatte seine Spuren hineingegraben. Sie zuckte nur die Schultern.

«Und du glaubst ihr? Du nimmst all das Geschwätz für bare Münze?»

«Soll das heißen, du hast gar keinen Freund, der Arzt ist? Und er war gestern abend gar nicht in Mutters Zimmer und hat sie beschimpft? Das ist alles Einbildung?»

«Stimmt», sagte Pauline lakonisch und füllte den Kessel. «Das war reine Phantasie. Sie wird eben senil.»

«Aber Mutter hat doch noch nie Phantasie gehabt. Sie hat ihn wirklich gehört. Sie hat ihn gesehen.»

«Sie kann gar nicht sehen», sagte Pauline, «jedenfalls nicht viel. Es war ein Traum.»

Einen Augenblick lang war Marjorie überzeugt, daß Pauline log, aber bei ihr konnte man das ja nie wissen. Und was war schließlich das Wahrscheinlichere? Daß Pauline, die durch einen Freund doch nur an Achtung und Interesse gewinnen konnte, dessen Existenz ableugnete, oder daß Mutter, die achtzig Jahre alt, halb blind und obendrein vielleicht senil war, wie Pauline behauptete, einen Angsttraum zur Realität aufbauschte? War es vielleicht möglich, daß sich hier Mutters Gewissen äußerte? Gewiß, das war sehr weit hergeholt – abwegig, würde ihr Sohn oder ihre Tochter es nennen –, aber sie wollte, es wäre wahr! Denn die andere Möglichkeit war ja wirklich ganz unerträglich! Es war George, der die Dinge beim Namen nannte. Pauline war immer so ein stilles Wasser. Ich begreife schon, welches Spiel sie da treibt. Sie hält ihn so lange im Hintergrund, bis er mit seinem Antrag herausrückt.»

«O George, nein! Aber sie sah so merkwürdig aus, als ich von ihm sprach. Und George, das Schlimmste ist doch, wenn er Pauline heiratet, dann wird er auf keinen Fall wollen, daß Mutter bei ihnen lebt, wenn er so über sie denkt – niemals!»

Das Problem verursachte ihr solche Kopfschmerzen, daß sie, als der nächste Pflichtbesuch fällig war, anrief, um zu sagen, daß sie nicht kommen könne. Eine Männerstimme antwortete.

«Hallo?»

«Tut mir leid, ich glaube, ich habe eine falsche Nummer gewählt. Ich wollte Miß Needham sprechen.»

«Miß Needham hat sich gerade hingelegt – zu einer wohlverdienten Ruhepause.»

Die Stimme war tief, kultiviert und autoritär. «Ist das vielleicht zufällig Mrs. Crossley?»

Nach Luft japsend, sagte Marjorie, ja, das sei sie. Sie war viel zu verdattert, um zu fragen, ob es ihrer Mutter gutginge und wer er überhaupt sei. Die Antwort auf die erste Frage wäre ihr sowieso egal gewesen, und die Antwort auf die zweite wußte sie ja auch so. Außerdem schnitt er ihr sofort das Wort ab und setzte zu einer äußerst anmaßenden Gardinenpredigt an.

«Mrs. Crossley, ich als Arzt überschreite wohl nicht die Grenzen des Zulässigen, wenn ich Ihnen sage, daß Sie persönlich gegenüber der Situation hier im Hause eine unverantwortliche Haltung einnehmen. Ich hoffe schon lange auf eine Gelegenheit, Ihnen das zu sagen. Nach allem, was Ihre Schwester mir erzählt hat, scheint es nicht den leisesten Grund zu geben, weshalb Sie nicht, was die Pflege von Mrs. Needham betrifft, auch einen Teil der Lasten übernehmen könnten.»

«Ich verstehe nicht, ich …», stammelte Marjorie wie vom Donner gerührt.

«Nein, Sie verstehen nicht, was? Vielleicht haben Sie es nur nicht für nötig gehalten, mal ein wenig genauer darüber nachzudenken. Ihre Mutter ist eine sehr anspruchsvolle, eine sehr eigensüchtige Frau. Ich habe selbst mit ihr gesprochen, obwohl ich aus Erfahrung weiß, daß es sinnlos ist, jemandem in ihrem Alter und in ihrer Verfassung derartige Binsenwahrheiten zu sagen.»

Es war also doch wahr. Flammende Wut auf Pauline stieg in Marjorie auf. «Ich denke, das wäre doch wohl Sache von Mutters behandelndem Arzt», sagte sie empört. «Ich weiß wirklich nicht, was ein Außenseiter ...»

«Ein Außenseiter?» Als ob sie ihm damit die unglaublichste Beleidigung angetan hätte. «Ich bin ein naher Freund Ihrer Schwester, Mrs. Crossley, vielleicht der einzige wahre Freund, den sie hat. Also sprechen Sie bitte nicht von einem Außenseiter. Wenn Sie auch nur das geringste Verständnis für Ihre Schwester haben, dann glaube ich, werden Sie wohl einsehen ...»

«Ich möchte darüber nicht sprechen!» Marjorie schrie es fast. Ihr Kopf drohte zu zerspringen. «Das ist nicht Ihre Angelegenheit, und ich wünsche keine Unterhaltung darüber!»

Sie erzählte es George.

«Er hat gesagt, er sei ein enger Freund, ihr einziger wahrer Freund. George, die beiden brüten das gemeinsam aus! Er hat vor, sie zu heiraten, aber vorher will er Mutter aus dem Wege haben. Er will *mir* Mutter aufhalsen, und dann werden sie heiraten, und ... o George, was soll ich bloß tun?»

Auf jeden Fall zunächst weder Mutter noch Pauline besuchen. Marjorie dehnte ihre Kopfschmerzen über die beiden nächsten Besuchstermine hinaus, und danach wurde sie von einer halb erfundenen, halb erlittenen Virusinfektion heimgesucht. Natürlich mußte sie wiederum anrufen, um es zu erklären, und sie wählte die Nummer mit zitternden Fingern, weil womöglich wieder dieser entsetzliche Mann an den Apparat käme. Aber er kam nicht. Pauline war noch verkniffener als sonst. Marjorie erwähnte den Arztfreund lieber nicht, aber als sie eben den Hörer auflegen wollte, glaubte sie im Hintergrund das an Mutter gewandte Murmeln seiner Stimme zu hören.

Schließlich waren es George und Brian, die Mutter einen Besuch abstatteten. Als sie zurückkamen, lag Marjorie im Bett und versuchte, die Quecksilbersäule in ihrem Thermometer über siebenunddreißig zu treiben, indem sie es in ihr Heizkissen vergrub.

Sie hätten zwar Paulines Freund nicht gesehen, berichteten sie, aber die Nanna sei ganz erfüllt gewesen von ihm, anscheinend ein charmanter Mann, der sie gänzlich für sich eingenommen habe. Pauline habe die ganze Zeit, während sie erzählte, mit verschlossenem Gesicht dabeigesessen und ihr nur ab und zu einen verärgerten Blick zugeworfen.

«Er hat irgendeinen russischen Namen», berichtete George, obwohl er sich nicht mehr genau darauf besinnen konnte, und Brian redete irgendwelchen Unsinn über Hunde und Reaktionen und anderes Zeug, dem Marjorie nicht folgen konnte. «Er wohnt in Kensington und hat eine große Praxis. Eins von diesen großen Häusern am Campden Hill, du weißt doch, wo ich meine. Pauline hat vor Jahren in einem dieser Häuser eine Privatpflege gemacht. So ein Zufall, was?»

Aber Marjorie war jetzt nicht an solchen Zufällen interessiert.

«Wird er sie heiraten?»

«Ich denke schon», sagte Brian, «nach allem, was Nanna berichtet, was er alles so gesagt hat.»

«Was willst du damit sagen?»

«Na ja, Tante Paulinchen ging raus, um für uns Kaffee zu machen, und während sie draußen war, beteuerte Nanna, er sagte ihr immer wieder, wie reizend ihre Tochter doch sei und welch scharfen Verstand sie hätte und wie sie hier so einfach verschlissen würde und so weiter.»

«Nanna muß sich völlig geändert haben. Sonst hat sie nie ein gutes Wort für Pauline übrig gehabt.»

«Sie *hat* sich geändert», bestätigte George. «Sie ist jetzt ganz und gar dafür, daß Pauline geht und ihr eigenes Leben lebt, und auch dafür, daß sie zu uns kommt und hier bei uns lebt. Dr. Sowieso hat ihr gesagt, das wäre doch eine gute Idee, verstehst du? Und ich muß sagen, Marjorie, aufs Ganze gesehen ist es denn wohl auch das Beste. Wenn Nanna ihr Haus verkauft und uns ein wenig von dem Geld abgibt, und wir machen einen Anbau ...»

«Ich gehe doch sowieso im Herbst auf die Universität», warf Brian ein.

«Ich habe es nie so ganz fair gefunden», fuhr George fort, «der guten Pauline die ganze Bürde mit Nanna allein aufzuerlegen. Es sieht ja auch nicht so aus, als wären die beiden je besonders gut miteinander ausgekommen, und ...»

«Dabei ist Nanna so lieb mit Leuten, mit denen sie auskommt», meldete sich wieder Brian.

«Ich *will* es nicht! Ich *kann* es nicht!» schrie Marjorie. «Und niemand kann mich dazu zwingen!»

Für eine kleine Weile versuchte das auch niemand. Marjorie verlängerte ihre Krankheit, reicherte sie an durch Rückenschmerzen und vage Klimakteriumsbeschwerden, so lange sie konnte. Mutter benutzte das Telefon nie, und Marjorie konnte an den Fingern einer Hand die Gelegenheiten abzählen, bei denen Pauline sie während der letzten zwei Jahre angerufen hatte. Jetzt hatte also die Verbindung zwischen ihnen ganz aufgehört. Marjorie begann wieder auszugehen, vermied es aber geflissentlich, in die Nähe von Mutters Haus zu kommen. Und ihre Familie – George, Brian und Susan – vermied geflissentlich das Thema Großmutter, wohl um einen neuerlichen hysterischen Ausbruch zu verhindern. Bis George eines Tages sagte:

«Ich hatte einen Anruf von diesem Arzt, von Paulines Freund.»

«Ich möchte darüber nichts wissen, George», sagte Marjorie aufgeschreckt. «Das ist nicht seine Angelegenheit. Ich habe dir gesagt, ich will Mutter nicht hier haben, und damit basta.»

«Genaugenommen», fuhr George vorsichtig fort, «hat er mich schon ein paarmal angerufen, bloß, ich habe es dir nicht erzählt, weil ich weiß, wie sehr es dich aufbringt.»

«Natürlich bringt es mich auf. Ich bin schließlich krank.»

«Nein, das bist du nicht», erwiderte George mit unerwarteter Festigkeit. «Du bist gesund wie ein Fisch im Wasser. Eine kranke Frau könnte nicht eine solche Mahlzeit zu sich nehmen, wie du sie soeben gegessen hast. In Wirklichkeit ist es Pauline, die krank ist, Marjorie. Sie bricht einfach zusammen. Das hat er mir so schonend wie möglich beigebracht. Er ist wirklich ein rücksichtsvoller Bursche. Aber wir müssen da irgend etwas unternehmen.»

«Jeder andere Mann wäre dankbar», schluchzte Marjorie, «wenn seine Frau verhindern würde, daß ihre Mutter zu ihnen zöge.»

«Gut, ich bin eben nicht jeder andere Mann. Mir macht der ganze Aufwand und die Extrakosten eben nichts aus. Wir werden alle unser Scherflein beitragen, Brian und Susan auch. Begreifst du denn nicht – jetzt sind *wir* dran, Marjorie! Pauline hat es jetzt zwei Jahre lang gemacht. Der Doktor sagt, sie kriegt einen neuen Zusammenbruch, wenn wir nicht eingreifen, und weiß Gott, was dabei herauskommen kann.»

«Ihr seid alle gegen mich», jammerte Marjorie unter Tränen. Und weil er ihr Ehemann war und es ihr nicht weiter darauf ankam, was sie in seiner Gegenwart sagte, fuhr sie fort: «Pauline hat doch noch Tabletten aus ihrer Krankenschwesterzeit, Morphium und ich weiß nicht was noch. Es müßte doch so was wie – wie nennt man es doch? –, wie Euthanasie möglich sein. Es müßte doch einen Weg geben, Leute wie Mutter aus ihrer Misere zu erlösen.»

Er sah sie an, und seine Augen wurden schmal. «Es gibt *keinen,* Marjorie. Möglich, daß Hunde glücklicher dran sind als Menschen. Und es gibt auch keine geriatrische Klinik, die Mutter aufnimmt. Es gibt niemanden als uns, Marjorie. Du tätest also gut daran, dich damit abzufinden.»

Oh, sie wußte, wie es sein würde. Monate würde es dauern, bis Mutter ihr Haus verkauft hätte und das Geld für eine Erweiterung ihres eigenen Hauses zur Verfügung stände, und ein volles Jahr würde wahrscheinlich vergehen, bevor dieser Anbau fertig war. Und wenn er dann fertig und Mutter installiert wäre, würde alles noch schlimm genug werden. Aber *vorher* ...! Ihr Eßzimmer in ein Schlafzimmer umgewandelt, jeder Abend verdorben durch den Aufwand, Mutter ins Bett zu bringen, Nächte, die noch schlimmer sein würden als zu Brians und Susans Babyzeit. Und sie war schließlich nicht mehr dreißig. Der Fernseher zu einem Flüstern gedrosselt, nachdem Mutter im Bett war, ihre Einkaufsbummel beschnitten, ihre kleinen Kinobesuche am Nachmittag ein für allemal vorbei ... Marjorie überlegte, ob sie wohl den Mut aufbrächte, sich die Treppe hinabzustürzen und sich ein Bein zu brechen, so daß die anderen einsehen mußten, daß es nicht in Frage kam, Mutter aufzunehmen. Aber sie konnte sich ja auch das Genick brechen ...

Und während *ihr* alles dies geschah, würde Pauline im Glanze von Campden Hill leben, mit einem exotischen, russischen Namen, mit einem frisch angetrauten Ehemann, einem gebildeten, reichen Mann. Sie würde Parties geben, berühmte Chirurgen, Professoren und sonstwen bei sich zu Gast haben, würde Auslandsreisen machen – es war einfach unerträglich! Vielleicht fehlte ihr der Mut, sich die Treppe hinabzustürzen, aber sie würde sehr wohl den Mut aufbringen, Pauline gegenüberzutreten und ihr klipp und klar zu sagen: Nein! Nein, ich will es nicht! Du hast damit angefangen, nun mußt du es auch bis zum Ende durchstehen. Drehe von mir aus durch, brich zusammen, werde verrückt, stirb ... Jawohl, stirb von mir aus, bevor ich mir deinetwegen mein Leben ruiniere!

Natürlich würde sie es nicht so ausdrücken. Sie würde fest und freundlich auftreten. Sie würde sogar anbieten, manchmal bei Mutter zu bleiben, damit Pauline ausgehen konnte, alles, alles, bloß nicht die hautnahe Dauerbelastung, die sie genauso knebeln würde, wie sie Pauline jetzt knebelte.

Die Dinge sind nie so, wie wir sie uns vorstellen. Keine Situation entwickelt sich jemals so, wie wir es erwartet haben. Als Marjorie sich endlich zu einem neuerlichen Besuch durchgerungen hatte, da machte sie sich auf eine zornige, vorwurfsvolle Pauline gefaßt, vielleicht auch auf eine Pauline, die mit Hochzeitsplänen beschäftigt war, und auf eine Mutter, die verstört vor der bevorstehenden Veränderung ihres Lebens zurückschreckte. Sie war überzeugt, die beiden wären ihr böse, weil sie so lange nicht gekommen war. Aber Mutter war wie immer. Sie freute sich, Marjorie zu sehen, und sie lechzte danach, sie für sich allein zu haben, zu eifrig getuschelten Vertraulichkeiten, aber mehr noch, um sie besorgt zu fragen, ob es ihr wieder besserginge? Ihre halbblinden Augen suchten Marjories Gesicht nach Anzeichen von Hinfälligkeit ab, sie griff nach ihrer Hand und ermahnte sie, sich warm anzuziehen.

Es gab wohl niemanden, der weniger nach einer potentiellen Braut aussah als Pauline, fand Marjorie. Sie wirkte noch hagerer als früher, und das dunkel verfärbte, fleckige Gesicht mit den tiefen Schatten und der welken, runzligen Haut erinnerte sie an Bilder von indischen Bettlern. Als Pauline in die Küche verschwand, um Tee zu machen, ging Marjorie ihr nach und nahm all ihren Mut zusammen.

«Wie bist du zurechtgekommen, Pauline?»

«Na ja. Immer dasselbe.» Und obgleich sie nicht danach gefragt worden war, fuhr sie fort: «Mutter hat mich viermal geweckt letzte Nacht. Im Korridor ist sie hingefallen, und ich mußte sie ins Bett zurückschleppen. Und die Wäscherei ist nicht gekommen, also habe ich die Bettwäsche selbst gewaschen. Schwieriges Unternehmen, sie trocken zu bekommen, wenn es so regnet wie heute.»

«Ich habe mir überlegt, ich könnte ja an zwei Abenden in der Woche herkommen und bei Mutter bleiben, damit du ausgehen kannst. Und schließlich könnte ich auch einen Teil der Wäsche zu Hause in meiner Maschine waschen. Genaugenommen könnte ich auch alles waschen. Jede Woche.»

Pauline zuckte mit den Schultern. «Wie du willst.»

«Wie ich will – das sagst du immer so», erwiderte Marjorie und verlieh ihrer Stimme die nötige Gereiztheit. «Aber wenn du dich dauernd beklagst wie eben, was soll ich denn sonst noch sagen?»

«Ich beklage mich nicht.»

«Du vielleicht nicht. Aber sonst tut es ja jeder. Du weißt sehr genau, wen ich meine. Ich kann diese fremde Einmischung nicht hinnehmen und dann so tun, als gäbe es sie nicht.»

«Ich würde bei einem Ehemann nicht von fremder Einmischung sprechen.»

Einen Moment lang dachte Marjorie, sie bezöge das auf George. Dann begriff sie blitzartig, was Pauline wirklich meinte, und das verlieh ihr den Impetus, den sie brauchte. «Ich kann dir ebensogut gleich klipp und klar sagen, Pauline, daß ich Mutter nicht bei uns haben will, und dabei bleibt es! Ich will sonst alles tun, was in meiner Macht steht, aber das nicht. Dazu bringt mich kein Mensch. Ich tue es nicht!»

Pauline antwortete nicht. Sie nahmen ihren Tee in nahezu völligem Schweigen ein. Marjorie konnte sich nicht erinnern, sich jemals in ihrem Leben so entsetzlich gefühlt zu haben. Ehe sie fortging, sagte sie an der Haustür: «Laß mich wissen, an welchen Abenden du mich hier haben willst, und du kannst Bescheid geben, wann George mit dem Wagen kommen soll, um die Wäsche abzuholen.»

«Mir ist das egal», sagte Pauline, «ich bin immer hier.»

Natürlich rief sie nicht an. Marjorie wußte, daß sie es nicht tun würde. Und was hatte es eigentlich für einen Zweck, abends hinzugehen, wenn Pauline gar nicht ausgehen wollte, wenn sie lieber tête-à-tête mit ihrem Doktor zu Hause blieb?

«Mutter wird nicht zu uns ziehen», berichtete sie George,

«das ist definitiv. Ich habe das alles mit Pauline geklärt. Sie ist durchaus imstande weiterzumachen, wenn ich ein bißchen helfe.»

«Mir hat man aber ganz was anderes gesagt.»

«Und ich sage dir eben dies. Punkt!» Marjorie verabscheute die Art, wie er sie in letzter Zeit immer anblickte, mit stummem, befremdetem Vorwurf. «Diese Woche hat sie die Wäsche selbst gewaschen, und nächste Woche kommen die Laken und die großen Stücke in die Wäscherei. Ich dachte, wir könnten am Freitag vorbeifahren und ihre kleine Wäsche holen; die stecke ich dann in meine Maschine.»

Also rief Marjorie am Donnerstag an. Sie wählte dazu den Vormittag, damit nicht der Mann an den Apparat käme. Schließlich haben Ärzte wohl morgens keine Zeit für private Telefongespräche. Pauline war am Apparat.

«Gut, morgen, wenn du willst.»

«Es ist doch wohl, was *du* willst, Pauline», erwiderte Marjorie. Sie fand, ihre Schwester hätte wenigstens danke sagen können.

Sie setzte noch hinzu, daß sie um sieben Uhr dort sein würden. Aber dann war George um sieben noch nicht nach Hause gekommen, also wählte Marjorie wiederum Mutters Nummer. Was machte es schon, wenn *er* an den Apparat käme. Sie zeigte doch nur, daß sie nicht die gleichgültige Person war, für die er sie hielt. Er meldete sich wirklich. Und er war sehr höflich. Mr. und Mrs. Crossley könnten nicht vor halb neun Uhr kommen? Aber das machte doch nichts. Er würde dann noch dasein, und er freue sich, sie nun endlich kennenzulernen.

«Jetzt werden wir ihn also endlich zu Gesicht bekommen», meinte Marjorie zu George, als er nach Hause kam. «Und daß du's mir nicht vergißt – wenn es womöglich wieder um diesen Unsinn geht, daß wir Mutter nehmen sollen und so, dann erwarte ich von dir, daß du mich unterstützt, daß wir es gemeinsam abblocken, wie ein Herz und eine Seele.»

Mutters Haus lag im Dunkeln, und auch das Licht im Korridor ging nicht an, nachdem Marjorie geläutet hatte. Sie läutete nochmals, und dann läutete George.

«Hast du einen Schlüssel?» fragte George.

«In meiner Tasche. O George, du glaubst doch nicht ...? Ich meine ...?»

«Wie soll ich das wissen? Los, laß uns die Tür aufmachen!»

Kein Mensch im Flur, niemand in den unteren Räumen. Marjorie hatte das Licht angemacht und begann die Treppe hinaufzusteigen. George folgte ihr. Sie waren halb oben, da hörten sie eine Männerstimme, die beruhigend, aber doch voller Autorität auf jemanden einredete. Sie kam aus Mutters Zimmer, dessen Tür ein wenig offenstand.

«Es war das beste für sie, Pauline. Ich habe ihr zweihundert Milligramm gegeben, aufgelöst in ihrer warmen Milch. Sie hat nicht gelitten, sie ist einfach eingeschlafen, Pauline.»

Marjorie gab ein halbersticktes Wimmern von sich. Sie wandte sich nach George um und klammerte sich an seine Schultern. Während er sich an ihr vorbeischob, hörten sie wieder die Stimme. Mit einschläfernder Monotonie wiederholte sie die gleichen Worte.

«Ich habe ihr zweihundert Milligramm gegeben, aufgelöst in ihrer warmen Milch ... Sie hat nicht gelitten ... Es war das Beste für sie ... Ich habe es für dich getan, Pauline, für uns ...»

George stieß die Tür zum Schlafzimmer auf. Mutter lag auf dem Rücken, das Gesicht wächsern und eingesunken, die nun völlig blicklosen Augen weit geöffnet. Sonst war niemand im Zimmer als Pauline.

Pauline erhob sich, als sie hereinkamen, begrüßte sie durch ein würdevolles Neigen des Kopfes, legte die Finger auf Mutters Augen und schloß ihr die Lider. Marjorie starrte auf die Szene, paralysiert von eiskaltem Entsetzen wie im Angesicht des Übernatürlichen. Und dann wandte sich Pauline feierlich vom Bett ab, streckte die rechte Hand aus und trat auf sie zu.

Mit tiefer, kultivierter Stimme, einer Stimme, deren zurechtweisender Ton bei den Telefongesprächen jetzt gemildert war durch das Mitgefühl für die Leidtragenden, sagte sie:

«Guten Tag. Ich bin Doktor Pawlow. Es ist zwar bedauerlich, daß wir uns unter so traurigen Umständen kennenlernen, aber …»

Marjorie begann zu schreien.

(Divided We Stand, 1976)

FÜR JANE BAKERMAN

Vorbemerkung der Autorin

Von diesen fünf Stories sind vier bereits in Ellery Queen's Mystery Magazine erschienen. Nur Ginger und der Kreidekreis von Kingsmarkham ist neu und speziell für diesen Band geschrieben worden.

Jede Story ist ein Fall für Chief Inspector Wexford und als Teil der Chronik von Kingsmark gedacht. Die geschilderten Ereignisse aus dem Privatleben Wexfords, Burdens und ihrer Familien sind so «wahr» wie jeder andere Sachverhalt in den Romanen um Wexford. Die einzelnen Geschichten sollten gelesen werden, als wären sie kleine Romane aus der Serie.

«Bofiste», sagte Inspector Burden, «Parasols, Totentrompeten, Blaustiefel und Hallimasch. Klingelt's da bei dir?»

Chief Inspector Wexford hob die Schultern. «Hört sich an wie so ein Illustriertenrätsel: Was haben sie alle gemeinsam? Ich rate mal und sage, es sind Krustentiere. Oder Seeanemonen. Wie wäre es damit?»

«Es sind eßbare Pilze», sagte Burden.

«Sieh mal an. Und was haben Speisepilze damit zu tun, daß Mrs. Hannah Kingman sich oder daß man sie von ihrem Balkon gestürzt hat?»

Die beiden Männer saßen in Wexfords Büro in der Polizeistation von Kingsmarkham in der Grafschaft Sussex. Es war November, aber Wexford war gerade erst aus dem Urlaub zurückgekommen. Und in der Zeit seiner Abwesenheit, während er in Cornwall einen ausgehenden Oktober erlebt hatte, der sommerlicher gewesen war als der Sommer, hatte Hannah Kingman Selbstmord begangen. Das jedenfalls hatte Burden zunächst geglaubt. Jetzt befand er sich in einem Zwiespalt, und als Wexford an diesem Montagmorgen hereingekommen war, hatte Burden sofort seinem Chef die Geschichte erzählt.

Wexford, der auf die Sechzig zuging, war ein großer, ungelenker, eher häßlicher Mann, früher einmal korpulent bis zur Fettleibigkeit, doch nach einer Schlankheitskur aus gesundheitlichen Gründen abgemagert und hager geblieben. Burden dagegen besaß die schlanke Figur eines Mannes, der von jeher dünn gewesen war. Sein Gesicht war asketisch, von einer frostigen Schönheit. Obwohl der Ältere eine gute Frau hatte, die hingebungsvoll für ihn sorgte, sah er doch immer aus, als kämen seine Kleider von der Stange eines Second-hand-Ladens, während der Jüngere, ein Witwer, Wert auf makellose Eleganz legte. Ein Tramp und ein Beau Brummell dem Äußeren nach, doch der Dandy vertraute auf den Tramp und verließ sich auf ihn, er kannte seine Fähigkeiten und seinen Scharfblick. Insgeheim verehrte er ihn fast.

Ohne seinen Chef hatte er sich in diesem Fall etwas verloren gefühlt. Zunächst hatte alles auf einen Selbstmord Hannah Kingmans hingedeutet. Sie war manisch-depressiv gewesen, bedrängt von einem starken Gefühl ihrer Unzulänglichkeit, ihre noch junge zweite Ehe schien unglücklich gewesen zu sein, und ihre erste war gescheitert. So hätte Burden, obwohl kein Abschiedsbrief vorlag und keine Suiziddrohungen vorausgegangen waren, ihren Tod als Selbstzerstörung hingenommen – wäre nicht ihr Bruder aufgetaucht und hätte ihm von den Speisepilzen erzählt. Und dabei hatte Wexford gefehlt, der sich so gut darauf verstand, die Schafe von den Ziegen zu trennen und die Spreu vom Weizen.

«Die Sache ist die», sagte Burden über den Schreibtisch weg, «es geht weniger um den Nachweis eines Mordes als um den Beweis für einen Mord*versuch*. Axel Kingman könnte seine Frau von dem Balkon gestoßen haben – er besitzt kein Alibi für die fragliche Zeit –, aber ich hatte keinen Grund, ihn zu verdächtigen, bis ich erfuhr, daß man zwei Wochen vorher schon einmal versucht haben soll, sie umzubringen.»

«Und der Versuch steht im Zusammenhang mit Speisepilzen?» Burden nickte. «Sagen wir, mit einer giftigen Substanz, die ihr in einem Schmorgericht aus Speisepilzen beigebracht wurde. Wenn das aber stimmt, dann weiß Gott, wie er es angestellt hat, denn drei andere Personen, darunter er selbst, haben ohne gesundheitliche Folgen von dem Pilztopf gegessen. Ich glaube, ich sollte es dir mal von Anfang an erzählen.»

«Das glaube ich auch», sagte Wexford.

«Die Tatsachen», begann Burden fast wie ein Vertreter der Anklage vor Gericht, «sind folgende. Axel Kingman ist fünfunddreißig Jahre alt und führt in der High Street ein Reformkostgeschäft, das sich *Harvest Home* nennt. Kennst du es?» Als Wexford mit einem Kopfnicken bejahte, fuhr Burden fort: «Früher war er Lehrer in Myringham, und bevor er hierherkam, lebte er sieben Jahre mit einer Frau namens Corinne Last zusammen. Er verließ sie, gab seinen Beruf auf, steckte sein ganzes Geld in dieses Geschäft und heiratete eine Mrs. Hannah Nicholson.»

«So etwas wie ein Ernährungsfanatiker demnach», sagte Wexford.

Burden rümpfte die Nase. «Lauter hochgestochener Unsinn», sagte er. «Ist dir schon mal aufgefallen, was für dünne, blasse Hemden diese Reformkostler sind? Während die Leute, die sich von Braten, Schmalz, von Whisky und Rosinenkuchen nähren, immer aus dem vollen schöpfen und vor Leben nur so strotzen.»

«Ist Kingman ein dünnes, blasses Hemd?»

«Ein schwächlicher – wie nennt man das? – Asket, wenn du mich fragst. Jedenfalls machten er und Hannah dieses Geschäft auf und nahmen sich ein Apartment in dem Wohnturm, den unsere Planungsgenies mit leichter Hand obendraufgesetzt haben. Im fünften Stock. Corinne Last fand sich, wie sie und Kingman übereinstimmend behaupten, nach einer Weile mit der Situation ab, und sie alle blieben Freunde miteinander.»

«Erzähl mir davon», sagte Wexford. «Laß die Tatsachen mal erst, und erzähl mir von den Leuten.»

Damit tat sich Burden immer schwer. Er neigte dazu, Menschen als «ganz normal eben» oder «wie alle andern auch» zu beschreiben, eine Nachlässigkeit, die Wexford ein

Dorn im Auge war. Also gab er sich Mühe. «Kingman wirkt wie jemand, der keiner Fliege was zuleide tun kann. Ich würde ihn sogar als sanft bezeichnen, wenn ich nicht Anlaß hätte, ihn für einen kaltblütigen Gattenmörder zu halten. Er ist Abstinenzler, hat schon fast einen Vogel, was das Trinken angeht. Sein Vater ging bankrott und starb schließlich am Suff, daher ist unser Kingman ein radikaler Gegner des Alkohols.

Die Tote war neunundzwanzig. Ihr erster Mann verließ sie nach sechsmonatiger Ehe und ging mit einer Freundin von ihr durch. Hannah zog wieder zu ihren Eltern und fand einen Halbtagsjob als Küchenhilfe in der Schule, an der Kingman unterrichtete. Dort haben sie sich kennengelernt.»

«Und die andere Frau?» sagte Wexford.

Burdens Gesicht nahm einen mißbilligenden Ausdruck an. Außerehelicher Sex, mochte er auch hundertmal durch Konvention und allgemeinen Konsens geduldet sein, war und blieb für ihn eine Unsitte. Daß er bei seiner Arbeit fast täglich mit unerlaubtem Sex in Berührung kam, hatte seine Einstellung um nichts gemildert. Man hätte glauben können, bemerkte Wexford mitunter im Spott, daß in Burdens Augen alles Leid dieser Welt und mit Sicherheit alle Verbrechen irgendwie daher rührte, daß Männer und Frauen ohne Trauschein miteinander ins Bett gingen. «Gott weiß, warum er sie nicht geheiratet hat», sagte Burden jetzt. «Ich persönlich meine, daß es in den Tagen, als die Erziehungsbehörden der Immoralität unter den Lehrern noch einen Riegel vorschoben, besser um die Dinge stand.»

«Halten wir deine Ansichten da mal raus, Mike», sagte Wexford. «Vermutlich ist Hannah Kingman nicht deshalb gestorben, weil ihr Mann nicht als unberührter Knabe zu ihr kam.»

Burden errötete leicht. «Ich wollte von dieser Corinne Last sprechen. Die Frau sieht sehr gut aus, wenn man den dunklen, leidenschaftlichen Typ mag. Ihr Vater hinterließ ihr einiges Geld und das Haus, wo sie mit Kingman wohnte, und sie bewohnt es immer noch. Sie gehört zu den Frauen, die anscheinend in allem gut sind, was sie anfassen. Sie malt und verkauft ihre Bilder. Sie näht ihre Kleider selbst, sie ist mehr oder weniger der Star an der hiesigen Landesbühne, und sie spielt Violine in einem Streichertrio. Außerdem schreibt sie für Gesundheitsmagazine und ist Autorin eines Kochbuchs.»

«Demnach», warf Wexford ein, «sieht es aus, als hätte Kingman mit ihr gebrochen, weil das alles ein bißchen mehr war, als er hinnehmen konnte. Und so entschied er sich für die graue kleine Frau aus der Schulküche. Sie war keine Konkurrenz für ihn, denke ich mir.»

«Da würde ich zustimmen. Die Theorie ist mir sogar schon unterbreitet worden.»

«Von wem?» sagte Wexford. «Woher hast du diese ganzen Informationen eigentlich?»

«Von einem zornigen jungen Mann, dem vierten Mitglied des Quartetts, nämlich Hannahs Bruder. Er heißt John Hood, und mir scheint, er hat uns noch viel, viel mehr zu erzählen. Aber es wird Zeit, daß ich mit der Beschreibung der Personen aufhöre und mit der Geschichte weiterkomme.

Niemand sah, wie Hannah von dem Balkon stürzte. Es geschah letzten Donnerstagnachmittag gegen vier. Ihr Mann sagt aus, er sei in einer Art Büroraum hinter dem Laden gewesen und hätte, wie immer, wenn das Geschäft früher schließt, Bestandsaufnahme gemacht und Waren ausgepreist.

Sie fiel auf einen betonierten Parkplatz auf der Rückseite des Wohnblocks. Zwei Stunden später wurde ihre Leiche von einem Nachbarn zwischen zwei parkenden Wagen gefunden. Man verständigte uns, und Kingman schien außer sich zu sein. Ich fragte ihn, ob er eine Ahnung gehabt hätte, daß seine Frau ihrem Leben ein Ende setzen wollte. Darauf sagte er, sie hätte zwar nie damit gedroht, sei aber in der letzten Zeit sehr deprimiert gewesen, und es hätte Streit gegeben, hauptsächlich wegen Geld. Ihr Arzt hätte ihr Beruhigungsmittel verschrieben – was Kingman übrigens mißbilligte –, und der Arzt selbst, der alte Dr. Castle, sagte mir, Mrs. Kingman sei wegen Depressionen bei ihm gewesen: weil sie ihr Leben nicht lebenswert fand und glaubte, ihrem Mann nur eine Last zu sein. Ihn überraschte es nicht, daß sie sich umgebracht hatte, und mich unter diesen Umständen auch nicht. Wir waren ganz darauf eingerichtet, es als einen Fall von Selbstmord abzuschließen, aber dann wurde ich durch John Hood aus dem Konzept gebracht, der nämlich herkam und mir erklärte, Kingman hätte schon einmal versucht, seine Frau zu ermorden.»

«Das hat er dir einfach so gesagt?»

«Im Grunde schon. Es ist klar, daß er Kingman nicht mag, und zweifellos hing er an seiner Schwester. Corinne Last mag und bewundert er anscheinend auch. Er erzählte mir, Ende Oktober hätten sie an einem Samstagabend alle vier bei Kingman gegessen. Es war ein rein vegetarisches Menü, von Kingman, der gerne kocht, selbst zubereitet, und eines der Gerichte bestand aus dem, was ich, altmodisch oder auch engstirnig, wie ich bin, als Schwämme bezeichne. Sie aßen alle davon, und allen bekam es gut, außer Hannah, die vom Tisch aufstand, sich stundenlang übergeben mußte und anscheinend ernstlich krank war.»

Wexford hob die Augenbrauen. «Bitte, mehr Einzelheiten.»

Burden lehnte sich zurück, legte die Ellbogen auf die Lehnen des Sessels und drückte die Spitzen seiner Finger zusammen. «Ein paar Tage vor dem Essen trafen sich Hood und Kingman in dem Squashclub, dem sie beide angehören. Da erzählte ihm Kingman, daß Corinne Last versprochen hätte, ihm einige Speisepilze, und zwar Schopftintlinge, aus ihrem Garten vorbeizubringen, gemeint ist der Garten des Hauses, in dem sie und Kingman zusammen gelebt hatten. Jeden Herbst taucht da unter einem Baum ein Haufen von den Dingern auf. Ich hab sie selbst gesehen, aber darauf komme ich noch.

Kingman steht unerhört auf Kräuter und grünes Allerlei zum Kochen, macht Salate aus Löwenzahn und Sauerklee, und er schwört auf dieses Schwammzeug, das angeblich viel mehr Würze hat als Champignons. Mir ist was Plastikverpacktes aus dem Supermarkt allemal lieber, aber jeder nach seiner Fasson. Das Kochbuch von Corinne Last heißt nebenbei *Kostenlos kochen*, und alle Rezepte darin sind aus Sachen zusammengestellt, die man am Wegrand aufliest oder unter Hecken pflücken kann.»

«Diese Kropfzündlinge oder Schrottfindlinge, oder was weiß ich, hatte er die schon mal gekocht?»

«Schopftintlinge», sagte Burden grinsend, «oder *Coprinus comatus*. Allerdings, jedes Jahr, und jedes Jahr hatte er den Schmortopf mit Corinne gegessen. Diesmal wollte er sie auch wieder kochen, und wie Hood meint, schien er Corinne sehr dankbar zu sein für ihre – hm, Großherzigkeit.»

«Ja, es muß ihr wohl wirklich zu Herzen gegangen sein. Wie wenn man ‹Unser Lied› in Gesellschaft seines Exliebhabers und des Menschen hört, der an die eigene Stelle getreten ist.» Wexford nahm eine bebende Bruststimme an. «‹Macht es dir auch nichts aus, mich unsere Schwämme mit einer anderen essen zu sehen?›»

«Im Grunde genommen», sagte Burden ernst, «könnte es genauso gewesen sein. Jedenfalls das Gespräch im Squashclub endete damit, daß Hood für den folgenden Samstag eingeladen wurde, um diese Delikatesse zu probieren, und man ihm sagte, Corinne Last würde auch dort sein. Vielleicht nahm er deshalb die Einladung an. Kurz und gut, der Tag kam. Gegen Mittag schaute er bei seiner Schwester rein. Sie zeigte ihm den Topf mit den Pilzen, die Kingman schon angesetzt hatte, und sie sagte, *sie hätte schon davon gekostet,* sie seien sehr lecker. Außerdem zeigte sie Hood noch ein halbes Dutzend Schopftintlinge, die Kingman nicht mehr gebraucht hatte und die sie sich zum Frühstück braten würden. Das hier hat sie ihm gezeigt.»

Burden machte eine Schreibtischschublade auf und nahm eine der Plastiktüten heraus, die ihm angeblich soviel Vertrauen einflößten. Der Inhalt dieser Tüte stammte allerdings nicht aus dem Supermarkt. Er entfernte den Drahtverschluß und schüttete vier weißliche, schuppige Objekte heraus. Sie waren eiförmig oder eher langgezogen oval, jeweils mit einem kurzen, fleischigen Stiel.

«Ich hab sie heute morgen selbst gepflückt», sagte er, «in Corinne Lasts Garten. Wenn sie größer werden, öffnet sich der eiförmige Teil zu einem Schirm, eigentlich mehr zu einer Pagode, und er bekommt an der Unterseite schwarze Lamellen. Essen soll man sie, wenn sie in dem Stadium sind wie die hier.»

«Ich nehme an, du hast ein Pilzbuch?» fragte Wexford.

«Hier.» Auch das Buch erschien aus der Schublade. *Eßbare und giftige britische Pilze.* «Und da wären wir schon: Der Schopftintling.»

Burden hatte die Abteilung *Eßbar* und eine kolorierte Zeichnung der Sorte, die er in der Hand hielt, aufgeschlagen. Er reichte sie dem Chief Inspector.

«*Coprinus comatus*», las Wexford laut, «*eine verbreitete Spezies, erreicht voll ausgewachsen eine Höhe von 22 cm. In großer Zahl im Spätsommer und Herbst zu finden, wächst auf Wiesen, an Hecken und oft auch in Gärten. Am besten genießbar, bevor sich der Schopf öffnet und seine tintenartige Flüssigkeit absondert, jedoch zu allen Zeiten gänzlich harmlos.*» Er legte das Buch hin, ohne es aber zu schließen. «Bitte weiter, Mike», sagte er.

«Hood holte Corinne ab, und sie kamen dort zusammen kurz nach acht an. Etwa um Viertel nach setzten sich alle zu

Tisch, und das Essen begann mit Avocado in *vinaigrette*. Als nächster Gang kam der Pilztopf, gefolgt von Nußschnitzeln mit Salat und danach einem Apfelkuchen. Selbstverständlich gab es wegen Kingmans Einstellung weder Wein noch sonst was Alkoholisches. Sie tranken Traubensaft aus dem Laden.

Die Küche grenzt direkt an das Wohn- und Eßzimmer. Kingman brachte das Pilzgericht in einer großen Terrine herein und servierte es auch selbst am Tisch, angefangen natürlich bei Corinne. Jeder von diesen Schopftintlingen war der Länge nach halbiert, und die Stücke schwammen in einer dicken Soße, die mit Möhren, Zwiebeln und anderen Gemüsen zubereitet war. Nun hatte Hood, seit er zu dem Essen eingeladen worden war, seine Bedenken dagegen gehabt, Pilze zu verspeisen, doch Corinne hatte ihn beruhigt, und als er erst mal mit dem Essen angefangen hatte und sah, wie sich's die andern schmecken ließen, stellte er seine Bedenken zunächst zurück. Er holte sich sogar noch einmal nach.

Kingman räumte die Teller und die Terrine weg und *spülte sie sofort unter dem Wasserhahn ab*. Das haben sowohl Hood als auch Corinne Last mir gesagt, allerdings behauptet Kingman, er würde es immer gleich machen, er sei pingelig in der Beziehung...»

«Was seine Exfreundin doch sicher bestätigen oder widerlegen kann», warf Wexford ein, «nachdem sie so lange zusammengelebt haben.»

«Wir müssen sie fragen. Von dem Pilzessen wurden die letzten Reste weggespült. Dann brachte Kingman die Nußschnitzel und den Salat. Aber bevor er noch servieren konnte, sprang Hannah plötzlich auf, hielt sich die Serviette vor den Mund und stürzte ins Bad.

Nach einer Weile ging Corinne nachsehen. Hood konnte heftiges Erbrechen aus dem Bad hören. Er blieb im Wohnzimmer, während Corinne und dann auch Kingman bei

Hannah im Bad waren. Gegessen wurde nicht mehr. Schließlich kam Kingman wieder herein, er sagte, Hannah müsse sich eine ‹Magengrippe› geholt haben, und sie hätten sie ins Bett gebracht. Hood ging in das Schlafzimmer, wo Hannah auf dem Bett lag und Corinne neben ihr saß. Hannahs Gesicht war grünlich und schweißübersät, und sie stand offensichtlich große Schmerzen aus, denn sie stöhnte und krümmte sich, während er dort war. Sie mußte wieder ins Bad, und danach konnte Kingman sie nur noch zurücktragen.

Hood schlug vor, Dr. Castle zu verständigen, aber das lehnte Kingman energisch ab, da er Ärzte nicht mag und es, wenn überhaupt, lieber mit pflanzlichen Heilmitteln wie Himbeerblattpillen, Kamillentee und dergleichen hält. Er verstieg sich sogar zu der reichlich abwegigen Behauptung, Hannah hätte schon genug mit Ärzten zu tun gehabt, und wenn nicht durch eine Infektion, dann hätte sie sich durch die ‹gefährlichen› Beruhigungstabletten, die sie immer nahm, den Magen verdorben.

Hood hielt Hannah für ernstlich krank, und der Streit spitzte sich zu, je mehr Hood Kingman drängte, einen Arzt zu rufen oder sie in ein Krankenhaus zu bringen. Kingman wollte nicht, und Corinne stellte sich auf seine Seite. Hood gehört zu den jähzornigen, aber schwachen Leuten, die schnell mit Drohungen dabei sind, und obwohl er selbst einen Arzt hätte rufen können, tat er es nicht. Vermutlich lag das auch an Corinnes Einfluß. Allerdings schimpfte er Kingman einen Idioten, weil er Sachen zusammenbraue, von denen jedes Kind die Finger lasse, worauf ihm Kingman entgegenhielt, wenn Schopftintlinge gefährlich wären, wieso dann nicht ihnen allen schlecht geworden sei. Gegen Mitternacht schließlich ließen Hannahs Brechanfälle nach, sie schien auch keine Schmerzen mehr zu haben und schlief ein. Hood fuhr Corinne nach Hause, kehrte zu den Kingmans zurück und blieb für den Rest der Nacht dort, er schlief auf dem Sofa.

Am Morgen schien Hannah, wenn auch geschwächt, wieder ganz wohlauf zu sein, was Kingmans Theorie von der Magengrippe ziemlich widerlegte. Das Verhältnis zwischen den beiden Männern war gespannt. Kingman sagte, Hoods Anspielungen hätten ihm nicht gepaßt, und wenn er in Zukunft seine Schwester besuchen wollte, solle er lieber kommen, wenn er, Kingman, außer Haus sei. Hood fuhr nach Hause und hat Kingman seitdem nicht mehr gesehen.

Am Morgen nach dem Tod seiner Schwester kam er hier hereingestürmt, erzählte mir, was du eben gehört hast, und beschuldigte Kingman, er hätte Hannah zu vergiften versucht. Er war hoch erregt und fast hysterisch, aber ich fand, ich konnte seine Behauptung nicht als die – hm, als die Raserei eines betroffenen Angehörigen abtun. Die Umstände waren doch allzu merkwürdig – die unglückliche Ehe, die Tatsache, daß Kingman die Teller abspülte, seine Weigerung, einen Arzt herbeizuholen. Hatte ich recht?»

Burden hielt inne und wartete auf Zustimmung. Sie kam in Form eines nicht sehr begeisterten Nickens.

Nach einem Augenblick sagte Wexford: «Könnte Kingman sie von dem Balkon gestoßen haben, Mike?»

«Sie war eine kleine, schmächtige Frau. Physisch war es möglich. Die hintere Seite des Wohnblocks ist gegen Sicht abgeschirmt. Da gibt es nichts außer dem Parkplatz, und dahinter ist freies Feld. Kingman könnte anstatt mit dem Lift über die Treppe hochgekommen sein und über die Treppe auch wieder herunter. Zwei der Wohnungen in den unteren Etagen stehen leer. Unter den Kingmans wohnt eine ans Bett gefesselte, kranke Frau, deren Mann auf der Arbeit war. Die Mieterin der Wohnung darunter, eine junge Hausfrau, war auch daheim, hat aber nichts gesehen und gehört. Die kranke Frau glaubt, am Nachmittag einen Schrei gehört zu haben, aber sie unternahm nichts deswegen, und wenn sie wirklich einen gehört hat, was besagt das schon? Ich könnte mir denken, daß in dem Moment ein Selbstmörder ebenso schreit wie ein Mordopfer.»

«O. K.», sagte Wexford. «Kommen wir jetzt noch mal auf die merkwürdige Geschichte mit diesem Essen zurück. Dahinter steckt doch der Gedanke, daß Kingman vorhatte, sie an dem Abend umzubringen, daß aber sein Plan mißlang, weil das, was er ihr gab, nicht giftig genug war. Ihr wurde zwar todübel, aber sie starb nicht. Er wählte diese Methode und diese Gesellschaft, um nachher Zeugen für seine Unschuld zu haben. Alle aßen von demselben Gericht, aus derselben Terrine, aber nur Hannah wurde davon schlecht. Könntest du verraten, wie er ihr das Gift, was immer es gewesen sein mag, verabreicht haben soll?»

«Kann ich nicht», sagte Burden offen, «aber andere haben ihren Verdacht. Hood ist wohl ein bißchen einfältig, und zuerst meinte er schlechtweg, alle Pilze seien gefährlich und das ganze Essen sei giftig gewesen. Als ich ihn darauf hinwies, daß das offensichtlich nicht zutraf, sagte er, Kingman müsse heimlich etwas auf Hannahs Teller geschmuggelt haben oder es sei das Salz gewesen.»

«Welches Salz?»

«Er entsann sich, daß niemand außer Hannah Salz zu den Pilzen nahm. Aber das ist absurd, weil Kingman es vorher nicht wissen konnte. Und an dem Punkt können wir gleich noch etwas klarstellen – die Avocados waren vollkommen harmlos. Kingman hat sie *am Tisch* halbiert, und die Vinaigrette wurde in einem Krug serviert. Das Brot war nicht in Scheiben, sondern ein selbstgebackenes Vollkornbrot. Wenn überhaupt, dann muß es schon in dem Pilztopf gewesen sein.

Corinne Last will von einem möglichen Vergehen Kingmans nichts wissen. Aber als ich ihr auf den Zahn fühlte, gab sie immerhin zu, daß sie selbst nicht am Tisch gesessen hatte, als die Pilze serviert wurden. Sie war aufgestanden und auf den Flur gegangen, um ihre Handtasche zu holen. Sie sah also nicht, wie Kingman Hannah bediente.» Burden griff nach dem Buch, das Wexford auf der Seite mit der Beschreibung und der Abbildung der Schopftintlinge offengelassen hatte. Er blätterte zur Abteilung der Giftpilze vor und schob Wexford das Buch wieder hin. «Schau dir mal ein paar von denen an.»

«Ach ja», sagte Wexford. «Unser alter Freund, der Fliegenpilz. Ein hübscher kleiner Rotschopf mit weißen Flekken, hochbeliebt bei Kinderbuchillustratoren. Meistens setzen sie einen Frosch obendrauf und einen Gnom untendrunter. Wenn man ihn ißt, steht hier, verursacht er Übelkeit, Erbrechen, starrkrampfartige Lähmung und Tod. Viele von diesen Blätterpilzen sind hier vertreten, was? Purpurn, schuppig, grünlich, warzig – alle mehr oder weniger tödlich. Aha! Der Grüne Knollenblätterpilz, *Amanita phalloides*. Wie überaus unerfreulich. Der gefährlichste Pilz, heißt es hier. Sehr kleine Mengen schon verursachen heftige Schmerzen und oft den Tod. Und wohin führt uns das alles?»

«Der Grüne Knollenblätterpilz ist laut Corinne Last bei uns ziemlich verbreitet. Obwohl sie es nicht sagt, schließe ich daraus, daß Kingman ihn sich leicht hätte verschaffen können. Was aber, wenn er ein einziges Exemplar davon getrennt gekocht und es unmittelbar vor dem Servieren noch in den Topf gelegt hat? Als die Reihe an Hannah kommt, fischt er diesen Pilz oder die Stücke davon für sie heraus, ähnlich wie man für jemand ein besonderes Stück, etwa vom Huhn, aus einer Kasserolle pickt. Die Soße war kräftig und dick, es war keine dünne Brühe.»

Wexford schien nicht überzeugt. «Gut, als Theorie wollen wir es gelten lassen. Wäre das übrige Gericht vielleicht mit ‹angegiftet› worden und noch jemand hätte etwas abbekommen, würde es noch eher wie ein Unfall ausgesehen haben, worauf es ihm vermutlich ja ankam. Aber ein Haken ist dabei, Mike. Wenn er Hannah töten wollte und skrupellos genug war, auch Corinne und Hood zu gefährden, wieso hat er dann die Teller abgespült? Um zu *beweisen*, daß es ein

Unfall war, hätte er doch gerade gewollt, Reste von diesem Essen für den Zeitpunkt einer Untersuchung aufzubewahren, denn die Untersuchung hätte Spuren giftiger wie ungiftiger Pilze erbracht, und es hätte so ausgesehen, als sei er nur nachlässig gewesen.

Also gehen wir und sprechen mal mit diesen Leuten, ja?»

Der *Harvest Home Shop* war geschlossen. Wexford und Burden gingen durch die Gasse neben dem Gebäude, an den Glastüren des Haupteingangs vorbei und zu einer Tür auf der Rückseite, die die Aufschrift *Treppen und Notausgang* trug. Sie betraten ein kleines, mit Fliesen ausgelegtes Vestibül und gingen über die steile Treppe nach oben.

Auf jeder Etage gab es eine Wohnungstür und eine Tür zum Lift. Wäre jemand herausgekommen und sie hätten nicht gesehen werden wollen, hätte es genügt, hinter der Treppenbiegung zu warten, bis derjenige in den Lift gestiegen war. Die Klingel an der Wohnungstür im fünften Stock trug die Aufschrift *A. und H. Kingman.* Wexford läutete.

Der Mann, der sie einließ, war ziemlich klein, wirkte sanft, und er sah traurig aus. Er führte Wexford auf den Balkon, von dem seine Frau gestürzt war. Es war einer von zweien in der Wohnung; der andere, größere lag vor den Wohnzimmerfenstern, während man diesen durch die verglaste Küchentür erreichte – ein Platz zum Wäscheaufhängen und zur Gärtnerei im Kleinformat. Kräuter wuchsen aus Blumentöpfen, und in einem Trog hielten sich noch frostgeschädigte Tomatenstöcke. Die Wand um den Balkon war etwa einen Meter hoch, tief darunter lag der betonierte Platz.

«Waren Sie überrascht, daß Ihre Frau sich das Leben nahm, Mr. Kingman?» sagte Wexford.

Kingman antwortete nicht direkt. «Meine Frau hatte ein sehr geringes Selbstwertgefühl. Als wir heirateten, dachte ich, sie wäre wie ich ein einfacher Mensch, der nicht viel vom Leben verlangt, der auch relativ leicht zufrieden sein kann. So war es nicht. Sie erwartete mehr Unterstützung, mehr

Zuspruch und Ermutigung, als ich ihr geben konnte. Das galt besonders für die ersten drei Monate. Danach wandten sich ihre Gefühle gegen mich. Sie war sehr launisch, starken Stimmungsschwankungen unterworfen. Mein Geschäft geht nicht sehr gut, und sie gab mehr Geld aus, als wir uns leisten konnten. Ich weiß nicht, wohin das ganze Geld ging, und wir stritten uns deshalb. Das wieder deprimierte sie stark, und sie sagte oft, sie hätte keinen Wert für mich, sie wäre besser tot.»

Er hatte ihm eine recht lange Erklärung geliefert, fand Wexford, eine Erklärung, um die er nicht gebeten hatte. Es konnte aber sein, daß diese Gedanken, Rechtfertigungen und doch wieder Selbstvorwürfe einfach das waren, was ihn im Augenblick mehr als alles andere beschäftigte. «Mr. Kingman», sagte er, «wie Sie wissen, können wir die Möglichkeit nicht ausschließen, daß hier ein Verbrechen vorliegt. Ich möchte Ihnen ein paar Fragen zu einem Essen stellen, das Sie am 29. Oktober zubereitet haben und nach dem Ihre Frau krank wurde.»

«Ich kann mir denken, wer Ihnen das erzählt hat.»

Wexford reagierte nicht darauf. «Wann hatte Miss Last Ihnen diese – äh, Schopftintlinge gebracht?»

«Am Abend des achtundzwanzigsten. Am Morgen darauf setzte ich nach Miss Lasts eigenem Rezept den Schmortopf an.»

«Waren zu der Zeit noch andere Pilzsorten im Haus?»

«Champignons wahrscheinlich.»

«Haben Sie irgendwann diesem Gericht etwas Giftiges oder eine giftige Substanz beigemischt, Mr. Kingman?»

Kingman sagte ruhig, müde: «Natürlich nicht. Mein Schwager hat einen Haufen dummer Vorurteile. Er will nicht begreifen, daß dieser Schmortopf, den ich genauso schon ein dutzendmal vorher gemacht habe, so bekömmlich war wie meinetwegen Hühnerfrikassee. Bekömmlicher, nach meiner Ansicht.»

«Mag sein. Trotzdem war Ihre Frau sehr krank. Weshalb verständigten Sie keinen Arzt?»

«Weil meine Frau nicht ‹sehr› krank war. Sie hatte Schmerzen und Diarrhöe, das war alles. Vielleicht wissen Sie nicht, wie die Symptome einer Pilzvergiftung aussehen. Der Betroffene leidet nicht nur an Schmerzen und Übelkeit. Seine Sicht wird getrübt, er verliert sehr wahrscheinlich das Bewußtsein oder bekommt Krämpfe, wie man sie bei Tetanus kennt. Bei Hannah gab es nichts dergleichen.»

«Leider haben Sie sofort die Teller abgespült. Hätten Sie das nicht getan und einen Arzt gerufen, wären die Reste des Essens wohl mit Sicherheit zur Untersuchung geschickt worden, und wenn es so harmlos war, wie Sie sagen, hätten diese Ermittlungen ganz vermieden werden können.»

«Es war harmlos», sagte Kingman unerschüttert.

Draußen im Wagen meinte Wexford: «Ich bin geneigt, ihm zu glauben, Mike. Und wenn uns Hood oder Corinne Last nichts wirklich Definitives sagen können, würde ich die Sache ruhen lassen. Wollen wir zunächst zu ihr?»

Das kleine Landhaus, das Corinne mit Axel Kingman geteilt hatte, lag an einem einsamen Wegstück außerhalb des Dorfes Myfleet. Es war ein Steinhaus mit Schieferdach, umschlossen von einem gutgepflegten hübschen Garten. Ein grüner Ford Escort stand auf der Zufahrt vor einer Brettergarage. Unter einem großen Apfelbaum, von dem die gelben Blätter abfielen, wuchsen in drei großen Büscheln, auf den ersten Blick erkennbar, die Schopftintlinge.

Sie war eine große Frau, die Eigentümerin des Hauses, mit einem schönen, breitknochigen Gesicht und einer Fülle dunklen Haares. Wexford wurde sofort an das Klimt-Porträt einer trägen, rotlippigen Frau, goldbereift und halbverhüllt in goldenen Gewändern, erinnert, obwohl Corinne Last Arbeitskittel und Pullover trug. Ihre Stimme war tief und verhalten. Er gewann den Eindruck, daß sie sich niemals verunsichern oder gar überrumpeln ließ.

«Sie haben, glaube ich, ein Kochbuch verfaßt?» sagte er.

Sie antwortete nicht, sondern reichte ihm ein Taschenbuch, das sie von einem Regal herunternahm. *Kostenlos kochen, Wald- und Wiesenrezepte für jeden Tag, von Corinne Last*. Er schaute das Register durch und fand das Rezept, das er suchte. Auf der anderen Seite war eine Farbfotografie von sechs Leuten, die eine Art braune Suppe verzehrten. Das Rezept enthielt Möhren, Zwiebeln, Kräuter, Sahne und eine Reihe anderer harmloser Ingredienzen. Es schloß mit den Zeilen: *Geschmorte Schopftintlinge serviert man am besten kochend heiß mit Vollweizenbrot. Dazu passende Getränke siehe S. 171*. Er sah auf Seite 171 nach, dann gab er das Buch an Burden weiter.

«Das war das Gericht, das Mr. Kingman an dem Abend gekocht hat?»

«Ja.» Sie hatte die Eigenart, sich, wenn sie sprach, zurückzulehnen und dabei halb die glänzenden, schweren Lider zu senken. Es wirkte schlangenhaft und ein wenig abstoßend. «Ich habe die Schopftintlinge selbst in meinem Garten gepflückt. Ich verstehe nicht, wie Hannah davon übel geworden sein kann, aber sie müssen daran schuld sein, denn als wir hinkamen, ging es ihr gut. Sie hatte keine Mageninfektion, das ist Unsinn.»

Burden legte das Buch weg. «Aber Sie bekamen die Pilze doch alle aus derselben Terrine.»

«Ich habe nicht direkt gesehen, wie Axel Hannah bedient hat. Ich war gerade nicht im Zimmer.» Ihre Lider flatterten und schlossen sich fast ganz.

«Hat Mr. Kingman sonst auch nach dem Abräumen immer gleich das Geschirr abgespült?»

«Fragen Sie mich nicht.» Sie hob die Schultern. «Ich weiß es nicht. Ich weiß aber, daß es Hannah unmittelbar nachdem sie das Geschmorte gegessen hatte, sehr schlecht ging. Natürlich, Axel hält nichts von Ärzten, und vielleicht war es ihm... nun ja, zu peinlich, in der Situation Dr. Castle zu holen. Hannah hatte schwarze Flecke vor den Augen, sie fing an, alles doppelt zu sehen. Ich machte mir größte Sorgen um sie.»

«Aber Sie haben nicht von sich aus einen Arzt herbeigeholt, Miss Last? Oder auch nur John Hood in seiner Behauptung unterstützt?»

«Was immer auch Hood behauptet hat, ich wußte jedenfalls, daß es nicht an den Schopftintlingen liegen konnte.» Es schwang Verachtung mit, als sie Hoods Namen aussprach.

«Und ich hatte ziemliche Angst. Ich mußte immer daran denken, daß es schrecklich wäre, wenn Axel in irgendwas verwickelt würde, wenn es zu einer Untersuchung käme oder dergleichen.»

«Jetzt findet eine Untersuchung statt, Miss Last.»

«Ja, aber jetzt ist es doch wohl was anderes? Hannah ist tot. Ich meine, es ist nicht mehr nur ein Verdacht oder eine Vermutung.»

Sie brachte sie hinaus und schloß die Haustür, bevor sie am Gartentor angelangt waren. Entlang der Straße und unter den Hecken konnte man ebenfalls Schopftintlinge sehen wie auch andere Pilzsorten, die Wexford allerdings nicht kannte – kleine champignonartige Dinger mit rosa Lamellen, ein Haufen gelber Schirmchen, und an dem Stamm einer Eiche rauchgraue, rundliche Pfropfe, von denen Burden meinte, es seien Austernpilze.

«Diese Frau», sagte Wexford, «ist eine Meisterin der schlechtversteckten Andeutung. Sie hat Kingman fast mit jedem Wort verurteilt, aber sie ist nie mit etwas wie einem Vorwurf herausgerückt.» Er schüttelte den Kopf. «Kingmans Schwager ist vermutlich auf der Arbeit?»

«Anzunehmen», sagte Burden, aber John Hood war nicht auf der Arbeit. Er erwartete sie in der Polizeistation, erbost über die verlorene Zeit, und drohte, «wenn nicht sofort etwas unternommen würde», sich beim Chief Constable oder notfalls beim Innenministerium zu beschweren.

«Es wird etwas unternommen», sagte Wexford ruhig. «Es ist gut, daß Sie hier sind, Mr. Hood. Nur würden Sie sich, bitte, beruhigen?»

Für Wexford war es leicht ersichtlich, daß John Hood einer anderen Intelligenzkategorie angehörte als Kingman oder Corinne Last. Er war ein untersetzter Mann von vielleicht sieben- oder achtundzwanzig, kaum älter, mit ratlos aufgebrachten, blauen Augen in einem aufgedunsenen, roten Gesicht. Ein Mann, dachte Wexford, der übereilte Vorwürfe ausstieß, die er nicht beweisen konnte, den die Gesellschaft des Exlehrers und dieser cleveren, hintergründigen Frau zu großen Sprüchen und starken Gesten verleiten mußte.

Er wiederholte jetzt, nicht unbeherrscht, aber doch ohne Zurückhaltung, was er schon Burden gesagt hatte, und pochte darauf, ohne greifbare Beweise vorzubringen, daß sein Schwager an dem Abend versucht hätte, seine Schwester umzubringen. Es sei nur Glückssache gewesen, daß sie überlebt hätte. Kingman sei ein skrupelloser Mensch, der vor nichts zurückgeschreckt wäre, um sie aus dem Weg zu räumen. Er, Hood, werde es sich nie verzeihen, daß er sich an dem Abend nicht durchgesetzt und einen Arzt verständigt habe.

«Ja, gut, Mr. Hood, aber an welchen Symptomen litt denn nun Ihre Schwester genau?»

«Erbrechen und Magenschmerz, heftige Schmerzen», sagte Hood.

«Sonst hat sie über nichts geklagt?»

«War das denn nicht genug? Das kriegt man doch, wenn einer einem giftiges Zeug zu essen gibt.»

Wexford hob nur die Brauen. Unvermittelt schweifte er von den Ereignissen jenes Abends ab und fragte: «Was lief in der Ehe Ihrer Schwester verkehrt?»

Bevor Hood Antwort gab, merkte Wexford, daß er etwas zurückhielt. Ein wachsamer Ausdruck, der in seine Augen huschte und gleich wieder verschwand. «Axel war nicht der Richtige für sie», begann er. «Sie hatte Schwierigkeiten, sie brauchte Verständnis, sie war nicht...» Seine Stimme verlor sich.

«War was nicht, Mr. Hood? Was für Schwierigkeiten?»

«Das hat mit alledem gar nichts zu tun», murmelte Hood.

«Wollen Sie das Urteil darüber bitte mir überlassen. Sie haben diese Anschuldigung vorgebracht, und Sie haben die ganze Geschichte ausgelöst. Jetzt steht es Ihnen nicht zu, etwas zurückzuhalten.» Auf eine plötzliche Eingebung hin sagte Wexford: «Hatten diese Schwierigkeiten etwas mit dem Geld zu tun, das sie ausgab?»

Hood war verdrossen und stumm. Wexford überdachte kurz, was er bereits erfahren hatte – Axel Kingmans unversöhnliche Einstellung in einem besonderen Punkt, Hannahs dringendes Bedürfnis nach nicht näher bezeichnetem Beistand während der ersten Zeit ihrer Ehe. Später dann ihre Stimmungsschwankungen und in der Folge das Geld, die unerklärten wöchentlichen Ausgaben.

Er blickte auf und fragte unverblümt: «War Ihre Schwester Alkoholikerin, Mr. Hood?»

Hood gefiel diese Direktheit überhaupt nicht. Er wurde rot und sah gekränkt aus. Er umging eine offene Antwort. Nun ja, getrunken hatte sie schon. Heimlich, denn sie wollte nicht, daß man es merkte, und, seit ihre erste Ehe in die Brüche gegangen war, mehr oder weniger regelmäßig.

«Mit anderen Worten, sie war Alkoholikerin», sagte Wexford.

«Ich nehme es an.»

«Wußte Ihr Schwager nichts davon?»

«Lieber Himmel, nein. Axel hätte sie umgebracht.» Er begriff, was er gesagt hatte. «Vielleicht ist das der Grund. Vielleicht ist er dahintergekommen.»

«Das glaube ich nicht, Mr. Hood. Nun könnte ich mir vorstellen, daß sie in den ersten Monaten ihrer Ehe einen

Versuch gemacht hat, vom Trinken loszukommen. Während dieser Zeit brauchte sie viel Unterstützung, aber sie konnte oder wollte Mr. Kingman nicht sagen, weshalb. Ihre Anstrengung war umsonst, und weil sie es ohne Alkohol nicht aushielt, griff sie nach und nach wieder zur Flasche.»

«Aber nicht so schlimm wie früher», sagte Hood mit rührendem Eifer. «Und nur noch abends. Sie sagte mir, vor sechs würde sie nie etwas anrühren und danach nur heimlich ein paar Schluck, so daß Axel es nicht merkte.»

Burden fragte unvermittelt: «Hatte Ihre Schwester an dem Abend auch getrunken?»

«Ich denk's mir schon. Sie hätte keine Gesellschaft, nicht mal nur Corinne und mich, ohne einen Drink vorher ertragen können.»

«Wußte außer Ihnen sonst jemand, daß Ihre Schwester trank?»

«Meine Mutter. Meine Mutter und ich hatten so etwas wie einen Pakt geschlossen, es vor allen Leuten geheimzuhalten, damit Axel es nicht erfuhr.» Er zögerte und sagte dann fast trotzig: «Aber Corinne hab ich's erzählt. Sie ist ein wunderbarer Mensch, so gescheit. Es bedrückte mich, und ich wußte nicht, was ich tun sollte. Sie versprach mir, Axel nichts davon zu verraten.»

«Ich verstehe.» Wexford hatte seine Gründe, weshalb er annahm, daß sie es nicht weitererzählt hatte. In Gedanken vertieft stand er auf und ging zur anderen Seite des Zimmers, wo er vor dem Fenster stehenblieb und hinausschaute. Burdens fortlaufende Fragen, Hoods Antworten erreichten ihn nur als ein undeutliches Gemurmel von Stimmen. Dann hörte er, wie Burden lauter sagte: «Das wär's im Augenblick, Mr. Hood, falls der Chief Inspector nicht noch Fragen an Sie hat.»

«Nein, nein», sagte Wexford abwesend, und als Hood ziemlich unwillig gegangen war: «Zeit zum Mittagessen. Es ist schon nach zwei. Ich für meinen Teil werde um alles einen Bogen machen, was Pilze enthält, seien es auch nur *Psalliota compestris.*»

Nachdem Burden diese Sorte nachgeschaut und sie als den gemeinen Champignon identifiziert hatte, gingen sie essen und suchten anschließend die Spirituosenhandlungen auf, die in Kingsmarkham um diese Zeit geöffnet waren. Im *Wine Basket* hatten sie kein Glück, doch die Verkäuferin im *Vineyard* erklärte ihnen, eine Frau, die der Beschreibung Hannah Kingmans entsprach, sei bei ihr Stammkundin gewesen und habe am vorausgegangenen Mittwoch – dem Tag vor ihrem Tod – hereingeschaut und eine Flasche Cognac Courvoisier gekauft.

«In Kingmans Wohnung war nichts Alkoholhaltiges», sagte Burden. «Vielleicht, daß im Abfall eine leere Flasche lag.» Er machte ein klägliches Gesicht. «Wir haben nicht nachgeschaut. Dafür sahen wir keinen Grund. Aber sie kann doch am Mittwoch keine ganze Flasche getrunken haben, oder?»

«Was interessiert dich an der Trinkerei so, Mike? Du betrachtest sie doch nicht im Ernst als Tatmotiv? Daß Kingman sie getötet hätte, weil er herausfand oder durch Dritte erfuhr, daß sie eine heimliche Trinkerin war?»

«Es war ein Mittel zum Zweck, kein Motiv», sagte Burden. «Ich weiß, wie es vor sich ging. Ich weiß jetzt, wie Kingman sie beim erstenmal versucht hat umzubringen.» Er grinste. «Mal eine Abwechslung, daß ich die Lösung vor dir finde, nicht? Ich werde deinem Beispiel folgen und vorläufig den Schleier des Geheimnisses darüberbreiten, wenn du nichts dagegen hast. Mit deiner Erlaubnis gehen wir zurück aufs Revier, holen uns diese Schopftintlinge und machen ein kleines Experiment.»

Michael Burden wohnte in einem hübschen Bungalow in der Tabard Road. Er hatte dort schon mit seiner Frau bis zu ihrem frühzeitigen Tod gewohnt, und seit sein Sohn außerhalb studierte, bewohnte er ihn allein mit seiner sechzehnjährigen Tochter. Aber an diesem Abend war Pat Burden mit ihrem Freund aus, und auf dem Kühlschrank lag eine Nachricht für ihren Vater. *Dad, ich hab den kalten Braten von gestern gegessen. Machst du dir eine Dose auf? Bin um halb elf zurück. Gruß, P.*

Burden las den Zettel mehrmals durch, wobei die Bestürzung in seinem Gesicht mit jedemmal zunahm. Und Wexford hätte die verschiedenen Gründe genau angeben können, von denen dieser müde Ausdruck in seinen Augen kam, diese Falten auf der Stirn, der sich langziehende Mund. Weil sie mutterlos war, mußte seine Tochter nicht nur kalt, sondern auch noch Reste essen; sie, die unbeschwert sein sollte, war gezwungen, sich um ihren Vater zu kümmern; die Einsamkeit trieb sie bis zu entsetzlich später Stunde, bis um halb elf aus dem Haus. All das war natürlich Unsinn. Burdens Kinder waren glücklich und über ihren Verlust hinweg, aber wie sollte man Burden davon überzeugen? Wie ein körperliches Gebrechen trug er den Witwenstand mit sich herum. Er blickte auf, zerknüllte den Zettel und sah sich halb abwesend, halb wie verzweifelnd in seinen Räumlichkeiten um. Wexford kannte diesen mutlosen Ausdruck. Er sah ihn jedesmal, wenn er Burden nach Hause begleitete.

Es regte ihn auf, und gleichzeitig empfand er Mitleid. Er wollte Burden sagen – hatte es ihm ein- oder zweimal schon gesagt –, er solle aufhören, John und Pat wie zwei zurückgebliebene Paranoiker zu behandeln, doch statt dessen sagte er leichthin: «Erst gestern habe ich gelesen, daß überhaupt nichts dabei wäre, wenn wir im Leben keine einzige warme Mahlzeit essen würden. Im Gegenteil, je kälter und roher, desto besser.»

«Du hörst dich an wie einer von der Axel-Kingman-Riege», fing sich Burden und lachte, und dazu hatte Wexford ihn auch bringen wollen. «Aber ich bin sowieso froh, daß sie nichts gekocht hat. Ich hätte es nicht essen können, und es wäre mir unangenehm, wenn sie das als Kritik aufgefaßt hätte.»

Wexford beschloß, das geflissentlich zu überhören. «Während du dir überlegst, inwieweit du mich in dein Experiment einweihen willst, könnte ich da mal meine Frau anrufen?»

«Natürlich.»

Es ging auf sechs zu. Als Wexford wieder hereinkam, war Burden damit beschäftigt, Möhren und Zwiebeln zu schälen. Die vier Exemplare des *Coprinus comatus*, die schon ein wenig verhutzelt aussahen, lagen auf einem Hackbrett. Auf dem Herd wurde eine Kasserolle mit Fleischbrühe heiß.

«Was, zum Teufel, hast du vor?»

«Geschmorte Schopftintlinge zu machen. Meine Theorie ist, daß sie für jemanden, der nicht trinkt, harmlos sind, dagegen aber toxisch – zumindest in einem gewissen Umfang –, wenn man Alkohol im Magen hat. Was sagst du nun? Wenn das Ganze gleich kocht, werde ich eine mäßige Dosis Alkohol zu mir nehmen und anschließend die Pilze essen. Von mir aus nenn es ruhig Leichtsinn.»

Wexford hob die Schultern. Er grinste. «Ich kann nur staunen, mit welchem Mut, welcher Hingabe du deiner Pflicht gegenüber dem Steuerzahler nachkommst. Aber warte erst mal. Bist du denn sicher, daß nur Hannah an dem Abend getrunken hatte? Kingman hatte zwar nicht, das wissen wir. Aber die anderen beiden?»

«Danach habe ich Hood gefragt, während du deinen Tagträumen nachhingst. Er holte Corinne, die ihn darum gebeten hatte, um sechs ab. Sie pflückten ein paar Äpfel für seine Mutter, dann machte sie ihm einen Kaffee. Er schlug zwar vor, auf dem Weg zu den Kingmans noch irgendwo auf ein Glas einzukehren, aber anscheinend brauchte sie so lange, um fertig zu werden, daß sie dazu keine Zeit mehr hatten.»

«O. K. Dann versuch dein Glück. Aber wäre es nicht einfacher, einen Experten zu Rate zu ziehen? Es muß doch welche geben. Bestimmt sitzt an der Uni in London irgend jemand auf einem Lehrstuhl für Fungologie, oder wie immer sich das nennen mag.»

«Sehr wahrscheinlich. Dahin können wir uns wenden, wenn ich es hinter mir habe. Ich möchte jetzt Bescheid wissen. Willst du auch?»

«Auf keinen Fall. Da ich meiner Frau gesagt habe, ich wäre zum Essen nicht daheim, könntest du mir vielleicht aber ein paar harmlose Rühreier machen.»

Er folgte Burden ins Wohnzimmer, wo der Inspector die Tür eines Sideboards öffnete. «Was möchtest du trinken?»

«Weißwein, wenn du welchen hast, sonst Wermut. Du weißt ja, ich darf's nicht übertreiben.»

Burden schenkte Wermut und Soda ein. «Eis?»

«Nein danke. Und du? Einen Brandy? Das war offenbar Hannah Kingmans Lieblingsgetränk.»

«Hab ich nicht da», sagte Burden. «Bleibt nur Whisky. Zwei doppelte Brandy wird sie vor dem Essen schon getrunken haben, was meinst du? Mein Mut geht nämlich nicht so weit, daß ich so krank werden möchte, wie sie es war.» Er fing Wexfords Blick auf. «Du glaubst doch nicht, daß manche Leute empfindlicher dagegen sind als andere?»

«Manche bestimmt», sagte Wexford munter. «Cheers!»

Burden nippte an seinem stark verdünnten Whisky, dann schüttete er ihn runter. «Ich seh noch mal nach den Pilzen. Setz dich schon hin, und mach den Fernseher an.»

Wexford gehorchte ihm. Auf dem großen farbigen Bildschirm erschien ein Wald im Herbst, hellblauer Himmel, goldenes Buchenlaub. Dann zeigte die Kamera in Nahaufnahme eine Gruppe rot und weiß gefleckter Fliegenpilze. Mit einem Lachen schaltete Wexford das Gerät ab, als Burden den Kopf zur Tür hereinsteckte.

«Ich glaube, es ist fast soweit.»

«Dann trink besser noch einen Whisky.»

«Vielleicht hast du recht.» Burden kam herein und füllte sein Glas noch einmal. «Das dürfte reichen.»

«Was ist mit meinen Eiern?»

«O Gott, hab ich vergessen. Ich bin kein großer Koch, weißt du. Mir ist schleierhaft, wie es die Frauen schaffen, so viele Sachen gleichzeitig über den Herd und auf den Tisch zu bringen.»

«Ein wahres Rätsel, nicht? Ich mach mir ein paar Käsebrote, wenn du erlaubst.»

Die bräunliche Mixtur war in einer Suppenschüssel. In der Soße schwammen vier der Länge nach halbierte Schopftintlinge. Burden trank seinen Whisky auf einen Zug aus.

«Wie sagten die Christen in der Arena immer zum römischen Kaiser, bevor sie zu den Löwen gingen?»

«*Morituri, te salutamus*», sagte Wexford. «Wir, die wir sterben müssen, grüßen dich.»

«Hm...» Burden versuchte sich mit dem Latein, das er durch die Hausarbeiten seines Sohnes aufgeschnappt hatte. «*Moriturus, te saluto*. Wäre das richtig?»

«Ich glaube schon. Du wirst allerdings nicht sterben.»

Burden gab keine Antwort. Er nahm seinen Löffel und begann zu essen. «Kann ich noch etwas Soda haben?» fragte Wexford. Kaum etwas trifft härter, fester, als wenn man seinen Heldenmut verspottet sieht. Burden warf ihm einen säuerlichen Blick zu. «Nimm dir selbst. Ich bin beschäftigt.»

Wexford bediente sich. «Wie schmeckt es denn?» fragte er.

«Danke. Es schmeckt ganz gut, wie Champignons.»

Verbissen aß er weiter. Er würgte kein einziges Mal. Er aß restlos auf und wischte die Schüssel mit einem Stück Brot aus. Dann lehnte er sich etwas verkrampft zurück.

«Jetzt können wir den Fernseher ja noch mal anstellen», sagte Wexford. «Das verkürzt die Zeit.» Er schaltete ihn wieder ein. Keine Fliegenpilze diesmal, sondern ein Fuchs, der zu Vivaldiklängen durch eine Wiese streifte. «Wie geht es dir?»

«Gut», sagte Burden düster.

«Dann freu dich doch. Es bleibt vielleicht nicht so.»

Aber es blieb. Auch als fünfzehn Minuten vergangen waren, fühlte Burden sich noch vollkommen wohl. Er machte ein verblüfftes Gesicht. «Dabei war ich mir so sicher. Ich wußte hundertprozentig, daß ich mittlerweile spucken und brechen würde. Ich hab extra den Wagen nicht reingestellt, weil ich überzeugt war, du müßtest mich ins Krankenhaus bringen.»

Wexford hob lediglich die Brauen.

«Du hast es ziemlich leicht genommen, muß ich sagen. Kein Wort, um mich eventuell davon abzuhalten. Hast du nicht daran gedacht, daß es ein bißchen peinlich für dich hätte werden können, wenn mir etwas passiert wäre?»

«Ich wußte, daß nichts passieren konnte. Außerdem riet ich doch zu einem Fungologen.» Und dann lachte Wexford angesichts der betrübten Augen Burdens laut heraus. «Guter alter Mike, du mußt entschuldigen. Aber du kennst mich – glaubst du im Ernst, ich hätte zugelassen, daß du mit diesem Fraß dein Leben riskierst? Ich wußte, es war ungefährlich.»

«Darf man fragen, woher?»

«Man darf. Und du hättest es auch selbst gewußt, wenn du dir Corinne Lasts Kochbuch mal richtig angesehen hättest. Da stand unter dem Rezept für die geschmorten Schopftintlinge: ‹Dazu passende Getränke siehe Seite 171.› Na, ich hab auf Seite 171 nachgeschaut, und da führt Miss Last ein Rezept für Schlüsselblumenwein und eins für Schlehenlikör auf, beides hochprozentige Getränke. Hätte sie wohl Wein und Likör zu diesen Pilzen empfohlen, wenn damit das geringste Risiko verbunden wäre? Doch keinesfalls, wenn sie daran interessiert war, ihr Buch zu verkaufen. Und keinesfalls, wenn sie nicht Hunderte von bösen Briefen ins Haus bekommen wollte, und kostspielige Klagen obendrein.»

Burden war leicht rot geworden. Dann lachte auch er.

Nach einer Weile tranken sie Kaffee.

«Ein bißchen logisches Denken wäre wohl angebracht», sagte Wexford. «Du meintest heute morgen, es ginge weniger darum, einen Mord nachzuweisen als vielmehr einen Mordversuch. Axel Kingman könnte seine Frau vom Balkon gestoßen haben, aber niemand sah den Sturz, und niemand sah ihn oder sonst jemanden an dem Nachmittag hinauf in die Wohnung gehen. Wenn aber zwei Wochen davor ein Mordversuch an ihr begangen worden wäre, würde damit die Vermutung, daß sie schließlich einem Mord zum Opfer fiel, enorm erhärtet.»

Ungeduldig sagte Burden: «Soweit waren wir doch schon.»

«Warte nur mal. Der Versuch schlug fehl. Aber wie krank wurde sie denn eigentlich? Nach den Angaben Kingmans und Hoods bekam sie heftige Leibschmerzen und erbrach sich. Um Mitternacht schlief sie ganz friedlich ein, und am nächsten Tag fehlte ihr nichts mehr.»

«Ich verstehe nicht, worauf du abzielst.»

«Auf einen sehr wichtigen Punkt, der entscheidend für den ganzen Fall sein könnte. Du behauptest, daß Axel Kingman versucht hat, sie zu ermorden. Um das zu erreichen, müßte er alles bis ins Detail vorausgeplant haben – die Verabredung zu dem Essen, die Einladung der beiden Zeugen, die Kostprobe, die seine Frau schon am Morgen vorher von dem Geschmorten aß, und die Vorbereitungen für einen raffinierten Taschenspielertrick bei Tisch. Ist es da nicht verwunderlich, daß der Plan bei der Durchführung dann so entschieden versagt haben soll? Daß Hannahs *Leben* anscheinend gar nicht in Gefahr war? Und was, wenn die Durchführung geglückt wäre? Bei der Obduktion hätte man Gift oder die Wirkung eines Giftes in ihrem Körper festgestellt. Wie hätte er hoffen können, damit durchzukommen, da seine ‹Zeugen› doch letztlich nicht einmal mit ansahen, wie er Hannah auftrug, und einer sogar nicht im Zimmer war?

Deshalb gehe ich davon aus, daß niemand versucht hat, sie zu ermorden, sondern daß jemand *versucht hat,* sie so krank zu machen, daß es, zusammengenommen mit dem unheilvollen Ruf wildwachsender Pilze und der argwöhnischen Abneigung Hoods und zusammengenommen mit der als unglücklich bekannten Ehe, *so aussehen mußte, als hätte ein Mordversuch stattgefunden.*»

Burden starrte ihn an. «Das hätte Kingman doch nie getan. Er hätte entweder gewollt, daß sein Versuch gelingt, oder aber, daß gar nichts auf einen Versuch hinweist.»

«Genau. Und wohin führt uns das?»

Anstatt auf die Frage einzugehen, sagte Burden, dem seine Demütigung vielleicht noch nachhing, ein wenig triumphierend: «In einem Punkt irrst du dich: Sie *war* ernstlich krank, sie hatte nicht nur Bauchschmerzen und Brechreiz. Kingman und Hood haben es wohl nicht erwähnt, aber Corinne Last sagte, sie hätte doppelt gesehen und schwarze Flecke vor den Augen gehabt, und...» Seine Stimme stockte. «Mein Gott, du meinst...»

Wexford nickte. «Corinne Last ist die einzige von den dreien, die angibt, sie hätte diese Symptome gehabt. Nur Corinne Last könnte uns sagen, ob es Kingmans Gewohnheit ist, Teller gleich nach dem Abräumen abzuspülen, denn sie hat mit ihm zusammengelebt. Aber was sagt sie? Sie wüßte es nicht. Ist das nicht etwas merkwürdig? Ist es nicht auch etwas merkwürdig, daß sie ausgerechnet diesen Augenblick dazu benutzte, um vom Tisch aufzustehen und im Flur ihre Handtasche zu holen?

Sie wußte, daß Hannah trank, weil Hood es ihr erzählt hatte. An dem Abend, als das Essen stattfand, hat Hood, wie du sagst, sie auf ihren Wunsch hin abgeholt. Weshalb? Sie hat selbst ein Auto, und ich glaube keine Sekunde, daß eine Frau wie sie für Hood viel mehr als Verachtung übrig hat.»

«Sie sagte ihm, an ihrem Wagen sei etwas nicht in Ordnung.»

«Sie bat ihn, um sechs zu kommen, obwohl sie bei Kingman erst um acht erwartet wurden. Sie gab ihm *Kaffee*. Ein seltsames Getränk für diese Zeit und vor einem Essen, meinst du nicht? Was passiert dann auch, als er den Vorschlag macht, unterwegs noch in eine Kneipe zu gehen? Sie sagt nicht nein oder auch nur, es sei nicht gut, zu trinken, wenn man fährt. Sie braucht so lange, um sich fertig zu machen, daß sie keine Zeit mehr haben.

Hood sollte keinen Alkohol trinken, Mike, darum ging es ihr, und sie war entschlossen, es zu verhindern. Sie selbst rührte natürlich nichts an, und sie wußte, daß Kingman aus Prinzip nicht trank. Sie wußte aber auch von Hannahs Gewohnheit, nachmittags gegen sechs ihr erstes Glas zu sich zu nehmen.

Jetzt schau dir ihr Motiv an, ein viel stärkeres als das von Kingman. Sie macht auf mich den Eindruck einer hemmungslosen, leidenschaftlichen, entschlossenen Frau. Hannah hatte ihr Kingman weggenommen. Kingman hatte sie zurückgewiesen. Warum sollte sie nicht an beiden Rache nehmen, indem sie Hannah umbrachte und dafür sorgte, daß Kingman wegen Mordes verurteilt würde? Wenn sie Hannah einfach tötete, hätte sie keine Gewähr dafür gehabt, daß Kingman in Verdacht kommen würde. Wenn sie es aber so hinbog, daß es aussah, als hätte er schon einmal nach ihrem Leben getrachtet, würden die Umstände sehr stark gegen ihn sprechen.

Wo war sie letzten Donnerstag nachmittag? Sie könnte geradesogut diese Treppe hinaufgegangen sein wie Kingman. Hannah hätte sie in die Wohnung gelassen. Da sie sich bekanntlich für Gärtnerei interessiert, hätte sie nur zu fragen brauchen, ob Hannah ihr die Topfpflanzen auf dem Balkon zeigen würde, und Hannah hätte es bereitwillig getan. Dann ist da noch das Rätsel um die fehlende Kognakflasche, in der bestimmt noch etwas drin war. Hätte Kingman sie getötet, würde er die Flasche dort gelassen haben, denn sie hätte den Verdacht auf Selbstmord wesentlich erhärtet. Stell dir vor, was er daraus hätte machen können: ‹Meine Frau hatte an dem Abend zuviel getrunken, davon wurde ihr schlecht. Sie wußte auch, daß ich wegen ihres Trinkens meine Achtung vor ihr verloren hatte. Sie brachte sich um, weil ihr Verstand vom Alkohol verwirrt war.›

Corinne Last entfernte die Flasche, damit nicht bekannt würde, daß Hannah trank, und sie setzte darauf, daß Hood es uns verheimlichen würde, wie er es sonst auch für sich behalten hatte. Und zwar durfte es nicht bekannt werden, weil es bei dem fingierten Mordversuch, den *sie* an dem Abend in Szene setzte, darauf angekommen war, daß ihr Opfer Alkohol im Blut hatte.»

Burden seufzte und goß den letzten Rest des Kaffees in Wexfords Tasse. «Aber das haben wir doch ausprobiert», sagte er. «Oder vielmehr, ich hab's probiert, und es funktioniert nicht. Du wußtest schon aus ihrem Buch, daß es nicht geht. Sie hat ihm zwar die Schopftintlinge aus ihrem Garten selbst gebracht, aber sie kann keine giftigen Pilze darunter gemischt haben, denn das hätte Axel Kingman sofort gemerkt, oder wenn nicht, wären sie doch alle krank davon geworden, ob mit Alkohol oder ohne. Sie war vor dem Essen keinen Augenblick mit Hannah allein, und als es aufgetragen wurde, war sie gar nicht im Zimmer.»

«Ich weiß. Aber wir gehen morgen früh zu ihr und stellen ihr noch ein paar Fragen.» Wexford zögerte, dann zitierte er leise: «‹In etwas Gutem noch Mittel und Wege des Bösen erschauen.›»

«Bitte?»

«Das hat sie doch offenbar getan, nicht? Allen ist das Essen gut bekommen, außer Hannah. Auch dir hat es sichtlich nur gutgetan, aber für Hannah war es schlecht. Ich verschwinde jetzt, Mike, es war ein langer Tag. Vergiß nicht, den Wagen reinzustellen. Du machst heute nacht keine Notfahrten zum Krankenhaus mehr.»

Es gelang ihnen nicht, ihre Selbstbeherrschung zu durchlöchern. Das träge Klimtgesicht war an diesem Morgen sorgfältig geschminkt, und ihre Kleidung war ganz der Violinistin, der Schauspielerin und Autorin entsprechend. Der Besuch war ihr angekündigt worden, und sie hatte das Image der Gärtnerin beiseite geschoben. Ihre langen geschmeidigen Hände sahen aus, als hätten sie nie die Erde berührt oder ein Unkraut ausgezupft.

Wo war sie an dem Nachmittag von Hannah Kingmans Tod gewesen? Ihre dichten, wohlgeformten Augenbrauen hoben sich. Daheim, sie hatte im Haus gemalt. Allein?

«Maler arbeiten doch nicht vor Publikum», sagte sie ein wenig überheblich und lehnte sich zurück, wobei sie auf ihre besondere Art die Augendeckel senkte. Sie zündete sich eine Zigarette an, und wie einem Kellner bedeutete sie Burden mit einem Schnippen der Finger, ihr den Aschenbecher zu reichen.

Wexford sagte: «Am Samstag, dem 29. Oktober, war anscheinend mit Ihrem Wagen etwas nicht in Ordnung, Miss Last?»

Sie nickte träge.

Mit der Frage, was denn daran gewesen sei, glaubte er sie fangen zu können. Aber nicht doch.

«Das Glas am rechten Scheinwerfer war eingedrückt worden, jemand hatte ihn gerammt, als er parkte», sagte sie, und obwohl ihm klar war, wie leicht sie das Glas selbst hätte beschädigen können, konnte er das doch kaum sagen. In dem gleichen ruhigen Ton setzte sie hinzu: «Möchten Sie vielleicht die Rechnung von der Reparaturwerkstatt sehen?»

«Das wird nicht nötig sein.» Sie hätte es ihm nicht angeboten, wenn sie die Rechnung nicht besessen hätte. «Sie haben, glaube ich, Mr. Hood damals gebeten, schon um sechs zu Ihnen zu kommen?»

«Ja. Er ist zwar nicht gerade der unterhaltsamste Mensch der Welt, aber ich hatte ihm ein paar Äpfel für seine Mutter versprochen, und die mußten wir pflücken, bevor es dunkel war.»

«Sie servierten ihm Kaffee, aber keinen Alkohol. Auch auf dem Weg zu Mr. und Mrs. Kingman hielten Sie nirgends, um etwas zu trinken. Fanden Sie die Vorstellung von einem Abendessen, wo es nicht mal ein Glas Wein geben würde, nicht ein bißchen ungemütlich?»

«Ich war mit Mr. Kingmans Gewohnheiten vertraut.» Aber doch nicht so vertraut, dachte Wexford, daß sie mir sagen könnte, ob es ungewöhnlich oder normal für ihn war, die Teller vorzuspülen. Ihre Lippen kräuselten sich, was sie ein wenig verriet. «Es störte mich nicht. Ich bin keine Sklavin des Alkohols.»

«Ich möchte noch einmal auf diese Schopftintlinge zurückkommen. Sie haben sie am 28. Oktober hier gepflückt und am Abend dann zu Mr. Kingman gebracht. War das so?»

«Genauso. Ich habe sie hier im Garten gepflückt.»

Sie betonte die Worte und sah ihn aus weitgeöffneten Augen dabei aufrichtig an. Die Worte, vielleicht aber auch ihre ungewohnte Geradheit ließen eine Idee in ihm aufkeimen. Hätte sie jedoch nichts weiter gesagt, wäre der Gedanke vielleicht so schnell wieder verschwunden, wie er aufgekommen war.

«Wenn Sie sie untersuchen oder prüfen lassen wollen, kommen Sie leider ein bißchen spät. Ihre Zeit ist praktisch schon vorbei.» Sie schaute zu Burden und bedachte ihn mit einem anmutigen Lächeln. «Aber Sie haben sich ja gestern die letzten geholt. Dann haben Sie ja welche.»

Natürlich sagte Wexford nichts von Burdens Selbstversuch. «Wir werfen noch mal einen Blick in Ihren Garten, wenn es Ihnen recht ist.»

Sie schien nichts dagegen zu haben, doch sie hatte sich geirrt. Die meisten der Pilze waren in den verstrichenen vierundzwanzig Stunden schon zu schwarzgerippten Pagoden geworden. Aber zwei neue hatten ihre weißlichen Schöpfe durch das nasse Gras gestreckt. Wexford las sie auf, und auch das schien Corinne nicht zu stören. Weshalb hatte sie dann aber so offenkundig gehofft, daß ihre Zeit vorüber wäre? Er dankte ihr, und sie ging zurück ins Haus. Die Tür schloß sich. Wexford und Burden traten hinaus auf die Straße.

Die Pilzsaison war alles andere als vorbei. Nach dem stattlichen Aufgebot am Wegrand zu urteilen, sah es aus, als würde sie noch Wochen andauern. Überall wuchsen Schopftintlinge, darunter manche kleiner und grauer als die Saat, die aus Corinnes gutgedüngtem Rasen sproß. Man sah grüne und rote Blätterpilze, hornförmige Schwämme und Hexenringe von winzigen Feldchampignons.

«An sich hat sie gegen eine Analyse wohl nichts einzuwenden», sagte Wexford nachdenklich, «aber es scheint ihr lieber zu sein, wenn man die untersuchte, die du gestern mitgenommen hast, als die von heute. Kann das stimmen, oder bilde ich es mir nur ein?»

«Wenn du es dir einbildest, müssen wir's uns beide einbilden. Aber die Überlegung ist müßig. Wir wissen doch, daß ihre Verträglichkeit, oder wie man das nennen will, durch Alkohol nicht beeinträchtigt wird.»

«Ich werde trotzdem noch ein paar aufsammeln», sagte Wexford. «Hast du vielleicht eine Tüte dabei?»

«Ich habe ein sauberes Taschentuch. Tut es das auch?»

«Muß ja», sagte Wexford, der nie ein sauberes hatte. Er las noch ein Dutzend junger Schopftintlinge auf, große und kleine, weiße und graue, schon ausgewachsene und unreife. Sie stiegen wieder in den Wagen, und Wexford wies den

Fahrer an, an der Stadtbibliothek zu halten. Er ging hinein und kam Minuten später mit drei Büchern unter dem Arm wieder heraus.

«Wenn wir zurückkommen», sagte er zu Burden, «ruf bitte mal die Universität an, und erkundige dich, ob sie uns nicht einen Experten für Fungilogie anzubieten haben.»

Er vergrub sich mit den drei Büchern und einem Kännchen Kaffee in seinem Büro. Als es auf Mittag zuging, klopfte Burden an die Tür.

«Komm rein», sagte Wexford. «Was hast du erfahren?»

«Ist nichts mit Fungilogen oder Fungologen», sagte Burden mit überlegener Strenge. «*Mykologen* nennt man die Leute, und sie haben keinen. Aber es gibt einen Toxikologen an der Fakultät, der gerade so ein populärwissenschaftliches Buch herausgebracht hat. Und zwar eins über Vergiftungen durch Wildpflanzen und Pilze.»

Wexford grinste. «Wie heißt es denn? *Kostenlos killen?* Er kennt sich ja anscheinend aus.»

«Ich sagte, um sechs würden wir ihn aufsuchen. Hoffentlich kommt dabei auch was heraus.»

«Davon bin ich überzeugt.» Wexford klappte das dickste seiner Bücher zu. «Wir brauchen noch eine Bestätigung, aber ich habe die Lösung gefunden.»

«Herrgott noch mal! Warum sagst du das nicht gleich?»

«Du hast nicht gefragt. Setz dich mal.» Wexford wies mit einer Handbewegung auf den anderen Stuhl am Schreibtisch. «Du hattest dich wohl mit der Materie befaßt, Mike, sogar in mehr als einer Form, nur war dein Fachbuch nicht umfassend genug. Es enthält einen Teil über Speisepilze, und einen über Giftpilze – *aber was dazwischenliegt, fehlt.* Das heißt, in deinem Buch steht nichts über Pilze, die zwar nicht eßbar sind, aber auch keine tödlichen oder gefährlichen Vergiftungen bewirken. Die Sorten, die beispielsweise nur unter bestimmten Umständen unverträglich sind, werden nicht erwähnt.»

«Wir wissen aber doch, daß sie Schopftintlinge gegessen haben», protestierte Burden. «Und falls du mit den ‹bestimmten Umständen› Alkoholgenuß meinst, der spielt bei Schopftintlingen doch nun mal keine Rolle.»

«Mike», sagte Wexford ruhig, «wissen wir tatsächlich, daß es Schopftintlinge waren?» Er breitete den Fang, den er vom Straßenrand und aus dem Garten Corinne Lasts gefischt hatte, auf dem Schreibtisch aus. «Sieh dir die mal genau an, ja?»

Nun doch einigermaßen verwirrt, betrachtete und betastete Burden das runde Dutzend Pilze, das vor ihm lag. «*Wonach* soll ich denn sehen?»

«Nach Unterschieden», sagte Wexford lakonisch.

«Manche sind kleiner als die andern, und die kleineren sind eher grau. Meinst du das? Aber denk doch nur mal, wie verschieden Champignons sein können. Da gibt es große flache Hüte und kleine dicke Knollen und...»

«Trotzdem, in diesem Fall ist es der kleine Unterschied, auf den alles ankommt.» Wexford sortierte die Pilze in zwei Hälften. «Die kleinen graugetönten», sagte er, «kommen alle vom Wegrand. Von den größeren und weißen kommen einige aus Corinne Lasts Garten und einige vom Wegrand.»

Er nahm eines der grauen Exemplare zwischen Daumen und Zeigefinger. «Das hier ist kein Schopftintling, es ist ein Faltentintling. Und jetzt hör zu.» Das dicke Buch öffnete sich an der Stelle, wo er ein Lesezeichen hineingelegt hatte. Langsam und deutlich las er: «*Der Faltentintling,* Coprinus atramentarius, *ist nicht zu verwechseln mit dem Schopftintling,* Coprinus comatus. *Er ist kleiner und grauer in der Farbe, doch im übrigen sehen sich beide sehr ähnlich. Der* Coprinus atramentarius, *im gekochten Zustand zwar für gewöhnlich harmlos, enthält eine chemische Substanz, deren Wirkung den Aktivstoffen in* Antabus *entspricht, einem Medikament, das als Aversionstherapie bei*

Alkoholikern eingesetzt wird; der Verzehr in Verbindung mit Alkohol führt zu Unwohlsein, Übelkeit und Erbrechen.»

«Beweisen werden wir es nie.»

«Das sei dahingestellt», sagte Wexford. «Für den Anfang können wir uns auf die eine greifbare Lüge konzentrieren, die Corinne Last uns erzählt hat – die Lüge, sie hätte die Pilze, die sie Axel Kingman gab, *in ihrem eigenen Garten* gepflückt.»

ALTWEIBERGESCHICHTEN

Sie sahen schockiert und beleidigt aus und irgendwie beschämt. Vor allem aber sahen sie alt aus. Wexford war immer der Meinung gewesen, daß eine Frau von siebzig Waise sei, seit gut zwanzig Jahren Waise war, läge in der Natur der Sache. Die er vor sich hatte, war seit kaum zwanzig Tagen erst Waise. Ihr Mann, der ihr gegenübersaß, an seinem buschigen Schnurrbart zupfte, langsam und mechanisch den Kopf wiegte, schien älter zu sein als sie, vielleicht gar nicht so viel jünger als seine verstorbene Schwiegermutter. Er trug eine braune Strickjacke, die am einen Ellbogen sauber gestopft war, Pantoffeln aus Schafsfell, und er schniefte, wenn er sprach. Seine Frau wiederholte immerzu, sie traue ihren Ohren nicht, es sei doch unglaublich, wie könnten die Leute nur so gemein sein? Wexford enthielt sich der Antwort. Er wußte sie nicht, obwohl er es sich selbst oft gefragt hatte.

«Meine Mutter ist an einem Schlag gestorben», sagte Mrs. Betts zittrig. «Das stand doch auf dem Totenschein, Dr. Moss hat's doch auf den Totenschein geschrieben.»

Betts schniefte und keuchte. Er erinnerte Wexford an ein bejahrtes Kaninchen, ein Kaninchen mit Myxomatose vielleicht. Zum Teil lag es an der braunen wollenen Strickjacke und den Pelzpantoffeln und zum Teil an dem Schnauzbart und dem unrasierten, stacheligen Kinn. «Sie war zweiundneunzig», sagte Betts mit seiner dumpfen Schnupfenstimme. «*Zweiundneunzig*. Man muß doch denken, daß ihr alle nicht mehr ganz bei Trost seid.»

«Ich meine», sagte Mrs. Betts, «wollen Sie denn behaupten, Dr. Moss hätte etwas Falsches geschrieben? Ein Doktor?»

«Warum fragen Sie nicht ihn? Wir sind nur einfache Leute, die Frau und ich, wir sind nicht studiert. Der Doktor hat gesagt, cerebrale Blutung», Betts stolperte ein wenig über die Worte, «und im Volksmund ist das ein Schlag. Das hat er uns gesagt. Wollen Sie vielleicht behaupten, meine Frau und ich hätten Mutter zu dem Schlaganfall gebracht? Wollen Sie das behaupten?»

«Ich stelle keine Behauptungen auf, Mr. Betts.» Wexford fühlte sich unbehaglich, wünschte, überall zu sein, nur nicht in diesem neu tapezierten, blitzfrisch gestrichenen Haus. «Ich stelle lediglich Ermittlungen an, wozu ich nach Informationen, die bei uns eingegangen sind, verpflichtet bin.»

«Klatsch», sagte Mrs. Betts erbittert. «Die ganze Straße ist verseucht von Klatsch. Ein Jammer, daß die nichts Besseres zu tun haben. Oh, ich weiß schon, was hier herumerzählt wird. Die Hälfte von denen reckt die Nase und guckt weg, wenn ich vorbeigeh. Alle außer Elsie Parrish, und das versteht sich von selbst.»

«Sie war schon immer was Gutes»; sagte ihr Mann. «Ein richtiges Prachtstück, die Elsie.» Er starrte Wexford mit einem Ausdruck vorsichtiger Entrüstung an. «Habt ihr denn nichts Besseres zu tun, als darauf zu hören, was eine Bande alter Glucken schwätzt? Was ist mit den richtigen Verbrechen? Mit den Überfällen und den Einbrüchen?»

Wexford seufzte. Aber er fragte hartnäckig weiter, denn er dachte daran, was die Gemeindeschwester vorgebracht hatte, was Dr. Moss gesagt hatte, und vor allem an jenes Motiv, das soviel schwerer wog als bloß der Wunsch, eine alte Mutter aus dem Weg zu haben. Wäre er nicht ein Polizeibeamter mit einer tiefen Achtung vor dem Gesetz und dem Leben gewesen, er hätte vielleicht eingeräumt, diese beiden, oder einer von ihnen, seien über das Maß des Erträglichen hinaus zum Mord provoziert worden.

Einer von ihnen? Oder beide? Oder keiner von beiden? Ivy Wrangton war entweder eines unnatürlichen Todes gestorben, oder es hatte eine Verkettung von Umständen und unerklärlichen Zufällen gegeben, die eher unglaublich war.

Mit der Gemeindeschwester hatte es angefangen, die drei Tage vorher zu ihm kam. Sergeant Martin führte sie zu ihm herein, weil ihre Angaben so schwerwiegend waren. Wexford kannte sie vom Sehen, er hatte sie oft bei ihren Hausbesuchen beobachtet und sich manchmal gefragt, wie Gemeindeschwestern ihre Arbeit ertragen konnten, die undankbare tägliche Plackerei, den kargen Lohn, die unschönen Aufgaben. Vielleicht dachte sie über seine Arbeit genauso. Sie war recht hübsch, eine Frau von etwa fünfunddreißig mit etwas Übergewicht und großen roten Händen, die immer müde aussah. Auch jetzt sah sie müde aus, obwohl sie noch nicht lange von einem zweiwöchigen Urlaub zurück war. Sie trug ihre Sommeruniform, blauweiß bedrucktes Kleid, weiße Schürze, dunkle Strickjacke, kleine runde Kappe, und dazu die derben Schuhe, die für Sommer und Winter herhielten. Schwester Radcliffe. Judith Radcliffe.

«Mr. Wexford?» sagte sie. «Chief Inspector Wexford? Ja. Ich glaube, ich habe nach Ihrer Tochter gesehen, als sie ein Baby bekommen hatte. Damals war ich im Hebammendienst. Ihren Namen weiß ich nicht mehr, aber das Baby hieß Benjamin.»

Wexford nannte ihr den Namen seiner Tochter, und während er die blauen Augen und die kräftige Hals- und Schulterpartie betrachtete, fragte er sich, wie intelligent wohl diese Frau, wie wach und wahrheitsliebend sie sein mochte. Er zog einen der kleinen gelben Lehnstühle für sie heran. Sein Büro war freundlich und hell, auch wenn die Sonne nicht schien, kaum wie man sich eine Polizeiwache vorstellt.

«Bitte setzen Sie sich, Schwester Radcliffe», sagte er. «Sergeant Martin hat mir schon in etwa angedeutet, weshalb Sie kommen.»

«Mir ist das ziemlich unangenehm. Sie denken vielleicht, ich mache aus einer Mücke einen Elefanten.»

«Da seien Sie unbesorgt. Wenn ich das denke, sag ich's Ihnen, und wir vergessen die Sache. Kein Mensch wird es erfahren, es bleibt zwischen uns und den vier Wänden hier.»

Das bewog sie zu einem kurzen Lachen. «Ach herrje, ich fürchte, dazu hat es sich schon viel zu weit herumgesprochen. Ich habe drei Patienten in der Castle Road, und jeder von ihnen hat es mir erzählt. Das ist im Augenblick das Thema Nummer eins dort, der Tod der armen alten Mrs. Wrangton. Und ich dachte mir eben – na ja, wo soviel Rauch ist, da muß auch ein Feuer sein, meinen Sie nicht?»

«Ich glaube, Sie erzählen mir am besten einmal alles.»

Sie begann etwas pathetisch. «Es kann nur gut sein, wenn Sie es von einem *Fachmann* hören.» Sie setzte ihre Füße ziemlich breit vor sich hin und beugte sich mit den Händen auf den Knien vor. «Mrs. Wrangton war eine sehr alte Frau. Sie war zweiundneunzig. Gemessen an ihrem Alter aber war sie kerngesund, dünn, rüstig, immer mäßig, und hatte ein tadelloses Herz. Der Tag, an dem sie starb, war der Tag, an dem ich in Urlaub fuhr, aber noch am Tag vorher war ich bei ihr gewesen, um sie zu baden – das machte ich jede Woche, denn ganz ohne Hilfe konnte sie nicht in die Wanne –, und ich weiß noch, wie ich dachte, so munter war sie schon seit Monaten nicht mehr. Ich war einfach platt, als ich aus dem Urlaub kam und hörte, am nächsten Tag hätte sie einen Schlag erlitten.»

«Wann kamen Sie denn zurück, Schwester Radcliffe?»

«Letzten Freitag, am sechzehnten. Also, jetzt ist Donnerstag, und am Montag fing ich wieder an in der Gemeinde, da war das erste, was ich zu hören bekam, Mrs. Wrangton sei tot, und Gemunkel, daß da jemand...

nun ja, nachgeholfen hätte.» Sie unterbrach sich und zählte etwas an den Fingern ab. «Ich bin am zweiten Juni weg, dem Tag, als sie starb, und die Beerdigung war am siebten.»

«Beerdigung?»

«Die Einäscherung vielmehr», sagte Schwester Radcliffe, und sie sah auf, als Wexford seufzte. «Dr. Moss hatte nach Mrs. Wrangton geschaut. Sie war eigentlich Dr. Crockers Patientin, aber der war, genau wie ich, im Urlaub. Also, Mr. Wexford, ich weiß nicht im einzelnen, was da an dem Tag, dem zweiten Juni passiert ist, nicht aus erster Hand, sondern nur, was sich die Frauen in der Castle Road erzählen. Möchten Sie das hören?»

«Sie haben mir noch nicht gesagt, woran sie gestorben ist.»

«An einem Schlaganfall – laut Dr. Moss.»

«Mir ist gar nicht bekannt», sagte Wexford trocken, «wie man es anstellt, bei jemandem einen Hirnschlag herbeizuführen. Muß man dem einen bösen Schreck einjagen oder ihm eine leere Spritze verpassen, ihn in Wut bringen, oder was?»

«Ich weiß es wirklich nicht.» Schwester Radcliffe sah ein wenig verstimmt aus und so als ob sie, hätte sie sich getraut, ihm gern gesagt hätte, das herauszufinden sei *seine* Aufgabe, nicht ihre. Sie ließ den eigentlichen Tod hinter sich. «Mrs. Wrangton und ihre Tochter – das ist Mrs. Betts, Mrs. Doreen Betts –, die haben sich gehaßt, sie waren wie Katze und Hund. Und ich glaube, Mr. Betts hatte bestimmt ein Jahr oder länger schon nicht mehr mit Mrs. Wrangton gesprochen. Wo doch das Haus und jedes, aber jedes Möbelstück darin Mrs. Wrangton gehörte, fand ich die beiden immer eigentlich sehr undankbar. Mir hat es nie gepaßt, wie Mrs. Betts über ihre Mutter sprach, schon gar nicht, wie sie *mit* ihr sprach, aber ich konnte mich ja nicht einmischen. Mr. Betts ist jetzt pensioniert, er hatte aber nur eine ganz bescheidene Stelle bei der Post, und sie wohnten mietfrei in Mrs. Wrangtons Haus. Es ist ein hübsches Haus, verstehen Sie, spätviktorianisch, und was man damals gebaut hat, das hält. Ich dachte oft, es müßte dringend neu herausgeputzt werden, und fand es schade, daß sich Mr. Betts nicht zum Anstreichen aufraffen konnte, aber dann sagte Mrs. Wrangton zu mir, sie wollte die Handwerker kommen lassen, das ganze Haus innen wie außen renoviert haben...»

Wexford unterbrach den Strom der scheinbar belanglosen Ausführungen. «Warum stand denn das Ehepaar Betts mit Mrs. Wrangton so schlecht?»

Der Blick, den er einfing, bedeutete ihm, daß Schwester Radcliffe noch selten auf solche Abgründe naiver Sinnesart gestoßen war. «Es ist eine traurige Tatsache, Mr. Wexford, aber Menschen können mitunter länger auf dieser Welt bleiben, als sie erwünscht sind. Grob gesagt konnten Mr. und Mrs. Betts es nicht erwarten, daß Mrs. Wrangton etwas zustoßen würde.» Ihre Stimme kostete den Euphemismus aus. «Sie sind noch gar nicht solange verheiratet, wissen Sie das», sagte sie überraschend. «Fünf oder sechs Jahre erst. Davor war Mrs. Betts bloß eine alte Jungfer, die daheim bei der Mutter wohnte. Mr. Betts war ein Witwer, sie hat ihn im Verein der Über-Sechzigjährigen kennengelernt. Mrs. Wrangton sagte immer, sie hätte eine bessere Partie machen können – irgendwie drollig, das bei einer Frau in dem Alter zu sagen, nicht? – und daß Mr. Betts nur hinter dem Haus und ihrem Geld her wäre.»

«Sie meinen, Ihnen hat sie das gesagt?»

«Na ja, nicht nur mir, eigentlich jedem», sagte Schwester Radcliffe, womit sie unbewußt die Tote anschwärzte, für die sie bewußt doch solche Sympathien zeigte. «Es war ihr auch ernst damit. Ich glaube, es hat sie bitter geärgert, ihn bei sich im Haus zu haben.»

Wexford rückte etwas ungeduldig auf seinem Stuhl.

«Wenn wir jeden Todesfall untersuchen wollten, nur weil der oder die Betroffene mit den Angehörigen auf schlechtem Fuß stand...»

«O nein, das ist noch nicht alles, noch längst nicht. Am 23. Mai ließ Mrs. Betts Dr. Moss kommen, gerade vier Tage, nachdem Dr. Crocker weggefahren war. Aber warum? Mrs. Wrangton fehlte nämlich gar nichts. Ich war eben dabei, sie nach ihrem Bad anzukleiden, und wie staunte ich da, als Dr. Moss erschien. Mrs. Wrangton sagte gleich, was wollen Sie denn hier, ich hab meine Tochter nicht darum gebeten, Sie zu holen. Bloß weil ich heut mal etwas länger geschlafen hab! sagte sie. Sie war so stolz auf ihre gute Gesundheit, die Arme, so alt geworden und nie krank gewesen, bis auf das eine Mal vielleicht, und das war eher eine Allergie als eine Krankheit. Ich kann Ihnen sagen, warum man ihn geholt hatte, Mr. Wexford: damit er, *wenn Mrs. Wrangton starb*, berechtigt war, den Totenschein auszustellen. Er war nicht ihr Arzt, verstehen Sie, wenn er sie aber innerhalb der letzten beiden Wochen behandelt hatte, ging es laut Vorschrift. Mrs. Betts, das sagen sie alle, hätte nur darauf gewartet, daß Dr. Crocker wegfuhr, denn er, und das wußte sie sehr gut, hätte den Tod ihrer Mutter nicht so einfach hingenommen. Er hätte eine Autopsie verlangt, und dann wäre der Teufel los gewesen.» Schwester Radcliffe führte nicht genauer aus, wieso, und Wexford sah davon ab, sie noch einmal zu unterbrechen. «Am ersten Juni», fuhr sie fort, «sah ich Mrs. Wrangton zum letztenmal. Bevor ich ging, sprach ich noch kurz mit dem Anstreicher. Es waren zwei da, aber ich meine den jüngeren, so um die Zwanzig. Ich fragte ihn, bis wann sie fertig würden, und er sagte, schneller als erwartet, nächste Woche schon, weil Mrs. Betts sie angewiesen hätte, nur noch die Küche und die Außenwände fertig zu streichen und es dabei zu lassen. Das kam mir komisch vor damals, Mrs. Wrangton hatte mir kein Wort davon gesagt. Im Gegenteil, sie meinte sogar, wie schön es wäre, wenn das Bad erst ausgekachelt wäre, dann brauchte ich mich nicht mehr so in acht zu nehmen, wenn ich sie badete.

Mr. Wexford, ich halte es für möglich, daß Mrs. Betts die Arbeit abbrechen ließ, weil sie wußte, daß ihre Mutter am nächsten Tag sterben würde. Sie persönlich wollte nicht das ganze Haus renoviert haben, und sie wollte nichts von dem Geld, das ihre Mutter ihr hinterließ, dafür aufbringen müssen.»

«War es viel Geld?» fragte Wexford.

«Ich würde meinen, ein paar Tausend auf der Bank, vielleicht drei oder vier, und dann eben noch das Haus, nicht? Ich weiß, daß sie ein Testament gemacht hat, ich war als Zeuge dabei. Ich und Dr. Crocker. In Anwesenheit sowohl», sprach Schwester Radcliffe salbungsvoll, «des Legatars als auch des beigeordneten Zeugen, wie das Gesetz es vorschreibt. Aber natürlich sah ich nicht den *Inhalt* des Testaments. Mrs. Wrangton sagte mir allerdings, das Haus würde an Mrs. Betts gehen, und eine Kleinigkeit hätte sie ihrer Freundin Elsie Parrish zugedacht. Ansonsten bin ich überfragt. Und wohlgemerkt, Elsie Parrish will von einem Verbrechen nichts hören. Ich traf sie mal in der Castle Road, und sie sagte glatt, ob das nicht gemein wäre, was die Leute sich erzählten.»

«Wer ist Elsie Parrish?»

«Eine sehr nette alte Freundin von Mrs. Wrangton. Fast achtzig, aber kreuzfidel. Und das bringt mich auf das Schlimmste. Am zweiten Juni, dem Freitag nachmittag, gingen Mr. und Mrs. Betts zu einem Whistturnier. Mrs. Parrish wußte, daß sie weg wollten. Mrs. Betts hatte versprochen, bei ihr an die Tür zu klopfen, bevor sie gingen, damit sie sich rüber zu Mrs. Wrangton setzen könne. Das machte sie manchmal. Man durfte sie ja nicht alleine lassen, nicht in dem Alter. Also, Mrs. Parrish wartete daheim, und Mrs. Betts kam nicht, so daß sie natürlich annahm, die beiden hätten es sich anders überlegt und wären nicht fortgegangen. Aber sie waren weg. Sie hatten absichtlich nicht Mrs. Parrish geholt. Sie ließen Mrs. Wrangton ganz allein, abgesehen von dem jungen Anstreicher, und so was hatten sie vorher noch nie gemacht, nicht ein einziges Mal.»

Wexford verdaute dies alles schweigend, es gefiel ihm zwar nicht, doch als möglichen Mordfall sah er es im Grunde auch wieder nicht. Schwester Radcliffe war offenbar steckengeblieben. Mit einem Seufzer sank sie zurück in den Stuhl.

«Sie haben vorhin eine Allergie erwähnt...?»

«Du meine Güte, das war vor fünfzig Jahren! Nur eine Art Heuschnupfen, glaube ich. Da ist Asthma in der Familie. Mrs. Betts' Bruder hatte sein Leben lang Asthma, und Mrs. Betts kriegt urticaria – Nesselsucht. Das hängt alles zusammen, Sie wissen schon.»

Wexford nickte. Er hatte den Eindruck, daß sie noch eine Bombe in Reserve hatte oder daß der Ausbruch des Vulkans kurz bevorstand. «Wenn die Betts doch nicht da waren», sagte er, «wie sollen sie dann, oder wie soll einer von ihnen Mrs. Wrangtons Ableben beschleunigt haben können?»

«Sie waren zwei Stunden, bevor sie starb, wieder zurück. Als sie heimkamen, lag sie im Koma, und sie warteten *eine Stunde und zwanzig Minuten*, ehe sie Dr. Moss anriefen.»

«Hättest du diesen Totenschein unterschrieben, Len?» sagte Wexford zu Dr. Crocker. Sie befanden sich in dem bungalowartigen Zweckbau, der zwei Sprechzimmer und einen Warteraum beherbergte. Dr. Crockers Abendsprechstunde war vorbei, der letzte Patient mit einem Rezept und beruhigenden Worten verabschiedet. Crocker warf Wexford einen ziemlich herausfordernden Blick zu.

«Natürlich hätte ich. Warum nicht? Mrs. Wrangton war zweiundneunzig. Es ist lächerlich, wenn die Radcliffe behauptet, sie hätte nicht mit ihrem Tod gerechnet. Bei jedem, der zweiundneunzig ist, rechnet man damit, daß er stirbt, und zwar recht bald. Ich hoffe, daß niemand meinen überaus fähigen Kollegen mit Schmutz bewirft.»

«Ich tu's nicht», sagte Wexford. «Mir wäre nichts lieber, als wenn sich das Ganze als ein Haufen dummes Geschwätz erweist. Trotzdem muß ich dich doch fragen, oder? Genauso muß ich Jim Moss fragen.»

Dr. Crocker wirkte etwas besänftigt. Er und Wexford waren lebenslang Freunde gewesen, sie hatten gemeinsam die Schule besucht und beide den größten Teil ihres Lebens in Kingsmarkham verbracht, wo Crocker seine Praxis besaß und Wexford Chef der Kriminalpolizei war. Doch für den praktizierenden Arzt wird keine noch so große Freundschaft die Andeutung entschuldigen, er oder ein Kollege seien nachlässig gewesen. Und er fuhr wieder auf, als Wexford sagte: «Wie konnte er denn ohne Autopsie wissen, daß es ein Schlaganfall war?»

«Herr, schenke mir Geduld! Er sah sie doch, bevor sie tot war, oder nicht? Er war eine halbe Stunde, bevor sie starb, hingekommen. Es gibt unmißverständliche Anzeichen für einen Schlag, Reg. Ein erfahrener Mediziner kann sie unmöglich verkennen. Der Patient ist bewußtlos, das Gesicht gerötet, der Puls verlangsamt; er atmet röchelnd und bläht beim Ausatmen die Backen auf. Die einzig mögliche Verwechslung wäre mit einer Alkoholvergiftung, dabei sind aber die Pupillen stark geweitet, während sie bei einer Apoplexie oder einem Schlag verengt sind. Bist du damit zufrieden?»

«Also gut, es war ein Schlaganfall, aber geh ich denn fehl in der Annahme, daß ein Schlag die Folge von etwas anderem sein kann, zum Beispiel ausgelöst werden kann durch eine Operation, bei jungen Frauen durch eine Geburt und bei alten Menschen sogar schon durch Wundliegen?»

«Die alte Ivy Wrangton hatte sich nicht wundgelegen, und sie hatte seit siebzig Jahren kein Kind mehr gekriegt.

Sie erlitt einen Schlaganfall, weil sie zweiundneunzig war und ihre Arterien verbraucht waren. ‹Die Dauer unseres Lebens›», zitierte der Arzt feierlich, «‹beträgt siebzig Jahre, und wenn es hoch kommt, achtzig, doch um so größer werden Mühsal und Leid.› Sie war schon zwölf Jahre darüber hinaus, und sie war verbraucht.» Er war auf und ab gegangen, hatte sich erhitzt, aber jetzt hockte er sich doch auf die Kante seines Schreibtisches, ein Lieblingsplatz von ihm. «Nur gut, daß man sie eingeäschert hat», sagte er, «damit ist wenigstens die unheilige Prozedur der Exhumierung und des Auseinanderschneidens vom Tisch. Sie war eine bemerkenswerte alte Frau, Reg, weißt du? Zäh wie Leder. Einmal hat sie mir von der Geburt ihres ersten Kindes erzählt. Sie war achtzehn und schrubbte gerade draußen vor der Haustür, als die Wehen einsetzten. Sie ging rein, bat ihre Mutter, die Hebamme zu holen, und legte sich aufs Bett. Das Baby kam schon nach zwei weiteren Wehen zur Welt, und bei der Tochter ging es noch leichter.»

«Ja, ich hörte schon, daß es noch ein Kind gab.» Wexford merkte, wie absurd es war, von jemandem, der zwangsläufig in den Siebzigern sein mußte, als einem Kind zu sprechen. «Mrs. Betts hat einen Bruder?» berichtigte er sich.

«Hatte. Er ist im vorigen Winter gestorben. Als alter Mann, Reg, und er hatte es sein Leben lang mit den Bronchien. Vierundsiebzig ist wirklich alt, wenn man's nicht mit Mrs. Wrangtons Alter vergleicht. Sie war so stolz auf ihre gute Gesundheit, prahlte richtig damit, daß sie nie krank würde. Ich schaute so alle drei Monate mal zur Routine bei ihr vorbei, und wenn ich sie nach ihrem Befinden fragte, sagte sie immer, mir geht's gut, Doktor, danke bestens.»

«Aber, soviel ich weiß, hatte sie doch mal eine Krankheit, die mit einer Allergie zusammenhing?» Wexford klammerte sich an Strohhalme. «Schwester Radcliffe hat mir davon erzählt. Ich frage mich, ob nicht irgendwas aus der Richtung dazu beigetragen haben könnte...»

«Natürlich nicht», unterbrach ihn der Arzt. «Wie sollte es denn? Das war in ihren mittleren Jahren, und bei der sogenannten Krankheit handelte es sich um einen Asthmaanfall, verbunden mit etwas geschwollenen Augen und Magenbeschwerden. Ich kann mir vorstellen, daß sie das immer aufgebauscht hat, wie es Gesunde gern machen, wenn sie über die einzige harmlose Krankheit sprechen, die sie mal hatten... Ah, da kommt Jim. Ich meinte auch vorhin, ich hätte seinen letzten Patienten weggehen gehört.»

Dr. Moss, klein, dunkelhaarig und schick, kam aus dem Flur zwischen den beiden Sprechzimmern herein. Er begrüßte Wexford mit dem besonders breiten Lächeln, das zweiunddreißig große weiße Zähne sehen ließ, die der Chief Inspector niemals mit Bestimmtheit als falsch, als Kronen oder schlicht als seine eigenen ausmachen konnte. Sie waren etwas zu groß für Dr. Moss' Gesicht, das klein, eben und leicht gebräunt war. Seine kleinen schwarzen Augen lächelten überhaupt nicht.

«Auftritt des verruchten Medikus», sagte er, «der notorisch mit habgierigen Erbinnen und paranoiden Postbeamten unter einer Decke steckt. Was für Indizien kann ich Ihnen liefern? Die Nummer meines Schweizer Bankkontos? Oder soll ich den Hammer herholen, dessen geschickt geführter Hieb wie nichts für eine subarachnoidale Blutung sorgte?»

Es ist sehr schwierig, diese Art von Witzigkeit zu kontern. Wexford wußte, er würde nur noch mehr sinnlose Späße, unerhörte Geständnisse und schwarze Sarkasmen ernten, wenn er versuchte, sie zu entkräften oder Dr. Moss zu versichern, so habe er das alles nicht gemeint. Er lächelte steif und tappte mit seinem Fuß gegen das Bein von Dr. Crockers Schreibtisch, während Dr. Moss seine Phantomvorstellung von sich als durch und durch korrupt, als einer Art zweitem William Palmer weiterspann, der, immer den Finger am Giftschrank, allzeit bereit war, ungeduldigen

Verwandtschaften mit seiner Spritze entgegenzukommen. Unfähig schließlich, es noch länger zu ertragen, durchschnitt Wexford die anscheinend endlose Tirade und sagte zu Dr. Crocker:

«Du hast doch ihr Testament bezeugt, nicht?»

«Ich und die übereifrige Radcliffe, ganz recht. Wenn du wissen möchtest, was drinsteht, das Haus und dreitausend Pfund gehen an Doreen Betts und der Rest an eine andere Patientin von mir, eine Mrs. Parrish. Der Rest, das wären damals um die fünfzehnhundert Pfund gewesen, sagte mir Mrs. Wrangton, aber wenn man bedenkt, daß sie ihr Geld in einer Baugesellschaft hatte und noch von ihrer Rente und der Altersversorgung sparen konnte, dürfte so mancher Pfennig dazugekommen sein.»

Wexford nickte. Unterdessen war Dr. Moss verstummt, vermutlich, weil er seinen Stoff und seinen Witz erschöpft hatte. Seine Zähne hatten sein Gesicht wie Lämpchen erhellt, und da jetzt sein Mund geschlossen war, sah er ziemlich schlechtgelaunt und finster aus. Wexford beschloß, es mit der direkten und einfachen Methode zu versuchen. Er entschuldigte sich.

«Ich wollte Ihnen keineswegs unterstellen, Sie seien nachlässig gewesen, Dr. Moss. Aber versetzen Sie sich doch in meine Lage.»

«Unmöglich!»

«Na schön. Ich will es so ausdrücken: Versuchen Sie zu verstehen, daß mir in meiner Lage gar keine andere Wahl blieb, als Nachforschungen anzustellen.»

«Vielleicht klagt Mrs. Betts wegen Verleumdung. Mit meiner Unterstützung kann sie rechnen. Das Ehepaar Betts hatte weder die Gelegenheit noch ein Motiv, Mrs. Wrangton Gewalt anzutun, aber ein Haufen klatschsüchtiger alter Hexen darf sich trotzdem nach Herzenslust austoben.»

«Ein Motiv», sagte Wexford sanft, «hatten sie wohl schon, das ganz einfache nämlich, Mrs. Wrangton, die eine

Belastung für sie darstellte, loszuwerden und ihr Haus zu erben.»

«Unsinn.» Einen Augenblick blitzten die Zähne weiß auf. «Sie wären sie ohnehin losgeworden. Sie hätten das Haus ohnehin für sich gehabt. Mrs. Wrangton wollte ins Altersheim gehen.» Er zögerte und genoß die Wirkung seiner Worte. «Für den Rest ihres Lebens», setzte er etwas dramatisch hinzu.

Crocker schwang sich von der Schreibtischkante auf. «Das wußte ich gar nicht.»

«Nein? Dabei haben Sie selbst ihr noch von diesem neuen Altersheim in Stowerton erzählt, jedenfalls sagte sie das. Sie sprach von nichts anderem, an dem Tag damals, als Mrs. Betts mich zu ihr rief, weil Sie nicht da waren. Irgendwann Ende Mai. Da ließ sie gerade für ihre Tochter und den Schwiegersohn das Haus renovieren.»

«Hat sie Ihnen das auch gesagt?» fragte Wexford.

«Nein, aber es war offensichtlich. Ich kann Ihnen genau schildern, was während dieser Visite geschah, wenn es Sie glücklich macht. Diese Harpye Radcliffe, die sich so gern einmischt, hatte sie gerade gebadet und ging, als sie sie fertig angezogen hatte. Gott sei Dank. Mrs. Wrangton kannte ich vorher noch nicht. Ihr fehlte überhaupt nichts, außer daß sie eben sehr alt war und ihr Blutdruck leicht erhöht, und ich war etwas sauer, daß Mrs. Betts mich hatte kommen lassen. Mrs. Wrangton sagte, ihre Tochter sei immer nervös, wenn sie morgens, wie an dem Tag und dem Tag davor, länger schliefe. Dabei sei's doch kein Wunder, wo sie abends vom Bett aus noch bis in die Puppen die Weltmeisterschaft im Fernsehen geguckt hätte. Nur wüßten das Mrs. Betts und ihr Mann nicht, und ich dürfte es ihnen nicht sagen. Tja, darüber haben wir beide wie die Verschwörer gelacht, ich mochte sie, ein wackeres altes Mädchen, und dann fing sie an, von dem Altersheim zu reden – wie heißt es noch? Springfield? Sunny Side?»

«Summerland», sagte Dr. Crocker.

«Schöne Stange Geld wird Sie das kosten, sagte ich, und sie darauf, sie hätte schon noch was in petto, das ohnehin mit ihr sterben würde. Ich nahm an, sie meinte ihre Rente. Wir sprachen vielleicht fünf Minuten, und ich bekam den Eindruck, sie spielte schon seit Monaten mit dieser Altersheimidee. Ich fragte sie, wie ihre Tochter dazu stand, und sie sagte...»

«Ja?» entfuhr es Wexford.

«O mein Gott, Leute wie Sie bringen einen dazu, finstere Nuancen in den harmlosesten Bemerkungen zu sehen. Sie sagte einfach nur: Man sollte meinen, Doreen wäre nur zu froh, mich von hinten zu sehen, was? Also, im Grunde hieß das doch eher, daß sie nicht froh sein würde. Ich weiß nicht, was sie andeuten wollte, und ich fragte nicht danach. Aber Mrs. Betts, da können Sie beruhigt sein, hatte kein Motiv, ihre Mutter umzubringen. Gefühle beiseite gelassen, kam es für sie auf dasselbe heraus, ob ihre Mutter lebte oder tot war. Die Betts hätten immer das Haus gehabt und, nach Mrs. Wrangtons Tod, auch ihr Geld. Das nächste Mal, als ich sie sah, war sie bewußtlos und lag im Sterben. Sie starb um halb acht abends, am zweiten Juni.»

Wexfords Eltern waren beide gestorben, ehe er vierzig war. Die Mutter seiner Frau war seit zwanzig Jahren tot, ihr Vater seit fünfzehn. Niemand von ihnen hatte die Siebziger überschritten, so daß Wexford die Probleme des Greisenalters nicht aus persönlicher Erfahrung kannte. Das Leben in einem Altersheim zu beschließen, wo Gesellschaft, gute Pflege und eine angenehme Umgebung gewährleistet waren, das schien ihm für eine Frau wie Mrs. Wrangton kein so böses Schicksal zu sein. Und ein offenkundiger Segen für die Tochter und den Schwiegersohn, deren Zuneigung für die Angehörigen vielleicht wieder aufgelebt wäre, wenn man sich nur für eine Stunde in der Woche etwa gesehen hätte. Nein, Doreen Betts und ihr Mann hatten kein Motiv gehabt,

Mrs. Wrangton aus dieser Welt zu befördern, denn sie hätte sich nach Summerland zurückgezogen, ohne nur die drei- oder viertausend Pfund ihres Vermögens anzurühren. Ihre Rente und die Altersversorgung hätten die Kosten gedeckt. Wexford fragte sich, wie hoch die Kosten dort sein mochten, und erinnerte sich vage an eine Summe von zwanzig Pfund wöchentlich, die ihm vor ein paar Jahren in einem ähnlichen Zusammenhang genannt worden war. Irgend eine alte Tante, die Tante von Bekannten seiner Frau wohl. Natürlich mußte man die Inflation miteinberechnen, aber mehr als dreißig Pfund die Woche würde es gewiß auch jetzt nicht kosten. Bei einer Rente von achtzehn Pfund und der Altersversorgung im Wert von nochmals etwa zwanzig hätte Mrs. Wrangton sich Summerland vollauf leisten können.

Doch sie war vorher gestorben – eines natürlichen Todes gestorben. Es spielte keine Rolle mehr, daß sie und Harry Betts nicht miteinander gesprochen hatten, daß niemand Elsie Parrish holte, daß Dr. Moss zu einer gesunden Frau gerufen worden war, daß Mrs. Betts Anweisung gegeben hatte, die Malerarbeiten einzustellen. Es gab kein Motiv. Der Klatsch würde schließlich vergehen, Mrs. Wrangtons Testament würde bestätigt werden und den Betts ein ruhiger Lebensabend in ihrem neu tapezierten Heim gegönnt sein.

Wexford schlug es sich aus dem Kopf, bis auf die eine Überlegung, ob er in der Castle Road vorbeischauen sollte, um die Klatschbasen zu ermahnen. Sofort sah er ein, wie unmöglich das wäre. Man würde die üble Nachrede leugnen, und außerdem betrachtete er seine Aufgaben kaum als so weitgehend. Nein, sollte sie eines natürlichen Todes sterben – wie Mrs. Wrangton auch.

Am Montag morgen saß er beim Frühstück, während seine Frau einen gerade eingetroffenen Brief von ihrer Schwester in Wales las.

«Frances schreibt, Bills Mutter würde doch noch in ein

Altersheim kommen.» Bill war Wexfords Schwager. «Entweder das, oder Fran müßte sie zu sich nehmen, was ja wirklich nicht geht.»

Wexford bekundete hinter seiner Zeitung brummend Zustimmung und Einigkeit mit Frances. Er las den wortgetreuen Bericht vom Prozeß gegen mehrere Bankräuber.

«Neunzig Pfund die Woche», sagte Dora.

«Was hast du gesagt?»

«Ich hab nur mit mir selbst gesprochen, Guter. Lies deine Zeitung.»

«Sagtest du, neunzig Pfund die Woche?»

«Ganz recht. Für das Altersheim. Auf die Dauer würden Bill und Frances das wohl nicht schaffen. Es geht auf fünftausend im Jahr zu.»

«Aber...» Wexford stammelte fast, «...ich dachte, vor ein paar Jahren bei Dingsda, bei Rosemaries Tante, hättest du noch gesagt, es wären zwanzig die Woche, wo sie hin kam?»

«Liebling», sagte Dora sanft, «erstens war das nicht vor ein paar Jahren, es war vor mindestens zwölf. Und zweitens, hast du noch nichts von den steigenden Lebenshaltungskosten gehört?»

Eine Stunde später befand er sich im Büro der Vorsteherin von Summerland, er hatte keinen Hehl daraus gemacht, wer er war, gab jedoch vor, gekommen zu sein, um sich wegen der möglichen Unterbringung einer bejahrten Verwandten seiner Frau zu erkundigen. Tante Lilian. Eine solche Frau hatte wirklich einmal existiert, sie existierte vielleicht immer noch in dem entlegenen Dorf in Westmoreland, aus dem die Wexfords zuletzt in einem Brief des Jahres 1959 von ihr gehört hatten.

Die Vorsteherin war Irin, eine Mrs. Corrigan. Sie schien ungefähr so alt zu sein wie Schwester Radcliffe. Vor ihren Knien stand ein Junge von vielleicht sechs, zu ihren Füßen spielte ein anderer, dreijähriger, mit einem Spielzeugtraktor. Vor dem Fenster draußen versuchten drei kleine Mädchen, eine schwarze Katze aus ihrem Versteck unter einem Wagen zu locken. Ein Kinderheim, hätte man denken können, wäre nicht das halbe Dutzend alter Frauen gewesen, die im Halbkreis auf dem Rasen saßen und dösten, murmelnd mit sich selbst sprachen oder einfach vor sich hin starrten. Das Grundstück war voller Blumen, Malven und weißer Flieder überall, und die Rosen kamen heraus. Von der anderen Seite einer Hecke hörte man das Motorgeräusch eines Rasenmähers, den vielleicht die nachwuchsfreudige Mrs. Corrigan geführt hatte.

«Unser Tarif beträgt *fünf*undneunzig Pfund die Woche, Mr. Wexford», sagte die Vorsteherin. «Und mit den Extrakosten für Wäsche und Reinigung dazu kann man, um es auf eine schöne runde Zahl zu bringen, wohl sagen, fünftausend im Jahr.»

«Ich verstehe.»

«Die Damen brauchen ihr Zimmer nur mit einer anderen zu teilen. Wir baden sie einmal die Woche und wechseln ihre Kleider einmal wöchentlich. Und könnten Sie bitte darauf sehen, daß Ihre Tante nur Synthetics mitbringt, Sie wissen schon, weil hier alles zusammen in die Waschmaschine gestopft wird. Wir möchten das Geld gerne monatlich im voraus und per Zahlungsauftrag, wenn es geht.»

«Es wird leider nicht gehen», sagte Wexford. «Ihre Kosten sind höher, als ich erwartet habe. Ich werde mich nach einer anderen Möglichkeit umsehen müssen.»

«Dann gibt es nichts mehr zu sagen», sagte Mrs. Corrigan mit einem Lächeln, das dem von Dr. Moss an Leuchtkraft kaum nachstand.

«Rein aus Neugierde, Mrs. Corrigan, wie bestreiten Ihre – äh, Gäste denn die Unkosten für den Aufenthalt hier? Fünftausend im Jahr, das übersteigt doch wohl die Einkünfte der meisten.»

«Sicher, aber sind es nicht Witwen, Mr. Wexford, und haben sie nicht Häuser von ihren Männern geerbt? Meistens verkaufen die Damen ihre Häuser, und so, wie die Preise heute stehen, langt das, um sie für vier oder fünf Jahre in Summerland aufzunehmen.»

Mrs. Wrangton hatte vorgehabt, ihr Haus zu verkaufen, und sie wollte es innen wie außen renovieren lassen, um einen besseren Preis zu erzielen. Sie hatte vorgehabt, dem Ehepaar Betts das Dach überm Kopf weg zu verkaufen – kein Wunder, daß sie Dr. Moss gegenüber angedeutet hatte, Doreen Betts würde es leid tun, sie von hinten zu sehen. Was für eine Frau! Was für eine Böswilligkeit mit zweiundneunzig Jahren. Und wer hätte sagen können, sie wäre nicht moralisch wie juristisch zu dem Verkauf berechtigt gewesen? Es war ihr Haus. Doreen Wrangton hätte längst ein eigenes Zuhause finden können, vielleicht finden sollen, und hätte als Doreen Betts von ihrem Mann erwarten können, daß er ihr eines gab. Überall gilt es als unrecht, auf ein Erbe zu spekulieren. Und doch, welche ungeheuerliche Rache an einem nicht genehmen Schwiegersohn, einer nicht immer gefügigen Tochter. Sie war von einer Raffinesse, die fast ebensosehr Wexfords Bewunderung hervorrief, wie ihre Grausamkeit seinen Abscheu erregte. Sie war durchaus ein Motiv, und zwar ein starkes.

So hatte es ihn schließlich in die Castle Road geführt, in das Wohnzimmer der Betts, wo er sich einer bejahrten Waisen und ihrem Mann gegenüberfand. Das Zimmer war in einer silbrigen Perlmuttfarbe gehalten, die Holzarbeiten beige. Er war sicher, daß die Tür vorher nie in einem helleren Ton als Schokoladenbraun geprunkt hatte, genau wie die Dielenwände mit ihrem neuen magnolienfarbigen Anstrich nach der dunklen Linkrusta von einst noch förmlich rochen.

Nachdem die beiden sich erbittert gegen den Klatsch und gegen die scheinbare Unfähigkeit der Polizei, ihre Prioritäten richtig zu setzen, verwahrt hatten, erklärte Doreen

Betts sich ohne allzu großen Widerstand bereit, Wexfords Fragen zu beantworten. Auf die erste reagierte sie heftig.

«Das hätte Mutter nie getan. Bestimmt nicht, ich weiß es, das war alles nur Bluff. So grausam wäre selbst Mutter nicht gewesen.»

Ihr Mann zog an seinem Schnurrbart und scharrte dabei langsam mit den Pantoffeln auf und ab. Seine zornige Erregung hatte bewirkt, daß ein Tropfen Wasser an seiner Nasenspitze erschienen war. Zitternd hing er dort.

Doreen Betts sagte: «Sie wollte nicht Ernst damit machen, das wußte ich von dem Moment, als ich sie fragte, ob ich den Anstreichern sagen könnte, sie sollten oben alles lassen, und sie darauf meinte, von mir aus. Das hat sie gesagt, von mir aus, oben soll es mir egal sein. Natürlich hätte sie nicht Ernst gemacht. Man kriegt da ja nicht mal ein Zimmer für sich allein. Fünfundneunzig Pfund die Woche! Die bringen dich um acht ins Bett, Mutter, sagte ich, also denk nur nicht, man läßt dich da bis in die Puppen fernsehen.»

«Ganz richtig», sagte Harry Betts vieldeutig.

«Also, wenn wir gewußt hätten, daß Mutter wirklich so was machen wollte, dann hätten wir zu Harry ziehen können, als wir heirateten. Er hatte eine nette kleine Wohnung über dem Gefriermarkt in der High Street. Es war nicht bloß ein Zimmer, wie Mutter überall erzählt hat, es war eine richtige Wohnung, nicht wahr, Harry? Was hätten wir gemacht, wenn Mutter so etwas getan hätte? Wir hätten an der Luft gesessen.» Das Kopfwiegen ihres Mannes, das zitternde Tröpfchen, die unruhigen Füße schienen sie plötzlich zu entnerven. Mit gequälter Stimme sagte sie zu ihm: «Ich unterhalte mich mal ein wenig allein mit dem Inspector, Schatz.»

Wexford folgte ihr in das Zimmer, in dem Mrs. Wrangton während ihrer letzten Lebensjahre geschlafen hatte. Es lag im Erdgeschoß hinten, ursprünglich wohl als Eßzimmer gedacht, und hatte zwei Fenster, die auf eine lange schmale

Betonterrasse und einen sehr langen, sehr schmalen Garten hinausgingen. Hier war nichts renoviert worden. Die Tapete war mit verblaßten Kapuzinerkressen gemustert, das Holz in einem Nußbaumton gebeizt. Mrs. Wrangtons Doppelbett war noch dort, die Matratze abgezogen, ein Stapel zusammengefalteter Decken lag obenauf. Wie in dem vorderen Zimmer stand auch hier ein Fernseher, und er war so plaziert, daß man vom Bett aus auf den Bildschirm sehen konnte.

«Mutter schlief seit ein paar Jahren hier unten», sagte Mrs. Betts. «Gleich durch den Flur ist eine Toilette. Sie schaffte die Treppen nicht mehr, außer wenn die Schwester ihr half.» Sie setzte sich auf den Rand der Matratze und spielte nervös an einem käfigartigen Gestell aus Metallstangen. «Ich muß sehen, daß ihr Laufwagen zurückgeht, daß die Leute vom Sozialamt ihn wiederkriegen.» Ihre Hände hielten still, und sie sagte traurig: «Mutter hat Harry gehaßt. Dauernd sagte sie, er wäre nicht gut genug für mich. Sie tat, was sie nur konnte, um mich von der Heirat mit ihm abzuhalten.» Mrs. Betts Stimme bekam einen rebellischen, mädchenhaften Tonfall. «Ich finde es furchtbar, die Mutter um Zustimmung zur Heirat bitten zu müssen, wenn man fünfundsechzig ist, meinen Sie nicht?»

Auf jeden Fall, dachte er, hatte sie ihren Willen doch durchgesetzt, auch ohne die Zustimmung zu bekommen. Nachdenklich betrachtete er dieses schmächtige, graue Frauchen, das redete, als sei sie eine Märchenprinzessin.

«Wissen Sie, jahrelang sprach sie davon, ihr Testament zu ändern und das Haus meinem Bruder zu vermachen. Als er starb, ging es dann mit der Altersheimgeschichte los. Sie zankte sich offen mit Harry. Elsie Parrish war hier, und in ihrem Beisein warf sie Harry vor, er hätte mich nur geheiratet, um das Haus zu bekommen. Seitdem sprach Harry mit Mutter kein Wort mehr, und das ganz zu Recht. Ich sagte zu Mutter, du bist eine niederträchtige Person, vor Jahren schon hast du mir das Haus versprochen: und jetzt brichst du dein Wort. Schwindel gedeiht nicht, sagte ich.»

Die Tochter hatte die Zunge der Mutter geerbt. Wexford konnte sich die von Gästen, von Nachbarn mitangehörten Wortwechsel lebhaft vorstellen, die zu dem Klatsch beigetragen hatten. Er wandte den Kopf, um die gerahmte Fotografie auf einer Mahagonikommode zu betrachten. Ein Hochzeitsfoto, zirka 1903. Die Braut saß vorn, Lilien auf dem Schoß, unter einem wohlgepolsterten, mit Spitze und Perlen behängten Busen. Der Bräutigam stand hinter ihr, Gehrock, schwarzer Henkelschnurrbart. Ivy Wrangton mußte siebzehn gewesen sein, rechnete Wexford, ihr Gesicht war mollig, jung, apart, ihre Figur nach der Mode kropftaubenähnlich, ihr Haar zu der unvorteilhaftesten Frisur, die es gibt, dem «Cottage Loaf», hochgesteckt. Sie war damals eher dick, im Alter aber laut Schwester Radcliffe dünn gewesen. Wexford sagte ruhig, wie nebenbei:

«Mrs. Betts, warum haben Sie am 23. Mai Dr. Moss kommen lassen? Ihre Mutter war doch nicht krank. Sie hatte nicht über ihr Befinden geklagt.»

Sie hielt sich an dem Laufgestell und schob es leicht vor und zurück. «Warum hätte ich ihn nicht holen sollen? Dr. Crocker war weg. Um neun kam Elsie vorbei, und Mutter schlief noch, da meinte Elsie, soviel Schlaf, das wäre nicht richtig. Wir kriegten sie nicht wach, obwohl wir sie schüttelten, wie waren so beunruhigt. Ich konnte doch nicht wissen, daß sie zehn Minuten nach meinem Anruf bei ihm putzmunter aufstehen würde, oder?»

«Erzählen Sie mir von dem Tag, als Ihre Mutter starb, Mrs. Betts, vom Freitag, dem zweiten Juni», sagte er, und dabei fiel ihm auf, daß bis jetzt niemand besonders viel über den Tag erzählt hatte.

«Tja...» Ihr Mund zitterte, und sie sagte rasch: «Sie glauben doch nicht, Harry hätte Mutter etwas angetan? Er könnte das nicht, das schwöre ich, er könnte es nicht.»

«Erzählen Sie mir von dem Freitag.»

Sie versuchte sich zu fassen, umklammerte mit ihren Händen die Metallstange. «Wir wollten zu einem Whistturnier. Am Vormittag kam Elsie vorbei, und ich fragte sie, ob sie sich zu Mutter setzen könnte, wenn wir ausgingen, und sie sagte, ja, natürlich, ich sollte dann vorher einfach nur bei ihr anklopfen.» Mrs. Betts seufzte, und ihre Stimme wurde ruhig. «Elsie wohnt zwei Häuser weiter. Sie und Mutter waren seit Jahren befreundet, und sie leistete ihr immer Gesellschaft, wenn wir ausgingen. Obwohl es gelogen ist», ihre alten Augen blitzten wie bei einer Jungen, «daß wir ständig weggegangen wären. Alle Jubeljahre kam das mal vor.»

Wexfords Augen wanderten weg von dem puddinggesichtigen Mädchen auf dem Foto, von dem schon damals stolzen und selbstgefälligen Mund, zu dem langen, mit Rasen bedeckten Gartenstück – wieso hatte er nur das Gefühl, Betts hätte diesen Rasen angelegt, Blumen ausgerupft? – und wieder zurück zu der nervösen kleinen Frau auf dem Matratzenrand.

«Ich gab Mutter ihr Mittagessen, und sie setzte sich vorne ins Zimmer, um ein wenig zu stricken. Dann flitzte ich rüber zu Elsie und klingelte bei ihr, aber sie kann es nicht gehört haben, denn sie kam nicht. Ich klingelte und klingelte und dachte mir, na, sie ist weg, sie hat's vergessen, und damit erübrigt sich das Ganze. Aber Harry meinte, warum gehen wir nicht trotzdem? Der Anstreicher war da, ein ganz junger Kerl, zwanzig, zweiundzwanzig, aber er und Mutter verstanden sich bestens, zehnmal besser als sie und ich jemals, das können Sie glauben. Das Ergebnis war, wir gingen dann doch und ließen sie mit dem Anstreicher – wie hieß der gleich? Ray? Rafe? Nein, Roy, das ist er –, mit Roy allein, der die Flurwände strich. Sie war gut dran, munter wie ein Floh. Weil es draußen schön war, machte ich wegen des Farbgeruchs die Fenster alle auf. Ich werde nie vergessen, wie sie mit mir gesprochen hat, bevor ich ging. Es war das letzte, was sie je zu mir gesagt hat. Doreen, sagte sie, du müßtest eigentlich Glück haben im Kartenspiel. In der Liebe hast du ja nicht sehr viel. Und sie lachte, und ich möchte schwören, dieser Roy hat auch gelacht.»

Sie bauen da ein ganzes Gerüst von Motiven für sich auf, Mrs. Betts, dachte Wexford. «Bitte weiter», sagte er nur.

Sie ging direkt zu Ausführungen über, die nur auf Hörensagen beruhten, aber Wexford hielt sie nicht zurück. «Dieser Roy machte die Tür zu, um den Geruch draußenzuhalten, aber er guckte ab und zu rein, ob mit Mutter alles in Ordnung war. Sie schwätzten auch ein bißchen, hat er gesagt, und er bot ihr an, eine Tasse Tee zu machen, aber sie wollte keinen. Gegen halb drei sagte Mutter dann, sie hätte Kopfweh – das war der Anfang von dem Schlag, aber das wußte sie nicht, sie schrieb es der Farbe zu –, und er sollte ihr doch ein paar von ihren Phenacetin aus dem Bad holen. Das tat er und brachte ihr auch ein Glas Wasser, und sie sagte ihm, sie würde mal probieren, in ihrem Sessel ein Schläfchen zu halten. Jedenfalls, das nächste, was er weiß, ist, daß sie mit ihrem Laufwagen raus auf den Flur kam; sie wollte sich, sagte sie, auf dem Bett langlegen.

Tja, Harry und ich kamen um halb sechs wieder, und Roy war gerade am Zusammenpacken. Er sagte, Mutter hätte sich ins Bett gelegt, und ich steckte nur mal den Kopf in die Tür, um nachzusehen. Sie hatte die Vorhänge zugezogen.» Mrs. Betts zögerte, dann platzte sie heraus: «Um ganz ehrlich zu sein, ich hab nicht zu genau nachgeguckt. Ich dachte, na, Gott sei's gedankt, haben wir eine halbe Stunde Frieden, um unseren Tee zu trinken, bevor sie kommt und auf Harry loshackt. Es war ziemlich genau Viertel vor sieben, zehn vor sieben, bis ich wieder reinging. Ich merkte gleich, daß etwas los war, an der Art, wie sie atmete, mit so aufgeblähten Backen und rotem Gesicht. Sie hatte Blut an den Lippen.» Furchtsam blickte sie zu Wexford auf, sah ihm zum erstenmal in die Augen. «Ich hab es abgewischt, bevor ich den Doktor anrief, ich wollte nicht, daß er es sah.

Er kam sofort. Ich dachte, er würde vielleicht eine Ambulanz rufen, aber er tat es nicht. Er sagte, sie hätte einen Schlaganfall gehabt, und nach einem Schlag dürfte man Leute nicht bewegen. Wir blieben bei ihr – also, der Doktor und ich blieben bei ihr –, aber sie starb um kurz vor halb.»

Wexford nickte. Irgend etwas an dem, was sie gesagt hatte, war falsch. Er spürte es. Nicht, daß sie eine Lüge erzählt hätte, auch wenn das durchaus sein konnte, sondern etwas anderes, etwas, das in dieser sonst alltäglichen Schilderung unstimmig klang, irgendein esoterischer Begriff anstelle eines Alltagswortes. Er besann sich zurück, hatte es fast, als ein Schritt im Flur ertönte, die Tür aufging und ein Gesicht in ihr erschien.

«Da bist du ja, Doreen!» sagte das Gesicht, das gemessen an seinem Alter sehr hübsch war. «Ich war gerade auf dem Weg zum – Oh, entschuldige bitte, ich störe!»

«Das geht schon», sagte Mrs. Betts. «Du kannst reinkommen, Elsie.» Sie sah Wexford ausdruckslos an, mit wieder alten, müden Augen. «Das ist Mrs. Parrish.»

Elsie Parrish, fand Wexford, sah genauso aus, wie eine alte Dame aussehen sollte. Sie hatte einen cremigen, nußzarten Pudergeruch, den man auch mit einem sehr sauberen Baby hätte verbinden können. Ihre Beine waren glatt und wohlgeformt in grauen Strümpfen, ihre Hände in weißen Handschuhen mit winzigen Stopfstellen an den Fingerspitzen, ihr Mantel seidig, marineblau über einem blauen, geblümten Faltenrock, und ihr Gesicht welke Rosenblätter mit Rouge darauf. Die toupierte Fülle silbriger Haare war so üppig, daß man sie von weitem wohl für einen weißen Seidenturban hätte halten können. Sie und Wexford gingen zusammen die Straße hinunter auf die Geschäfte zu, Elsie Parrish schwenkte ein rosa Seidennetz.

«Es ist gemein, was die reden. Man begreift nicht, wie die

Leute so bösartig sein können. Man merkt nur, daß keiner von ihnen eine Erklärung dafür gibt, wie denn Doreen bei Ivy den Schlaganfall verursacht hat, wo sie nicht einmal da war.» Mrs. Parrish entfuhr ein trockenes, spöttisches Lachen. «Vielleicht denken sie, sie hätte den armen jungen Mann, den Anstreicher, bestochen, damit er Ivy einen Schreck einjagt. Meine Mutter, entsinne ich mich, sagte mal, daß man vor Schreck einen Schlag bekommen kann – eine Apoplexie nannte sie es –, aber auch vor zuviel Aufregung oder zu großem Durst, und sogar schon, wenn man sich überißt.»

Zu seiner Überraschung, weil alte Damen von elegantem Äußeren das gewöhnlich nicht tun, vielleicht auch nicht tun sollten, öffnete sie ihre Handtasche, nahm ein Päckchen Zigaretten heraus und steckte sich eine zwischen die Lippen. Er schüttelte den Kopf, als ihm das Päckchen angeboten wurde, sah ihr dann zu, wie sie die Zigarette mit einem Zündholz aus einem glänzend schwarzen Streichholzbrief anzündete. Sie zog genußvoll. Wohl noch nie hatte er jemanden eine Zigarette rauchen sehen, der dabei weiße Handschuhe trug. Er sagte: «Warum sind Sie an dem Nachmittag nicht hinüber zu Mrs. Wrangton gegangen, Mrs. Parrish?»

«An dem Tag, als sie starb, meinen Sie?»

«Ja.» Wexford hatte den Eindruck, sie wollte nicht antworten, wollte Doreen Betts auf keinen Fall belasten. Sie sprach mit Bedacht.

«Es ist schon so, ich werde langsam schwerhörig.» Davon war ihm nichts aufgefallen. Sie hatte jedes Wort von ihm gehört, auf der offenen, lauten Straße, und er hatte nicht einmal die Stimme erhoben. «Ich höre die Klingel nicht immer. Doreen muß geläutet haben, und ich hab's überhört. Das ist die einzige Erklärung.»

Die einzige?

«Ich dachte, sie und Harry hätten sich entschlossen, doch

nicht auszugehen.» Elsie Parrish führte die Zigarette zwischen Daumen und Zeigefinger an ihre Lippen. «Ich gäbe viel dafür», sagte sie, «wenn ich die Zeit noch mal rückgängig machen könnte. Diesmal würde ich nicht zögern, ich würde rübergehen und nach Ivy schauen, ob Doreen mich drum gebeten hätte oder nicht.»

«Ihre Anwesenheit hätte wahrscheinlich auch nichts geändert», sagte er, und dann: «Mrs. Betts hatte den Anstreichern gesagt, sie sollten im oberen Stockwerk nichts machen...»

Sie unterbrach ihn. «Vielleicht war es da nicht nötig. Ich war noch nie oben in Ivys Haus, also weiß ich es nicht. Schauen Sie, und außerdem könnten ja, wenn sie es verkauft hätte, die neuen Besitzer ihre eigenen Vorstellungen gehabt haben. Sie hätten es vielleicht selbst herrichten wollen.»

Sie standen jetzt an der Straßenecke, er im Begriff, in die eine Richtung zu gehen, sie in die andere. Sie warf die Zigarettenkippe hin, die sie mit ihrem hohen Absatz übergründlich austrat. Aus der Handtasche zog sie ein kleines spitzenbesetztes Schnupftuch und betupfte sich damit die Nasenlöcher. Es hatte den Anschein, daß die Tränen, wenn auch nahe, zurückgehalten würden. «Sie hinterließ mir zweitausend Pfund. Die gute Ivy, sie war so lieb und großzügig. Ich wußte, ich sollte etwas bekommen, aber soviel hätte ich mir nie erträumt.» Elsie Parrish lächelte, ein feuchtes, mädchenhaftes, klägliches Lächeln, aber dennoch war er völlig unvorbereitet auf das, was sie als nächstes sagte. «Ich werde mir ein Auto kaufen.»

Seine Augenbrauen fuhren hoch. «Ich habe meinen Führerschein behalten. Gefahren bin ich, schon seit mein Mann gestorben ist, nicht mehr, und das war vor zweiundzwanzig Jahren. Ich mußte unser Auto verkaufen, und immer sehnte und sehnte ich mich nach einem neuen.» Sie sah wirklich so aus, ein sehnsüchtig schmachtender Ausdruck zerknitterte die Rosen noch mehr. «Ich werd ein kleines süßes Auto für mich haben!» Sie war nahe daran, auf dem Gehsteig einen Tanz zu vollführen. «Und die gute Ivy hat das möglich gemacht!» Besorgt: «Sie glauben doch nicht, daß ich zu alt zum Fahren bin?»

Wexford glaubte schon, aber er sagte nur, solche Dinge zu beurteilen schlüge eigentlich nicht in sein Fach. Sie nickte darauf, lächelte wieder und huschte überraschend schnell in den Supermarkt an der Ecke. Wexford ging langsamer davon, die Augen nachdenklich gesenkt. Nur weil er nach unten sah, erblickte er den Streichholzbrief, und dann fiel ihm ein, daß er vorhin noch gedacht hatte, ihr sei etwas heruntergefallen, als sie das Taschentuch herausnahm.

Sie war nicht in dem Geschäft. Sie mußte es durch den anderen Ausgang, der auf die High Street ging, verlassen haben und war jetzt nirgends mehr zu sehen. Da er fand, daß Streichholzbriefchen zur Kategorie der Dinge gehörten, deren Verlust niemand besonders schmerzt, steckte Wexford es in seine Tasche und vergaß es.

«Zu Roy wollen Sie?»

«Ganz recht», sagte Wexford.

Der Vorarbeiter, Ladenbesitzer, Firmeninhaber, was immer er war, fragte nicht, warum. «Den finden Sie oben in der Sewingbury Road», sagte er, «verputzt den neuen Wohnblock.»

Wexford fuhr hin. Roy war ein hünenhafter junger Mann, breitschultrig, muskelbepackt, mit einem Kranz dichter, blondgelockter Haare. Er kam die Leiter herunter und sagte, er hätte ohnehin gerade Teepause machen wollen. Ein spanisches Café war bequem in der Nähe. Roy steckte sich eine Zigarette an und legte die Ellbogen auf den Tisch.

«Ich hatte keine blasse Ahnung, nichts, bis ich am nächsten Tag da aufkreuzte.»

«Aber Mrs. Betts hat Sie an dem Nachmittag davor, als sie wiederkam, doch bestimmt gefragt, wie es ihrer Mutter ging?»

«Klar. Und ich sagte ihr auch, wie es war, daß die alte Dame Kopfweh bekommen und nach ihren Tabletten gefragt und ich sie ihr gegeben hätte, und dann wär sie müde geworden und hätte sich hinten langgelegt. Aber das hieß doch alles nicht, daß sie am *Sterben* war. Mein Gott, auf die Idee bin ich nie gekommen.»

Ein Kopfschmerz, überlegte Wexford, war oft eines der ersten Anzeichen für eine Gehirnblutung. Roy schien seine Gedanken zu lesen, denn er sagte rasch:

«Sie hatte ziemlich oft Kopfweh in der Zeit, wo ich in dem Haus arbeitete. Diese Kunststoffarben stinken ganz schön, ging sogar *mir* am Anfang auf die Nuß. Ich meine, Sie denken doch wohl nichts Böses dabei, daß sie ein Aspirin geschluckt und sich hingelegt hat, Chef. Das kam zwei- oder dreimal vor, wo ich da war. Und sie hat sich die Aspirin nur so reingepfiffen, haste was kannste, vier Stück auf einmal.»

Wexford sagte: «Erzählen Sie mir von dem Nachmittag. Ist in der Zeit, nachdem Mr. und Mrs. Betts weggingen und bevor sie zurückkehrten, irgend jemand in das Haus gekommen?»

Roy schüttelte den Kopf. «Bestimmt nicht, das hätte ich mitgekriegt. Ich arbeitete doch im Flur, klar? Die Haustür war ganz auf, wegen des Geruchs. Da konnte niemand rein, ohne daß ich ihn gesehen hätte, nich? Die andere alte Dame – das heißt Mrs. Betts – sperrte die Hintertür ab, bevor sie ging, und da hat sich auch niemand gemeldet. Was wollen Sie sonst noch wissen, Chef?»

«Was im einzelnen passiert ist, worüber Sie und Mrs. Wrangton gesprochen haben, alles.»

Roy trank seinen Tee aus und zündete sich am Stummel der alten Zigarette eine neue an. «Ich kam gut mit ihr aus, wissen Sie. Wahrscheinlich hat sie mich an meine Oma erinnert. Es ist komisch, aber alle kamen gut mit ihr zurecht, außer ihre Tochter und der Alte. Komischer alter Kauz, was? War mir unheimlich. Also, zu Ihrer Frage, viel haben wir wohl nicht geredet. Ich war ja am Streichen, verstehen Sie, und die Tür zum Wohnzimmer war zu. Ein paarmal guckte ich rein. Sie saß da, strickte und sah sich ein Kricketspiel im Fernsehen an. Einmal, da kann ich mich erinnern, sagte sie zu mir, ich würde das Haus sehr schön machen, und es wäre ein Jammer, daß sie nachher nichts davon hätte. Na, ich dachte, damit meinte sie, sie wäre bald tot, Sie wissen ja, wie die schwätzen, und ich sagte, nun mal langsam, Mrs. Wrangton, so sollten Sie aber nicht reden. Sie lachte bloß. Das meine ich doch nicht, du schlimmer Junge, sagte sie, sondern ich geh in ein Altersheim, und da muß ich das Haus verkaufen, wußtest du das nicht? Nein, sagte ich, woher denn, aber ich schätze, das bringt einen ganz schönen Batzen, zwanzigtausend bestimmt, und sie sagte, das hoffe ich auch.»

Wexford nickte. Also hatte Mrs. Wrangton doch vor, ihre Pläne zu verwirklichen, und Doreen Betts' Leugnen war entweder eine vorsätzliche Lüge gewesen, um ihr Motiv auszulöschen, oder ein Versuch, den Charakter ihrer toten Mutter reinzuwaschen. Denn schwarz genug war er unbedingt gewesen, dachte er, was für ein Akt, der eigenen Tochter und ihrem Mann die Wohnung wegzunehmen. Er blickte wieder Roy an.

«Sie haben ihr angeboten, Tee zu kochen?»

«Ja, also die Tochter, Mrs. Betts, hatte mir vorher gesagt, ich könnte mir für mich und für sie auch, wenn sie wollte, eine Tasse machen, aber sie wollte nicht. Sie bat mich, den Fernseher abzuschalten, und dann sagte sie, sie hätte Kopfweh, ob ich ihr aus dem Schrank im Badezimmer die Aspirin holen würde. Na, ich hatte oft genug gesehen, wie Mrs. Betts die da holte, wenn ich auch nie selber...»

«Sind Sie sicher, daß sie Aspirin sagte?» Mit einemmal

wußte Wexford, was ihm an Mrs. Betts' Schilderung des letzten Nachmittags im Leben ihrer Mutter fremd vorgekommen war. Doreen Betts hatte Phenacetin anstelle des üblichen Hausmittels genannt. «Sind Sie sicher, daß sie dieses Wort gebrauchte?» fragte er.

Roy schürzte die Lippen. «Na, jetzt wo Sie mich darauf ansprechen, bin ich nicht so sicher. Ich nehme an, sie sagte, meine Tabletten oder meine Kopfschmerztabletten, irgend so was. Man sagt aber doch Aspirin im allgemeinen, nicht? Das wird ja meistens genommen. Jedenfalls holte ich sie runter, die Flasche, und gab sie ihr mit einem Glas Wasser dazu, und sie sagt, sie macht ein Nickerchen im Sessel. Aber im nächsten Moment kam sie auch schon raus, auf das Laufgestell gestützt, das sie vom Sozialamt hatte. Ich hab vier Stück genommen, Roy, sagte sie, aber mein Kopf tut so weh, ich glaub, es ist nur schlimmer geworden, und ich bin ganz schwindlig. Da dachte ich nicht viel drüber nach, sind ja alle schwindlig in dem Alter, nich? Das kenne ich von meiner Oma. Sie sagt also, sie hätte Ohrensausen, und ich darauf, dann helfe ich Ihnen rüber in Ihr Zimmer, ja? Und ich gab ihr den Arm irgendwie, half ihr rein, und sie legte sich mit ihren ganzen Sachen aufs Bett und schloß die Augen. Weil das Licht so blendete, zog ich die Vorhänge zu und ging dann wieder ans Streichen. Ich hab keinen Mucks mehr gehört, bis Mrs. Betts und der alte Knabe um halb sechs wiederkamen...»

Wexford schloß die *Angewandte Gerichtsmedizin* von Francis E. Lamps und J. M. Cameron und machte sich erneut zur Castle Road auf. Er hatte beschlossen, die Angelegenheit nicht mehr weiter mit Mrs. Betts zu besprechen. Die Anwesenheit ihres nahezu lautlos in seinen Fellpantoffeln umherschlurfenden Mannes, seine Füße wie die Pfoten eines alten, Winterschlaf haltenden Tieres, zerrte an seinen Nerven. Ohne Einwendung zu machen, erlaubte sie ihm, aus dem Badezimmerschrank das Rezeptfläschchen mit

Schmerztabletten zu entnehmen, das die Aufschrift trug: Mrs. I. Wrangton, Phenacetin.

Die Abendsprechstunde hatte gerade erst begonnen. Deshalb ging Wexford, nachdem er zwei Gegenstände zur Fingerspurenanalyse geschickt hatte, zum Essen nach Hause. Um halb neun war er dann wieder in der Gemeinschaftspraxis, und wieder war Dr. Crocker zuerst fertig geworden. Er stöhnte, als er Wexford sah.

«Warum denn diesmal, Reg?»

«Warum hast du Mrs. Wrangton Phenacetin verschrieben?»

«Weil es mir für sie geeignet schien, natürlich. Sie war allergisch gegen Aspirin.»

Wexford blickte seinen Freund verzweifelnd an. «Jetzt sagt er mir das. Ich hab's mir gedacht. Das heißt, heute bin ich drauf gekommen, aber du hättest es mir gleich sagen können.»

«Herr des Himmels! Du hast es doch gewußt. Du hast mir gesagt, Schwester Radcliffe hätte dir's erzählt. Das waren deine Worte. Du selber...»

«Ich dachte, es wäre Asthma gewesen.»

Crocker setzte sich auf die Kante seines Schreibtisches. «Schau, Reg, da haben wir aneinander vorbeigeredet. Es gibt tatsächlich Asthma in der Familie von Mrs. Wrangton. Mrs. Betts hat Nesselsucht, ihr Bruder war chronischer Asthmatiker. Leute, die Asthma haben oder in deren Familie Asthma liegt, sind manchmal allergisch gegen Acetylsalicylsäure oder Aspirin. Genau gesagt nimmt man das bei etwa zehn Prozent von diesen Fällen an. Eine der Überempfindlichkeitsreaktionen auf Aspirin ist ein Asthmaanfall. Der trat auch bei Mrs. Wrangton auf, als sie in den Vierzigern war, zusammen mit einer Hämatemesis. Was bedeutet», führte er freundlich für den Laien aus, «Blut zu erbrechen.»

«Schon gut, ich bin nicht völlig blöd», fuhr Wexford auf,

«und ich habe mich über die Empfindlichkeit gegen Acetylsalicylsäure informiert...»

«Mrs. Wrangton kann keine Aspirinvergiftung gehabt haben», sagte der Arzt schnell. «Aspirin war nie im Haus. Darauf hat Mrs. Betts strikt geachtet.»

Sie wurden unterbrochen durch das Erscheinen des lächelnden Dr. Moss. Wexford drehte sich zu ihm herum.

«Welche Auswirkung hätte nach Ihrem Ermessen die Menge – Moment – eins Komma zwei Gramm Acetylsalicylsäure auf eine Frau von zweiundneunzig, die überempfindlich gegen das Medikament ist?»

Moss sah ihn argwöhnisch an. «Die Frage ist doch wohl rein akademisch?» Wexford antwortete nicht. «Nun, es käme auf den Grad der Überempfindlichkeit an. Übelkeit vielleicht, Durchfall, Schwindel, Tinnitus – das ist Ohrensausen –, Atemnot, Magenblutungen, Ödeme der Magenschleimhaut, möglicher Riß der Speiseröhre. Bei einer Person dieses Alters könnte, infolge eines solchen Schocks und örtlicher Blutung, vermutlich auch eine Gehirnblutung...» Er hielt inne, als ihm seine Worte bewußt wurden.

«Vielen Dank», sagte Wexford. «Ich glaube, Sie haben mehr oder weniger beschrieben, was am zweiten Juni mit Mrs. Wrangton geschah, nachdem sie vier Dreihundertmilligrammtabletten Aspirin eingenommen hatte.»

Dr. Moss sah verblüfft drein. Er sah aus, als würde er nie wieder lächeln. Wexford reichte Crocker einen Briefumschlag.

«Ist das Aspirin?»

Crocker betrachtete die Tablette, berührte eine mit der Zunge. «Ich nehme es an, aber...»

«Den Rest habe ich zur Analyse gegeben. Um sicher zu sein. Sechsundfünfzig waren in der Flasche.»

«Reg, es ist undenkbar, daß dem Apotheker ein Irrtum unterlaufen sein könnte, aber selbst wenn wir das aller Wahrscheinlichkeit zum Trotz mal voraussetzen – sie könnte keine vierundvierzig Aspirintabletten eingenommen haben. Nicht mal über Monate hinweg, es ging bei ihr nicht.»

«Du bist ein bißchen langsam», sagte Wexford. «Du hast ihr hundert Phenacetin verschrieben, und in Frasers Apotheke wurden hundert Phenacetin in die Flasche gefüllt. In der Zeit zwischen der Einlösung des Rezepts und dem Tag, den letzten Tagen oder der letzten Woche, bevor sie starb, nahm sie vierzig Phenacetin, blieben sechzig in der Flasche. Aber am zweiten Juni nahm sie vier Aspirin. Oder im Klartext, irgendwann vor dem zweiten Juni nahm irgend jemand die sechzig Phenacetintabletten heraus und ersetzte sie durch sechzig Aspirin.»

Dr. Moss fand seine Stimme wieder. «Das wäre doch Mord.»

«Hm...» Wexford sprach zögernd. «Die Überempfindlichkeit mußte nicht unbedingt zu einem Hirnschlag führen. Vielleicht war es nur beabsichtigt, eine mehr oder weniger ernste Erkrankung zu verursachen. Magengeschwüre etwa. Das hätte Krankenhausaufenthalt für Mrs. Wrangton bedeutet. Auf Kosten des Wohlfahrtsstaates. Keine himmelschreienden Gebühren fürs Altersheim, kein Verlust an Vermögen oder Verkauf von Grundbesitz. Später, falls sie überlebte, hätte man sie wahrscheinlich, wiederum kostenlos, in der Altersstation desselben Krankenhauses untergebracht. Es ist ja bekannt, daß kein privates Seniorenheim chronisch Kranke aufnimmt.»

«Sie glauben, Mrs. Betts...» begann Dr. Moss.

«Nein, glaube ich nicht. Aus zweierlei guten Gründen: Mrs. Betts ist gerade die Person, die es auf diese Art nicht getan haben würde. Hätte sie ihre Mutter töten oder sie ernsthaft krank machen wollen, wozu dann erst so umständlich sechzig Tabletten in einer Flasche vertauschen, wo sie Mrs. Wrangton die Aspirin doch nur in die Hand zu geben brauchte? Und wenn sie sie vertauscht hätte, würde sie

sie dann nicht sofort nach dem Tod ihrer Mutter wieder umgetauscht haben?»

«Aber wer war es dann?»

«Morgen werde ich es wissen», sagte Wexford.

Crocker kam zu ihm in sein Büro in der Polizeistation.

«Entschuldige die Verspätung. Ich habe gerade einen Patienten verloren.»

Wexford brummte verständnisvoll. Der Arzt ging im Zimmer herum, beäugte die beiden verfügbaren Stühle und entschied sich für die Kante von Wexfords Schreibtisch.

«Gestern», begann Wexford, «hatte ich eine kleine Unterhaltung mit Mrs. Elsie Parrish.» Er bremste den Ausruf des Arztes und seinen plötzlichen Ruck nach vorn. «Warte erst mal, Len. Sie verlor einen Streichholzbrief, bevor wir uns trennten. Es war einer von den hochglänzenden, die sehr leicht Fingerspuren annehmen. Ich ließ die Spuren darauf mit den Abdrücken auf der Flasche vergleichen. Mrs. Betts Abdrücke waren auf der Flasche, ferner eine Reihe, die vermutlich von Mrs. Wrangton stammen, sowie die eines Mannes, vermutlich des Anstreichers. Und es fanden sich ein paar ganz deutliche Spuren, die mit denen auf dem Streichholzbrief übereinstimmten.

Es war Elsie Parrish, die die Tabletten vertauscht hat, Len. Sie tat es, weil sie wußte, daß Mrs. Wrangton fest entschlossen war, nach Summerland zu gehen, und daß es damit als erstes, vielleicht noch vor dem Hausverkauf, um das Geld geschehen wäre, das auf sie und Mrs. Betts übergehen sollte. Elsie Parrish hatte jahrelang auf dieses Geld gewartet, sie wollte sich einen Wagen kaufen. Noch ein paar Jahre und es wäre, falls sie selbst dann noch lebte, zum Autofahren zu spät gewesen. Außerdem würden bis dahin die Altersheimgebühren ihr Erbteil verzehrt haben.»

«So ein nettes altes Ding wie sie?» sagte Crocker. «Das ist doch kein Beweis, ihre Fingerspuren auf der Flasche. Sie wird sie oft genug der alten Ivy geholt haben.»

«Nein. Sie sagte mir, sie sei nie oben in Ivy Wrangtons Haus gewesen.»

«O Gott.»

«Ich nehme an, sie hat es nicht als Mord betrachtet. Tabletten in einer Flasche zu vertauschen, das kommt einem nicht wie Mord, wie Totschlag oder vorsätzliche schwere Körperverletzung vor.» Wexford setzte sich und kniff sein Gesicht zusammen. Er sagte ärgerlich, entmutigt: «Ich weiß nicht, was ich machen soll, Len. Wir können nicht nachweisen, daß Mrs. Wrangton an Aspirinvergiftung gestorben ist. Wir können sie nicht exhumieren, wir können die zwei Handvoll weißen Staubs, in Messing eingeurnt, nicht untersuchen. Und selbst wenn wir könnten, wären wir so inhuman, eine Frau von – wie alt ist Elsie Parrish?»

«Achtundsiebzig.»

«Von achtundsiebzig wegen Mordes vor Gericht zu stellen? Aber soll man auf der anderen Seite erlauben, daß sie aus ihrem Verbrechen Nutzen zieht? Soll man ihr gestatten, mit einem schicken kleinen Ford Fiesta die Fußgänger zu terrorisieren?»

«Das wird sie nicht tun», sagte Crocker.

Etwas in seinem Ton brachte Wexford auf die Füße. «Wieso? Wie meinst du das?»

Der Arzt erhob sich leicht von der Schreibtischkante. «Ich sagte dir, ich hätte einen Patienten verloren. Elsie Parrish starb letzte Nacht. Eine Nachbarin fand sie und rief mich an.»

«Vielleicht ist es am besten so. Woran ist sie gestorben?»

«An einem Schlaganfall», sagte Crocker und ging.

GINGER UND DER KREIDEKREIS VON KINGSMARKHAM

«Unten ist eine junge Frau, Sir», sagte Polly Davies, «und sie behauptet, jemand hätte ihr Baby aus dem Kinderwagen gestohlen.»

Chief Inspector Wexford hatte nachdenklich einen Bogen Kanzleipapier betrachtet. Es war ein von ihm selbst knapp, aber höflich formuliertes Gesuch an die Stadtverwaltung, zum Zweck der Verbrechensverhütung die von ihr gepachteten Grundstücke nicht schon volle neun Monate vor dem geplanten Beginn der Bauarbeiten mit Gerüsten zu verstellen. Wegen der Gerüste war es bereits zu zwei Einbrüchen und zu einem tätlichen Angriff auf eine junge Frau gekommen. Er blickte von dem Schreiben auf, ordnete seine Gedanken und seufzte.

«Das bringen sie fertig», sagte er. «Ihre Babies alleine zu lassen, meine ich. Daß mal eine ihre Handtasche vor dem Laden liegen läßt, erlebt man nie.»

«Es war vor ihrer Wohnung, Sir, nicht vor einem Geschäft, und außerdem hat der, der das Baby mitgenommen hat, ein anderes dafür in den Wagen gelegt.»

Langsam stand Wexford auf. Er kam um den Schreibtisch herum und sah Polly mit zusammengekniffenen Augen an.

«Constable Davies, Sie wollen mich auf den Arm nehmen.»

«Nein, Sir, Sie wissen, daß ich das nicht tun würde. Es ist eine Mrs. Bond, und sie sagt, als sie runterging, um den Kinderwagen reinzuholen, war ihr Baby weg, und ein anderes lag drin.»

Wexford folgte Polly hinunter ins Erdgeschoß. In einem der Befragungszimmer saß ein Mädchen an dem kahlen, kunststoffbeschichteten Tisch, trank Tee und weinte. Sie sah wie etwa neunzehn aus. Sie hatte langes, strohblondes Haar und ein kleines kindliches Gesicht, naiv, unschuldig und erschreckt; zu blauen Jeans trug sie ein mit Äpfeln, Orangen und Kirschen bunt bedrucktes T-Shirt. Nach ihrem Äußeren hätte man sie nicht für eine Mutter gehalten. Aber es war auch ein Baby im Raum. Das Baby, in kurzem weißen Kittel, Wolljäckchen, Windeln und Baumwollstrümpfen, schlief auf den verlegenen Armen von Detective Constable Loring.

Auf dem Weg nach unten hatte Wexford sich erinnert, daß Frauen, die kürzlich ein Kind zur Welt gebracht haben, mitunter anfällig für verschiedene psychische Störungen sein sollen, und sein erster Gedanke war, daß Mrs. Bond vielleicht nur meinte oder eben nur sagte, das Kind sei nicht ihres.

«Also, Mrs. Bond», begann er, «das ist ja eine seltsame Geschichte. Würden Sie mit mir darüber sprechen?»

«Ich hab doch schon alles erklärt», sagte sie.

«Ja, gut, aber mir noch nicht. Warum fangen wir nicht damit an, daß Sie mir sagen, wo Sie wohnen und wo Ihr Baby war?»

Sie schluckte. Sie schob die Teetasse vor sich. «Greenhill Court. Unsere Wohnung ist im fünften Stock. Wir haben keinen Balkon oder so was. Ich muß immer mit dem Lift runter, um Karen mit dem Kinderwagen rauszusetzen. Sie braucht frische Luft. Und wenn sie draußen ist, kann ich sie nicht die ganze Zeit im Auge behalten. Von der Wohnung aus kann ich sie nicht sehen, weil die auf den Parkplatz hinausgeht.»

«Sie haben sie also heute nachmittag mit dem Kinderwagen rausgesetzt», sagte Wexford. «Um welche Zeit war denn das?»

«Kurz vor zwei. Ich hab den Wagen auf den Rasen gestellt und das Katzennetz draufgedeckt, und als ich sie um halb fünf reinholen wollte, war das Netz noch drauf und das Baby schlief, aber es – es war nicht Karen!» Sie machte leise wimmernde Geräusche, die sich jäh in einem Schluchzen entluden. «Es war nicht Karen, es war das Baby, das er im Arm hat!»

Das Baby wurde wach und fing auch an zu weinen. Loring krauste die Nase und zog seine rechte Hand unter dem kleinen Hintern weg. Seine Augen appellierten an Polly, die nickte und das Zimmer verließ.

«Was haben Sie daraufhin getan?» fragte Wexford.

«Ich bin gar nicht erst wieder rauf. Ich hab mir den Kinderwagen gepackt und bin losgerannt und direkt her zu Ihnen gelaufen.»

Ihr kindliches Vertrauen rührte ihn. In wirklicher oder vermeintlicher Not, in der Angst, lief sie zu denjenigen, auf die zu vertrauen ihre behütete kleinstädtische Erziehung ihr beigebracht hatte, zu den freundlichen, behelmten Männern in Blau, dem starken Arm des Gesetzes. Für sie galt nicht das gröbere, zynische Bild von einer brutalen und bestechlichen Polizei, an dem ihre in der Großstadt aufgewachsenen Altersgenossen festhielten.

«Mrs. Bond», sagte er, und dann: «Wie ist Ihr Vorname?»

«Philippa. Die meisten nennen mich Pippa.»

«Dann werde ich Sie auch so nennen, wenn es Sie nicht stört. Beschreiben Sie mir Ihr Baby doch mal, Pippa. Hat es dunkle Haare oder helle? Wie alt ist das Kleine?»

«Sie ist zwei Monate – also, neun Wochen. Sie hat blaue Augen, sie trägt ein weißes Kleidchen.» Die Stimme brach ihr und zitterte wieder. «Und sie hat das schönste rotblonde Haar, daß Sie je gesehen haben!»

Unweigerlich wanderten Wexfords Augen zu dem Kind auf Lorings Arm, auf das die Beschreibung hervorragend paßte. Sanft sagte er zu Pippa Bond: «Sind Sie auch ganz sicher, daß Sie sich das alles nicht nur einbilden? Niemand würde Ihnen böse sein, wir hätten dafür Verständnis. Vielleicht waren Sie besorgt oder auch schuldbewußt, weil Sie Karen so lange aus den Augen gelassen hatten, und als Sie dann hinuntergingen, kam es Ihnen vor, als sähe sie gar nicht so wie sonst aus und...»

Ein unglücklich protestierendes Wimmern durchschnitt den Rest seiner Worte. Das Mädchen begann in langgezogenen schrillen Schluchzern zu heulen. Polly Davies kam mit einem kleinen viereckigen Handtuch aus der Damentoilette zurück. Sie nahm Loring das Baby ab, legte es mit dem Rükken auf den Tisch und löste die große Sicherheitsnadel über seinem Nabel. Pippa Bond wich von dem Baby zurück, als hätte es eine Krankheit an sich.

«Ich bilde es mir nicht ein», schrie sie Wexford an. «Bestimmt nicht! Meinen Sie, ich würde mein eigenes Baby nicht erkennen? Meinen Sie, ich würde *das* mit meiner Karen verwechseln?»

Polly hatte das Handtuch über Eck gefaltet. Sie trat etwas zur Seite, damit Wexford die strampelnden Beine und den nackten Bauch des Kleinen sehen konnte. «Wer immer das Baby sein mag, Sir, Karen ist es nicht. Schauen Sie selbst – es ist ein Junge.»

Trevor Bond wurde aus dem Maklerbüro in Stowerton geholt, wo er arbeitete. Es sah kaum älter aus als seine Frau. Pippa Bond, die vor Weinen kaum sprechen konnte, klammerte sich an ihn, und er warf über ihren gebeugten Kopf den Beamten verzweifelte Blicke zu.

Den Wagen, in dem er gekommen war, fuhr eine junge Frau, die er als seine Schwägerin, Pippas Schwester, vorstellte, die ebenfalls mit ihrem Mann in Greenhill Court wohnte. Sie saß steif hinter dem Lenkrad und bedachte Pippa nur mit einem Nicken und einem scheinbar gereizten Achselzucken, als sie an Trevors Arm aus der Polizeistation herauskam. Susan Rains war ihr Name, und eine Viertelstunde später übernahm sie es, Loring und Sergeant Martin die Stelle zu zeigen, wo auf dem Rasen zwischen dem Wohnblock und der Hauptstraße von Stowerton nach Kingsmarkham der Kinderwagen gestanden hatte. Während diese dünne rothaarige Frau die Nachlässigkeit ihrer Schwester anprangte und ihre eigenen Theorien über den Verbleib Karens vorbrachte, erschien Dr. Moss mit einem Beruhigungsmittel für Pippa, die allerdings schon gefaßter war, nachdem man ihr erklärt hatte, daß niemand von ihr verlangen würde, sich um den «Wechselbalg» zu kümmern.

Ihn erwartete die Überführung in ein Säuglingspflegeheim der Gemeinde Kingsmarkham unter der Obhut der Ortsbehörden.

«Armes Lämmchen», sagte die Sozialarbeiterin, mit der Wexford sprach. «Ich denke, Kay kann ihn in der Bystall Lane aufnehmen. Abgeholt werden kann er allerdings nicht, sie haben schon zehn, die sie baden und ins Bett bringen müssen.»

Klein Ginger nannte ihn Wexford inzwischen. Er war ein hübscher Säugling mit großen Augen, kräftigem, pummeligem Gesicht und auffallend hellrotem Haar, vom Farbton einer frischen roten Möhre. Wexfords nicht unerfahrenem Blick erschien er älter als die vermißte Karen, näher an vier Monaten als an zwei. Seine Augen konnten sich schon gut konzentrieren, und jetzt konzentrierten sie sich auf den Chief Inspector, ein Unterfangen, das das Baby dazu führte, jämmerlich loszuschreien. Klein Ginger vergrub sein Gesicht in Pollys knabenhaftem Busen, heulte und suchte nach Geborgenheit.

«Man weiß ja nicht, was in ihnen vorgeht, Sir, nicht wahr?» sagte Polly. «Bloß weil wir nicht mehr wissen, wie es bei uns in dem Alter war, meinen wir irgendwie, daß Babies kaum was empfinden oder mitkriegen. Aber stellen Sie sich vor, das, was sie erleben, ist für sie so furchtbar, daß sie es irgendwie abspalten, bloß um sich nicht mehr daran zu erinnern. Stellen Sie sich vor, es ist so schrecklich quälend, wenn man von der Mutter getrennt ist und es nicht aussprechen kann und – ach, ich weiß nicht, aber denkt da überhaupt mal jemand daran, Sir?»

«Psychiater schon», sagte Wexford, «und Philosophen wohl auch, aber Durchschnittsmenschen wie wir tun das selten. Sie dürfen es nicht vergessen, wenn Sie erst eigene Babies haben. Jetzt bringen Sie ihn bitte runter in die Bystall Lane, ja?»

Ein paar Minuten, nachdem sie gegangen war, kam Inspector Burden herein. Er hatte unten von der Geschichte gehört und sie nicht so ganz geglaubt. Was er nicht glauben konnte, erläuterte er Wexford, war der Punkt, daß an Karens Stelle ein anderes Baby zurückgelassen worden sei. Er hätte es auch nicht geglaubt, sagte Wexford, aber es sei wahr.

«Es gibt doch keinen denkbaren Grund, warum jemand so etwas tun sollte», sagte Burden. «Du kannst dir doch keinen einzigen Grund dafür vorstellen, selbst bei einem Geistesgestörten nicht.»

«Ich nehme an», sagte Wexford, «daß du mit ‹du› dich selbst oder ‹man› meinst, denn ich kann mir durchaus einige Gründe vorstellen, warum es jemand tut. Erst mal muß man eine gewisse psychische Störung dabei voraussetzen. Gutangepaßte, normale Menschen würden anderen ihre Babies nicht wegnehmen, geschweige denn sie austauschen. Es muß eine Frau sein. Und zwar eine Frau, die speziell dieses Kind los sein will, die aber ein Kind braucht. Einverstanden?»

«Na, gut», sagte Burden. «Aber weshalb?»

«Sie muß es jemand anderem vorzeigen», Wexford sprach langsam, als dächte er laut nach, «jemandem, der ein Baby zu sehen erwartet, das in Alter und Aussehen Karen näherkommt als dem kleinen Ginger, oder der ein Baby von

Karens Geschlecht erwartet. Es könnte eine Frau sein, die schon mehrere Söhne hat und deren Mann fort war, als der letzte zur Welt kam. Sie hat ihm mitgeteilt, er hätte eine Tochter bekommen, und weil sie Angst vor ihm hat, braucht sie als Beweis jetzt ein Mädchen zum Vorzeigen. Aber sie könnte auch unverheiratet sein. Vielleicht hat sie einem Freund oder Exfreund gegenüber behauptet, das Kind sei jünger, als es ist, um ihn von seiner Vaterschaft zu überzeugen.»

«Gut, daß du eine psychische Störung vorausgesetzt hast», sagte Burden sarkastisch.

«Sie könnte auch einfach überlastet und erschöpft sein durch ein Kind, das unablässig schreit – der kleine Ginger hat kräftige Lungen –, so daß sie hingeht und ihn mit einem Baby vertauscht, von dem sie glaubt, daß es keinen Krach macht. Oder man hat ihr gesagt, Ginger hätte irgendeine Krankheit oder einen Erbfehler, worüber sie derart in Angst geriet, daß sie ihn loswerden wollte, für ihren Mann, ihre Mutter oder wen sonst, aber immer noch ein Baby zum Herzeigen brauchte.» Burden schien diesen Einfallsreichtum widerstrebend zu bewundern, ohne besonders überzeugt zu sein. Er sagte: «Was unternehmen wir?»

«Ich habe alle Leute von der Arbeit, die sie hatten, weggeholt und sie auf die Sache angesetzt. Wir rufen alle Krankenhäuser und Ärzte an, das Standesamt und die Mütterberatungsstellen. Ich denke, es muß jemand aus dem Ort sein, vielleicht sogar jemand, der wußte, daß der Kinderwagen dort sein würde, weil er ihn früher schon dort gesehen hatte.»

«Und auch das Baby, das drin lag?» fragte Burden mit hochgezogenen Brauen.

«Nicht unbedingt. Ein Kinderwagen mit einem Katzennetz drauf und einem Insassen, den man nicht sieht, das läßt auf ein ganz junges Baby schließen.» Wexford zögerte. «Die Geschichte ist mir sehr bedenklich», sagte er, «viel mehr als ein durchschnittlicher Kindesraub.»

«Weil Karen Bond so jung ist?» versuchte sich Burden.

«Nein, nicht deshalb. Schau, Mike, die typische Kindsräuberin liebt Babies, sie sehnt sich nach einem eigenen, und deshalb nimmt sie ein fremdes an sich. Aber diese hier *hat* ein eigenes Kind, und das mag sie so wenig, daß sie es an eine Fremde weitergibt. Bei der gewöhnlichen Kindsräuberin kann man getrost davon ausgehen, daß sie fast übertrieben gut für ihren Schützling sorgt, aber wie ist es bei unserer? Wenn ihr das eigene Kind gleichgültig ist, was liegt ihr dann an einem Ersatz? Bedenklich, sage ich, weil wir sicher sein können, daß diese Frau Karen zu einem bestimmten Zweck entführt hat, aber was geschieht, wenn dieser Zweck erfüllt ist?»

Der Wohnblock, in dem die Bonds lebten, gehörte nicht zu den einbruchgefährdeten, um derentwillen Wexford seinen Brief aufgesetzt hatte; es war ein fünfstöckiges Privatgebäude auf einem Gelände, das vor nicht allzu langer Zeit noch freies Feld gewesen war. Jetzt standen dort drei solcher Blocks, Greenhill, Fairlawn und Hillside Courts, dazwischen Reihen verschalter Einfamilienhäuser, und jeder Block war von der Hauptstraße nach Stowerton nur durch einen Rasenstreifen von zehn Metern Breite getrennt. Auf diesem Rasen, ein Stück einwärts von der schmalen Nebenstraße, hatte Karen Bonds Kinderwagen gestanden.

Wexford und Burden sprachen mit dem Pförtner, der für die drei Wohnblocks verantwortlich war. Er hatte zu der fraglichen Zeit auf dem Parkplatz ein Auto gewaschen und nichts bemerkt. Im Lift von Greenhill, mit dem sie hinauffuhren, meinte Wexford zu Burden, es sei ein Jammer, daß die Kinder nicht auf dem Rasen spielen dürften. Sie hätten Karen dort beschützt oder doch zumindest als Zeugen fungiert. Es gab ziemlich viele Kinder in dieser neuen Siedlung, wo vor allem junge Ehepaare wohnten. Zwischen zwei und halb fünf an diesem Nachmittag waren die Kleinsten in engen Zimmern eingesperrt oder mit ihren Müttern spazieren gewesen, die älteren in der Schule.

Mrs. Louise Pelham hatte ihren Sohn und die zwei Söhne ihrer nächsten Nachbarin von der Schule abgeholt und war auf dem Rückweg, gegen Viertel vor vier, nur einen Schritt an Karens Kinderwagen vorbeigekommen. Sie hatte, wie sonst auch immer, kurz hineingeschaut und meinte sich jetzt zu erinnern, daß Karen «komisch» ausgesehen hätte. Das Baby in dem Kinderwagen schien ein größeres Gesicht und rotere Haare zu haben als dasjenige, das sie auf dem Hinweg zur Schule eine halbe Stunde früher gesehen hatte. Wexford hielt dies für einen entscheidenden Hinweis, der den Zeitpunkt des Babytauschs eingrenzte, bis er erfuhr, daß Susan Rains vor ihm bei Mrs. Pelham gewesen war und ihr die ganze Geschichte haarklein erzählt hatte.

Susan Rains und ihre Schwester hatten beide mit achtzehn Jahren geheiratet, aber Pippa hatte mit zwanzig bereits ein Baby, während die sieben Jahre ältere Susan kinderlos war. Außerdem, so schien es, war sie arbeitslos und führte mit drei Jahren unter den Dreißig das Leben einer peniblen, ausgereiften Klatschtante. Sie gab sich alle Mühe, Wexford und Burden unter die Nase zu reiben, daß ihrer Meinung nach ihre Schwester viel zu jung war, um ein Kind zu haben, ihr Schwager noch zu jung, um Vater zu sein, und alle beide zu verantwortungslos, um für ein Baby zu sorgen. Pippa, sagte sie, schleppe Karen doch nur dauernd zu ihr, damit sie das Kind verwahrte, und jetzt verstand Wexford, der sich über die zwei gefalteten Windeln, den Plastiklöffel und die Flasche Orangenkonzentrat auf Mrs. Rains' fleckenlosem Küchentisch gewundert hatte, auch, wozu sie da waren.

«Haben Sie Babies gern, Mrs. Rains?» fragte Wexford und löste damit eine fast beängstigende Reaktion aus.

Harte Falten gruben sich in Mrs. Rains' Gesicht, und die hellen Augen der Rothaarigen blitzten. «Es wäre doch anomal für mich als Frau, wenn ich sie nicht gern hätte, oder?»

Was sie sonst noch hätte sagen können – eine Rechtfertigung? eine Erklärung? –, wurde verdrängt durch das Erscheinen einer Frau in den späten Vierzigern, die sie nuschelnd als ihre Mutter vorstellte. Es blieb Wexford überlassen herauszubringen, daß es sich um Mrs. Leighton handelte, die Pippa in ihrem Beruhigungsschlaf und Trevor in seinem Bemühen, Sergeant Martins zweiten Ansturm von Fragen zu beantworten, allein gelassen hatte.

Mrs. Leighton war lebhaft und nicht allzu besorgt. «Tja, Babies werden eben aus Kinderwagen stibitzt, aber sie tauchen doch immer wieder gesund und munter auf, nicht?» Ihr Haar war in einem großartigen Rot gefärbt, das den natürlichen Farbton ihrer Tochter übertraf. Sie war auf dem Weg, um für ihren Sohn und ihre Schwiegertochter auf deren sechs Monate alten Jungen aufzupassen, und sie hatte nur eben bei Pippa reingeschaut, um sich das eine Pfund zwanzig zurückzuholen, das sie ihr für die Reinigung schuldete. Wie hatte sie da gestaunt, als die ganze Wohnung voller Polizisten war und Karen verschwunden. Sie fand, Trevor oder Susan hätten sie wirklich anrufen können, und jetzt war sie uneins mit sich, ob sie noch zu Mark gehen sollte, um den Kleinen zu hüten. «Aber Karen taucht ja doch wieder heil auf, meinen Sie nicht?» sagte sie zu Wexford.

Wexford erwiderte, das sei zu hoffen, und dann ließen er und Burden die beiden Frauen mit dem Problem, ob es wichtiger sei, das Wort gegenüber dem Sohn zu halten oder die Tochter zu bemitleiden, allein.

Die Welt oder dieser kleine Winkel von ihr schien plötzlich voll von Babies zu sein. Hinter zwei Türen im Erdgeschoß hörte man das Wehgeschrei und leise verdrießliche Wimmern von Kleinkindern, die ungefragt für die Nacht ins Bett gesteckt wurden. Als sie durch die gläserne Flügeltür hinaustraten, trafen sie auf der Stufe ein athletisch wirkendes Mädchen in Jeans und Pullover mit einem sehr kleinen Baby, das sich in einem Traggestell aus Segeltuch an ihre

Brust klammerte. Der Parkplatz begann sich zu füllen, da die Männer von der Arbeit zurückkamen, darunter auch Pendler aus London, und einem spritzigen roten Sportwagen entstieg ein Ehepaar, das zwischen sich ein Baby in einem flachen Bastkorb schwenkte. Wexford fragte sich, wie viele Kinder unter zwei Jahren wohl in diesen Apartments und hübschen kleinen Häusern wohnen mochten. Es mußten fast so viele sein wie die Erwachsenen, dachte er bei sich, und er trat zur Seite, um ein Mädchen durchzulassen, das Zwillinge in einem breiten Kinderwagen schob.

An diesem Abend konnte er wenig mehr tun, als sich erneut mit Burden auf eine Diskussion über den möglichen Beweggrund einzulassen. Burden brachte mehrere seltsame Vermutungen vor. Nachdem er anfangs erklärt hatte, sich auch nicht ein einziges Motiv denken zu können, äußerte er jetzt die Ansicht, die Kindsräuberin hätte ihr eigenes Kind für den nächsten Tag zur Schutzimpfung gegen Keuchhusten angemeldet. Sie hätte in der Zeitung gelesen, daß dadurch Gehirnschäden entstehen können, sich aber gescheut, die Impfung zu verweigern, und sei deshalb darauf verfallen, statt ihres eigenen Babys ein anderes herzunehmen.

«Das ist das Schlimme bei euch Phantasielosen», sagte Wexford, «wenn ihr erst mal phantasiert, dann dreht ihr auch gleich voll durch. Sie möchte ihr Kind vor einem eins zu einer Million auftretenden Gehirnschaden bewahren, aber sie überläßt es ohne weiteres der Hand von Fremden, die ihm doch viel mehr schaden könnten.»

«Aber sie hat eben gewußt, die würden ihm nichts tun. Sie hat sich gedacht, daß es kommt, wie es gekommen ist, daß er zu uns gebracht wird und sich dann die Gemeinde seiner annimmt.» Burden wartete auf Beifall, und als er ausblieb, ging er nach Hause. Für drei Stunden. Um elf an diesem Abend sollte er wieder herausgerufen werden.

Aber nicht wegen Karen Bond.

Normalerweise hätte Sergeant Willoughby, der vom

Dienst heimfuhr, dem unter ein paar überhängenden Sträuchern eingangs der Ploughman's Lane geparkten Ford Transit keinen zweiten Blick geschenkt. Doch der Kopf des Sergeant war, wie die Köpfe der meisten Mitglieder des Polizeistabs von Mid-Sussex, erfüllt von Gedanken an vermißte Kinder. Er sah den Transporter als möglichen Wohnwagenersatz, und verschwommen kamen ihm die alten Geschichten von durch Zigeuner geraubten Kinderchen in den Sinn. Er parkte seinen Motorroller und ging hinüber, um nachzuschauen.

Der junge Mann auf dem Fahrersitz schaltete die Zündung an, legte den Gang hinein und fuhr so schnell er konnte mit röhrendem Motor davon. Es bestand keine echte Gefahr, daß er Sergeant Willoughby auf den Kühler nahm, und er hatte das wohl auch nicht vor, doch er zog knapp auf Armlänge an ihm vorbei und preschte die Straße hinunter in Richtung Stadt.

Das nächste Telefon war im Haus des Sergeant selbst in der Queen Street, und er fuhr sofort dorthin.

Aber der Ford Transit, so stellte sich heraus, hatte nichts mit Karen Bond zu tun gehabt. Er sollte der Fluchtwagen für zwei Männer sein, die sich die Abwesenheit eines Kingsmarkhamer Börsenmaklers und seiner Frau zunutze machten, um einen Safe aus ihrem Haus zu entfernen.

Ploughman's Lane war die Millionärsstraße von Kingsmarkham, und Stephen Pollards Haus, hochgestochen «Baron's Keep» benannt, war keineswegs das kleinste oder bescheidenste in der Reihe. Es war ein roter Backsteinpalast aus den dreißiger Jahren mit bleigefaßten Gitterfenstern und verdrehten Schornsteinen im Neo-Tudor-Stil. Vor allen Fenstern im Erdgeschoß waren stabile Gitterstäbe, nicht aber vor der Verandatür, die vom größten der hinten gelegenen Schlafzimmer auf einen geräumigen Balkon hinausging. Als Burden und Loring dorthin kamen, fanden sie Anzeichen, daß zwei Männer auf diesen Balkon hinaufgeklettert waren; sie hatten die einbruchsicheren Schlösser an dem Flügelfenster ignoriert und mit einem Glasschneider fein säuberlich das Glas aus seinem Rahmen getrennt.

Wo der Safe gestanden hatte, in dem Arbeitszimmer im Erdgeschoß, war jetzt eine klaffende Lücke. Der Raum sollte angeblich die exakte Nachbildung eines Studier-, Lieblings- oder Geheimzimmers der schottischen Königin Mary auf Schloß Holyrood sein, und der Geldschrank war in der Wandtäfelung hinter einer Schiebetür verborgen gewesen. Die Diebe hatten ihn mit einem Meißel aus seiner Nische herausgehämmert und ihn so, wie er war, hinausgeschafft. Er muß ungeheuer schwer gewesen sein, dachte Burden, was auch den gleich um die Ecke abgestellten Transporter erklärte.

Es war ein trockener Tag, dem jedoch eine lange Schlechtwetterperiode vorausgegangen war. Tiefe Fußspuren, ein Paar von etwa Schuhgröße acht, das andere Schuhgröße zwölf, hatten sich in das Blumenbeet unter dem Balkon eingeprägt. Dieselben Abdrücke überquerten den Rasen hinter dem Haus bis zu einem Tor in dem hohen Gitterzaun, und nebenher verliefen, etwa sechs Zentimeter voneinander entfernt, zwei parallele Rinnen.

«Ich vermute», sagte Burden, «sie hatten so ein Radgestell, das die Leute nehmen, um schweres Gepäck rumzuschieben. Das muß so eins sein. So eine Unverfrorenheit!»

Loring leuchtete mit seiner Taschenlampe. «Hier haben sie es abgesetzt, Sir, vor dem Tor. War bestimmt ein ziemlicher Schlag, als sie merkten, daß der Wagen weg war und sie weiterschieben mußten.»

Vergebens suchten sie die Straße ab, die Gräben und das Dickicht, das den Weg auf der einen Seite begrenzte. Sie fanden den Safe nicht, und auf den Fenstersimsen und im Arbeitszimmer von «Baron's Keep» waren keine Fingerabdrücke zu entdecken. Die Diebe hatten Handschuhe getragen.

«Und Häuptling Großfuß», sagte Burden am Morgen, «hätte außerdem Schneeschuhe anziehen sollen. Es laufen bestimmt nicht viele Ganoven mit solchen Quadratlatschen rum.»

«Ich würde sofort an Lofty Peters denken», sagte Wexford, «nur daß der sitzt.»

«Nein, das tut er nicht mal. Er ist letzte Woche rausgekommen. Aber wir waren schon bei ihm, haben ihn um Mitternacht rausgeklopft und alle Nachbarn dabei aufgeweckt, und es bestand kein Zweifel, wo er den ganzen Abend verbracht hat. Er war stockbetrunken, voll bis zur Besinnungslosigkeit. Ich schätze, die Leute hier kamen aus London. Der gute alte Pollard hat sich in der Stadt über die Diamanten seiner besseren Hälfte den Schnabel zerrissen, und das ist das Ergebnis.»

«Der Transporter war geklaut», sagte Wexford. «Ich hab gerade einen Anruf vom Revier Myringham bekommen. Sie haben ihn mit abmontierten Kennzeichen irgendwo am Waldrand gefunden.»

«Was für herrliche Zeiten das sind», sagte Burden, und er blickte hinaus auf die Geranien im Vorhof, auf die Geschäfte, die eröffnet, die gestreiften Markisen, die überall entrollt wurden, auf die Autos, mit denen die Kauflustigen kamen, während die Julisonne ein großes Tuch aus Licht und Wärme über die Pomfret Road breitete – und auf die kleine Gestalt in gar nicht sommerlichem Schwarz, die dort daherkam. «Mein Gott», sagte er, «ich kann's nicht glauben, bloß nicht noch eins!»

Wexford stand auf und ging hinüber zum Fenster. Der stämmige kleine Mann in der schwarzen Soutane war jetzt auf dem Vorhof und schritt zwischen den Geranienkästen hindurch. In den Armen hielt er ein Bündel, das unzweifelhaft ein Baby war. Er trug das Baby sehr selbstbewußt und sicher, wie man es vielleicht von jemandem erwarten konnte, der so häufig die heilige Taufe vollzog. Wexford beobachtete ihn stumm, er reckte sich vor, um den Weg des Priesters unter dem Vordach und durch die Schwingtüren in die Polizeistation zu verfolgen.

Mit zurückgenommen nachdenklicher Stimme sagte er: «Mike, du glaubst doch nicht, daß das der letzte Schrei ist? Ich meine, wir hatten schon mit Frauentausch zu tun, sind wir jetzt beim Babytauschen? Am Ende machen die gelangweilten jungen Hausfrauen sich das zum Zeitvertreib, anstatt zur Abendschule zu gehen oder mit ihren Gefriertruhen zu spielen.»

«Oder vielleicht tobt sich da ein Verrückter aus, dem es Spaß macht, sie bunt durcheinander zu mischen und ihre Mamis zu verwirren.»

«Musical-Babies», sagte Wexford. «Komm, sehen wir nach, was los ist.» Sie fuhren mit dem Lift hinunter ins Foyer. «Guten Morgen, Herr Pastor. Und wen haben wir da noch?»

Der Priester der katholischen Kirche Unserer Lieben Frau von Loretto lehnte an dem langen, geschwungenen Schalter, hinter dem Wachsergeant Camp präsidierte. Das schlafende Baby in seinen Armen war eingehüllt oder regelrecht eingesponnen in eine saubere, hellblaue Netzdecke. Nur sein Gesicht, zart, aber gesund in der Farbe, und eine Hand schauten heraus. Schwere dunkle Wimpern ruhten auf der rosigen Haut, aber sonst war das Kind hell, noch ohne Augenbrauen, und sein feines, flaumiges Haar leuchtete wie eine neue Kupfermünze. Pastor Glanville, der es behutsam festhielt, unterbrach sein Gespräch mit dem Sergeant, um Wexford ratlos anzugrinsen, während Polly Davies die winzigen Finger des Babys mit ihrem Zeigefinger streichelte.

«Das weiß ich so wenig wie Sie, Mr. Wexford. Ich ging kurz vor neun zur Kirche hinüber, und als ich zurückkam, lag dieser Kleine auf der Treppe vor dem Pfarrhaus. Meine Wirtschafterin, Mrs. Bream, war durch den Hintereingang gekommen und hatte ihn nicht mal bemerkt.»

«Sie haben ihn so da gefunden?» fragte Wexford. «Nur in der Decke eingewickelt vor der Tür?»

«Nicht direkt. Er lag mit der Decke umwickelt in einem Pappkarton. Der Karton», sagte Pater Glanville lächelnd, «war so einer, wie man sie in Lebensmittelsupermärkten sieht. Er hat den Aufdruck: Smith's gesalzene Kartoffelchips, 10 Familienpackungen.» Etwas besorgt setzte er hinzu: «Nun hab ich ihn leider nicht mitgebracht.»

Wexford mußte unwillkürlich lachen. «Daß Sie ihn mir nur nicht wegwerfen. Wahrscheinlich ist er ein sehr wichtiges Indiz.» Er trat näher an das Kind heran, das ungeachtet des Gesprächs und der vier fremden Riesen ringsum weiterschlief.

«Haben Sie es gleich hergebracht?»

«Ich habe *ihn* gleich hergebracht», sagte Pater Glanville kaum merklich im Tonfall eines Verweises. Wexford sagte sich, er hätte wissen müssen, daß der Priester keine Menschenseele, wie jung, wie namenlos und unbekannt sie auch immer sein mochte, als «es» bezeichnen würde, dann fragte er: «Ich nehme an, er ist also ein ‹er›? So blaue Decken deuten ja nicht unbedingt auf ein männliches Geschlecht hin, oder?»

Aus irgendeinem dunklen Grund, der keinem von ihnen bewußt war, richteten die drei Männer gleichzeitig ihren Blick auf Polly Davies. Und sie, die dementsprechend einsah, daß es ihre besondere Funktion sei, die Geschlechtszugehörigkeit festzustellen, nahm sanft das Baby aus Pater Glanvilles Arm, drehte sich um und wickelte die blaue Decke auseinander. Das Baby wachte auf und begann sofort energisch zu schreien. Polly rollte es wieder ein, sie hob das Kind an ihre Schulter und legte ihre Hand auf seinen vier Zoll breiten Rücken.

«Das ist ein kleines Mädchen, Sir.» Sie drückte seine Wange an die ihre. «Sir, meinen Sie nicht auch, daß es Karen Bond ist? Sie ist es bestimmt, sie muß es sein.» Ihre

Stimme stockte. Sichtlich zu ihrer eigenen Bestürzung traten ihr Tränen in die Augen. «Und jemand hat sie einfach ausgesetzt, das Kind anderer Leute, in einem Pappkarton vor irgendeine Tür!»

«Aber der Jemand hätte sich doch keine bessere Tür aussuchen können, meinen Sie nicht?» fragte Wexford und grinste dabei den Priester an. «Kommen Sie, Constable Davies, wie sieht denn das aus für eine emanzipierte Frau. Tragen wir's mit Fassung und rufen erst mal Mrs. Bond an.»

Trevor und Pippa Bond kamen beide in die Polizeistation, wieder von Susan Rains gefahren. Der junge Mann stand eine Heidenangst aus, daß es am Ende doch nicht ihr Baby wäre und daß die Fahrt nur grausame und falsche Hoffnungen erweckt hätte, deshalb hatte er versucht seine Frau zu überreden, nicht mitzukommen. Doch sie war mitgekommen. Nichts hätte sie davon abhalten können, so dösig und benebelt sie auch noch von Dr. Moss' Beruhigungsmitteln war.

Aber als sie dann das Baby sah, war ihre Benommenheit wie weggewischt, und der glasige Blick verschwand aus ihren Augen. Sie schloß sie in die Arme und drückte sie, bis Karen laut schrie und sich mit der vollen Energie ihrer neun Wochen wehrte. Unergründlich beobachtete Susan Rains das kleine Drama, auch noch, als ihre Schwester zitternd die blaue Decke auf den Boden warf und die Tränen von ihren Wangen auf den Kopf des Babys kullerten. Wie rasend begann Pippa den weißen Kittel, das Frottejäckchen, die winzigen Strümpfe zu untersuchen, als jagte sie nach sichtbaren Bakterien.

«Warum verbrennst du nicht den ganzen Kram?» fragte Susan sehr kalt. «Dann bist du die Sorgen los.»

Trevor Bond sagte rasch und verlegen: «Also, wir sind Ihnen sehr dankbar, ganz herzlichen Dank. Ich bring die Mädchen jetzt eben noch nach Hause, und dann geht's wieder ins Büro. Wir haben immer allerhand zu tun um die Zeit.»

«Ich bring sie heim, Trev», sagte Susan. «Sieh du nur zu, daß du in den Betrieb kommst. Und ich ruf auch Mutter an.»

«An Ihrer Stelle würde ich mit Karen doch mal zu Dr. Moss gehen», sagte Wexford. «Sie sieht zwar gesund aus und ist es auch bestimmt, aber man sollte ganz sicher gehen.»

Sie machten sich auf den Weg. Susan Rains hielt sich ein Stück hinter den anderen, schon festgelegt auf ihre Rolle als ewige Tante. Wexfords Gedanken wanderten zu ihrem Neffen, dem Kind ihres Bruders Mark, wenn er auch keine Ahnung hatte, warum der ihm jetzt einfiel, und dann zu Klein Ginger, dem Strohwaisen unten in der Bystall Lane. Er hob die Decke auf – Klein Gingers Decke? – und nahm sie unter die Lupe. An dem Etikett war abzulesen, daß sie aus Wales stammte und aus reiner Wolle bestand, sie war alt und sauber und an einer Ecke von jemandem geflickt, der im Umgang mit der Stopfnadel kein Neuling war. Aus ihrem Netzgeflecht zog er eine Anzahl von Haaren. Die meisten waren Babyflaum, sehr feine, rotblonde Fädchen, die alle vom Schopf desselben Kindes stammen mochten (oder auch wieder nicht), dazwischen aber fanden sich ein paar längere, gröbere Haare, die eindeutig vom Kopf einer Frau kamen. Einer rothaarigen Frau. Er dachte an die zwei rothaarigen Frauen, die ihm während der Zeit von Karens Abwesenheit begegnet waren, als es plötzlich an seine Tür klopfte.

Wexford rief «Herein», und Sergeant Willoughby steckte erst seinen Kopf durch die Tür, dann wagte er sich ein wenig schüchtern in das Büro. Hinter ihm kam Burden.

«Der junge Kerl, den ich gestern abend am Steuer des Transporters gesehen habe, Sir», sagte Willoughby, «mir kam sein Gesicht gleich bekannt vor, ich wußte, ich hatte ihn schon mal gesehen. Jedenfalls, jetzt erinnere ich mich, wer es ist. Tony Jasper, Sir. Ich bin ganz sicher.»

«Und soll ich diesen Tony Jasper auch kennen?»

Burden sagte schnell: «Du kennst seinen Bruder. Sein Bruder ist Paddy Jasper.»

«Paddy Jasper ist in den Norden abgewandert.»

«Angeblich, ja», sagte Burden, «und vielleicht ist er da noch, aber seine Freundin lebt jetzt wieder hier. Du weißt schon, Leilie Somers, seine mehr oder weniger ständige Braut, seit sie mit sechzehn von der höheren Schule in Stowerton abgegangen ist.»

«Weißt du, wo sie wohnt?»

«In einer der Wohnungen über den Läden in der Roland Road», sagte Burden.

Die Roland Road war eine Parallelstraße hinter der High Street in Stowerton. Um dorthin zu gelangen, brachte Wexfords Fahrer ihn und Burden die High Street hinunter, und als Wexford aus dem Fenster schaute, sah er Pippa Bonds Mutter, die Schaufenster betrachtete und einen Kinderwagen vor sich schob, der höher und breiter war als der ihrer Tochter und von einem kräftigen Dunkelgrün. Sein Insasse war vermutlich ihr Enkel. Mrs. Leighton war ebenfalls ganz in Grün, und ihr getöntes Haar wirkte roter denn je.

Der Wagen bog links ein, dann nach rechts in die Roland Road. Die Ladenzeile aus acht Geschäften wurde überragt von einem breiten Überbau mit ziellos zugespitzten Dächern und, längs der Fassade, nutzlosem Schmuckwerk, das aus grün gestrichenen Zapfen und Balken bestand. Der Häuserblock war etwa in der gleichen Periode errichtet worden wie auch «Baron's Keep», in der Zeit, die Wexford die Große Neu-Spätgotik nannte. Er gab Burden zu verstehen, daß es um den Gesamteindruck des urbanen und ländlichen England unendlich besser bestellt wäre, wenn die Architekten der dritten und vierten Dekade des Jahrhunderts statt des elisabethanischen den georgianischen Baustil neubelebt hätten. «Stell es dir vor», sagte er, «lange elegante Schiebefenster statt muffelige Flügelfenster, Säulen statt Fachwerk und Ziergiebel statt Giebel.» Burden antwortete ihm nicht. Er hatte der Tür zwischen dem Zeitschriftenladen und dem Tiernahrungsgeschäft einen Stoß versetzt, und sie gab unter seiner Hand nach und schwang nach innen.

Der Durchgang war ziemlich duster. Am Fuß der Treppe stand ein Kinderwagen, aus dem eine junge Frau ein Baby hob. Sie drehte sich um, als das Licht auf sie fiel, und sagte:

«O hallo, gerade wollte ich wieder zumachen. Suchen Sie was Bestimmtes?»

Burden hatte eine Inspiration. An Leilie Somers' Charakter, an ihre Hoffnungen und Ängste denkend, sagte er: «Wir möchten zu Mrs. Jasper.»

Die junge Frau wußte sofort, wen er meinte: «Leilie wohnt im letzten Stock, die rechte Tür.» Das Baby an ihrer Hüfte, stellte sie den Kinderwagen ein Stück weiter hinten in der Passage ab und klappte das Verdeck herunter.

«Wissen Sie, ob ihr Mann daheim ist?»

Die Antwort kam arglos zu ihnen herauf, während sie die steile Treppe hinaufstiegen: «Dann müßte er schon zurückgekommen sein. Heute morgen kurz nach acht hörte ich, wie er wegging.»

Im Obergeschoß war eine Tür links und eine Tür rechts. Burden klopfte an der rechten, und sie wurde so prompt geöffnet, daß Leilie Somers hinter ihr gelauscht haben mußte. Und ebenso schnell wollte sie sie jetzt in der Wohnung haben. Ihre Nachbarin kam unaufhaltsam die Treppe herauf, und Leilie mochte es nicht darauf ankommen lassen, daß sie mitbekam, wie die Polizei sich vorstellte und Dienstausweise zückte. Sie war eine dünne, kleine Person von acht- oder neunundzwanzig Jahren mit abgehärmtem Gesicht und hennagefärbtem Haar. Ihre ganze Jugend hindurch war sie die Geliebte eines Mannes gewesen, der von Raub und mitunter von Gewaltverbrechen lebte, und sie hatte selber auf der Anklagebank gesessen. Trotzdem hatte sie sich, im

Gegensatz zu anderen Frauen, keine unverschämte oder anmaßende Haltung gegenüber der Polizei angewöhnt. Sie war immer höflich, sie war immer scheu, und als Wexford jetzt sagte, «Sie sind also in Ihr altes Revier zurückgekehrt, Leilie», da nickte sie nur, lächelte nervös dabei und meinte, ja, sie sei zurückgekommen und hätte gleich diese Wohnung erwischt, mit sehr viel Glück.

«Und mit Paddy zusammen, nehme ich an.»

«Manchmal», sagte sie. «Ab und an. Man kann nicht sagen, daß er hier wohnt.»

«Was denn? Verbringt er seinen Urlaub hier?» Leilie gab keine Antwort. Die Wohnung bestand anscheinend aus einem Wohnraum, Schlafzimmer, Klo und Küche mit abgeteiltem Bad. Sie gingen durch ins Wohnzimmer. Die Einrichtung war billig, häßlich und alt, aber ausgesprochen sauber gehalten, und die Wände und die Holzverkleidung waren frisch geweißt. Das Zimmer war vielleicht vor einer Woche erst renoviert worden, man roch die Farbe noch. «Er war heute nacht hier», sagte Wexford. «Heute morgen gegen acht ist er weg. Wann kommt er wieder?»

Sie würde sich von dem Mann lösen, wenn sie könnte. Wexford hatte diesen Eindruck jetzt, und er hatte ihn auch früher schon, vor Jahren schon gewonnen. Ein zu starkes Band fesselte sie an Paddy Jasper, Liebe oder einfach Gewohnheit, doch sie wäre erleichtert, wenn äußere Umstände es durchtrennen könnten. In der Zwischenzeit würde sie unbedingt loyal sein.

«Weshalb wollten Sie denn zu ihm?»

Statt einer Antwort eine Gegenfrage, dachte Wexford, das Spiel können zwei spielen. «Wo war er gestern abend?»

«Er war hier. Er hatte ein paar Kumpel zum Kartenspiel eingeladen, und auf ein paar Bier.»

«Und einer von den Kumpeln», sagte Burden, «war nicht rein zufällig sein kleiner Bruder Tony?»

Leilie blickte auf den Teppich am Boden, zur Decke hinauf

und dann so angestrengt aus dem Fenster, daß man glauben konnte, eine Concorde sei am Himmel erschienen, wenn nicht gar ein Ufo.

«Kommen Sie, Leilie, Sie kennen Tony doch. Dieser nette, anständige junge Engländer, der zwei Jahre bekam, weil er oben im Smoke eine alte Frau überfallen hat.»

Sie sagte ganz ruhig, indem sie jetzt auf ihre Finger starrte: «Klar kenn ich Tony. Wahrscheinlich war er auch hier, aber ich weiß es nicht, ich war auf der Arbeit. Ich hab einen Job im *Andromeda*. Toilettenwärterin, abends von acht bis zwölf.»

Ein Zeichen der Zeit nannte Wexford das *Andromeda*. Es war Kingsmarkhams Kasino, ein Spielclub in einem aufpolierten viktorianischen Haus draußen in der Sewingbury Road. Er wollte sie fragen, weshalb ein Aushilfsjob, was aus ihrer Ganztagsarbeit geworden sei – denn bei seiner letzten Begegnung mit Leilie war sie Friseuse in Mr. Nicholas' Salon gewesen –, doch sein Blick fiel auf einen Gegenstand, der am einen Ende des Kaminsimses stand. Es war eine Babyflasche, die noch einen kleinen Rest Milch enthielt.

«Ich wußte gar nicht, daß Sie ein Baby haben, Leilie», sagte er.

«Er ist im Schlafzimmer», gab sie zurück, und wie um ihre Worte zu bestätigen, drang durch die Wand ein piepsiges Jammern, das rasch an Lautstärke zunahm. Sie hörte hin. Als die Schreie schriller wurden, lächelte sie, und aus dem Lächeln wurde ein Lachen, ein schallendes Gelächter. Dann biß sie sich auf die Lippe und sagte monoton wie immer: «Paddy und die andern haben für mich aufs Baby aufgepaßt. Sie waren den ganzen Abend hier.»

«Ich verstehe», sagte Wexford. Er wußte damit ohne jeden Zweifel, daß Paddy Jasper nicht hier gewesen war, daß seine Freunde nicht hier gewesen waren, sondern daß im Gegenteil sie oder einige von ihnen, darunter Jasper und sein Bruder, in der Ploughman's Lane in «Baron's Keep» eingebrochen hatten. «Ich verstehe», sagte er wieder. Das Baby schrie immer noch, es verbiß sich in seinen Anfall von Wut oder Elend. «Ist Paddy der Vater des Kindes?»

Sie war einer Grobheit nie so nahe gekommen wie mit ihrer Antwort. «Sie haben kein Recht, mich das zu fragen, Mr. Wexford. Was geht Sie das an?»

Nein, dachte er, vielleicht habe ich wirklich kein Recht. Daß neunundneunzig von hundert Polizisten die Frage gestellt hätten, war kein Grund für ihn, es auch zu tun. «Es geht mich nichts an», sagte er. «Entschuldigen Sie, Leilie. Sie sollten aber besser mal nach ihm sehen, nicht?»

Doch in diesem Moment hörte das Schreien auf. Leilie Somers seufzte. In der Wohnung nebenan hörte man Schritte, und eine Tür wurde zugeschlagen. Wexford sagte: «Wir kommen wieder», und folgte Leilie hinaus auf den Flur. Sie ging ins Schlafzimmer und schloß sich ein.

Burden zog hinter ihnen die Wohnungstür zu. «Das ist ihr zweites Kind, weißt du», sagte er, als sie die Treppe hinuntergingen. «Sie hatte vor Jahren schon mal eins von Jasper.»

«Ja, ich erinnere mich.» Wexford fiel Pater Glanvilles versteckte Rüge ein, und er sagte behutsam: «Was ist aus ihr oder aus ihm geworden?»

«Leilie Somers mißhandelt ihre Kleinen. Wußtest du das nicht? Nein, wohl kaum. Der Fall lag an, als du krank warst und große Ferien hattest.» Wexford hörte zwar nicht gerne, daß seine einmonatige Kur nach einer Thrombose als «große Ferien» bezeichnet wurde, aber er sagte nichts. «Ich mußte staunen», erklärte Burden streng, «wie du dich bei ihr entschuldigt hast; als ob sie eine anständige, ehrbare Frau wäre. Sie bringt es fertig, auf ein wehrloses Kind einzuprügeln, bis es eine Schädelfraktur und einen gebrochenen Arm hat. Das waren die Verletzungen ihres Kleinen. Und was hat Leilie gekriegt? Bewährung und eine Empfehlung für den Psychiater, den ganzen Quatsch.»

«Was ist mit dem Jungen passiert?»

«Er wurde adoptiert», sagte Burden. «Er war ziemlich lange noch im Krankenhaus, und dann hörte ich, Leilie hätte ihn zur Adoption freigegeben. War auch das beste für ihn.»

Wexford nickte. «Trotzdem merkwürdig», sagte er. «Sie macht immer so einen sanften, schwachen Eindruck. Ich kann mir zwar vorstellen, daß sie mit einem Kind nicht fertig wird oder ein bißchen zu nachlässig ist und zum Beispiel nicht merkt, wenn es krank wird, aber Kindesmißhandlung – das paßt mir so gar nicht zu ihr.»

«Du redest doch immer davon, wie voller Widersprüche die Leute sind. Du sagst doch immer, sie sind eigen, und man weiß nie, was sie als nächstes tun.»

«Da hast du wohl recht», sagte Wexford.

Er schickte Loring los, um die Wohnung in der Roland Road zu überwachen, dann gingen er und Burden zum Mittagessen in die Kantine der Polizeistation. Polly Davies kam zu Wexford, als er gerade seinen Nachtisch verspeiste.

«Ich war in der Bystall Lane, Sir, und hab nach Klein Ginger geschaut. Sie wollten wissen, ob wir daran dächten, ihn anderwärts unterzubringen, oder ob sie ihn noch eine Weile dabehalten sollen.»

«Mein Gott, die haben ihn doch kaum erst vierundzwanzig Stunden.»

«Das hab ich ihnen ja auch gesagt, Sir. Jedenfalls dem Sinn nach. Ich glaube, sie haben Personalsorgen.»

«Genau wie wir», sagte Wexford. «Aber weiter, es hat wohl niemand zufällig gesehen, wie Karen Bond dort vor die Tür gelegt wurde?»

«Leider nicht, Sir. Jedenfalls niemand, mit dem ich gesprochen habe, und es hat sich niemand gemeldet. Mrs. Bream, die dem Priester den Haushalt führt, sagt, der Pappkarton – Sie wissen, der Smith's Kartoffelchipskarton – war schon da, als sie um neun kam, nur hat sie ihn sich nicht angeguckt. Sie dachte, jemand hätte was für den Pfarrer abgestellt, und sie wollte erst die Küche aufräumen und das

Bett machen, bevor sie es reinholte. Pater Glanville sagt, er sei um zehn vor neun weg, und da sei der Karton mit Sicherheit noch nicht dort gewesen, also muß ihn jemand in diesen zehn Minuten hingestellt haben. Sieht nach jemandem aus, der die Gewohnheiten des Pfarrers und von Mrs. Bream kennt, nicht wahr, Sir?»

«Eins von seinen Schäfchen, meinen Sie?»

«Könnte doch sein. Warum nicht?»

«Wenn Sie recht haben», sagte Wexford trocken, «dann ist die Betreffende wahrscheinlich gerade dabei, es zu beichten, und Pater Glanville wird natürlich das Geheimnis ihrer Identität in seiner Brust bewahren müssen.»

Er ging hinauf in sein Büro, um auf Nachricht von Loring zu warten. Wie er dort am Schreibtisch saß und nachdachte, fiel ihm eine Statue ein, die er in der Wohnung Susan Rains' gesehen hatte, an der Wand auf einem eigens dafür angebrachten Bord, eine kleine Gipsstatue der Jungfrau mit Lilien in ihren Armen. Er war schon im Begriff, nach Greenhill Court zu fahren, um noch einmal mit Susan Rains zu sprechen, als ein Anruf von Sergeant Camb ihm den Besuch Stephen Pollards ankündigte.

Der Finanzmakler und seine Frau hatten in Schottland Urlaub gemacht, und sie waren den ganzen Weg, fünfhundertundvierzig lange Meilen, ohne Rast seit sechs Uhr früh zurückgefahren. Wexford hatte Pollard bei einer Gelegenheit schon getroffen und kannte ihn von daher als cholerische Person. Jetzt war er von der langen Fahrt ermüdet, dennoch führte er sich mindestens so laut und leidend auf wie Pippa Bond nach dem Verlust ihres Babys. Der Geldschrank, so schien es, hatte eine Halskette mit passendem Armband aus in Platin gefaßten Saphiren enthalten, vier Ringe, drei Kameen und ein Diamantkreuz, das allein, so Pollard, seine dreißigtausend Pfund wert war. Nein, natürlich hätte niemand gewußt, daß er einen Safe besaß, in dem er Wertsachen aufbewahrte. Allenfalls, nun ja, die Putzfrau und die

Putzfrau davor, und die ganze Riege der Au-pair-Mädchen und vielleicht noch die Handwerker, die das Haus gestrichen hatten, und die Firma, die die Gitter einbaute.

«Daß ich nicht lache», sagte Burden, als er wieder fort war. «So ein Theater, obwohl seine Versicherung hundertprozentig für alles blecht. Er könnte getrost wieder nach Schottland fahren. Nur wir haben doch die Schinderei, und wir kriegen Dresche, wenn die Banditen nicht gefaßt werden, ihm kann das völlig egal sein. Und ich sag dir noch was, warum ich nicht lache», er erwärmte sich für seinen Groll. «Die Steuerzahler von Sussex können vielleicht noch achtzehn Jahre lang für Klein Gingers Unterhalt aufkommen, weil seine Mutter sich nicht traut, sich zu melden und ihn abzuholen.»

«Was soll ich denn machen? Einen Treff junger Mütter abhalten und ihnen einen Kreidekreis ziehen?»

Burden sah verblüfft drein.

«Hast du noch nie vom chinesischen Kreidekreis oder von Brechts *Kaukasischem Kreidekreis* gehört? Da wird mit Kreide ein Kreis auf den Boden gezeichnet und das Kind hineingestellt, und von den Müttern, die sich um ihn streiten, ist diejenige, die es herausziehen kann, seine wirkliche Mutter und kann es haben.»

«Das ist ja gut und schön», sagte Burden nach einer Pause, «aber hier geht's nicht um Mütter, die ihn haben wollen, sondern er braucht eine Mutter. Ihn will anscheinend keiner.»

«Armer Ginger», sagte Wexford, und dann klingelte das Telefon. Es war Loring, der per Funk durchgab, daß Paddy Jasper in die Roland Road gekommen und hinauf zu Leilie Somers gegangen sei.

Bis Wexford und Burden dort hinkamen, hatte sich auch Tony Jasper eingefunden. Die Brüder waren beide groß und schwergebaut, doch Tony hatte noch eine jugendlich athletische Figur, während sein Bruder langsam Bauch ansetzte.

Tonys ansonsten einnehmende Erscheinung wurde durch eine gebrochene Nase beeinträchtigt, die nicht gerichtet worden war und die ihm das Atmen erschwerte. Der abstoßende, ja fast unheimliche Zug an ihm rührte zum Teil daher, daß er dauernd durch den offenen Mund atmete. Paddy und er saßen sich an Leilies Wohnzimmertisch gegenüber. Beide rauchten, die Luft im Zimmer war dick von Zigarettenqualm, und Tony teilte eben Karten aus. Wexford hielt das Kartenspiel für eine Eingebung des Augenblicks, sie hatten es wohl hastig hervorgeholt, als sie das Klopfen an der Tür hörten.

«Leg die Karten weg, Tony», sagte Paddy. «Weiterspielen schickt sich nicht, wenn man Besuch kriegt.» Seine Höflichkeit war stets die eines ausgemachten Ekels. «Leilie hat schon angedeutet, Sie wollten gerne wissen, wo ich gestern abend war. An was für eine Zeit haben Sie denn da gedacht?»

Wexford sagte es ihm. Paddy lächelte. Irgendwie brachte er ein väterliches Lächeln zustande. Er sei für ein paar Tage zu Leilie gekommen, sagte er, und zu seinem Sohn. Er hätte das Kind seit seiner Geburt ja kaum gesehen, weil er im Norden diesen guten Job hätte, aber leider keine Möglichkeit, Frau und Kind da oben unterzubringen, das sei nicht drin. Also sei er am Samstag zum Urlaub runtergekommen, und was mußte er hören? Daß Leilie abends fest im *Andromeda* arbeitete. Am Montagabend hätte sie sich zwar freigenommen, um bei ihm zu sein, hätte mit einem anderen Mädchen für Dienstag getauscht, da hätte sie gestern abend ja nun schlecht noch mal blau machen können, also hätte er gesagt, geh nur, ich paß schon auf das Baby auf, ich und Tony, und wir holen uns noch ein paar von den alten Kumpeln her, Jonny Farrow und Pip Monkton nämlich, auf ein Bier und eine Partie Solo.

«Und das haben wir dann auch gemacht, Mr. Wexford.»

«Absolut», sagte Tony.

«Leilie hat Matthew schlafen gelegt, und dann kamen die Jungs, und sie machte uns einen Happen zu essen. Ist ja ein gutes Mädchen, die Leilie. Ungefähr um halb acht ist sie ab zur Arbeit, gell, Schatz? Dann haben wir gespült und unser Spiel gemacht. Ach ja, und die Frau von nebenan kam zwischendurch gucken, ob vier erwachsene Männer auch auf ein Baby aufpassen können, sie hat's bestimmt nur gut gemeint. Und dann, um halb zwölf, ging Pip nach Hause, weil seine Frau bei ihm daheim der Boss ist, und um Viertel nach zwölf kam Leilie zurück. Es hat sie einer mitgenommen, deshalb war sie schneller da. Stimmt's oder stimmt's nicht, Schatz?»

Leilie nickte. «Außer, daß ihr nicht gespült habt.»

Wexford betrachtete nur die großen Füße des Mannes, die nicht mehr unter dem Tisch steckten, sondern breit auf dem billigen Teppich ausgespreizt waren. Er fragte sich, wo die Schuhe sein mochten, von denen die Bilderbuchabdrücke stammten. Wahrscheinlich verbrannt. Die Überreste des aufgesprengten Safes würden in irgendeinem Teich oder Fluß der Umgegend liegen. Johnny Farrow war als Tresorknacker und Sprengstoffspezialist bekannt. Er wandte sich Leilie zu und stellte eine Frage, mit der vielleicht niemand gerechnet hatte.

«Wer sieht denn sonst nach dem Baby, wenn Sie arbeiten?»

«Julie von nebenan. Das Mädchen, mit dem Sie heute morgen gesprochen haben. Erst hab ich ihn immer zu meiner Mutter gebracht, sie wohnt in der Charteris Road, das ist ja nicht weit, aber dann fing er an, sich abends anzustellen, er weinte und schrie immer, und wenn ich ihn woanders hinbrachte, wurde es noch schlimmer.» Wexford fragte sich, ob sie ihm so ausführlich antwortete, weil sie das Baby manchmal unbeaufsichtigt ließ und Angst hatte, damit gegen das Gesetz zu verstoßen. Er dachte an den anderen Jungen, den mit der Schädelfraktur und dem gebrochenen Arm, und er verhärtete sich gegen sie. «Dann mußte Mami sowieso ins Krankenhaus, sie ist gestern erst wieder rausgekommen. Also sagte Julie, ich könnte ihn hierlassen, sie würde alle halbe Stunde mal reinschauen, und wenn er heulte, würde sie es ohnehin mitkriegen. Durch die Wände hier hört man eine Stecknadel fallen. Und Julie geht nie weg, weil sie selber ein Baby hat. Sie ist ein prima Kerl, Julie, meine ich, denn Matthew brüllt bestimmt fast den ganzen Abend, und einfach heulen lassen kann man ihn ja schließlich auch nicht, was?»

«Ich bin erfreut, meine Liebste, dir mitteilen zu können», sagte Paddy schrecklich aufgeblasen, «daß mein Sohn gestern abend nicht einen Mucks von sich gegeben hat, er war ein richtiges Goldkind», und beim letzten Wort starrte er Wexford an und verzog seine Lippen zu einem breiten humorlosen Lächeln.

Julie Lang bestätigte, daß Paddy Jasper, Tony Jasper, Pip Monkton und Johnny Farrow in der Nachbarwohnung gewesen waren, als sie um halb neun dort klopfte, um nachzusehen, ob mit Matthew alles beim Rechten sei. Sie hätte einen Schlüssel zu Leilies Wohnung, den sie aber, weil sie von Mr. Jaspers Anwesenheit wußte, nicht benutzt hätte. Nicht im Traum wäre ihr das eingefallen, denn im Grunde sei es ja doch Mr. Jaspers eigene Wohnung, oder nicht? Also hatte sie angeklopft, und Mr. Jasper hatte ihr geöffnet und sie nicht gerade nett empfangen. Sie war ganz verlegen geworden, besonders, als er meinte, na, dann gucken Sie schon, damit Sie wissen, ob ich mich um mein Kind kümmern kann oder nicht. Er hatte die Schlafzimmertür aufgemacht und sie hineinschauen lassen, und sie hatte einen Blick auf das Bett geworfen und gesehen, daß Matthew ruhig war und schlief.

«Weil mir das Ganze so peinlich war», sagte Julie Lang, «fragte ich ihn dann, ob er vielleicht den Schlüssel zurückhaben möchte, und er meinte, ja, da hätte er mich gerade nach fragen wollen, sie brauchten meine Dienste in Zukunft nicht mehr, besten Dank auch. Er war eigentlich fast unverschämt, aber es war mir trotzdem peinlich.»

Sie hatte Paddy Jasper den Schlüssel gegeben. Soweit sie wußte, waren die vier Männer in der Wohnung bei Matthew geblieben, bis Leilie um Viertel nach zwölf zurückkam. Da war inzwischen allerdings auch ihr Mann heimgekommen, und sie schliefen beide schon. Nein, Schritte auf der Treppe hatte sie nicht gehört, auch nicht die von Pip Monkton, der um halb zwölf nach Hause ging. Natürlich hatte sie den Fernseher angehabt, vielleicht also deshalb nichts gehört, aber daß Matthew mäuschenstill gewesen war, wußte sie mit Sicherheit.

Wexford und Burden gingen als nächstes zu Pip Monkton. Johnny Farrows Bestätigung des Alibis würde kaum etwas zählen, denn er hatte ein langes Vorstrafenregister als Safeknacker, aber Pip Monkton hatte man nie etwas nachgewiesen, nie auch nur etwas zur Last gelegt. Er war ein ehemaliger Gastwirt, anscheinend völlig solide, und der einzige Fleck auf der weißen Weste seines Lebens war seine unverhohlene Freundschaft mit Farrow, den er seit der Schulzeit kannte, selbst während Farrow seine langen Freiheitsstrafen absaß oder in arbeitsloser Armut lebte, hatte er zu ihm gehalten und ihn unterstützt. Wenn Monkton aussagte, sie hätten alle vier an dem Abend zusammen in Leilie Somers' Wohnung das Baby gehütet, konnte Wexford, dessen war er sich bewußt, das Handtuch werfen. Die Richter, die Geschworenen, das Gericht würden Pip Monkton genauso glauben wie einer Zeugin Julie Lang.

Und Monkton sagte es aus. Er blickte Wexford gerade in die Augen (so daß der Chief Inspector wußte, daß er log) und erklärte frech, er und die Jaspers und Johnny seien in der Roland Road gewesen und hätten dort Solo gespielt und gezecht, bis er um halb zwölf nach Hause ging. Wexford holte ihn mit aufs Revier und befragte ihn dort weiter, konnte ihn jedoch nicht erschüttern. Monkton hörte sich an, als hätte er seine Aussage auswendig gelernt, und er wiederholte und wiederholte sie wie ein Vogel, der spricht, oder eine Schallplatte, auf der die Nadel festhängt.

Als es sechs wurde, ließ Wexford sich zum *Andromeda* fahren, wo der Manager, dem daran gelegen war, sich mit der Polizei gut zu stellen, seine Fragen prompt beantwortete. Wieder zurück in der Station, fand er Burden und Polly im Gespräch über die einzige relevante Information zu Monkton, die Burden hatte zutage fördern können – nämlich, daß der Exwirt vor kurzem sein Haus um einen Anbau erweitert hatte. Um die Unkosten dafür zu decken, hatte er eine zweite Hypothek aufgenommen, doch die Kosten hatten den Voranschlag der Baufirma um dreitausend Pfund überstiegen.

«Soviel wird Monkton ungefähr für den Meineid einstekken», sagte Burden. «Das wird sein Anteil sein. Tony hat den Transporter gefahren, Paddy und Johnny haben das Ding gedreht, und Monkton deckt sie. Ich denke mir, so gegen neun sind sie bei Leilie weg, und gegen Viertel nach kamen sie in die Ploughman's Lane. Sie werden den Safe in gut einer Stunde rausgeholt haben, und gegen halb elf waren sie dann mit ihm an dem Gartentor, gerade um die Zeit, als Willoughby den Transporter bemerkte. Tony verdrückte sich, stellte den Wagen in Myringham ab, fuhr mit dem letzten Bus zurück nach Stowerton – der geht um zehn nach elf da los – und wäre um zehn vor zwölf glücklich wieder in der Stowerton High Street gewesen. Gott weiß, wie die anderen mit dem Safe fertig geworden sind. Ich glaube, das sind sie gar nicht. Sie haben ihn auf einer der Wiesen hinter der Ploughman's Lane versteckt und sind heute morgen wieder hin – mit Johnny Farrows Wagen. Dann hat Johnny ihn aufgesprengt. Sie nahmen das Radgestell noch mal, und Johnny sprengte ihn irgendwo in den Hügeln.»

Wexford hatte minutenlang nicht gesprochen. Jetzt sagte

er: «Als Leilie Somers wegen dieser Kindesmißhandlung angeklagt war, bekannte sie sich da schuldig oder nicht schuldig?»

Einigermaßen erstaunt über die scheinbare Beziehungslosigkeit dieser Frage sagte Burden: «Schuldig. Es gab keine große Beweisaufnahme außer dem Gutachten des Arztes. Leilie bekannte sich schuldig und meinte, sie sei fertig und mit den Nerven runter, sie könnte es nicht aushalten, wenn das Baby schreit. Ganz abscheulicher Blödsinn.»

«Ja, es war ganz abscheulicher Blödsinn», sagte Wexford ruhig, und dann: «Die Wände in den Wohnungen dort sind sehr dünn, nicht? So dünn, daß man's auf der einen Seite hören kann, wenn auf der anderen eine Nadel fällt.» Er war einen Moment still und nachdenklich. «Wie hieß Leilie Somers' Mutter mit ihrem Mädchennamen?»

«Was?» sagte Burden. «Ja, wie in aller Welt soll ich denn das wissen?»

«Es hätte immerhin sein können. Ich meine nämlich, es könnte ein irischer Name sein. Weil Leilie wahrscheinlich ein Kürzel von Eileen ist, auch einem irischen Namen. Ich nehme an, sie hat sich Leilie genannt, als sie noch zu klein war, um ihren Namen richtig auszusprechen.»

Burden sagte mit einer Spur von Ungeduld in der Stimme: «Hör mal, erfahr ich auch irgendwann, worauf das Ganze hinaus soll?»

«Aber sicher. Auf die Verhaftung von Paddy und Tony Jasper und von Johnny Farrow. Du kannst in die Roland Road fahren und sie abholen, sobald du Lust hast.»

«Lieber Himmel, du weißt doch so gut wie ich, daß wir damit nicht durchkommen. Wir haben Monkton nicht kleingekriegt, und er liefert dem ganzen Klub ein Alibi.»

«Das geht schon klar», sagte Wexford lakonisch. «Verlaß dich auf mich. Glaub mir, es gibt kein Alibi. Und jetzt, Polly, werden Sie und ich unsere Aufmerksamkeit dem Fall des kleinen Ginger und dem Kreidekreis von Kingsmarkham zuwenden.»

Wexford ließ Polly draußen im Wagen warten. Es war acht Uhr und noch hell. Er drückte auf die Klingel, die am Nachmittag Leilie zur Tür gebracht hatte, und als niemand kam, drückte er die andere. Julie Lang erschien.

«Es geht ihr nicht gut. Sie trinkt eine Tasse Tee bei mir.»

«Ich würde aber gern mit ihr sprechen, Mrs. Lang, und zwar mit ihr allein. Ich werde erst noch fünf Minuten im Auto warten, und wenn sie dann...»

Leilie Somers' Stimme durchschnitt von der Treppe herunter seinen Satz. «Sie können raufkommen. Es geht schon wieder.»

Wexford stieg die Treppen hinauf, gefolgt von Julie Lang. Leilie trat zurück, um ihn vorbeizulassen. Sie wirkte schmächtiger denn je, dünner, schwächer, ihr hennagefärbtes Haar zeigte am Ansatz ein blasseres Rot, ihr Gesicht war weiß und tief betrübt. Julie Lang legte ihr die Hand auf den Arm, beschwichtigend, und ging hinüber zu sich. Leilie steckte den Schlüssel in das Schloß ihrer Wohnungstür, schloß sie auf und blickte vom Eingang aus in die leere, aufgeräumte Wohnung, durch den Flur und die offenen Türen der anderen Zimmer, die im hereindringenden Dämmerlicht jetzt nur noch trauriger erschienen. Tränen standen ihr in den Augen, und sie wandte ihr Gesicht ab, damit Wexford nicht sah, wie sie fielen.

«Er ist es nicht wert, Leilie», sagte Wexford.

«Das weiß ich auch; ich weiß, was er wert ist. Aber Sie bringen mich nicht dazu, ihm untreu zu werden, Mr. Wexford, ich sage kein Wort.»

«Kommen Sie, setzen wir uns doch.» Er ging zum Tisch hinüber, wo es am hellsten war, und setzte sich auf den Stuhl, auf dem Tony Jasper gesessen hatte. «Wo ist das Baby?»

«Bei meiner Mutter.»

«Eine ziemliche Belastung für jemanden, der gerade aus dem Krankenhaus gekommen ist, nicht?» Wexford sah auf seine Uhr. «Sie werden zu spät zur Arbeit kommen. Wann fangen Sie noch an? Um halb neun?»

«Um acht», sagte sie. «Ich gehe aber nicht hin. Könnt ich gar nicht, nach dem, was mit Paddy passiert ist. Mr. Wexford, Sie können ruhig gleich wieder gehen. Ich sage doch nichts. Wenn ich Paddys Frau wäre, könnten Sie mich zu keiner Aussage zwingen, und im Grunde bin ich seine Frau. Ich bin sogar mehr für ihn, als die meisten Ehefrauen sein würden.»

«Das weiß ich, Leilie», sagte Wexford. «Das ist mir voll klar», und seine Worte klangen so bedeutungsvoll, daß sie ihn angsterfüllt anstarrte und das Weiße ihrer Augen im Halbdunkel schimmerte. «Leilie», sagte er, «als man den Kreidekreis gezeichnet und das Kind hineingestellt hat, weigerte sich die Frau, die es großgezogen hatte, es herauszuziehen, weil ihr klar war, daß sie dem Kind dabei weh tun würde. Um es nur nicht zu verletzen, überließ sie es lieber fremden Händen.»

«Ich weiß nicht, wovon Sie reden», sagte sie.

«Ich glaube doch. Es ist nicht viel anders als das Urteil Salomons, wonach das Kind in zwei Hälften geteilt werden sollte. Die Mutter des Kindes wollte das nicht, eher war sie bereit, es der anderen Frau zu überlassen. Sie haben sich vor Gericht zu Verbrechen bekannt, die Sie nie begangen haben. Jasper hatte das Kind so übel zugerichtet, und er hat Sie auch überredet, die Schuld auf sich zu nehmen, denn er wußte, daß Sie im Gegensatz zu ihm mit einer milden Strafe davonkommen würden. Und danach gaben Sie das Kind zur Adoption frei – aber nicht, weil Sie es nicht mochten, sondern weil Sie es, wie die Frau aus der Legende vom Kreidekreis, lieber verlieren wollten, als es wieder mißhandeln zu lassen. War es nicht so?»

Sie starrte ihn an. Ihr Kopf bewegte sich, ein kleines, bejahendes Nicken. Wexford reckte sich zum Fenster und öffnete es. Er streckte die Hand hinaus, winkte und schloß das Fenster wieder. Leilie weinte, sie gab sich keine Mühe, ihre Tränen zu trocknen.

«Sind Sie katholisch erzogen worden?» fragte er.

«Ich bin getauft», sagte sie mit fast tonloser Stimme. «Mami ist Katholikin. Sie und Pa haben in Galway geheiratet, wo Mama herkommt, und Pa mußte versprechen, die Kinder im katholischen Glauben aufzuziehen.» Ein Schluchzen drang aus ihrer Kehle. «Ich war schon Jahre nicht mehr in der Kirche. Mr. Wexford, bitte gehen Sie jetzt, und lassen Sie mich in Ruhe. Ich möchte einfach allein sein.»

Er sagte: «Es tut mir leid, das von Ihnen zu hören, denn ich habe jemanden für Sie mitgebracht, der ganz fest vorhat hierzubleiben.» Er schaltete das Licht an, im Wohnzimmer, im Flur und über dem Eingang, dann öffnete er die Tür, und Polly Davies kam mit Klein Ginger in den Armen herein.

Leilie blinzelte im Licht. Sie schloß die Augen und senkte den Kopf, dann hob sie ihn wieder, schlug die Augen auf und flog mit einem Satz auf Polly zu, wobei sie Wexford fast umrempelte. Aber sie riß Ginger nicht an sich. Zitternd, die Augen auf Polly geheftet, blieb sie stehen und hob langsam ihre Hände vor, bis sie sich mit einer Geste größter Zärtlichkeit dem rotblonden Schopf des Babys näherten und ihn liebkosten.

«Matthew», sagte sie. «Matthew.»

Das Baby lag in Leilies Schoß. Anfangs hatte es noch ein wenig gewimmert, aber jetzt lag es still und beruhigt da, hielt einen ihrer Finger umfaßt, und zum erstenmal in der kurzen Zeit ihrer Bekanntschaft sah Wexford es lächeln. Ein schönes, spontanes Lächeln aus der Freude heraus, wieder daheim bei der Mutter zu sein.

«Sie erzählen mir, wie alles gewesen ist, nicht wahr, Leilie?» sagte Wexford.

Sie war verwandelt. Nie hatte er sie so lebhaft, so sprühend gesehen. Sie kicherte vor lauter Freude, so daß Matthew, von ihrer Laune angesteckt, auch wieder gluckste und sie ihn nur fester an sich drückte, ihn ihr liebes, liebes Herzchen, ihren Goldjungen nannte.

«Kommen Sie, Leilie», sagte Wexford. «Sie haben ihn anstandslos, ohne jede Schwierigkeit zurückgekriegt, und das ist wirklich mehr, als Sie verdient hätten. Jetzt können Sie mir Ihren Teil erklären.»

«Ich weiß nicht, wo ich anfangen soll», sagte Leilie kichernd.

«Mit dem Anfang, wo immer das sein mag.»

«Also, wie fing es an?» sagte Leilie. «Ich glaube, als Patrick, mein erster Junge, adoptiert worden ist.» Sie hatte aufgehört zu lachen, und ein wenig von der alten Traurigkeit war in ihr Gesicht zurückgekehrt. «Das war vor vier Jahren. Paddy ging hoch in den Norden, und nach einer Weile schrieb er mir, ob ich nachkommen wollte; ich weiß nicht, warum ich da ja gesagt hab, wahrscheinlich sag ich immer ja bei Paddy, und sonst war auch nichts in Sicht, ich sah keine Zukunft für mich. Eine Zeitlang ging es gut mit Paddy, und dann, vor zwei Jahren, holte er sich diese andere Frau. Ich tat, als wüßte ich von nichts; er bekommt sie schon satt, dachte ich, aber er blieb bei ihr, und ich war allein, ich war so allein. Außer Paddy kannte ich da oben keine Seele, jedenfalls niemanden zum Reden, und er blieb manchmal wochenlang weg. Ich fing dann an, mit anderen Typen auszugehen, was soll's, ich brauchte doch Gesellschaft.» Sie unterbrach sich, rückte Matthew auf ihren Knien zurecht. «Als ich erfuhr, daß ich schwanger war, sagte ich Paddy, ich wollte das Kind nicht da oben, ich würde heim zu meiner Mutter fahren. Aber er meinte, du bleibst, und ich laß die andere Frau, und ich blieb dann auch, bis Matthew auf die Welt kam, aber gleich danach fing er wieder mit der alten Tour an, deshalb kehrte ich hierher zurück, und meine Mutter besorgte mir die Wohnung hier. Ich weiß, was Sie jetzt sagen werden, Mr. Wexford!»

«Ich wollte gar nichts sagen.»

«Sie haben es aber gedacht. Na und? Es stimmt. Ich könnte nicht sagen, wer Matthews Vater ist, ich weiß es nicht. Es kann Paddy sein, es kann einer aus einem halben Dutzend sein.» Ihr Gesicht hatte einen grimmigen Ausdruck angenommen. Beinahe wild starrte sie ihn an. «Und ich bin froh, daß ich es nicht weiß, ich bin froh drum. Um so mehr ist es *mein* Kind. Ich bin nie mit anderen Typen ausgegangen, bis Paddy selber mich dazu getrieben hat.»

«Schon gut», sagte Wexford, «in Ordnung. Sie haben also hier mit Matthew gewohnt und Ihren Job im *Andromeda* gehabt, und dann schrieb Ihnen Paddy, er wollte herunterkommen, und am Samstag kam er. Und Sie nahmen sich am Montagabend frei, um bei ihm zu sein, und Dienstag tauschten Sie mit einem anderen Mädchen – damit kommen wir zum Mittwoch, also zu gestern.»

Leilie seufzte. Sie wirkte nicht unglücklich, nur zerknirscht. «Paddy sagte, er würde auf das Baby aufpassen. Er hätte Tony eingeladen und Johnny und einen Typen namens Pip Monkton, und sie würden den ganzen Abend dasein. Ich sagte, er brauchte sich nicht darum zu kümmern, ich könnte Matthew nach nebenan zu Julie bringen. Da wurde Paddy wütend auf mich und meinte, Julie sei eine aufdringliche Ziege, ob ich ihm nicht zutrauen würde, auf sein eigenes Kind achtzugeben? Na, genau das war der Haken, ich traute es ihm eben nicht zu, ich mußte daran denken, was er mit Patrick gemacht hatte, und das hatte er getan, weil Patrick heulte. Paddy ging immer in die Luft, wenn der Junge schrie, derart, daß ich dachte, er schlägt ihn noch tot, und wenn ich dazwischentrat, schlug er mich fast tot. Und bei Matthew, Mr. Wexford, da war es nun so, daß er in letzter Zeit abends immer heulte. Manche Säuglinge heulen nachts, und manche heulen abends, ohne ersichtlichen

Grund, das sagte man mir in der Klinik, aber sie wachsen alle aus dieser Phase wieder heraus. Ich wußte, daß Matthew gegen acht anfangen würde zu heulen, und ich dachte, mein Gott, was macht Paddy dann? Er wird die Wut kriegen, nicht mehr wissen, was er tut, und Tony wird ihn auch nicht bremsen, weil er, wie alle anderen, Angst vor ihm hat, Paddy ist so ein Brocken. Also, ich war ganz aus dem Häuschen. Mama war vormittags gerade aus der Klinik gekommen, sie hatte eine schwere Operation hinter sich, deshalb konnte ich ihn auch nicht zu ihr bringen und nachher selber zu ihr gehen, um mich vor Paddy zu verstecken, und ihn zur Arbeit mitnehmen ging auch nicht. Das hab ich einmal gemacht, und es gab ein Mordstheater. Ich konnte einfach keinen Ausweg sehen.

Gegen elf ging Paddy weg. Wohin, hat er mir nicht gesagt, und ich fragte ihn nicht. Jedenfalls packte ich Matthew in die Babytrage und ging auch weg, einfach nur durch die Gegend, um nachzudenken. Ich muß wohl Meilen dabei gelaufen sein, die schlimmsten Sorgen und Befürchtungen im Kopf, und mir vorgestellt haben, was alles passieren könnte, Sie wissen ja, wie das geht. Ich habe Matthew selbst gestillt und gebe ihm immer noch einmal am Tag die Brust, also ging ich mit ihm auf ein Feld und stillte ihn hinter einer Hecke, und danach lief ich wieder weiter.

Na ja, ich kam über die Stowerton Road zurück. Mir war klar, ich mußte wieder heim, weil Matthew naß war und er auch bald wieder hungrig sein würde, und dann sah ich diesen Kinderwagen. Ich wußte, wem er gehörte, ich hatte ihn schon öfter da gesehen und auch, wie das Mädchen ihr Baby herausgeholt hat. Ihren Namen oder sowas wußte ich nicht, aber ich hatte mal mit ihr geredet, als wir bei Tesco an der Kasse anstanden, dabei waren wir auf unsere Babies zu sprechen gekommen, und sie sagte, ihr Kleines würde nie schreien, außer manchmal nachts, um gestillt zu werden. Sie sei so ein braves Baby, den ganzen Tag und den ganzen Abend gebe sie nie einen Piep von sich. Sie war etwas jünger als Matthew, aber es war komisch, sie sahen sich ein wenig ähnlich, und sie hatten genau die gleiche Haarfarbe.

Das hat mich auf den Gedanken gebracht, die gleiche Haarfarbe. Ich weiß, ich war verrückt, Mr. Wexford, das ist mir jetzt klar. Regelrecht verrückt, aber Sie ahnen ja nicht, welche Angst ich vor Paddy hatte. Ich ging zu dem Kinderwagen und beugte mich über ihn. Ich hakte das Katzennetz auf und nahm das andere Baby heraus und legte Matthew hinein.»

Bis jetzt still in ihrer Ecke, entfuhr Polly Davies ein halb unterdrückter Ausruf. Wexford zog die Luft ein, er schüttelte den Kopf.

«Wie interessant», sagte er, und es klang frostig, «mein erster Gedanke war, jemand hätte Karen Bond geraubt, um sie für sich zu haben und um ihr eigenes Kind loszuwerden. Jetzt sieht es aus, als ob die Wahrheit umgekehrt ist. Es sieht aus, als ob sie gut und gerne bereit war, Karen Bond für die Sicherheit ihres eigenen Kindes zu opfern.»

Heftig sagte Leilie: «Das ist nicht wahr!»

«Nein, vielleicht nicht. Ich glaube auch, daß Sie noch mal darüber nachgedacht haben. Erzählen Sie weiter.»

«Ich legte Matthew in den Kinderwagen. Ihm würde nichts passieren, das wußte ich, niemand würde ihm weh tun, aber es ging doch an mein Herz, als er auf einmal losweinte.»

«Hatten Sie nicht Angst, daß Sie jemand sehen würde?» fragte Polly.

«Das hätte mich nicht gekümmert. Verstehen Sie nicht? Über solche Bedenken war ich längst weg. Wenn mich jemand gesehen hätte, hätte ich nicht nach Hause gehen müssen, ich hätte meinen Job verloren, aber Matthew hätte man mir deswegen doch nicht genommen, oder? Niemand sah mich. Sagten Sie, sie heißt Karen? Also, dann brachte ich

Karen heim, gab ihr die Flasche und badete sie. Niemand kann sagen, ich hätte nicht für das Kleine gesorgt, als wär's mein eigenes.»

«Außer, daß Sie es den Händen dieses reißenden Wolfs Paddy Jasper ausgeliefert haben», sagte Wexford mißbilligend.

Sie fröstelte etwas, nahm sonst aber keine Notiz. «Um sechs kam Paddy mit Tony. Da lag das Baby schon in Matthews Bett. Alles, was man sehen konnte, war der rote Haarschopf, wie der von Matthew. Ich dachte daran, wie die Mutter mir gesagt hatte, es würde abends nie schreien, und ich dachte, ich betete, schrei nur heute abend nicht, schrei nicht, weil du an einem fremden Ort bist.» Leilie hob den Kopf und begann schneller zu sprechen. «Ich machte Bratkartoffeln mit Ei für die Männer, und um halb acht ging ich weg. Ich kam um Viertel nach zwölf zurück, und sie war wohlauf, sie schlief fest, und sie hatte überhaupt nicht geschrien.»

Wexford sagte leise: «Haben Sie nicht noch etwas vergessen, Leilie?»

Ihr Blick strich an ihm vorbei. Er hatte den Eindruck, daß sie etwas blasser geworden war. Sie hob Matthew auf und hielt ihn fest an sich. «Na, ja, den nächsten Tag», sagte sie. «Heute. Paddy ging schon ganz früh weg, also dachte ich daran, das Baby zurückzuschaffen. Ich kam auf die Idee, es dem Priester zu bringen. Von dem Priester wußte ich, wann er wegging und wann seine Haushaltsgehilfin kam, ich weiß das von Mama. Also nahm ich den Bus nach Kingsmarkham, und direkt an der Haltestelle ist ein Geschäft, die stellen ihre Kartons für die Müllabfuhr immer raus auf den Gehsteig. Ich nahm mir einen davon und legte das Baby rein und setzte es vor der Haustür des Priesters ab. Aber wie ich Matthew zurückkriegen sollte, wußte ich nicht, ich dachte, ich bekäme ihn nie mehr wieder.

Und dann kamen Sie. Ich sagte, Matthew sei im Schlafzimmer, und gerade da fing Julies Baby an zu schreien, und Sie dachten, es wäre Matthew. Ich mußte lachen, obwohl mir war, als würde ich in Stücke springen, als würde ich kaputtgehen. Und das ist alles, damit hat es sich, und jetzt können Sie mir zur Last legen, was immer daran ein Verbrechen ist.»

«Aber Sie haben noch etwas vergessen, Leilie.»

«Ich weiß nicht, was Sie meinen», sagte sie.

«Selbstverständlich wissen Sie das. Was glauben Sie denn, wieso ich Paddy, Tony und Johnny Farrow verhaften ließ, obwohl Pip Monkton ihnen allen ein gußeisernes Alibi lieferte? Was glauben Sie wohl, wieso ich weiß, daß wir Pip kleinkriegen und er mir gesteht, daß seine Geschichte reiner Schwindel war, genau wie er mir sagen wird, wo der Inhalt dieses Safes sich jetzt befindet? Ich hatte heute nachmittag eine kleine Unterhaltung mit der Direktion des *Andromeda*, Leilie.»

Sie starrte ihn wie versteinert an.

«Man hat Sie entlassen, stimmt's?» sagte er. «Weitermachen bis zum Ablauf der Frist Ende nächster Woche oder sofort gehen. Für die war der Fall klar.»

«Wenn Sie doch alles wissen, Mr. Wexford, warum fragen Sie noch?»

«Weil ich möchte, daß Sie ja sagen.»

Sie flüsterte dem Baby etwas zu, doch das Baby war eingeschlafen.

«Wenn Sie es mir nicht erzählen wollen, erzähl ich's Ihnen», sagte Wexford, «und falls ich mich irren sollte, unterbrechen Sie mich. Ich werde Ihnen sagen, was Ihnen durch den Kopf ging, Leilie. Sie sind zur Arbeit, wie Sie es gesagt haben, aber wohl war Ihnen nicht dabei. Sie dachten ständig an das Baby, das andere, das brave Baby, das abends nicht schrie. Aber vielleicht schrie es nur deshalb nicht, weil es für gewöhnlich im eigenen Bett lag, sicher und geschützt daheim bei seiner Mutter, vielleicht war es anders, wenn es auf einmal in einer fremden Umgebung aufwachte. Das machte Ihnen Sorgen. Sie liefen in dem besseren Damenklo herum, wo Sie arbeiten, scheuerten die Becken, füllten die Handtuchmaschinen und kassierten Ihre Trinkgeldgroschen, aber der Kopf platzte Ihnen fast vor Angst um das andere Baby. Sie stellten sich vor, daß sie schrie, und was Paddy Jasper, das Vieh, dann mit ihr machen würde: Vielleicht mit seinen großen Fäusten auf sie losgehen oder sie mit dem Kopf an die Wand schlagen. Und Sie sahen ein, daß es doch nicht so schlau gewesen war, Matthew mit ihr zu vertauschen, weil Sie im Herzen nämlich eine liebe, gutmütige Frau sind, Leilie, wenn auch eine Närrin, und Sie waren wegen der Kleinen genauso beunruhigt wie seinetwegen.»

«Und Sie sind ein Teufel», flüsterte Leilie, wobei sie ihn anstarrte, als hätte er übernatürliche Kräfte. «Woher wissen Sie, was ich gedacht habe?»

«Ich weiß es einfach», sagte Wexford. «Ich weiß, was in Ihnen vorging, und ich weiß, was Sie gemacht haben. Als es auf halb zehn zuging, hielten Sie es nicht mehr aus. Sie zogen Ihren Mantel an und liefen raus, um den Bus um fünf nach halb zu erwischen, und um fünf vor zehn kamen Sie heim, stiegen Sie die Treppe hinauf zu Ihrer Wohnung. Es war Licht. Sie schlossen die Tür auf und gingen gleich durch ins Schlafzimmer, und Karen war dort, heil und gesund und fest schlafend.»

Leilie lächelte ein wenig. Der Hauch eines Lächelns froher Erinnerung huschte über ihr Gesicht und war fort. «Ich weiß zwar nicht, woher Sie das wissen», sagte sie, «aber stimmt, sie schlief und war wohlauf, und, mein Gott, war das eine Erleichterung. Ich hatte mir vorgestellt, sie würde blutig daliegen und wer weiß, was alles.»

«So brauchten Sie dann Paddy nur noch zu erklären, weshalb Sie heimgekommen waren.»

«Ich sagte ihm, mir wäre nicht gut», sagte Leilie vorsichtig. «Mir sei schlecht, und ich hätte das Gefühl, einen Migräneanfall zu bekommen.»

«Nein, das haben Sie ihm nicht gesagt. Er war nicht da.»

«Was soll das heißen, er war nicht da? Natürlich war er da. Er und Tony mit Pip und Johnny; sie haben Karten gespielt. Ich sagte zu Paddy, mir sei schlecht geworden, deshalb hätte ich nicht mehr arbeiten können. Ich leg mich erst mal hin, sagte ich, und ich ging ins Schlafzimmer und gleich zu Bett.»

«Leilie, als Sie heimkamen, war die Wohnung leer. Sie wissen, daß Pip Monkton lügt, und Sie wissen auch, sein Märchen hält nicht zwei Sekunden mehr zusammen, wenn Sie mit der Wahrheit herausrücken – *daß die Wohnung hier um fünf vor zehn leer war.* Hören Sie zu, Leilie. Paddy wird wegen dieser Geschichte ziemlich lange Zeit von der Bildfläche verschwinden. Das wird eine Chance sein für Sie und Klein Gin – äh, Matthew, die Chance, ein neues Leben anzufangen. Sie wollen ihn doch nicht ewig um sich haben, oder? Sich Ihr Leben ruinieren, Ihre Kinder zu Krüppeln schlagen lassen? Oder wollen Sie das, Leilie?»

Sie nahm das Baby in die Arme. Sie ging mit ihm durch das Zimmer und wieder halb zurück, als wäre es unruhig und brauchte Besänftigung, obwohl es friedlich schlief. Vor Wexford blieb sie stehen, sie sah ihn an, und er stand auf.

«Wir kommen morgen früh wieder, Leilie», sagte er, «und holen Sie mit aufs Revier, wo ich Ihre Aussage zu Protokoll nehmen möchte. Vielleicht zwei getrennte Aussagen. Eine über die Entführung Karens und dann die über Paddy, der nicht da war, als Sie gestern abend kamen.»

«Dazu werde ich nichts aussagen», sagte sie.

«Wir würden vielleicht auf eine Anklage wegen Karens Entführung verzichten.»

«Das ist mir egal!»

Er tat es nicht gerne. Aber es war unumgänglich. «Eine Frau, die so über Paddy Bescheid weiß wie Sie und die ihm trotzdem ein Kind ausliefert, das Kind anderer Leute – wie würde sich das vor Gericht anhören, Leilie? Wenn man erfährt, daß Sie wieder mit Paddy zusammenleben? Und wenn man von Ihrer Vorstrafe hört?»

Ihr Gesicht war weiß geworden, und sie preßte Matthew an sich. «Die würden ihn mir doch nicht wegnehmen? Meinen Sie, die würden mir deshalb ... wie nennt man das?»

«Das Sorgerecht entziehen? Es könnte schon sein.»

«O Gott, o Gott. Ich hab mir geschworen, immer zu Paddy zu halten ...»

«Romantische Schwüre, Leilie, die haben mit dem wirklichen Leben nicht viel zu tun.» Wexford trat einen Schritt zurück. Er wandte sich dem Fenster zu. Es war jetzt ganz dunkel draußen. «Im *Andromeda* hat man mir gesagt, daß Sie um halb elf zurückkamen. Sie waren eine Stunde weg gewesen, und man hatte sich beschwert, deshalb wurden Sie gefeuert.»

Sie sagte aufgeregt: «Ja, ich bin wieder zurück. Ich sagte Paddy, es ginge mir wieder besser, ich ...»

«Alles in einem Zeitraum von fünf Minuten? Oder zehn, wenn es hochkommt? Da waren Sie schnell krank und gesund, Leilie. Soll ich Ihnen sagen, warum Sie zurückgegangen sind, soll ich Ihnen sagen, aus welchem einzigen Grund Sie gewagt haben, wieder wegzugehen? Sie wollten zwar nicht Ihren Job verlieren, aber mehr Angst hatten Sie davor, was Paddy mit dem Baby machen könnte. Wäre Paddy dort gewesen, hätten Sie die Wohnung unter keinen Umständen wieder verlassen. Weil er nicht da war, gingen Sie mit leichtem Herzen wieder weg. Sie dachten, er könnte nur wieder rein, wenn Sie da wären, um ihm aufzumachen. Sie wußten noch nicht, daß er selbst einen Schlüssel hatte, weil er sich den von Julie geben ließ.»

Endlich sprach sie das Wort aus, auf das er gewartet hatte. «Ja.» Sie nickte. «Ja, es ist wahr. Hätte ich gewußt, daß er den Schlüssel hatte», sagte sie, und sie zitterte dabei, «ich hätte das Baby genausowenig wieder hier allein gelassen wie in einem Löwenkäfig im Zoo.»

«Sie sind uns jetzt los», sagte er. «Kommen Sie, Constable Davies. Bis morgen früh, Leilie.»

Noch mit Matthew in den Armen, kam sie zu ihm, als er gerade bis zur Tür war, und legte ihm die Hand auf den Arm. «Ich habe darüber nachgedacht, was Sie mir erzählt haben, Mr. Wexford», sagte sie, «und ich glaube nicht, daß ich imstande wäre, ein Kind, irgendein Kind, aus diesem Kreis zu zerren.»

ACHILLESFERSE

Die Stadtmauern boten nach der einen Seite Aussicht auf die blaue Adria, nach der anderen auf ein Meer von Dächern aus verwitterten Tonziegeln und auf steinerne Katarakte von Straßen, die zur Kathedrale und zur Stradun Placa hin abfielen. Es war sehr heiß auf den Mauern, die Sonne stechend, die Luft trocken und klar. Zwischen den rotbraunen Dächern und den verschlungenen Wällen und Treppen schimmerten andere Farben, das Purpur der Bougainvillea, das Himmelblau der Bleiwurz und die Stichflamme der gelbroten Trompetenblume.

«Herrlich», sagte Dora Wexford. «Atemberaubend. Bist du jetzt nicht froh, daß ich dich hergelockt habe?»

«Ihr Dunkelhäutigen habt gut reden», brummte ihr Mann. «Mir kommt meine Nase schon vor wie ein gebratenes Ei.»

«Gehen wir an der nächsten Treppe runter, dann kannst du dir bei einem Glas Bier noch mal Sonnencreme drauftun.»

Es war Mittag, Samstag, der achtzehnte Juni. Die Hitze des Tages hatte die Jugoslawen, nicht aber die Touristen von den Mauern ferngehalten. Deutsche mit Kameras gingen vorbei oder blieben staunend stehen: «Wunderschön!» Lebhafte Italiener schwatzten, unbeeindruckt von der hochsommerlichen Hitze. Doch manche der Gesprächsfetzen, die Wexford erreichten, waren ihm nicht nur unverständlich, er ahnte nicht einmal, um welche Sprachen es sich handelte. Um so überraschender war es dann, Englisch zu hören.

«Geh mir nicht auf die Nerven damit, Iris!»

Zuerst konnte er den Sprecher nicht sehen. Aber als sie jetzt aus der engen Gasse heraustraten und auf einen der breiten, vorspringenden Plätze kamen, die das Mauerwerk bildete, sahen sie sich dem Engländer fast gegenüber. Ein großer, gutaussehender junger Mann, der im äußersten Winkel des Platzes stand, bei ihm war eine dunkelhaarige Frau. Mit dem Rücken zu Wexford stehend, blickte sie hinaus auf das Meer. Ihrer Kleidung nach sah es aus, als hätte sie sich im Süden Frankreichs heimischer gefühlt als auf den Mauern von Dubrovnik. Sie trug ein jadegrünes Oberteil mit Halsträger, das ihren tiefgebräunten Rücken und die Taille frei ließ, und einen wadenlangen, grünblauen Seidenrock mit Monden in Flamingorosa. Auch ihre Sandalen waren rosa, hochhackig und an den Beinen hochgeschnürt. Das Auffallendste an ihr war vielleicht aber ihr Haar. Rabenschwarz und sehr kurz, war es im Nacken zu drei spitzen V zugeschnitten.

Sie mußte ihrem Begleiter geantwortet haben, wenn auch Wexford die Worte nicht gehört hatte. Denn jetzt stampfte sie, ohne sich umzudrehen, mit dem Fuß auf, und der Mann sagte: «Wie willst du denn bloß dahin, Iris, wenn wir keinen finden, der uns rüberbringt? Man kann da nirgends landen. Ich wünschte bei Gott, du würdest endlich aufhören.»

Dora faßte ihren Mann am Arm und zog ihn weiter. Er konnte ihre Gedanken lesen: Man lauscht nicht, wenn andere sich streiten.

«Du bist so neugierig, Liebling», sagte sie an der Treppe, als sie außer Hörweite waren. «Das kommt wohl davon, wenn man Polizist ist.»

Wexford lachte. «Es freut mich, daß du den wahren Grund erfaßt hast. Jede andere Frau würde ihrem Mann vorwerfen, er hätte sich nur nach dem Mädchen umgedreht.»

«Sie war aber wirklich schön, nicht?» sagte Dora wehmütig im Gefühl ihres eigenen Alters. «Ihr Gesicht konnten wir ja zwar nicht sehen, aber sag doch selbst, die Figur war vollkommen.»

«Bis auf die Beine. Schade, daß sie nicht so klug ist, Hosen zu tragen.»

«Och, Reg, was war denn mit ihren Beinen? Und so schön braun war sie. Wenn ich so ein Mädchen sehe, komme ich mir wie eine richtige alte Tante vor.»

«Red nicht so albern», sagte Wexford ärgerlich. «Du siehst gut aus.» Er meinte es ehrlich. Er war stolz auf seine aparte Frau: die für eine Endfünfzigerin so jung und elegant aussah in ihrem marineblauen Rock und der weißen Bluse, mit ihrem schon nach zwei Tagen Urlaub goldbraunen Teint. «Und eins will ich dir sagen», setzte er hinzu. «In jedem Wettbewerb um die schönsten Fesseln schlägst du sie haushoch.»

Dora lächelte ihn an, getröstet. Sie setzten sich an den Tisch eines Straßencafés in den Schatten, wo ein milder, kühler Wind wehte. Genügend Zeit noch für ein Bier und einen Orangensaft, dann wartete schon das Wassertaxi, um sie die Küste hinunter zurück nach Mirna zu bringen.

Im Serbokroatischen bedeutet *mirna* friedlich. Und genauso empfand Wexford den Ferienort nach einem zermürbenden Winter und tristen Frühling in Kingsmarkham, nach den kleinen Vergehen und schweren Verbrechen, die schließlich in einem schmutzigen Mordfall gipfelten, der trotz seiner Knochenarbeit und seiner Recherchen nicht von ihm, sondern von einem jungen Spezialisten des Scotland Yard gelöst worden war. Mike Burden war es dann, der ihm geraten hatte, vor allem anderen erst einmal Urlaub zu machen. Aber nicht wie sonst in Wales oder Cornwall, sondern an der dalmatinischen Küste von Jugoslawien, wo er mit seinen Kindern im Vorjahr hingefahren war.

«In Mirna», hatte Burden gesagt, «gibt es drei gute Hotels, aber der Ort ist noch unverbraucht. Auf dem Wasserweg kommt man überallhin. Zwei oder drei alte Burschen haben da ein schwimmendes Taxiunternehmen. Als wir dort waren, hat es nicht einmal geregnet. Und du bist ja so umweltbewußt, alter Ökologe. Das Meeresleben da ist wirklich faszinierend und genauso die Blumen und die vielen Schmetterlinge.»

Und dieses Meeresleben war es denn auch, das Wexford zwei Tage nach ihrem Ausflug nach Dubrovnik näher kennenlernte. Er hatte Dora, die sich am Swimmingpool des Hotels auf einer Luftmatratze sonnte, allein gelassen, um seine angelsächsische Haut zu retten. Seine Nase schälte sich schon. Also hatte er sein Gesicht eingecremt, ein Hemd mit langen Armen angezogen und war um die bewaldete Landspitze herum zum Hafen von Mirna gegangen. Die Mauer des kleinen Seehafens war aus denselben Steinen erbaut wie die Stadt Dubrovnik, und als er sich hinkniete, um hinunterzuschauen, sah er, daß die Steine und das Mauerwerk unter der Wasserlinie dicht mit einem Teppich aus Seeanemonen, winzigen Muscheln, blühenden Pflanzensträngen und Seesternen bedeckt waren. Das Wasser war vollkommen klar und sauber. Er konnte deutlich bis auf den Grund sehen, fünf Meter tief, und gleich darauf huschte ein Schwarm silbrig-brauner Fische aus einem Seegrasgestrüpp. Fasziniert lehnte er sich weiter vor, und er verstand, weshalb so viele von den Schwimmern dort draußen mit Taucherbrillen und Schnorcheln ausgerüstet waren. Ein scharlachroter Fisch schoß unter einem Fels hervor, dann ein flacher, silberner mit dicken schwarzen Streifen.

Eine Stimme hinter ihm sagte: «Gefällt es Ihnen?»

Wexford richtete sich halb auf. Der Mann, der ihn angesprochen hatte, war älter als er, dünn, von Falten zerfurcht und sah abgehärtet aus. Er hatte ein nußbraunes Gesicht, ein trockenes Lächeln und erstaunlich gute Zähne. Vielleicht wegen der Seemannsmütze, die er zu einem weiß-

und blaugestreiften T-Shirt trug, erkannte Wexford ihn als einen der Bootstaxifahrer.

Langsam und deutlich sagte er: «Es gefällt mir sehr gut. Es ist schön, wunderschön.»

«Die Küsten Ihres Landes waren auch einmal so. Aber im neunzehnten Jahrhundert schrieb ein Mann namens Gosse, ein Meeresbiologe, darüber ein Buch, und innerhalb von wenigen Jahren hatten die Sammler, die sich über die Strände hermachten, sie kahl gerupft.»

Wexford konnte nicht anders, er mußte lachen. «Guter Gott», sagte er, «entschuldigen Sie bitte, aber ich dachte...»

«Daß ein alter Schiffer nur ‹bitte› und ‹danke› und ‹zehn Dinar› sagen kann?»

«Ungefähr, ja.» Wexford stand auf und überragte den anderen fast um einen halben Kopf. «Sie sprechen hervorragend Englisch.»

Ein breites Lächeln. «Nein, es ist zu pedantisch. Ich war nur einmal in England, und das vor vielen Jahren.» Er streckte seine Hand aus. «Freut mich, Sie kennenzulernen, *gospodin*. Ivo Racic, zu Ihren Diensten.»

«Reginald Wexford.»

Die Hand war eisenhart, der Händedruck jedoch sanft. Racic sagte: «Ich wollte Sie nicht stören. Ich sprach Sie an, weil man nur selten einen Touristen trifft, den die Natur interessiert. Den meisten geht es nur ums Sonnenbaden, ums Essen und Trinken, nicht? Oder sie fangen die Fische und horten die Muscheln.»

«Trinken Sie ein Glas mit mir?» fragte Wexford. «Oder haben Sie zu tun?»

«Josip, Mirko und ich, wir haben ein kleines Unternehmen, die werden es nicht krummnehmen, wenn ich eine halbe Stunde blaumache. Aber die Getränke bezahle ich. Dies ist mein Land, und Sie sind mein Gast.»

Sie gingen auf die von stämmigen Palmen gesäumte Allee

zu. «Ich bin hier in Mirna geboren», sagte Racic. «Mit achtzehn ging ich fort, um zu studieren, und als ich mich zur Ruhe setzte und nach mehr als vierzig Jahren wieder herkam, waren die Palmen noch wie immer, nicht größer, nicht verändert. Nichts hat sich geändert, bis die Hotels gebaut wurden.»

«Was haben Sie in den vierzig Jahren denn gemacht? Kein Bootsunternehmen geführt?»

«Ich war Professor für Anglistik an der Universität in Belgrad, Gospodin Wexford.»

«Aha», sagte Wexford. «Da kommt es ans Licht. Und als Sie pensioniert wurden, haben Sie mit Josip und Mirko zusammen den Fährdienst eingerichtet. Waren das vielleicht Freunde aus Ihrer Kindheit?»

«So ist es. Ich sehe, Sie besitzen Scharfsinn. Und darf ich nun fragen, was Ihr Beruf ist?»

Wexford sagte, was er im Urlaub immer sagte: «Ich bin Staatsbeamter.»

Racic lächelte. «Hier in Jugoslawien sind wir alle Staatsbeamte. Aber holen wir uns erst mal was zu trinken. *Ha jdemo, drug!*»

Sie entschieden sich für eine Tischgruppe unter einem rebenüberrankten Vordach, durch das die Sonne weiche Tupfer auf das Straßenpflaster streute. Racic trank Slibowitz. Der feurige Branntwein mit seinem leichten Beigeschmack von Pflaumen war für Wexford, der auf seinen Blutdruck achten mußte, tabu. Er hatte sogar schon ein schlechtes Gewissen, als der Posip, der einheimische Weißwein, den Racic für ihn bestellt hatte, in einem bis zum Rand gefüllten Becher eintraf.

«Wohnen Sie hier in Mirna?»

«Ja, alleine in dem Haus, dem *kucica,* das einst meinem Vater gehörte. Meine Frau starb in Belgrad. Aber es lebt sich angenehm und gut hier. Ich habe meine Pension und mein Boot, die Trauben und die Feigen, die ich ziehe, und manchmal einen Gast wie Sie, Gospodin Wexford, an dem ich mein Englisch üben kann.»

Wexford hätte ihn zwar gerne nach den politischen Verhältnissen gefragt, doch es schien ihm, das könnte unklug sein oder vielleicht unhöflich wirken. So äußerte er sich statt dessen zu der imposanten Erscheinung einer Frau in Landestracht – weißer Haube, reichbesticktem, steifem schwarzem Kleid –, die mit einem vollen Korb aus einem Lebensmittelladen getreten war. Racic nickte, dann wies er mit dem Daumen auf einen Tisch außerhalb des Schattens der Kletterpflanzen.

«Ich glaube, das da ist besser. Gesünder, nicht? Und freier.»

Sie saß in der prallen Sonne, eine junge Frau mit kurzen, geometrisch zugeschnittenen, schwarzen Haaren, und sie trug nur weiße Shorts und ein jadegrünes Oberteil mit Halsträger. Ein Mann kam aus dem Wechselbüro, und als sie aufstand und ihm entgegenging, erkannte Wexford in den beiden das Paar, das er auf den Mauern von Dubrovnik gesehen hatte. Hand in Hand schlenderten sie davon und stiegen in einen weißen Lancia Gamma, der unter den Palmen parkte.

«Als ich sie das letzte Mal sah, haben sie sich gezankt.»

«Sie wohnen im Hotel Bosnia», sagte Racic. «Am Sonntag abend sind sie mit dem Wagen von Dubrovnik hierhergekommen und wollen wohl noch eine Woche bleiben. Wie sie heißt, kann ich Ihnen nicht sagen, aber er heißt Philip.»

«Darf ich fragen, wie es kommt, daß Sie so eine Fundgrube an Informationen sind, Mr. Racic?»

«Ich habe sie heute morgen mit dem Boot gefahren.» Racics dunkle Augen zwinkerten. «Nur die beiden, einmal hinüber nach Vrt und zurück. Aber lassen Sie mich Ihnen eine kleine Geschichte erzählen. Ungefähr vor einem Jahr hat einmal ein junges englisches Ehepaar mein Boot gemietet. Sie waren, glaube ich, auf ihrer Hochzeitsreise, in den

Flitterwochen, wie man sagt, und auch offensichtlich sehr verliebt. Sie hatten nur Augen für sich selber und schon gar keine Lust, mit dem Bootsführer zu sprechen. Als wir das Ufer anliefen, vielleicht noch hundert Meter draußen waren, fing er an, seiner Frau zu erklären, wie sehr er sie liebte und daß er es kaum erwarten könnte, wieder ins Hotel zu kommen, um mit ihr zu schlafen. Oh, an Offenheit und Deutlichkeit ließ er nichts zu wünschen übrig – und warum auch, wo doch nur ein alter Jugoslawe dabei war, der nichts kennt außer seine eigene zungenbrecherische Sprache?

Ich sagte nichts. Ich ließ mir nichts anmerken. Wir legten an, er gab mir zwanzig Dinar, und sie gingen den Kai hinauf. Dann sah ich, daß die junge Dame ihre Handtasche vergessen hatte, also rief ich ihr nach. Sie kam zurück, nahm ihre Tasche an sich und dankte mir. Gospodin Wexford, ich konnte nicht widerstehen. ‹Sie haben einen charmanten Gatten, gnädige Frau›, sagte ich, ‹aber das haben Sie auch wirklich verdient.› Oh, wie sie rot geworden ist, doch ich glaube eigentlich nicht, daß sie mir böse war, wenn sie auch nicht mehr an mein Boot kamen.»

Lachend sagte Wexford: «Das Gespräch zwischen Philip und seiner Frau in Ihrem Beisein war doch nicht etwa von derselben Art?»

«Nein.» Racic sah nachdenklich aus. «Ich glaube, ich werde Ihnen nicht sagen, was ich davon mitbekommen habe. Es geht uns nichts an. Und jetzt muß ich mich entschuldigen, aber wir werden uns wiedersehen.»

«In Ihrem Boot, ganz bestimmt. Ich möchte unbedingt mit meiner Frau nach Vrt zum Baden.»

«Ich schlage Ihnen was Besseres vor. Ich mache mit Ihnen beiden eine Rundfahrt um die Inseln. Am Mittwoch? Keine Sorge, ich bin kein Kundenschlepper. Das wird eine Fahrt auf – jetzt ein guter Ausdruck aus der Umgangssprache –, auf Kosten des Hauses! Sie und ich und Gospoda Wexford.»

«Diese netten Deutschen», sagte Dora, «haben mich gefragt, ob wir am Mittwoch mit ihnen in ihrem Wagen nach Cetinje fahren wollen.»

«Mm», sagte Wexford abwesend. «Gute Idee.» Es war neun Uhr, aber außerhalb des Bereichs der Uferbeleuchtung schon sehr dunkel. Sie waren nach dem Abendessen zu Fuß nach Mirna hineingegangen, denn so spät fuhren die Boote nicht mehr, und tranken Kaffee auf der Terrasse eines Restaurants am Hafenrand. Die fast gezeitenlose Adria plätscherte mit leise schluckenden Geräuschen an die Steine zu ihren Füßen.

Plötzlich fiel es ihm ein. «Ach Gott, ich kann ja nicht. Ich hab dem Jugoslawen, von dem ich dir erzählte, doch versprochen, mit ihm eine Rundfahrt um die Inseln zu machen. Ihn jetzt stehenzulassen wäre unhöflich. Aber fahr doch allein nach Cetinje.»

«Gut, ich hätte nämlich schon Lust. Wer weiß, ob ich je noch mal nach Montenegro komme. Ach, schau mal, da sind ja die jungen Leute, die wir in Dubrovnik gesehen haben!»

Zum erstenmal sah Wexford die junge Frau *en face*. Ihre Frisur war aus dieser Sicht nicht weniger spektakulär als von hinten, denn mitten auf ihrer Stirn war eine Strähne zu einem langen, spitzen Dreieck zugeschnitten. Es sah weniger wie Haar aus, dachte er, als wie eine aufgemalte, schwarze Kappe. Trotz der späten Stunde trug sie eine große Sonnenbrille. Ihr bunter Rock war der gleiche, den sie in Dubrovnik getragen hatte.

Sie und ihr Begleiter waren vom Uferdamm her auf die Terrasse gekommen. Beide gingen langsam, sie irgendwie zögernd, während der Mann namens Philip sich suchend umsah, anscheinend nach Bekannten, mit denen sie sich verabredet hatten. Einen freien Tisch hätte er nicht zu suchen brauchen, denn die Terrasse war halb leer. Dora versetzte ihrem Mann unter dem Tisch einen kleinen Tritt, als Warnung vor unverhohlener Neugier, und fing von ihren deutschen Urlaubsbekannten, Werner und Trudi, zu erzählen an. Aus den Augenwinkeln sah Wexford, wie der Mann und die junge Frau unschlüssig stehenblieben und sich dann an einen Nebentisch setzten. Er sagte irgend etwas zu Dora, merkte jedoch gleichzeitig, daß jetzt er es war, der angestarrt wurde. Eine Stimme, die er schon einmal gehört hatte, sagte:

«Entschuldigen Sie, wir haben leider keinen Aschenbecher. Dürften wir wohl Ihren nehmen?»

Dora reichte ihm ihn herüber. «Bitte sehr.» Sie blickte kaum auf.

Aber er hakte lächelnd nach. «Brauchen Sie ihn auch bestimmt nicht selber?»

«Keine Sorge. Wir sind Nichtraucher.» Wenn er bei der Stange bleibt, dachte Wexford, der etwas sehr Merkwürdiges beobachtet hatte, dann sollte ich das vielleicht auch tun. Als Dora ihn wieder mit dem Fuß anstieß, zog er lediglich seinen unter dem Stuhl weg. Er wandte sich dem anderen Tisch zu, und als die nächste Frage kam – «Bleiben Sie lange in Mirna?» –, antwortete er freundlich: «Zwei Wochen. Wir sind seit vier Tagen hier.»

Die Wirkung dieser einfachen Entgegnung war verblüffend. Der Mann hätte sich kaum erfreuter und buchstäblich nicht erleichterter zeigen können, hätte Wexford ihm Kunde von einer bedeutenden Erbschaft gebracht oder ihm mitgeteilt, daß ein Freund, den man in Gefahr wähnte, in Sicherheit war.

«Oh, phantastisch! Das nenne ich wirklich toll. Daß man endlich mal wieder Engländer trifft! Wir müssen uns mal treffen. Das ist Iris, meine Frau. Philip und Iris Nyman. Sind Sie auch aus London?»

Wexford stellte Dora und sich vor und sagte, daß sie aus Kingsmarkham in Sussex kämen. Philip Nyman bekundete seine Freude darüber, sie kennenzulernen. Darauf müßte er ihnen einen Drink ausgeben. Nein? Vielleicht lieber noch einen Kaffee? Schließlich nahm Wexford eine Tasse Kaffee an, während er sich im stillen fragte, weshalb Iris Nyman so verstört war. Vorhin, als man einander vorstellte, hatte sie nur genickt, und jetzt saß sie dort wie gelähmt. Lag es an dem extravertierten Verhalten ihres Mannes? Zweifellos mußte sein überschwengliches Gebaren jeden, der nur etwas sensibel war, peinlich berühren. Nachdem die Getränkefrage geklärt war, stürzte er sich in einen umfassenden Bericht über ihre Herreise von England über Frankreich und Italien, über die Leute, die sie kennengelernt und das Wetter, das sie gehabt hatten, von der Begeisterung über die dalmatinische Küste, die sie nun zum erstenmal bereisten, ganz zu schweigen. Iris Nyman zeigte sich nicht begeistert. Sie blickte einfach aufs Meer hinaus und goß Slibowitz in sich hinein, als wäre es Limonade.

«Wir kamen regelrecht ins Schwärmen. Man sagt, es sei das sauberste Urlaubsgebiet am ganzen Mittelmeer, und das glaube ich aufs Wort. Dubrovnik fanden wir alle toll. Was heißt alle? Wir sind zusammen mit einer Kusine meiner Frau heruntergekommen. Sie wollte zu Bekannten in Griechenland, und am Sonntag ist sie denn auch von Dubrovnik aus weiter nach Athen geflogen, und wir sind alleine hier runter.»

Dora sagte: «In Dubrovnik haben wir Sie gesehen. Auf der Stadtmauer.»

Iris Nymans Glas stieß mit einem leisen Klirren an ihre Zähne. Ihr Mann sagte: «Auf der Mauer haben Sie uns gesehen? Ach, wissen Sie, ich glaub, daran entsinne ich mich.» Er wirkte ein klein wenig betroffen. Aber noch lange nicht beirrt. «Wenn mich nicht alles täuscht, hatten wir da gerade ein bißchen Krach.»

Dora machte eine wegwerfende Bewegung mit der Hand. «Wir sind ja nur kurz an Ihnen vorbeigekommen. Es war schrecklich heiß, nicht?»

«Sie sind liebenswürdig diskret, Mrs. Wexford – oder

darf ich Dora sagen? Der springende Punkt, Dora, war nämlich der: Meine Frau wollte auf einen der Berge hinauf, die dort oben sind, und ich machte ihr gerade klar, wie sinnlos das wäre. Ich meine, bei der Hitze, und überhaupt? Da sieht man auch nicht mehr als von der Mauer aus.»

«Sie konnten sie also davon abbringen?» sagte Wexford ruhig.

«Nachher schon, aber Sie kamen gerade vorbei, als das Gefecht in vollem Gange war. Noch ein Drink, Darling? Und wie steht's mit Ihnen, Dora? Nicht doch ein Gläschen?»

Sie antworteten gleichzeitig: «Noch einen Slibowitz», und: «Recht vielen Dank, aber wir müssen gehen.» Es war lange her, daß Wexford seine Frau so verstimmt und so völlig außer Fassung erlebt hatte. Er staunte über Nymans fortdauernde Bemühungen, sein erstarrtes, aufgesetztes Lächeln.

«Lassen Sie mich raten – wohnen Sie im *Adriatic?*» Er nahm das Schweigen als Zustimmung. «Wir sind im *Bosnia*. Warten Sie, was halten Sie davon, wenn wir uns, sagen wir, am Mittwoch noch mal treffen? Wir könnten doch mit meinem Wagen irgendwohin fahren.»

Da die Wexfords schon eine Verabredung hatten, ließ sich das Angebot reinen Gewissens ausschlagen. Sie sagten gute Nacht, und Wexford quittierte Nymans Beteuerung, daß sie sich wiedersehen müßten, sich nach einem so glücklichen Zusammentreffen nicht aus den Augen verlieren dürften, mit einem unverbindlichen Nicken. Seine Blicke folgten ihnen. Wexford drehte sich noch einmal um und sah es.

«Also, wirklich!» sagte Dora, als sie außer Hörweite waren. «Was für eine unausstehliche Weibsperson!»

«Nur sehr nervös, glaube ich», sagte Wexford nachdenklich. Er reichte ihr den Arm, und sie gingen über den Uferweg zurück. Es war sehr dunkel, die See tintenschwarz und ruhig, die Insel war nicht zu sehen. «Wenn man es sich richtig überlegt, war das alles sehr sonderbar.»

«Sonderbar? Sie war ungehobelt, und er hat sich unverschämt aufgedrängt, wenn du das sonderbar nennen willst. Ich konnte nur staunen, als er mich Dora nannte.»

«Das war nicht das Komische dabei. So werden nun mal Urlaubsbekanntschaften geschlossen. Wahrscheinlich ging es mit Werner und Trudi ganz ähnlich.»

«Nein, Reg, überhaupt nicht. Erst mal sind wir etwa im gleichen Alter, und wir wohnen im selben Hotel. Trudi spricht ganz gut Englisch, und wir schauten den Kindern im Planschbecken zu, dabei kam sie auf ihre Enkel zu sprechen, die gerade auch so alt sind wie unsere, und so fing das an. Du gibst auch wohl zu, das ist was ganz anderes, als wenn ein Mann von dreißig in ein Lokal stolziert und sich an ein Ehepaar hängt, das alt genug ist, um seine Eltern zu sein. Ich nenne das aufdringlich.»

Wexford reagierte ungeduldig. «Mag ja alles sein. Vielleicht ist dir nicht aufgefallen, daß ein vollkommen sauberer Aschenbecher mitten auf dem Tisch stand, bevor sie sich da hinsetzten.»

«*Was?*» Dora blieb stehen und starrte ihn in der Dunkelheit verblüfft an.

«Es stimmt. Er muß ihn eingesteckt haben, damit er einen Vorwand hatte, um uns anzusprechen. Das war das Sonderbare. Und uns ungebeten soviel Privates zu erzählen war sonderbar. Und daß er uns bewußt angelogen hat, war am sonderbarsten. Komm jetzt, meine Liebe. Starr deinen Mann nicht so an.»

«Was meinst du damit, bewußt angelogen?»

«Als du ihm sagtest, wir hätten sie auf der Mauer gesehen, sagte er, er könnte sich daran erinnern, und wir müßten den Streit zwischen ihm und seiner Frau mit angehört haben. Das war an sich schon komisch. Warum erwähnte er es überhaupt? Was gehen uns seine häuslichen – oder von mir aus seine mäuerlichen – Zwiste an? Er sagte, sie hätten sich wegen einer Bergtour gestritten, aber im Sommer macht kein Mensch hier eine Bergtour. Außerdem entsinne ich mich noch genau, was er wirklich auf der Mauer gesagt hat. Er sagte: ‹Wir finden doch keinen, der uns rüberbringt.› Nun gut, damit könnte er gemeint haben, sie fänden keinen Bergführer. Aber ‹man kann da nirgends landen›? Denn das hat er gesagt, ohne jeden Zweifel. Auf Bergen landet man nicht, Dora, es sei denn, man bezwingt sie per Hubschrauber.»

«Aber warum denn? Ich frage mich, was er damit bezweckt.»

«Ich mich auch», sagte Wexford, «aber ich bin ziemlich sicher, daß er es nicht darauf angelegt hat, Aschenbecher aus Strandrestaurants zu stibitzen.»

Sie bogen um die Landspitze, und die Lichter des Hotels *Adriatic* kamen in Sicht. Ein wenig näher noch, und sie konnten wieder ihre Gesichter erkennen. Dora sah das seine und las genügend darin, um beunruhigt zu sein.

«Du fängst mir nicht an, Detektiv zu spielen, Reg!»

«Ich kann nichts dafür, es steckt mir in den Knochen. Aber dein Urlaub soll darunter nicht leiden, das verspreche ich dir.»

Am Dienstagmorgen wartete Racics Taxiboot am Landesteg vor dem Hotel.

«Gospoda Wexford, ich bin sehr erfreut, Sie kennenzulernen.» Gewandt half er Dora in das Boot. Die Plane aus grünem Segeltuch, die jetzt aufgerollt war, verlieh ihm ein wenig das Aussehen einer Gondel. Als die Motoren ansprangen, entschuldigte sich Dora wegen des nächsten Tages.

«Cetinje wird Ihnen gefallen», sagte Racic. «Genießen Sie es. Gospodin Wexford und ich werden eben einen Junggesellenausflug machen. Die Jungs geschlossen unter sich, hm? Haben Sie es bequem? Ein bißchen angemessener für eine Dame als das dort, hoffe ich.»

Er wies mit einer Handbewegung auf die Bucht hinaus, wo ein Mann in einem gelbblauen Schlauchboot paddelte. Die Frau bei ihm trug einen sehr knappen Bikini. Die Nymans.

«Wenn Sie zusehen könnten, daß wir nicht an diesen Leuten vorbeikommen, Mr. Racic», sagte Dora, «dann fände ich es in Ihrem Boot wirklich sehr angenehm.»

Racic blickte zu Wexford. «Sie haben sie kennengelernt? Sind sie Ihnen lästig gewesen?»

«Das nicht. Sie haben uns gestern abend in Mirna angesprochen, und der Mann war etwas übereifrig.»

«Ich halte mich dicht am Ufer und kreuze erst von der kleinen Halbinsel dort hinüber nach Vrt.»

Den größten Teil des Vormittags waren sie an dem kleinen kieseligen Strand von Vrt, ein Name, der nach Racics Auskunft «Garten» bedeutet, fast allein. Die dichtgedrängten Hütten weiter hinten waren überwachsen von den blauen Trichterblüten der Prunkwinde, und zwischen den Mauern ragten die schlanken Spitzen der Zypressen empor. Wexford saß im Schatten und las, während Dora sich sonnte. Das Schlauchboot kam nur einmal näher heran, doch die Wexfords blieben, vielleicht weil sie nur Badesachen trugen, unerkannt. Einmal stand Iris Nyman kurz auf und sprang mit einem mächtigen Platscher in das tiefe Wasser.

«Ungehobelt mag sie ja sein», sagte Dora, «aber ich gebe zu, sie hat eine reizende Figur. Und mit ihren Beinen hast du dich geirrt, Reg. Ihre Beine sind tadellos.»

«Ist mir nicht aufgefallen», sagte Wexford.

Josip brachte sie zurück. Er war ein dünner, freundlicher, braungebrannter Mann, nicht viel anders als Racic, doch er konnte kein Englisch außer «danke» und «auf Wiedersehen». Am Nachmittag nahmen sie sein Boot noch einmal, um nach Mirna zu kommen, und verbrachten bei einer Tasse Kaffee einen ruhigen, angenehmen Abend mit Werner und Trudi Müller auf dem Balkon der Deutschen.

Der Mittwoch begann mit einem Unwetter bei Sonnenaufgang, so daß Wexford sich angesichts der Blitze und der aufgewühlten See schon fragte, ob Burden mit seiner Schönwettergarantie nicht doch zu optimistisch gewesen sei. Aber um neun war die Sonne draußen und der Himmel klar. Er brachte Dora hinaus zum Mercedes der Müllers und ging hinunter zum Landungssteg. Racics Boot glitt heran.

«Ich habe Brot und Würstchen für unser Mittagessen mitgebracht und eine Thermosflasche Posip, damit er schön kühl bleibt.»

«Das müssen wir dann zwischendurch verdrücken, denn zum Mittagessen lade ich Sie ein.»

Sie aßen schließlich in einem Lokal in Dubrovnik, nachdem Racic ihm die Insel Lokrum gezeigt hatte. Wexford lauschte mit zunehmendem Interesse den Geschichten des Bootsführers und Professors – wie die Blüte und der Wohlstand der Handelsstadt zu einer literarischen Renaissance geführt hatten, welche Rolle in Dubrovnik erbaute Schiffe in der spanischen Armada spielten, wie einst ein Erdbeben die Stadt verwüstet und fast den ganzen Staat zerstört hatte. Sie fuhren weiter nach Lopud, Sipan und Kolucep und kehrten, als die Sonne zu sinken begann, über das weite, ruhige Wasser zurück.

«Hat die kleine Insel da auch einen Namen?» fragte Wexford.

«Sie heißt ‹Vrapci›, das bedeutet ‹Spatzen›. Es soll dort Tausende von Spatzen geben, und nichts als Spatzen, denn kein Mensch fährt dahin. Man kann nirgends an Land.»

«Sie meinen, man kann mit dem Boot nicht anlegen, weil die Felsen zu steil sind? Was ist denn mit der anderen Seite?»

«Ich fahre mal ran, dann sehen Sie es. Da ist zwar ein Strand, aber den würde niemand benutzen wollen. Warten Sie.»

Die Insel war sehr klein, vielleicht nur eine halbe Meile Umfang, und völlig überwuchert von Krüppelkiefern. An ihren Wurzeln fiel der graue Fels aus einer Höhe von etwa zehn Fuß jäh zum Wasser ab. Racic brachte das Boot herum, und sie gelangten auf die der Adria zugewandte Seite der Insel. Spatzen waren nicht zu sehen, überhaupt kein Lebenszeichen. Eingekeilt zwischen Felswänden lag ein schmaler, unansehnlicher Kiesstrand, auf den eine überhängende Kiefer tiefe Schatten warf. Ein Blick in den Himmel und hinab in diese dunkle, steinige Mulde überzeugte Wexford, daß die Sonne, wie hoch sie auch stand, niemals zu diesem Strand durchdringen würde. Nach vorn zu, wo sich der Strand zuspitzte, lag eine Felsspalte, die gerade so breit war, daß der Körper eines Menschen hindurchgelangen konnte.

«Nicht sehr verlockend», sagte er. «Was könnte die Leute hierhin ziehen?»

«Es zieht sie nicht hierhin, soviel ich weiß. Höchstens die – nun, es gibt da einen neuen Trend, Gospodin Wexford, oder Mister, wie ich sagen sollte.»

«Sagen Sie Reg.»

Racic neigte den Kopf. «Reg, ja. Danke. Der Name gefällt mir, wenn ich ihn auch noch nie gehört habe. Es gibt also, wie gesagt, einen neuen Trend, das Nacktbaden. Eigentlich ist es in Jugoslawien nicht gestattet, weil es gegen den Anstand, die guten Sitten verstößt. Bestimmt haben Sie hier und da auf den Felsen schon den Hinweis – leider wohl in beklagenswertem Englisch – *No Nudist* gesehen. Aber manche Leute halten sich nicht dran, besonders auf den kleinen Inseln nicht. Vrapci käme ihnen da sicher gelegen, wenn sie ein Boot und einen Fahrer fänden, der sie hinbringen würde.»

«Das Boot könnte am Strand anlegen, und die Leute könnten auf der anderen Seite hinter den Felsen in der Sonne schwimmen.»

«Wenn es gute Schwimmer sind, schon. Aber wir lassen die Finger davon, Reg; aus dem Alter, wo man sich nackt auszieht und den Hals riskiert, sind wir doch heraus, was?»

Wieder kreuzten sie über das weite Meer. Wexford blickte

zurück nach den Stadtmauern, diesen von Menschenhand geschaffenen, schützenden Klippen, und brachte zögernd eine Frage vor: «Würden Sie mir nicht doch sagen, was Sie von dem Gespräch dieses englischen Ehepaars, Philip und Iris Nyman, mit angehört haben, als sie auf Ihrem Boot waren?»

«Nyman heißen die Leute?» wich er aus.

«Ich habe einen guten Grund, weshalb ich danach frage.»

«Darf ich den erfahren?»

Wexford seufzte. «Ich bin Polizeibeamter.»

Racics Gesicht wurde starr und verschlossen. «Das gefällt mir aber gar nicht. Man hat Sie hergeschickt, um die Leute zu beobachten? Das hätten Sie mir vorher sagen sollen.»

«Nein, Ivo, nein.» Wexford brachte den ungewohnten Namen ein wenig unsicher heraus. «Nein, Sie haben mich falsch verstanden. Ich hatte bis letzten Samstag von beiden nie etwas gehört oder gesehen. Aber jetzt, wo ich sie kenne und mit ihnen gesprochen habe, glaube ich, daß sie in etwas Illegales verwickelt sind. Wenn das stimmt, ist es meine Pflicht, dagegen einzuschreiten. Es sind Landsleute von mir.»

«Reg», sagte Racic etwas besänftigt, «was ich da mit angehört habe, kann mit keiner Straftat etwas zu tun haben. Es war persönlich und privat.»

«Sie wollen es mir nicht sagen?»

«Nein. Wir sind doch keine alten Hausfrauen, die sich mit Geklatsche über die Gartenmauern ihres *kucice* hinweg die Zeit vertreiben, oder?»

Wexford grinste. «Würden Sie denn vielleicht etwas für mich tun? Würden Sie die Leute – natürlich ganz unauffällig – wissen lassen, daß Sie die englische Sprache verstehen?»

«Sind Sie sicher, daß sie etwas Gesetzwidriges tun?»

«Bestimmt. Es muß um Drogen oder um irgendeine Art von Betrug gehen.»

Ein Schweigen entstand, während dessen Racic sich auf das Meer zu besinnen schien. Dann sagte er ruhig: «Ich vertraue Ihnen, Reg. Ja, ich werde es tun, wenn sich die Möglichkeit ergibt.»

«Dann fahren Sie nach Mirna. Sehr wahrscheinlich sind sie dort in einem der Strandrestaurants.»

Mirkos Boot kam an ihnen vorbei, als sie in den Hafen einfuhren, und Mirko schwenkte die Arme und rief: *«Dobro vece!»*

An der Anlegestelle warteten Touristen in einer Schlange, um sich zurück zum Hotel *Adriatic* oder zu dem in Vrt fahren zu lassen. Es waren vielleicht ein Dutzend Leute, und Philip und Iris Nyman bildeten den Schluß der Reihe. Es ließ sich besser an, als Wexford gehofft hatte. Die ersten vier stiegen in Josips Boot nach Vrt, die nächste Gruppe in das von Mirko, das, da es nur für acht Personen zugelassen war, die Nymans nicht mehr aufnehmen konnte.

«Hotel *Adriatic*», sagte Philip Nyman. Dann erkannte er Wexford. «Sieh da, so trifft man sich wieder. Hatten Sie einen angenehmen Tag?»

Wexford erwiderte, er sei in Dubrovnik gewesen. Er half der jungen Frau in das Boot. Sie dankte ihm, jetzt anscheinend nicht mehr so nervös, und lächelte sogar zaghaft dabei. Der Motor sprang an, und sie stießen ab, Racic als der namenlose Bootsführer, das Zubehör, ohne das die Maschine nun mal nicht fährt.

«Gestern sah ich Sie draußen mit Ihrem Schlauchboot», sagte Wexford.

«Tatsächlich?» Philip Nyman schien erfreut. «Heute abend können wir es allerdings nicht benutzen. Im Dunkeln ist es nicht ungefährlich, und man muß auch schon Badezeug tragen. Wir essen mit einem anderen englischen Ehepaar, das wir gestern kennengelernt haben, in ihrem Hotel und wollen nachher einen romantischen Spaziergang zurück machen.»

Sie waren weniger lässig gekleidet als sonst. Nyman trug einen beigen Safarianzug, seine Frau ein gelb und schwarz gemustertes Kleid und hochhackige Sandalen. Wexford war in Alarmbereitschaft, da er mit einer Einladung rechnete, ihnen bei dem Essen Gesellschaft zu leisten, und es überraschte ihn, daß sie nicht kam.

Die Nymans zündeten sich Zigaretten an. Wexford bemerkte, wie Racic steif wurde. Er kannte die Neigungen und Grundsätze des Mannes gut genug, um seine Einstellung zur Umweltverschmutzung nachzuempfinden. Die Zigarettenkippen würden mit Sicherheit im Meer landen. Wenn er sich über seine Fahrgäste ärgerte, konnte ihn das in der Bereitschaft, sein Versprechen zu erfüllen, nur bestärken. Doch vorläufig schwieg er. Sie fuhren um die Landspitze herum auf ein Meer, das die Sonne wie mit einer Goldhaut überzogen hatte.

«Wie schön!» sagte Iris Nyman.

«Ein Jammer, daß Sie so bald schon fort müssen.»

«Wir bleiben noch bis Samstag», sagte Nyman, allerdings ohne den Vorschlag zu erneuern, daß sie und die Wexfords sich noch einmal treffen sollten. Die junge Frau machte einen letzten Zug an ihrer Zigarette und warf sie über Bord.

«Na ja», sagte Nyman, «da ist schon soviel Dreck drin, daß es auf das bißchen auch nicht mehr ankommt», womit er seine noch brennende Kippe ebenfalls in die wie Schmelzgold schimmernden Wellen schnippte.

Sie näherten sich dem Landungssteg des Hotels, und Racic stellte den Motor ab. Nyman kramte in seiner Tasche nach Münzen. Wexford stand schon auf. Er wandte sich an Racic, als der Jugoslawe die Leinen festmachte: «Es war ein großartiger Tag für mich. Meinen herzlichsten Dank.»

Er sah zwar nicht hin, konnte sich den amüsierten Blickwechsel zwischen Nyman und seiner Frau aber vorstellen, nachdem doch wieder mal ein Engländer dem bekannten Vorurteil aufgesessen war, daß jeder, der kein Schwachkopf ist, seine Sprache versteht. Racic straffte sich zu seiner nicht sehr stolzen Größe. Von seinem leichten Akzent, dem manchmal etwas ungeschickten, gespreizten Satzbau war nichts mehr zu merken. Er sprach wie jemand, der in Kensington geboren und in Oxford erzogen worden war.

«Freut mich, daß es Ihnen gefallen hat. Ich fand es auch nett. Richten Sie bitte Ihrer Frau schöne Grüße aus, und daß ich hoffe, sie bald wiederzusehen.»

Kein Laut kam von den Nymans. Als sie aus dem Boot stiegen, sagte Racic: «Geben Sie mir Ihre Hand, Madame.» Nymans Stimme klang erstickt, als er seine zwanzig Dinar bezahlte und ein Dankeschön murmelte. Zu Wexford sagten beide kein Wort. Sie sahen sich nicht mehr um. Sie gingen davon, und sein Blick folgte ihnen.

«War es so richtig, Reg? Die sinnlose Verschandelung meines Meeres hat mich angetrieben.»

Abwesend, weil er noch hinterherstarrte, sagte Wexford: «Sie haben es gut gemacht.»

«Was schauen Sie sich denn so konzentriert an?»

«Beine», sagte Wexford. «Ich danke Ihnen nochmals. Wir sehen uns morgen wieder.»

Er ging hinauf zum Hotel, hielt dort nach ihnen Ausschau, doch sie waren nirgends in Sicht. Auf der Terrasse drehte er sich um und blickte zurück, und dort waren sie: im Eilschritt liefen sie über den Uferweg in Richtung Mirna, die neuen Bekannten und das Dinner im *Adriatic* vergessend. Wexford ging ins Hotel und nahm den Lift hinauf zu seinem Zimmer. Dora war noch nicht zurück. Da er sich recht mitgenommen fühlte, legte er sich auf das Doppelbett. Diese neueste Wendung oder Entdeckung übertraf bei weitem alles, was er erwartet hatte. Und was jetzt? In irgendeiner Form die Polizei von Dubrovnik einschalten? Er griff zum Telefon, um den Empfang zu wählen, ließ den Hörer jedoch wieder los, als Dora hereinkam.

Bestürzt trat sie zu ihm. «Bist du in Ordnung, Schatz?»

Sein Blutdruck, sein Herz, zuviel Sonne – ihm war klar, was sie dachte. Es kam selten vor, daß er sich tagsüber ausruhte. «Natürlich, mir geht's gut.» Er richtete sich auf. «Dora, etwas ganz Merkwürdiges ...»

«Du machst wieder den Detektiv! Ich hab's geahnt.» Sie schleuderte ihre Schuhe weg und stieß die Balkontür auf. «Du hast mich nicht mal gefragt, ob ich einen schönen Tag hatte.»

«Das seh ich dir doch an. Komm rein, Liebes, mach es nicht so schwierig. Ich denke mir immer gern, daß du von allen Frauen, die ich kenne, die einzige bist, die nicht schwierig ist.» Sie sah ihn argwöhnisch an. «Hör zu», sagte er. «Tu mir einen Gefallen. Beschreib mir die Frau, die wir auf der Stadtmauer gesehen haben.»

«Iris Nyman? Was meinst du denn?»

«Tu's mal einfach, sei so lieb.»

«Du spinnst. Du warst wirklich zu lange in der Sonne. Aber schön, wenn es dir Spaß macht ... mittelgroß, gute Figur, sehr braun, etwa dreißig, geometrischer Haarschnitt. Sie trug ein jadegrünes Oberteil mit Halsträger und einen blau-grün-rosa Rock.»

«Jetzt beschreib die Frau, die wir am Montag bei Nyman gesehen haben.»

«Da besteht doch kein Unterschied, außer einem schwarzen Oberteil und einer Stola.»

Wexford nickte. Er stand vom Bett auf, ging an ihr vorbei zum Balkon und sagte: «Es ist nicht dieselbe Frau.»

«Was in aller Welt willst du damit andeuten?»

«Ich wünschte, das wüßte ich», sagte Wexford, «aber ich weiß, daß die Iris Nyman, die wir auf der Stadtmauer gesehen haben, nicht die Iris Nyman ist, die ich am Montagmorgen gesehen und die ich heute abend gesehen habe.»

«Du läßt deine Phantasie mit dir durchgehen. Bestimmt, Reg. Die Haare zum Beispiel, die waren doch auffallend, und dann die Kleider und daß sie bei Philip Nyman war.»

«Begreifst du denn nicht? Das sind doch genau die Dinge, die man sich zunutze machen würde, um vorzutäuschen, daß es sich um die gleiche Frau handelt. Beim erstenmal hat keiner von uns ihr Gesicht gesehen und ihre Stimme gehört. Wir haben nur das Auffällige an ihr registriert.»

«Wie kommst du darauf, daß sie nicht dieselbe Person ist?»

«Durch ihre Beine. Die Beine sind anders. Du hast mich auf sie aufmerksam gemacht. Man könnte sagen, du hast mich überhaupt erst auf die Spur gebracht.»

Dora beugte sich über das Balkongeländer. Sie ließ die Schultern sinken. «Dann wünschte ich, ich hätte es nicht getan. Zu Hause sprichst du nie mit mir über deine Fälle. Warum also hier?»

«Es ist sonst niemand da.»

«Herzlichen Dank. Diese ganze Geschichte, daß sie nicht dieselbe Frau wäre, ist unsinnig, das hast du dir zurechtgeträumt. Weshalb sollte jemand so etwas vortäuschen wollen? Und letzten Endes, wie sollte das gehen?»

«Ganz leicht. Man braucht nichts weiter dazu als eine Komplizin von der gleichen Statur und im gleichen Alter. Am Samstag oder Sonntag ließ die Komplizin ihr Haar tönen und frisieren und übernahm Iris Nymans Kleidung. Ich will herausfinden, warum.»

Dora kehrte dem Sonnenuntergang den Rücken und sah ihn starr und eisig an. «Nein, Reg. Ich spiele nicht die Schwierige. Ich reagiere nur wie jede andere Frau, die in Urlaub fährt und feststellen muß, daß ihr Mann seinen Beruf nicht mal zwei Wochen daheim lassen kann. Das ist mein erster Auslandsurlaub seit zehn Jahren. Wenn man dich hergeschickt hätte, um die Leute zu beobachten, wenn es deine Aufgabe wäre, würde ich keinen Ton sagen. Aber du hast dich nur in etwas hineingesteigert, weil du dich nicht entspannen und die Sonne und das Meer genießen kannst wie andere Leute.»

«Na gut», sagte ihr Mann. «Dann sieh es eben so.» Er mochte seine Frau, er schätzte sie, und daß er sie zwangsläufig oft vernachlässigen mußte, ging ihm sehr nahe. Sie auch jetzt wieder zu vernachlässigen, das mußte ihr vorkommen, als hätte sich sein eingefleischter Drang, Geheimnisse zu enträtseln, verselbständigt. «Mach nicht so ein Gorgonengesicht. Ich habe dir gesagt, daß dein Urlaub nicht darunter leiden wird, und dazu stehe ich.» Er berührte ihre Wange und streichelte sie sanft. «Jetzt nehme ich erst mal ein Bad.»

Kaum mehr als zwölf Stunden später ging er über den Fußweg nach Mirna. Die Sonne war schon heiß, und ein Schnellboot fuhr draußen in der Bucht. Teppichhändler hatten ihre Ware auf dem Marktplatz ausgebreitet, und für die Durstigen, die Kaffee oder – selbst zu dieser Stunde – Pflaumenbranntwein trinken wollten, waren die Restaurants geöffnet.

Das *Bosnia*, zum größten Teil durch Pinien und Reihen von Zypressen gnädig verdeckt, wirkte aus der Nähe betrachtet mit seinen tellerförmig abgestuften Etagen und Strebebögen eher wie ein im Wald gestrandetes Ufo als wie ein Ferienhotel. Wexford überquerte einen Hof von der Größe eines Fußballfeldes und betrat ein Foyer, das dem Justizpalast einer Hauptstadt durchaus Ehre gemacht hätte.

Der Empfangschef sprach gut Englisch.

«Mr. und Mrs. Nyman haben sich gestern abend abgemeldet, Sir.»

«Aber wollten sie nicht eigentlich noch drei Tage bleiben?»

«Davon ist mir nichts bekannt, Sir. Sie haben das Hotel gestern abend vor dem Essen verlassen. Mehr kann ich Ihnen nicht sagen.»

Damit hatte sich das.

«Und was hast du jetzt vor?» fragte Dora bei einem verspäteten Frühstück. «Eine wilde Verfolgungsjagd entlang der dalmatinischen Küste zu veranstalten?»

«Ich werde abwarten, was passiert. Und in der Zwischenzeit genieße ich meinen Urlaub und sorge dafür, daß du deinen genießt.» Zum erstenmal seit dem Abend vorher sah er sie lächeln und sich entspannen.

Zwar ließ ihn der Gedanke an die Nymans die ganze Zeit nicht los, doch es gelang ihm wirklich, den Rest des Urlaubs zu genießen. Mit Werner und Trudi zusammen besichtigten sie in Mostar die türkische Brücke. Mit dem Bus machten sie einen Ausflug nach Budva, und die Mitglieder des Taxiboot-Unternehmens fuhren sie von Mirna nach Vrt und hinaus nach Lokrum. Es war sein Geheimnis, daß Wexford täglich eine Londoner Zeitung kaufte, drei Tage alte Exemplare zum dreifachen Preis. Er wußte genau, weshalb er es tat, was er sich davon erhoffte oder was er befürchtete. An ihrem letzten Vormittag hätte er sich die Mühe fast erspart. Schließlich würden sie in kaum mehr als vierundzwanzig Stunden wieder daheim sein, und dort würde er auf jeden Fall etwas unternehmen müssen. Doch als er am Empfangstisch vorbeikam, alleine, weil Dora schon zum Frühstück in das Gästezimmer gegangen war, hielt ihm der Portier wie sonst auch die Zeitung hin.

Wexford bedankte sich – und es stand auf der Titelseite.

Industriellentochter verschwunden, hieß die Schlagzeile. *Strandkleidungskönig befürchtet Entführung*.

Der Text darunter lautete: «Mrs. Iris Nyman, 32, kehrte gestern unerwartet von Einkäufen in der Stadt nicht in ihre Wohnung im Norden Londons zurück. Ihr Vater, Mr. James Woodhouse, Präsident der Sunsports Ltd., eines führenden Strandkleidungsunternehmens, befürchtet, daß seine Tochter einer Entführung zum Opfer gefallen sein könnte, und erwartet eine Lösegeldforderung. Die Polizei beurteilt die Situation ernst.

Mrs. Nymans Mann, der dreiunddreißigjährige Philip Nyman, sagte heute in der Wohnung des Ehepaars in Flask Walk, Hampstead: ‹Meine Frau und ich waren gerade von einer Autoreise durch Italien und Jugoslawien zurückgekehrt. Am Morgen darauf ging Iris zum Einkaufen und kam nicht mehr zurück. Ich könnte wahnsinnig werden. Sie machte einen glücklichen, entspannten Eindruck.›

Das Unternehmen von Mr. Woodhouse, zu dessen Aufsichtsrat Mrs. Nyman gehört, machte in diesem Jahr wegen einer bedeutenden Fusion von sich reden, durch die zwei große Textilfirmen von der Sunsports Ltd. übernommen wurden. Der Vorjahresumsatz der Gesellschaft lag im Bereich von 100 Millionen Pfund.»

Beigefügt war ein Foto von Iris Nyman mit dunkler Brille. Wexford wäre in schwerer Bedrängnis gewesen, hätte er sagen sollen, ob es eine Aufnahme von der Frau auf der Stadtmauer oder von der Frau in Mirna war.

Am Abend gaben sie für Racic ein Abschiedsessen im *Dubrovacka*-Restaurant.

«Sagen Sie nicht, was alle immer sagen, Reg – daß Sie im nächsten Jahr wiederkommen. Jetzt finden Sie und Gospoda Wexford Dalmatien schön, aber nach ein paar Tagen läßt die Erinnerung nach. Irgend jemand wird Ihnen San Marino oder Ibiza als nächstes empfehlen, und dort fahren Sie dann hin. Ist es nicht so?»

«Ich habe gesagt, ich komme zurück», sagte Wexford, «und es ist mir Ernst damit.» Er hob sein Glas Posip. «Aber nicht erst in einem Jahr. Es wird früher sein.»

Dreihundertundzweiundsechzig Tage früher, wie Racic dann betonte.

«Und hier bin ich und sitze im *vrt* Ihres *kucica*!»

«Sie werden noch fließend Serbokroatisch lernen, Reg.»

«Leider wohl nicht. Morgen abend muß ich schon wieder in London sein.»

Sie waren in Racics Garten, auf halber Höhe des terrassenförmig abgestuften Hügels hinter Mirna, und saßen in Korbstühlen unter seinem Wein und seinen Feigen. Rosa, weißer und roter Oleander schimmerte in der Dämmerung, und über ihren Köpfen hingen Büschel kleiner grüner Trauben zwischen den Leisten eines Sonnendachs. Auf dem Tisch stand eine Flasche Posip neben den Resten eines Abendessens aus Königsgarnelen und gedünsteten Kartoffeln, Salat und Brot und großen, reifen Pfirsichen.

«Nachdem wir nun satt geworden sind», sagte Racic, «erzählen Sie mir bitte, welche wichtige Angelegenheit es war, die Sie so erfreulich schnell wieder nach Mirna geführt hat. Geht es dabei um Mr. und Mrs. Nyman?»

«Ivo, aus Ihnen wird noch ein richtiger Polizist.»

Racic lachte und schenkte Wexford Wein nach. Dann machte er ein ernstes Gesicht. «Es ist wohl nichts zum Lachen, nichts Erfreuliches?»

«Weit davon entfernt. Iris Nyman ist tot, ermordet, wenn ich mich nicht sehr irre. Heute nachmittag begleitete ich die Polizei von Dubrovnik hinaus in die Bucht, und wir bargen ihren Leichnam aus dem Felsspalt auf Vrapci.»

«*Zaboga*! Das kann nicht Ihr Ernst sein! Die junge Frau, die im *Bosnia* wohnte und mit ihrem Mann in meinem Boot rausfuhr?»

«Nein, die meine ich nicht. Die lebt, und sie ist in Athen, von wo sie vermutlich ausgeliefert wird.»

«Das verstehe ich nicht. Erzählen Sie mir die Sache einmal von vorne.»

Wexford lehnte sich in seinem Stuhl zurück und blickte durch die Weintrauben hinauf zum violetten Himmel, wo schon die ersten Sterne erschienen. «Ich muß wohl mit der Vorgeschichte anfangen», sagte er, und nach einer Pause: «Iris Nyman war die Tochter und das einzige Kind von James Woodhouse, dem Präsidenten einer Firma namens Sunsports Ltd., die Sport- und Strandkleidung herstellt und nach vielen Ländern exportiert. Sie heiratete schon sehr jung, als sie noch keine Zwanzig war, einen jüngeren Vertreter aus der Firma ihres Vaters. Nach der Heirat machte

Woodhouse sie zum Aufsichtsratsmitglied, ließ ihr eine Menge Geld zukommen, kaufte ihr ein Haus und gab ihr einen Firmenwagen. Um ihr Gehalt und ihre Spesen zu rechtfertigen, unternahm sie regelmäßig einmal im Jahr mit ihrem Mann eine Reise nach bekannten Urlaubsorten in Europa, nach außenhin, um Sunsports-Bekleidung zu tragen und festzustellen, wer sie sonst noch trug, und auch, um sich über die Erfolge der Konkurrenz zu informieren. Wahrscheinlich machte sie einfach Urlaub.

Die Ehe war nicht gerade glücklich. Oder jedenfalls Philip Nyman nicht. Iris war ein typisch arrogantes reiches Mädchen, alles mußte nach ihrem Kopf gehen. Außerdem gehörten das Geld und das Haus und der Wagen ihr allein. Er blieb Vertreter. Vor etwa einem Jahr verliebte er sich dann in eine Kusine von Iris, eine junge Frau namens Anna Ashby. Wie es scheint, ahnte Iris davon nichts und ihr Vater mit Sicherheit auch nicht.»

«Wie haben Sie es dann ...?» unterbrach Racic.

«Bei diesen Affären gibt es immer jemanden, der Bescheid weiß, Ivo. Eine Bekannte Annas hat vor Scotland Yard ausgesagt.» Wexford hielt inne und trank an seinem Wein. «Das ist die Vorgeschichte», sagte er. «Jetzt zu dem, was vor einem Monat etwa geschah.

Die Nymans hatten sich vorgenommen, wie üblich nach Südfrankreich zu fahren, wollten diesmal aber weiter durch Norditalien, um acht oder zehn Tage hier an der dalmatinischen Küste zu verbringen. Anna Ashby hatte geplant, einen Teil des Sommers bei Bekannten in Griechenland zu verleben, deshalb sollte sie, *auf Einladung von Iris*, die Nymans bis Dubrovnik begleiten, ihnen dort noch ein paar Tage Gesellschaft leisten und dann weiter nach Athen fliegen.

In Dubrovnik, nachdem die drei ein paar Tage dort gewesen waren, kam Iris auf die Idee, an der Insel Vrapci zu baden. Vielleicht wollte sie nackt baden, vielleicht war sie an dem ‹Oben-ohne›-Strand in St.-Tropez schon gewesen. Ich weiß es nicht. Philip Nyman hat von alledem nichts eingestanden. Bis zu dem Zeitpunkt, als ich wegfuhr, beharrte er noch darauf, daß seine Frau mit ihm nach England zurückgekehrt sei.»

«Dann war es Ihre Idee», warf Racic ein, «daß die Leiche der jungen Frau auf der Spatzeninsel versteckt war?»

«Es war eine Vermutung», sagte Wexford. «Erst hörte ich ein paar Worte mit an, später wurde ich belogen. Ich bin Kriminalbeamter. Ob sie am Samstag, dem achtzehnten Juni, oder am Sonntag, dem neunzehnten, nach Vrapci gefahren sind, kann ich Ihnen nicht sagen. Es genügt, daß sie hingefahren sind – und zwar mit ihrem Schlauchboot. Zu dritt sind sie hin, aber nur zwei kamen zurück, Nyman und Anna Ashby.»

«Haben sie Mrs. Nyman umgebracht?»

Wexford sah nachdenklich drein. «Ich muß es annehmen. Natürlich besteht auch die Möglichkeit, daß sie ertrunken ist, daß es ein Unfall war. Aber hätte in diesem Fall nicht jeder normale Ehemann sofort die zuständigen Behörden verständigt? Wenn er sie tot geborgen hätte, würde er sie dann nicht mit zurückgebracht haben? Wir warten noch auf das Autopsieergebnis, aber selbst wenn der Körper keine Wunden oder Spuren von Gewaltanwendung aufweist, selbst wenn die Lungen voll Wasser sind, sollte es mich sehr wundern, wenn sich herausstellte, daß Nyman und Anna, oder einer von beiden, ihren Tod nicht beschleunigt oder zumindest zugesehen hat, wie sie ertrank.»

Beide schwiegen einen Augenblick, während Racic verdaute, was ihm Wexford erzählt hatte, und langsam mit dem Kopf nickte. Dann stand er auf und holte aus dem Haus einen Kandelaber, besann sich jedoch eines Besseren und schaltete eine elektrische Lampe an der Wand an.

«Das Licht zieht so und so die Insekten herbei, aber in der Ecke stören sie uns wenigstens nicht. Es war also diese Anna

Ashby, die nach Mirna kam und sich als Mrs. Nyman ausgab?»

«Laut dem Geschäftsführer des Hotels in Dubrovnik, wo die drei gewohnt hatten, bezahlte Nyman am späten Nachmittag des Neunzehnten seine Rechnung. Keine der beiden Frauen war bei ihm. Iris war tot, und Anna war beim Friseur, um ihre Haare nach dem Schnitt und dem Farbton der Frisur ihrer Kusine herrichten zu lassen. Die Polizei hat schon den Friseur gefunden, der es gemacht hat.»

«Anschließend kamen sie hierher», sagte Racic. «Weshalb sind sie nicht sofort zurück nach England? Und dann noch eins, in England wollten sie das Spiel doch wohl bestimmt nicht spielen? Selbst wenn sich zwei Frauen als Kusinen auch einigermaßen ähnlich sehen, durfte diese Anna doch kaum damit rechnen, einen Vater, enge Freunde oder Mrs. Nymans Nachbarn zu täuschen.»

«Die Antwort auf Ihre erste Frage ist, daß es merkwürdig ausgesehen hätte, wenn sie eine Woche früher zurückgekommen wären. Wozu auch? Das Wetter war ausgezeichnet. Nyman wollte den Eindruck erwecken, daß sie beide einen schönen, harmonischen Urlaub verbracht hätten. Nein, sein Plan ging dahin, genügend Leute hier in Jugoslawien in den Glauben zu setzen, daß Iris nach dem 19. Juni noch am Leben war. Deshalb hat er sich an uns gehängt und uns den Namen und den Wohnort entlockt. Er wollte Zeugen haben, falls sich später die Notwendigkeit ergab. Anna war nicht so kaltblütig, sie stand Todesängste aus. Aber Philip fand sogar noch zwei weitere englische ‹Zeugen›, wenn er auch, dank Ihrer Intervention, die Verabredung zum gemeinsamen Essen mit ihnen nicht einhielt.»

«Meiner Intervention?»

«Ihr ausgezeichnetes Englisch. Und jetzt können Sie mir vielleicht auch sagen, was Sie damals auf dem Boot mit angehört haben.»

Racic lachte. Seine starken weißen Zähne schimmerten

im Lampenlicht. «Ich wußte, daß sie nicht Mrs. Nyman war, aber diese Auskunft hätte Ihnen damals noch gar nichts genützt, hm? Sie hatten die Dame auf der Stadtmauer gesehen, vermutlich aber nicht ihren Trauschein. Ich dachte mir, wie käme ich dazu, diesem übereifrigen Polizisten die Geheimnisse meiner Fahrgäste zu verraten? Aber jetzt, um eine Redewendung zu gebrauchen, hält mich nichts mehr, Reg. Die Frau sagte: ‹Ich mache mir solche Vorwürfe, es ist schrecklich, was wir getan haben›, und er antwortete: ‹Hier denkt doch jeder, du bist meine Frau, und zu Hause wird niemand Verdacht schöpfen. Eines Tages wirst du es sein, und wir werden das alles vergessen.› Jetzt sagen Sie selbst, hätten Sie angenommen, daß da von Mord die Rede war oder von verbotener Leidenschaft?»

Wexford lächelte. «Nyman muß geglaubt haben, wir würden Rücksprache nehmen, Sie und ich, und zu dem ersten Schluß gelangen, oder er wußte nicht mehr, was er gesagt hatte. Denn das vergißt er ziemlich leicht.»

«Und nach ihrer Abreise?»

«Benutzte Anna den Paß von Iris, in der Hoffnung, daß er wenigstens an einem Grenzübergang gestempelt würde. Er wurde sogar an zweien gestempelt, zwischen Jugoslawien und Italien und dann noch mal in Calais. In Dover trennte sich Anna vermutlich von ihm und nahm den erstbesten Flug nach Athen. Nyman fuhr nach Hause, wo er am Abend des 28. eintraf, genau dem Datum, an dem er und Iris vorgehabt hatten zurückzukommen. Am Nachmittag darauf erklärte er seinem Schwiegervater und der Polizei, Iris sei verschwunden.»

«Er hoffte offensichtlich», sagte Racic, «daß die Suche nach ihr oder ihrem Leichnam auf England beschränkt bleiben würde, weil er unumstößliche Beweise dafür besaß, daß sie noch in Mirna bei ihm gewesen und mit ihm nach England zurückgereist war. Niemand wäre darauf gekommen, sie hier zu suchen, weil es viele Zeugen dafür gab, daß sie lebendig von hier weggefahren war. Aber was erhoffte er sich davon? Denn eins steht fest, wenn Ihre Gesetze so sind wie unsere, und ich glaube, darin stimmen sie allgemein überein, dann hätte es ohne ihre Leiche doch wohl Jahre gedauert, bis er ihr Vermögen geerbt oder wieder hätte heiraten können?»

«Sie dürfen nicht vergessen, daß es kein vorsätzlicher Mord war. Es muß spontan, ohne Überlegung passiert sein. Also wird die Leiche versteckt, an einer Stelle, wo man sie vielleicht nie findet, oder erst, wenn sie nicht mehr zu identifizieren ist, er erklärt, daß seine Frau in England verschwunden ist, und sichert sich so das Mitgefühl seines mächtigen Schwiegervaters, der ihm zweifellos Iris' Haus als Wohnung überläßt und Iris' Wagen zur Verfügung stellt. Er behält seinen Job, den er im Falle einer Scheidung von Iris verloren hätte, und sehr wahrscheinlich wird ein Teil ihrer Einkünfte, wenn nicht alles, auf ihn überschrieben. Anna entfärbt sich die Haare – von Natur aus sind sie braun –, läßt sie nachwachsen, kehrt nach Hause zurück, und sie nehmen ihre freundschaftlichen Beziehungen wieder auf. Eines Tages wird Iris für tot erklärt, und ihrer Heirat steht nichts mehr im Wege.»

Racic schnitt sich eine Scheibe Brot ab und knabberte an einer Olive. «Das leuchtet mir ja alles ein oder fast alles. Ich begreife wohl, daß das Komplott, wären Sie nicht in Mirna gewesen, aller Wahrscheinlichkeit nach geglückt wäre. Was ich nicht verstehe, ist folgendes. Wenn diese Frau sich doch so stark dem Äußeren der Frau anpaßte, die Sie auf der Mauer gesehen haben, wenn sie die gleiche Frisur, dieselbe Kleidung trug – aber ich bin ja nicht dumm! Sie haben ihr Gesicht gesehen.»

«Ich habe weder ihr Gesicht gesehen noch ihre Stimme gehört. Dora und ich sahen sie nur ganz kurz an und außerdem nur von hinten.»

«Das geht über meinen Verstand.»

«Die Beine», sagte Wexford. «Die Beine waren anders.»

«Aber, mein lieber Reg, mein lieber Polizist, zweifellos sieht doch das Bein der einen braungebrannten, schlanken jungen Frau dem einer anderen ganz ähnlich. Oder hatte sie ein Muttermal oder vielleicht eine Krampfader?»

«Nicht daß ich wüßte. Das einzige Mal, als ich die echte Iris Nyman sah, trug sie einen Rock, der ihre Beine bis halb über die Waden bedeckte. Eigentlich war nur sehr wenig von den Beinen zu sehen.»

«Dann bin ich ratlos.»

«Die Fesseln», sagte Wexford. «Es gibt zwei Arten auf der Welt, wie Fesseln normalerweise geformt sind, und den Unterschied erkennt man nur von hinten. Bei der einen Art scheint die Wade durch einen sich zwar verjüngenden, aber nicht ausgeprägten Schaft in die Ferse überzugehen. Bei der anderen, dem schöneren Typ, bildet die Achillessehne einen langen, schlanken Schaft mit tiefen Mulden zu beiden Seiten unterhalb der Knöchel. Ich sah Iris Nymans Beine nur von hinten, und bei ihr war die Achillessehne nicht sichtbar. Es war ein schwacher Punkt in ihrer Erscheinung. Als ich zum erstenmal Anna Ashbys Beine von hinten betrachtete, das war, als sie aus Ihrem Boot stieg, bemerkte ich den langen Schaft der Sehne, der in den Muskel einer wohlgeformten Wade überleitete. Ihre Beine hatten keinen schwachen Punkt, aber diesen Vorzug könnte man ihre Achillesferse nennen.»

«*Zaboga*! Schönheit was? Nur zwei Sorten auf der Welt?» Racic streckte seinen Fuß vor und rollte sein Hosenbein hoch. Wexford hatte seines schon hochgeschoben. Im Schein der Lampe beguckten sie gegenseitig von hinten ihre Waden. «Ihre sind in Ordnung», sagte Racic, «sie sind sogar richtig gut. Von der schönen Sorte.»

«Und Ihre genauso, Sie alter Professor und Bootsführer.»

Racic brach in Gelächter aus. «*Tesko meni*! Zwei ältere Herren, die es besser wissen müßten, entblößen ihre Glieder zu einem Wettstreit um die schönsten Fesseln. Was wohl als nächstes kommt?»

«Na, ich sollte zwar nicht», sagte Wexford, «aber als nächstes, denke ich, trinken wir den Posip aus.»

ALS DIE HOCHZEIT VORBEI WAR

«Die Ehe», sagte Chief Inspector Wexford leise, «beginnt mit inniger Liebe und endet mit Staunen.»

Seine Frau, die neben ihm auf der Bräutigamseite der Kirche saß, raunte: «Was hast du gesagt?»

Er wiederholte es. Sie rückte den großen Blumenhut zurecht, der ihrem Mann zwar gefiel, für Unterhaltungen im Flüsterton aber nicht gerade ideal war. «Wie kommst du denn darauf?»

«Durch Thomas Hardy. Das stammt von ihm. Aber schau mal in dein Gebetbuch.» Der Bräutigam wartete, sichtlich nervös, mit seinem Brautführer. Michael Burden war sehr verliebt, er schloß diese zweite Ehe mit einer Frau, die bemerkenswert gut zu ihm paßte, und so waren sich beide einig gewesen, daß nur eine kirchliche Trauung für sie in Frage kam, obwohl ein Mann von vierundvierzig, wie Wexford meinte, für «all diesen weißen Hochzeitszauber» schon ein wenig zu alt war. Zweihundert Menschen waren in der Kirche. Burden, sein Brautführer und die Trauzeugen trugen einen Stresemann. Weiße Lilien, Jasmin und Flieder schmückten die Bänke, die Kanzel und die Altarstufen. Alles war im Grunde zugeschnitten auf jemanden, der zwanzig Jahre jünger ist. Und Burden hatte es schon einmal mitgemacht, als er wirklich zwanzig Jahre jünger war. Wexford grinste innerlich beim Anblick des ängstlichen Gesichts über dem hohen weißen Kragen. Im gleichen Moment dann, als Dora, die in der Hochzeitsliturgie geblättert hatte, «ach so» sagte, ging der Organist vom freien Spiel zu den

Eröffnungstakten des Hochzeitsmarsches über, und Jenny Ireland erschien am Arm ihres Vaters im Kirchenportal.

Eine schöne Braut natürlich. Sieben Jahre jünger als Burden, blond, liebenswürdig, still und mit einem strahlenden Lächeln. Jennys Vater legte ihre Hand in die von Burden, und der Pfarrer der St.-Peters-Kirche begann:

«Liebe Gemeinde, wir sind hier versammelt...»

Während Braut und Bräutigam unterrichtet wurden, daß der Ehebund nicht der Befriedigung ihrer Fleischeslust dienen solle und daß sie ihre Kinder im christlichen Sinne erziehen müßten, betrachtete Wexford die Versammelten näher. Vor ihm und Dora saß Burdens Schwägerin Grace, in der nach dem Tod seiner ersten Frau viele seine Zukünftige gesehen hatten. Doch Burden hatte Trost bei einer reizenden, sinnlichen Rothaarigen gefunden, einer seltsamen Frau, die jetzt, Gott weiß wohin, verschwunden war, und Grace hatte jemand anderen geheiratet. Zwei kleine Jungen saßen zwischen ihr und diesem Jemand und beschäftigten ihre Eltern vollauf damit, sie zur Ruhe zu bringen.

Burdens Mutter und sein Vater waren beide tot. Wexford glaubte, eine betagte Tante, die er vor einem Dutzend Jahren einmal getroffen hatte, wiederzuerkennen. Neben ihr saßen Dr. Crocker und seine Frau, davor und dahinter eine Gruppe von Leuten, die er entweder nur vom Sehen oder gar nicht kannte. Sylvia, seine ältere Tochter, saß links von ihm, seine Enkel zwischen ihr und ihrem Mann, und am Ende der Bank, am Mittelgang, saß Sheila Wexford von der Royal Shakespeare Company. Wexfords schauspielende Tochter, die bei ihrem Eintreten verstohlene Blicke und Geflüster hervorgerufen hatte, schaute jetzt wider Erwarten ganz verträumt auf Jenny Ireland in ihrer Wolke aus Weiß und ihren Perlenkränzen.

«Ich, Michael George, nehme dich, Janina, zu meiner Angetrauten, zu mir sollst du gehören vom heutigen Tag...»

Janina. *Janina?* Wexford hatte angenommen, sie hieße

Jennifer. Welche Eltern nennen ihre Tochter denn Janina? Türken? Verehrer von Dumas? Er beugte sich vor, um diese namensfreudigen Vorfahren einmal genauer zu betrachten. Sie sahen eigentlich ganz normal aus, Mr. Ireland augenscheinlich erschöpft von seinem Amt als Brautvater, Jennys Mutter versenkt in das Spitzenschnupftuch, das eigens zu dem Zweck, die Tränen der Freude und des Verlusts hineinzuweinen, bestimmt war. Welche romantische Neigung mochte sie veranlaßt haben, Elizabeth, Susan und Anne zugunsten von Janina zu verwerfen?

«Die Gott zusammengeführt hat, soll keines Menschen Wille mehr trennen. Insofern als Michael George und Janina gemeinsam den heiligen Bund der Ehe eingegangen sind...»

Hatten sie auch für ihren Sohn einen so abenteuerlichen Namen gewählt? Von ihm konnte Wexford nichts sehen als einen breiten Rücken, ein bißchen Profil und jetzt eine Hand. Die Hand reichte ein großes weißes Taschentuch an die Mutter weiter. Wexford befand sich unversehens auf den Füßen, man stimmte eine Hymne an.

«O herrliche Liebe, die alles Menschendenken übersteigt,
Demutsvoll knien wir vor deinem Thron...»

Diese Worte riefen bei Mrs. Ireland hörbare Schluchzer hervor. Ihr Sohn – hatte Burden nicht gesagt, er sei im Verlagswesen – sah verlegen drein, er wandte den Kopf ab. Eine junge Frau, auffallend in Schwarz mit einem orangefarbigen Hut, schob sich an dem Lektor vorbei und legte tröstend den Arm um ihre Mutter.

«O Herr, behüte deinen Diener und deine Magd.»

«Denn sie vertrauen auf dich», sagte Dora und die Mehrheit der übrigen Gemeinde.

«O Herr, sende ihnen Hilfe aus deiner geheiligten Stadt.»

Wexford sagte, um Teamgeist zu beweisen, «Amen», und als alle anderen sagten, «Und beschütze sie immerdar», beschloß er, in Zukunft still zu sein.

Mrs. Ireland hatte aufgehört zu weinen. Wexfords Augen schweiften zu seinen eigenen Töchtern, zu Sheila, die kräftig mitsang, während Sylvia, die Emanzipierte, sich etwas zurückhielt, als widerstrebte es ihr, einer so altertümlichen, sexistischen Zeremonie ihre Stimme zu leihen. Seine Enkelkinder wurden zappelig.

«Allmächtiger Gott, der du am Anfang unsere Ureltern schufst, Adam und Eva...»

Lieber Mike, dachte Wexford in einer plötzlichen sentimentalen Regung, die ihn vielleicht alle zehn Jahre mal überkam, jetzt wird es dir gutgehen. Keine Fleischeslust mehr im Konflikt mit einem puritanischen Gewissen, keine Einsamkeit, keine Sorgen mehr wegen deiner selbstsüchtigen Kinder, Schluß mit der Versuchung des heiligen Antonius und solchem Zeug. Denn ist es nicht gerade als ein Mittel gegen die Sünde verfügt und um die Unzucht zu vermeiden, daß Menschen, die nicht die Gabe der Enthaltsamkeit besitzen, sich durch Heirat ihre Reinheit bewahren können?

«Denn in dieser Weise haben auch in alter Zeit die geheiligten Frauen, die auf Gott vertrauten...»

Es überraschte ihn, daß die alte Formel verwendet wurde. Doch die Braut gelobte zu gehorchen. Er konnte nicht widerstehen und warf schnell einen Blick zu Sylvia herüber.

«...und die ihren Ehemännern untertan waren...»

Ihr Gesicht zeigte ungläubige Bestürzung, während sie ihrer Schwester die Worte zuflüsterte: «unfaßbar» und «antiquiert».

«Wie schon Sarah Abraham gehorchte und ihn ihren Herren nannte, dessen Töchter ihr seid, solange ihr recht handelt und euch vor nichts fürchtet, was kommen mag.»

Im Hotel *Zur Olive und Taube* stand ein Empfangskomitee zur Begrüßung der Gäste bereit – eine lächelnde Mrs. Ireland, frisch geschminkt und erholt, Burden, der aussah wie jemand, dem man nach überstandener Operation eine ausgezeichnete Prognose gestellt hat, und Jenny, heiter und gelassen, wie eine Braut sein soll.

Trockener Sherry und Weißwein auf Tabletts. Kein Champagner. Die Irelands, erinnerte sich Wexford, hatten noch eine jüngere Tochter, die mit ihrem Mann zusammen irgendwo schrecklich weit weg lebte – war's Botswana? Lesotho? Ohne Zweifel hatte man das ganze Champagnergeld für sie aufgebraucht. Es gab ein kaltes Büfett, aber ein gutes. Geräucherter Lachs und Ente mit Erdbeeren. Kein Mensch, sagte er bei sich, hat je etwas Besseres zu essen erfunden als Räucherlachs und Ente mit Erdbeeren, außer höchstens Kaviar und Waldhuhn mit Sillabub. Er wog die beiden Menüs gegeneinander ab, mußte dabei, ohne es zu wissen, laut gedacht haben, denn eine Stimme sagte:

«Spargel, Forelle und Apfelpastete.»

«Ja, vielleicht», sagte Wexford, «aber ich mag Fleisch. Forelle finde ich ein bißchen fad. Sie sind Jennys Bruder? Ihr Name ist mir leider entfallen. Guten Tag.»

«Guten Tag. Wer Sie sind, weiß ich. Mike hat es mir gesagt. Ich bin Amyas Ireland.»

Also hatte dieses sonderbare alte Paar keine einmalige Schwäche gehabt, als es Janina ihren Namen gab. Wieder schienen Wexfords Gedanken sich dem anderen intuitiv mitzuteilen.

«Oh, ich weiß schon», sagte Ireland, «aber wie steht's erst mit meiner anderen Schwester? Sie heißt Cunegonde. Ihr Mann nennt sie Queenie. Hören Sie, ich würde gerne mit Ihnen reden. Können wir mal eine Weile aus dem Trubel hier raus? Eigentlich wollte Mike mir behilflich sein, aber ihn kann ich jetzt nicht mehr beanspruchen, wo er doch in die Flitterwochen geht. Es handelt sich um ein Buch, das wir herausbringen wollen.»

Das Mädchen in Schwarz und Orange, Burdens Neffen, Sheila Wexford, Burdens Brautführer und ein Schwarm von

Kindern drängten sich gerade mit Tellern bewaffnet zwischen ihnen hindurch. Mindestens eine Minute verging, bis Wexford fragen konnte: «Wer ist wir?» und eine weitere Minute, bis Amyas Ireland seine Frage begriff.

«Carolyn Brent», sagte er, den Mund voll Ente. «Ich bin bei Carolyn Brent.»

Eines der größten und angesehensten Verlagshäuser. Wexford war beeindruckt. «Sie haben doch den Vandrian herausgebracht, was, und die De-Coverley-Bücher?»

Ireland nickte. «Mike sagte mir, daß Sie viel lesen. Das trifft sich gut. Möchten Sie noch etwas Ente? Nein? Ich schon. Bin gleich wieder zurück.» Neidisch sah Wexford zu, wie er fette Scheiben Entenbrust auf seinen Teller schaufelte, sich ein süßes Brötchen nahm, kurz zögerte und ein zweites hinzulegte. Obendrein war er auch noch dünn wie eine Bohnenstange, regelrecht abgezehrt.

«Ich kümmere mich um die Kriminalromane», sagte er, als er sich wieder setzte. «Wie gesagt, Mike hat mir halb versprochen... Es geht nicht um einen Roman, sondern um Tatsachen. Den Fall Winchurch...?»

«Aha.»

«Ich weiß, die Frage ist fast eine Zumutung, aber würden Sie wohl ein Manuskript für mich lesen?»

Wexford nahm sich eine Tasse Kaffee von einem angebotenen Tablett. «Weshalb?»

«Nun, im Interesse der Wahrheit. Ursprünglich sollte Mike mir sagen, was er davon hält.» Wexford sah ihn zweifelnd an. Er achtete Inspector Burden sehr und hatte größte Sympathie für ihn, aber er war einer der letzten, den er als kompetenten Literaturkritiker betrachtet hätte. «Was er davon hält», sagte der Lektor wieder. «Es macht mir nämlich etwas Sorgen. Der Autor hat einige neue Fakten aufgedeckt, und diese Fakten beweisen mehr oder weniger Mrs. Winchurchs Unschuld.» Er zögerte. «Haben Sie schon mal von einem Schriftsteller namens Kenneth Gandolph gehört?»

Wexford blieb die Antwort zunächst erspart, weil eine Gabel auf den vordersten Tisch klopfte und den Beginn der Glückwunschreden ankündigte. Zahlreiche Toasts waren ausgebracht, mehrere Dutzend Telegramme verlesen worden, Braut und Bräutigam hatten sich zum Garderobenwechsel zurückgezogen, bevor er Gelegenheit bekam, auf Irelands Frage einzugehen. Und er war froh über den Aufschub, denn was er über Gandolph wußte, wenn auch nur vom Hörensagen, sprach wenig für ihn.

«Ist das nicht ein Kriminalschriftsteller?» fragte er auf die Wiederholung der Frage. «Einer, der gelegentlich auch Fälle aus dem Leben aufrollt?»

Ireland nickte. «Sein Manuskript ist gut. Wir möchten es zu den Frühjahrsneuerscheinungen nehmen. Natürlich ist der Mord achtzig Jahre her, aber er fasziniert die Öffentlichkeit noch immer. Ich glaube, diese neue Version könnte einiges Aufsehen erregen.»

«Florence Winchurch wurde gehängt», sagte Wexford, «aber an ihrer Schuld blieb immer der Rest eines Zweifels bestehen. Wo hat denn Gandolph seine neuen Fakten her?»

«Kann ich Ihnen eine Kopie des Manuskripts zuschicken? Sie finden das alles in der Einleitung.»

Wexford zuckte die Achseln, dann lächelte er. «Ich denke schon. Es ist Ihnen aber klar, daß ich allenfalls Mängel im forensischen Bereich ausmachen könnte? Und wohlgemerkt, könnte.» Aber sein Interesse war schon entfacht. Deshalb sagte er: «Florence wurde auch in der St.-Peters-Kirche getraut, wissen Sie, und ihr Hochzeitsempfang fand ebenfalls hier statt.»

«Außerdem verbrachte sie einen Teil ihrer Flitterwochen in Griechenland.»

«Damit hören zweifellos die Parallelen auf», sagte Wexford, als Burden und Jenny wieder in den Saal kamen.

Burden war in einem grauen Straßenanzug, sie in hellblau gesprenkeltem Musselin. Wexford verspürte eine absurde Anwandlung von Zärtlichkeit. Zum Teil beruhte sie auf Jennys Hut, den sie nie wieder tragen würde, weil es dazu keine Gelegenheit gab, und den sie ablegen würde, sobald sie in ihr Auto stiegen. Aber Burden war eben ein Mensch, der mit keiner Frau glücklich sein könnte, die als Teil ihres «Abschieds»-Kostüms nicht einen Hut trug. Seine eigene Kleidung war für einen Flug nach Kreta im Juni ausgesprochen fehlgewählt. Sie sahen beide sehr glücklich und verlegen aus.

Mrs. Ireland riß ihre Tochter in eine erdrückende Umarmung.

«Es ist nicht für immer, Mutter», sagte Jenny. «Es ist nur für zwei Wochen.»

«Nun ja, gewissermaßen», meinte auch Burden. Er schüttelte seinem Sohn, der zum Wochenende von der Universität gekommen war, ernst die Hand und drückte seiner Tochter einen Kuß auf die Stirn. Muß Romane gelesen haben, dachte Wexford innerlich grinsend.

«Alles Gute, Mike», sagte er.

Die Braut kam zu ihm und gab ihm einen zarten, kühlen Kuß auf den Mundwinkel. Denkt ruhig, ich würde alt, aber vergeßt nicht, daß mich Jenny geküßt hat. Er sagte das nicht laut. Er nickte lächelnd und nahm seine Frau am Arm und bedachte als der Patriarch, der er war, Sylvias freche Kinder mit einem mißbilligenden Blick. Burden und Jenny gingen hinaus zu dem Wagen, auf dessen Rückfenster mit Lippenstift «Just Married» geschrieben stand und von dessen hinteren Stoßstange ein Schuh hing.

Handtaschen schnappten auf, Hände schwirrten, und ein Wirbel von Konfetti brach über sie herein.

Es war ein abgelegenes Haus, das einige zwanzig Meter abseits der Straße nach Myringham stand. Genau in der Mitte der Fassade war eine Platte mit dem Datum 1896 angebracht. Schon oft hatte Wexford gedacht, die spätviktorianischen Baumeister müßten es geradezu darauf abgesehen haben, Häuser zu entwerfen und zu bauen, die nicht nur häßlich, vertrackt und unwohnlich waren, sondern auch noch entschieden unheimlich aussahen. Das Haus «Die Linden» hatte, obwohl gut gewartet und trotz des Gartens, der es farbenfroh, weich und blumig wie eine Steppdecke umfing, diesen unheimlichen Zug bewahrt. Khakifarbener Backstein und grauer Schiefer waren die wesentlichsten zu seinem Bau verwendeten Materialien. Ohne sich über das Wie genau klarzuwerden, konnte Wexford sehen, daß im Verhältnis zu den Wänden die Schiebefenster falsch proportioniert waren. Aus den Ecken der Hausfront wuchs jeweils ein Türmchen empor, und jedem dieser Türmchen war ein konisches Dach aufgesetzt, wodurch das Ganze wie eine Kreuzung von Balmoral Castle und einem Hotel in Kitzbühel wirkte. Die Linden, denen es seinen Namen verdankte, waren seit ihrer Anpflanzung um die Jahrhundertwende so oft gestutzt worden, daß sie jetzt plump und unförmig aussahen.

In den Tagen der Winchurchs hatte es «Paraleash House» geheißen. Doch dieser Name, von historischer Bedeutung wegen seines Bezuges auf das alte Rittergut Paraleash, war direkt nach der Ermordung von Edward Winchurch geändert worden. Dennoch hatte es zehn Jahre hindurch leer gestanden. Ein Jahr etwa vor Beginn des Ersten Weltkrieges hatte es dann einen Käufer gefunden, einen Mann, der im selben Krieg umkam. Sein jetziger Eigentümer bewohnte es seit sechs Jahren, und in der Zeit nach 1918, bis er es erwarb, hatte es nacheinander als Kinderheim, landwirtschaftliches Institut und Privatschule gedient. Der Eigentümer war ein Brigadekommandeur im Ruhestand. Als er mit zwei Sealyhamterriern an der Leine aus der Tür kam, ging Wexford zurück zu seinem Wagen und fuhr nach Hause.

Es war Montagabend, und Burdens Ehe war zwei Tage alt. Montag abends hatte Dora ihren Töpferkursus, dessen erste

Früchte schon, gleichsam angestoßen und nicht immer symmetrisch, wie Fallobst im Raum verteilt waren. Während er die Regale nach G. Hallam Sauls *Wenn der Sommer vergeht* und *Der Prozeß gegen Florence Winchurch* aus der Reihe «Bemerkenswerte britische Prozesse» durchforstete, warf er eine dieser runden, aber schiefen Keramiken fast herunter. Mit einem Seufzer der Erleichterung, weil nichts passiert war, machte er sich daran, mit Hilfe von Miss Sauls Klassiker seine Erinnerungen an den Fall Winchurch aufzufrischen.

Florence Mary Anstruther war zum Zeitpunkt ihrer Hochzeit mit Edward Winchurch neunzehn gewesen und er siebenundvierzig. Sie war ein gutaussehendes, blondes, Mädchen, ziemlich groß und von junonischer Gestalt, die Tochter eines Pharmazeuten von Kingsmarkham, oder besser, eines Apothekers, denn ihr Vater hatte ein Geschäft auf der High Street. Im Jahre 1895 war sie damit in der gesellschaftlichen Rangordnung ganz unbedeutend, und kaum jemand hätte ihr eine Chance eingeräumt, sich durch eine gute Heirat zu verbessern. Doch sie schaffte es. Winchurch war ein Anwalt, der in diesem Stadium seines Lebens das Recht mehr aus Neigung denn aus Notwendigkeit praktizierte. Sein Vater, ein Großgrundbesitzer in Sussex, war einige Jahre zuvor gestorben und hatte ihm ein für die letzte Dekade des 19. Jahrhunderts enormes Vermögen hinterlassen, zweihunderttausend Pfund. Wahrscheinlich hatte er sich zu Florence durch ihre Jugend, ihr Aussehen und ihre damenhafte Anmut hingezogen gefühlt. Sie hatte die beste Erziehung genossen, die sich der Apotheker leisten konnte, darunter ein halbes Jahr in einem Mädchenpensionat. Winchurchs Anziehung für Florence beruhte, wie allgemein angenommen wurde, einzig auf seinem Geld.

Sie wurden im Juni 1895 in der St.-Peters-Kirche von Kingsmarkham getraut und besuchten auf einer sechsmonatigen Hochzeitsreise Italien, Griechenland und die

Schweizer Alpen. Nach ihrer Rückkehr mietete Winchurch die Priorei von Sewingbury, während mit den Bauarbeiten zu Paraleash House begonnen wurde, und es mag sein, daß die konischen Dächer und die Türmchen direkt von Eindrücken inspiriert waren, die Florence auf ihrer Fahrt durch die Alpen empfing. Im Mai 1896 bezogen sie das üppig möblierte Haus, und Florence richtete sich auf das Leben einer viktorianischen Dame mit einem reichen Ehemann und einem Stab von Dienstmädchen und Dienstboten ein. Ein fades Leben bestenfalls, selbst noch, wenn Nachwuchs für Abwechslung sorgte. Aber Florence bekam keine Kinder und sollte auch keine bekommen.

Ein- oder zweimal die Woche fuhr Edward Winchurch mit dem Zug von Kingsmarkham hinauf nach London, wie schon Pendler vor ihm und auch heute noch. Florence befehligte ihre Köchin, ordnete die Blumen, machte Besuche und empfing welche, sie las Romane und widmete etliche Stunden am Tag ihrem Gesicht, ihrer Frisur und ihrer Garderobe. Die verbreitete Meinung über das Paar war damals anscheinend, daß sie so glücklich waren wie die meisten Leute, daß Florence eine sehr gute Partie gemacht hatte und es wußte, und Edward seinerseits, gemessen an den Prophezeiungen, keine allzu schlechte.

Im Herbst 1896 erwarb ein junger Doktor der Medizin eine Praxis in Kingsmarkham und zog mit seiner unverheirateten Schwester in den Ort. Sie hießen Fenton. Frank Fenton war ein äußerst gut aussehender Mann, sechsundzwanzig Jahre alt, sechs Fuß groß, mit rabenschwarzem Haar, dem Auge eines Byron und mit arrogant gehobenem Kinn. Seine Schwester hieß Ada, und sie war weder gutaussehend noch arrogant, denn sie hatte von einer Kinderlähmung ein entstelltes, steifes Bein zurückbehalten, das sie zum Krüppel machte.

Vorgeblich, um sich mit Ada Fenton anzufreunden, begann Florence bei den Geschwistern in der Queen Street zu verkehren. Sie bekundete eine große Zuneigung zu Ada, nahm sie in ihrer Kutsche mit und bot ihr an, den Pferdewagen zu gebrauchen, wann immer sie längere Strecken zurücklegen mußte. Von hier war es ein naheliegender Schritt, Edward zu überreden, daß Frank Fenton der Hausarzt der Winchurchs werden sollte. Ein paar Monate später war die junge Mrs. Winchurch die Geliebte des Arztes geworden.

Man durfte annehmen, daß Ada nichts oder beinahe nichts davon wußte. In den neunziger Jahren des neunzehnten Jahrhunderts konnte ein junges Mädchen sehr ahnungslos sein, und für gewöhnlich war sie es auch. Bei dem Prozeß sagte Florences Kutscher aus, man hätte ihn mehrmals wöchentlich zu den Fentons geschickt, um Miss Fenton auszufahren. Adas Dienstmädchen erklärte unter Eid, Mrs. Winchurch sei jeweils, kurz nachdem Ada das Haus verlassen hatte, zu Fuß bei den Fentons erschienen und von dem Arzt selbst durch die Verandatür eingelassen worden. Während des Winters 1898 hatte Frank Fenton wahrscheinlich bei Mrs. Winchurch eine Abtreibung vorgenommen, und in den darauffolgenden Monaten trafen sie sich einzig bei gesellschaftlichen Anlässen und gelegentlich, wenn Florence zu Besuch bei Ada war. Ihre Gefühle füreinander waren jedoch zu stark, um eine Trennung zu ertragen, und im folgenden Sommer trafen sie sich wieder in Adas Abwesenheit im Haus der Fentons und jetzt auch in Paraleash House, wenn Edward zu Gerichtsverhandlungen bestellt war.

1899 war eine Scheidung zwar schwierig, jedoch keineswegs unmöglich oder unbekannt. Im Prozeß sagte Frank Fenton aus, er habe Mrs. Winchurch angehalten, von ihrem Mann die Scheidung zu verlangen. Er sei bereit gewesen, sie trotz der verheerenden Folgen für seine Karriere zur Frau zu nehmen. Sie war es, gab er an, die sich dem Gedanken verschlossen hatte, da sie die Schmach nicht glaubte ertragen zu können.

Im Januar 1900 fuhr Florence einen Tag nach London und

besorgte, neben anderen Einkäufen, bei einem Lebensmittelhändler zwei Gläser marinierter Heringsfilets in weißer Weinsoße. Eingemachtes und Konserven gab es selten im Haushalt der Winchurchs, und als Florence vorschlug, diese Heringsfilets zur Zubereitung eines Gerichts mit dem klangvollen Namen *Filets de hareng marinés à la Rosette* zu verwenden, zu dem ihr Ada Fenton das Rezept gegeben hatte, protestierte ihre Köchin, Mrs. Eliza Holmes, sie könne dazu frische Fische nehmen. Florence aber setzte sich durch, eines der Gläser wurde geöffnet, das Gericht zubereitet und Florence und Edward zum Abendessen serviert. Alice Evans, das Stubenmädchen, brachte es als Nachtisch oder letzten Gang einer aus vier Gängen bestehenden Mahlzeit herein. Obwohl Florence so auf das Gericht gedrungen hatte, aß sie nichts davon. Edward nahm nur eine geringe Menge zu sich, und das übrige ging zurück in die Küche, wo Mrs. Holmes, Alice Evans und das Dienstmädchen Violet Stedman es unter sich aufteilten. Niemand kam zu Schaden. Das Datum war der 30. Januar 1900.

Fünf Wochen später, am 5. März, bat Florence Mrs. Holmes, aus dem restlichen Inhalt des Glases das Gericht noch einmal zu bereiten, da es ihrem Mann so geschmeckt habe. Diesmal nahm auch Florence von den marinierten Heringen, doch als Alice die Reste wieder in die Küche räumte, riet sie ihr, den Bedienten zu sagen, sie sollten nichts davon essen, da sie glaubte, es hätte einen seltsamen Geschmack und sei vielleicht nicht mehr ganz so frisch. Aber wenn auch Mrs. Holmes und Alice sich enthielten, so aß Violet Stedman doch eine größere Portion von dem Fisch, mehr als Florence und Edward verzehrt hatten.

Florence ließ dann, wie sie es gewohnt war, Edward bei seinem Portwein allein. Ein paar Minuten darauf hörte man aus dem Speisezimmer einen erstickten Schrei und ein Geräusch wie von splitterndem Möbel. Florence, Alice Evans und Mrs. Holmes gingen in das Zimmer und fanden Edward

Winchurch, der am Boden lag, neben ihm ein umgekippter Stuhl, aus dem ein Bein gebrochen war, und auf dem Tisch ein umgestoßenes Glas Portwein. Florence trat zu ihm, und er verfiel in einen heftigen Krampf, krümmte den Rücken durch und entblößte die Zähne, die Hände wie im Todeskampf um den Stuhl geklammert.

John Barstow, der Kutscher, wurde geschickt, um Dr. Fenton zu holen. Zu diesem Zeitpunkt klagte Florence über Magenschmerzen und schien nicht mehr stehen zu können. Fenton traf ein, ließ Edward und Florence nach oben bringen und fragte Mrs. Holmes, was sie gegessen hatten. Sie zeigte ihm das leere Heringsglas, und er erkannte die Marke als die gleiche, nach deren Verzehr kurze Zeit vorher ein Patient eines Kollegen an Botulismus erkrankt war, einer schweren und meist tödlichen Nahrungsmittelvergiftung. Fenton ging sofort davon aus, daß die Winchurchs vom *Bacillus botulinus* befallen waren, und so groß ist die Kraft der Suggestion, daß hierauf auch Violet Stedman sagte, sie fühle sich schwach und krank.

Botulismus bewirkt Lähmung, Atemnot und Sehstörungen. Florence schien teilweise gelähmt zu sein und behauptete, alles doppelt zu sehen. Edwards Symptome waren anders. Er hatte fortlaufend Krämpfe, zwischen denen er völlig entspannt war, und obwohl er Atemnot und andere Symptome des Botulismus zeigte, war der Anfall für eine Nahrungsmittelvergiftung außergewöhnlich schnell aufgetreten. Fenton hatte jedoch nie mit Botulismus zu tun gehabt, und er nahm an, daß die Symptome von Fall zu Fall sehr unterschiedlich waren. Er verabreichte Jalapenwurzel und Brechweinstein als Abführungsmittel und ließ, da Edward Winchurch keine Angehörigen mehr besaß, den Vater von Florence, Thomas Anstruther, holen.

War Fenton weniger unschuldig als vermutet, so hatte er einen Fehler gemacht, indem er Anstruther rufen ließ, denn Florences Vater bestand darauf, eine zweite Meinung zu hören, und suchte deshalb um zehn Uhr den Kollegen Fentons auf, der kurz zuvor einen Fall von Botulismus erlebt hatte. Es war Dr. Maurice Waterfield, doppelt so alt wie Fenton, ein beliebter Mann mit einer großen Praxis in Stowerton. Er sah sich Edward Winchurch an, das Totenkopfgrinsen, das sein Gesicht verzerrte, und als Edward in seinen letzten Kampf verfiel, erklärte er, daß er nicht durch den *Bacillus botulinus* vergiftet worden sei, sondern durch Strychnin.

Edward starb wenige Minuten später. Dr. Waterfield teilte Fenton mit, weder Florence noch Violet Stedman seien in bedenklichem Zustand. Die erstere leide an Schock oder «Nervenschwäche», die letztere an Verdauungsstörung infolge Übersättigung. Man rief die Polizei, ein Verhör fand statt, und danach wurde Florence unverzüglich verhaftet und beschuldigt, ihren Mann ermordet zu haben, indem sie ihm eine giftige Substanz, nämlich *Strychnos nux vomica*, in einer Karaffe mit Portwein verabreichte.

Ihr Prozeß fand am Obersten Kriminalgericht in London statt. Sie war vierundzwanzig Jahre alt, eine schöne Frau, und ihre Liebesaffäre mit dem jungen, gutaussehenden Dr. Fenton war bekannt geworden. Somit erregten sie und ihr Fall nationales Aufsehen. Fenton hatte mittlerweile seine Praxis eingebüßt, alle Hoffnung, auf dem Gebiet der Britischen Inseln eine neue zu errichten, verloren, und schon vor dem Prozeßbeginn pfiffen die Spatzen seinen Namen von den Dächern, hielten er und Florence für frivole Späße in den Music-Halls her. Doch weit entfernt davon, seine Treue zu Florence zu verstärken, nährte all das nur seine Entschlossenheit, sich von ihr loszusagen. Er trat als Hauptzeuge der Anklage auf, und seine Aussage war es, die Florence an den Galgen brachte.

Fenton gab sein Verhältnis mit Florence zu, behauptete jedoch, er hätte ihr gesagt, es müsse enden. Die einzig mögliche Alternative sei eine Scheidung zu dem Zweck, ihn zu heiraten. Anfang Januar 1900 hatte Florence seine Schwester Ada besucht, und als er hinzukam, fand er die beiden Frauen beim Durchblättern eines Kochbuches. Zu einem der Rezepte waren Heringsfilets mariniert in Weißweinsoße erforderlich, auf deren Erwähnung hin hatte er ihnen von einem Fall von Botulismus erzählt, einem Patienten Dr. Waterfields, der sich durch den Genuß eben solcher Filets vergiftet haben sollte. Er nannte die Marke und riet seiner Schwester, keine von dieser Sorte zu kaufen. Als er etwa sieben Wochen später zu dem sterbenden Edward Winchurch gerufen wurde, hatte ihm die Köchin ein leeres Glas von genau dieser Marke gezeigt. Seiner Meinung nach war Mrs. Winchurch selbst überhaupt nicht krank gewesen, auch nicht an den «Nerven», sondern hatte simuliert. Der Richter sagte ihm, er sei nicht dort, um seine Meinung abzugeben, doch die Warnung kam zu spät. Die Geschworenen hatten sich ihr Bild bereits gemacht.

Auf die Frage, ob ihm bekannt sei, daß Strychnin in kleineren Dosen als Heilmittel gebraucht werde, antwortete Fenton, das wisse er wohl, doch er habe in seiner Praxis keinen Strychninvorrat geführt. In jedem Fall sei die Arzneikammer wie auch die Schränke darin stets verschlossen gewesen, also hätte Florence sie unmöglich betreten oder während ihrer Besuche bei Ada etwas daraus entwenden können. Ada Fenton wurde nicht als Zeugin gehört. Sie war krank und litt, wie ihr Arzt Dr. Waterfield bescheinigte, an «Hirnfieber».

Die Anklage vertrat das Argument, Florence Winchurch hätte, um sein Vermögen zu erben und Dr. Fenton zu heiraten, versucht, ihren Mann mit verdorbenem Fisch oder solchem, von dem sie Grund hatte anzunehmen, daß er verdorben sei, zu vergiften. Als dies fehlschlug, hätte sie dafür gesorgt, daß das Gericht noch einmal auf den Speisezettel kam, und eigenhändig Strychnin in die Portweinkaraffe gegeben. Man ging davon aus, daß sie sich das Strychnin aus dem Geschäft ihres Vaters verschafft hatte, der es dort zur

Bekämpfung von Ratten und Maulwürfen in Vorrat hielt. Nachdem ihr Mann krank geworden sei, habe sie selbst Symptome einer Botulismusinfektion vorgetäuscht in der Hoffnung, die Krämpfe der Strychninvergiftung würden hinreichend mit der Lähmung und erschwerten Atmung verwechselt, die der Bazillus herbeiführt.

Die Verteidigung versuchte, die Schuld auf Frank Fenton abzuwälzen, zumindest, eine Verschwörung mit Florence zu unterstellen, jedoch ohne Erfolg. Die Geschworenen berieten sich nur vierzig Minuten. Sie sprachen sie schuldig, der Richter verurteilte sie zum Tode, und schon dreiundzwanzig Tage später wurde sie gehängt, denn bis zur Einrichtung der Berufungsinstanz dauerte es noch zwanzig Jahre.

Nach der Hinrichtung emigrierten Frank und Ada Fenton in die Vereinigten Staaten und zogen nach New England. Fentons Ruf war ihm vorausgeeilt. Er sollte nie mehr in der Lage sein, als Arzt zu praktizieren, sondern arbeitete als Vertreter einer Arzneimittelfirma bis zu seinem Tod im Jahre 1932. Er hatte nie geheiratet. Ada hingegen schon, so erstaunlich es war. Ephraim Hurst verliebte sich in sie trotz ihrer kränklichen Konstitution und ihres verkümmerten Beins. Sie heirateten im Sommer 1902, und im Frühjahr 1903 starb Ada Hurst bei der Geburt eines Kindes.

Zu dieser Zeit war Paraleash House bereits in «Die Linden» umbenannt, und man hatte Lindenbäume davor gepflanzt, um seine bedrohliche, doch faszinierende Fassade vor dem neugierig Vorübergehenden zu verbergen.

Das Päckchen von Carolyn Brent kam am Morgen mit einem sehr höflichen Begleitbrief von Amyas Ireland, der im voraus dankte. Wexford hatte noch nie ein Buch in diesem embryonalen Zustand gesehen. Das Manuskript, hunderttausend Worte stark, war rot eingebunden, und durch ein Fenster im Umschlag erschien der Arbeitstitel und der Name des Autors: *Gift in Paraleash, Eine Neubeurteilung des Falles Winchurch* von Kenneth Gandolph.

«Erinnerst du dich an den Wirbel um diesen Gandolph?» fragte Wexford über die Kaffeekanne weg zu Dora. «Vor vier Jahren ungefähr.»

«Dem hatte jemand einen Mord gestanden, nicht?»

«Ja, vielleicht. Während eines Gefängnisbesuches hatte er sich in Wormwood Scrubs eine Weile mit einem Bankräuber Paxton unterhalten. Paxton starb einige Monate später an Krebs, und anschließend veröffentlichte Gandolph einen Zeitungsartikel, in dem er behauptete, Paxton hätte ihm im Verlauf ihres Gesprächs gestanden, 1962 den Mord an Conyngford begangen zu haben. Paxtons Witwe protestierte, es kam zu einem heftigen Briefstreit, im Parlament wollte man das Verleumdungsgesetz auf Verstorbene ausgeweitet wissen, und Gandolph pochte lautstark auf die Macht der Wahrheit. Schließlich setzte der damals schon pensionierte Detective Superintendent Warren von Scotland Yard der Kontroverse ein Ende, indem er eine Presseerklärung abgab. Er sagte, Paxton könne James Conyngford nicht umgebracht haben, da an dem Tag, als Conyngford in Brighton starb, Paxton in London fortlaufend von Warrens Sergeant und einem Constable observiert worden sei. Mit anderen Worten, er geriet nie aus ihrem Blickfeld.»

«Hat er vielleicht nicht. Paxton kann ihm alle möglichen Histörchen aufgetischt haben, um einen langweiligen Nachmittag herumzubringen. Wer weiß? Auf der anderen Seite spielt sich Gandolph ganz schön als Entwirrer ungeklärter Kriminalfälle auf. Ich glaube, er hat vor Jahren einmal für einen Mordfall in Schottland eine zufriedenstellende und einleuchtende Lösung gefunden, und womöglich ist ihm das in den Kopf gestiegen. Früher war Marshall, Groves und Folliott sein Verlag. Möchte wissen, ob sie das hier jetzt wegen der Paxtonsache abgelehnt haben, sofern es ihnen angeboten wurde.»

«Aber Mr. Irelands Verlag hat es doch angenommen», unterstrich Dora.

«Mm-hm. Nur überschlagen sie sich nicht gerade vor Begeisterung, nicht wahr? Sie haben Angst. Ireland hat mir das nicht geschickt, damit ich den rechtspraktischen Aspekt auf seine Richtigkeit hin überprüfe. Was weiß ich über die Rechtspraxis von 1900? Er schickt es mir, weil er hofft, wenn Gandolph wieder einmal krumme Touren eingeschlagen hat, daß ich ihm auf die Schliche komme.»

Die laufende Arbeit ließ ihm keine Gelegenheit, sich *Gift in Paraleash* vorzunehmen, doch am Abend um acht schlug Wexford das Buch auf und las Gandolphs lange Einleitung.

Gandolph begann mit den Worten, daß ihm als Kriminologen der Fall Winchurch und die Zweifel an der Schuld von Florence Winchurch stets ein Begriff gewesen seien. Deshalb habe er, als er sich vor rund zwei Jahren bei Freunden in Boston, Massachusetts, aufhielt und diese ihm von einer Bekannten erzählten, die die Nichte eines der Hauptakteure des Prozesses sei, darum gebeten, ihr vorgestellt zu werden. Die Nichte war Ada Hursts Tochter Lina, unverändert Miss Hurst, siebenundvierzig Jahre alt, und litt an einer tödlichen Krankheit.

Miss Hurst zeigte kein besonderes Interesse für die Ereignisse im März des Jahres 1900. Sie war bei ihrem Vater und seiner zweiten Frau aufgewachsen und hatte ihren Onkel kaum gekannt. Das gesamte Eigentum ihrer Mutter war in ihren Besitz übergegangen, einschließlich des Tagebuchs, das Ada Fenton Hurst drei Jahre vor dem Tod Edward Winchurchs, angefangen hatte. Lina Hurst erklärte Gandolph, sie habe das Tagebuch aus sentimentalen Gefühlen heraus aufbewahrt, er könne es jedoch geliehen haben, und sie wollte zusehen, daß es nach ihrem Tod in seine Hände überging.

Nur Wochen darauf starb Lina Hurst, und ihr Stiefbruder, der ihr Testamentsvollstrecker war, ließ das Tagebuch Gandolph zukommen. Gandolph hatte es gelesen und war über bestimmte Eintragungen in höchste Aufregung geraten, weil diese in seinen Augen Frank Fenton belasteten und

Florence Winchurch freisprachen. An dieser Stelle blätterte Wexford einige Seiten zurück und sah die Widmung des Autors: *Zum Andenken an Miss Lina Hurst aus Cambridge, Massachusetts, ohne deren Hilfe diese Neubewertung nicht möglich geworden wäre.*

Mehr zu lesen hatte Wexford an diesem Abend keine Zeit, doch am nächsten Tag nahm er die Lektüre wieder auf. Das Tagebuch war offenbar auf fünf Jahre angelegt gewesen. Am oberen Rand jeder Seite stand das Datum, zum Beispiel der 1. April, und darunter waren fünf Abschnitte mit der Zahl 18 abgesetzt. Jede Spalte ließ dem Schreiber Raum für vierzig oder fünfzig Worte, nicht mehr. Auf der 1.-Januar-Seite, in der dritten Spalte von oben, war in der Jahreszahl die Acht durchgestrichen und durch eine Neun ersetzt worden und ebenso bei allen folgenden Eintragungen bis zum 6. März, danach brach das Tagebuch ab, bis die Schreiberin es im Dezember 1900 wiederaufnahm, als sie mit ihrem Bruder schon in Boston war.

Wexford nahm sich die ersten Kapitel Gandolphs vor. Die Geschichte, die er erzählte, stimmte im wesentlichen mit der von Hallam Saul überein, und erst, als er zu Kapitel fünf und zu den Wochen gekommen war, die dem Verbrechen unmittelbar vorausgingen, konzentrierte er sich mehr auf die Person Frank Fentons. Fenton, so unterstellte er, begehrte Mrs. Winchurch wegen des Geldes und des Eigentums, das sie beim Tod ihres Mannes erben würde. Weit davon entfernt, sie zu einer Scheidung zu ermutigen, drängte er sie vielmehr, ihrem Mann niemals eine Ahnung davon zu geben, daß sie einen anderen vorzog. Eine Scheidung hätte Florence aller Mittel und ihres Hauses beraubt und seine Karriere zerstört. Fenton sah klar, daß er nur durch eine Beseitigung von Winchurch, die den Anschein eines natürlichen Todes erweckte, seinen Beruf behalten und Florence und das Geld bekommen konnte. Nur nach seiner eigenen Aussage, schrieb Gandolph, hatte er Florence gegenüber von Botulismus gesprochen und sie vor den betreffenden Heringskonserven gewarnt. Natürlich habe er nie ernsthaft erwartet, daß Winchurch von diesen Konserven krank würde, doch der Verzehr der Fische war für seine Strategie erforderlich. Am Abend vor Winchurchs Tod, nachdem er mit seiner Schwester in Paraleash House diniert hatte, habe er Strychnin in die Portweinkaraffe gemischt. Außerdem, so unterstellte Gandolph, habe er das Gespräch auf Speisen und auf Fischgerichte hingelenkt. Es sei dann nur ein kleiner Schritt gewesen, Edward zu einem Kompliment über die *Filets de hareng marinés à la Rosette* zu bewegen, und zu der Bitte, Florence möchte sie tags darauf doch wieder einmal servieren lassen. Edward habe seiner Natur nach sicher gern auf den Rat seines Arztes gehört, auch wenn er gesund war, auch wenn es nur um den Nachtisch eines Abendessens ging, während Edwards Frau alles getan hätte, worum ihr Geliebter, wenn schon nicht ihr Mann, sie bat.

Es war keine Überraschung für Frank Fenton, daß er am nächsten Abend zu einem Mann gerufen wurde, dessen Krämpfe nur er selbst auf den Genuß von Strychnin hätte zurückführen können. Das Erscheinen Dr. Waterfields war ein unvorhersehbarer Zwischenfall. Sobald Winchurchs Symptome als die Folge einer Strychninvergiftung erkannt waren, blieb Fenton nichts mehr übrig, als die Schuld auf seine Geliebte abzuwälzen. Nach Ansicht Gandolphs hatte Fenton Anstruthers Apotheke als Herkunftsort des Strychnins unterstellt, um sich dafür zu rächen, daß dieser Waterfield herbeirief und damit alle seine Hoffnungen zunichte machte.

Und welche Gründe hatte Gandolph, das alles zu glauben? Bestimmte Eintragungen in Ada Hursts Tagebuch. Wexford las sie langsam und sorgfältig durch.

Unter dem 27. Februar hatte sie, den knappen Raum ganz ausfüllend, geschrieben: *Sehr kalt. Wieder Schmerzen im*

Bein heute. FW schickte mir den Wagen herüber und ließ mich von John nach Pomfret fahren. Compton sagte, es seien Ratten im Keller und in den alten Ställen. Aß daheim mit F zu Abend, er meint, Ratten übertrügen die Weilsche Krankheit, man müsse sie vernichten. 28. Februar: *Fuhr in FWs Kutsche die alte Mrs. Paget besuchen. FW noch da, als ich zurückkam, trank Tee mit F. Ich hoffe, es geschieht kein Unrecht. Getraue ich mich, F zu warnen?* 29. Februar: *F hat zwanzig Ratten mit Strychnin aus seiner Praxis getötet. Welche Erleichterung!* 1. März: *Die arme Mrs. Paget ist über Nacht verstorben. Eine barmherzige Erlösung. Compton hat sich wieder über die Ratten beklagt. Heute abend wärmer und Regen.* Für den 2. März gab es keine Eintragung. 3. März: *Annie kündigte ihre Heirat an. Schade, sie nun zu verlieren. Wollte nicht mit der Kutsche ausfahren aus Angst, FW zuviel mit F allein zu lassen. Früh zu Bett wegen starker Schmerzen im Bein.* 4. März: *Mein Geburtstag. 26 heute und damit wohl eine alte Jungfer. FW kam vorbei, brachte mir einen schönen indischen Schal mit. Sie ist immer freundlich. Lud F und mich für morgen zum Abendessen ein.* Unter dem 5. März war nichts eingetragen, und die letzte Eintragung für neun Monate war die vom 6. März: *Gestern abend in Paraleash House zum Essen, sechs Gäste neben uns und den Ws. F vergaß die Zigarrendose im Speisezimmer, fuhr zurück, nachdem er mich heimbrachte. Ich hoffe und bete, es geschieht kein Unrecht.*

Gandolph gründete sein Argument offensichtlich auf die Eintragungen vom 29. Februar und 6. März. Als er dem Gericht sagte, er hätte kein Strychnin in seiner Praxis, hatte Fenton gelogen. Er hatte eine klar ersichtliche Gelegenheit gehabt, Strychnin in die Karaffe zu mischen, als er nach Paraleash House zurückkehrte, um die vergessene Zigarrendose zu holen, wobei er zweifellos dafür sorgte, daß er das Eßzimmer allein betrat.

Am nächsten Tag las Wexford die Kapitel, in denen die neue Information enthalten war, noch einmal und studierte insbesondere den Abschnitt, der das Tagebuch betraf. Aber sofern Gandolph die Existenz des Tagebuchs oder speziell der beiden Eintragungen nicht einfach erlogen hatte, wozu er sich wohl kaum unterstand, gab es keinen Grund, von seiner Schlußfolgerung abzuweichen. Florence war unschuldig, Frank Fenton der Mörder von Edward Winchurch. Dennoch wünschte Wexford, Burden wäre bei ihm, damit sie eine ihrer oft bitteren, aber immer fruchtbaren Diskussionen führen könnten. Irgendwie hatte er das Gefühl, mit dem alten Mike, der so schwer zu überzeugen war, hätten die Dinge besser geklärt werden können.

Und der Morgen brachte, wenn auch nicht den Inspector selbst, so doch Nachricht von Burden in Gestalt einer Postkarte aus Agios Nikolaios. Die blaue Ägäis, eine felsige Bucht, grüne Kiefern. Wer, außer Burden, bemerkte Wexford zu Dora, würde Ansichtskarten aus den Flitterwochen schreiben? Mit der Post kam auch ein Päckchen von Carolyn Brent. Es enthielt Bücher, eine Auswahl der Verlagsneuerscheinungen als Präsent für Wexford und auf der beiliegenden Empfehlung eine Notiz von Amyas Ireland. *Ich werde am Wochenende in Kingsmarkham bei meiner Familie sein. Können wir uns sprechen? A. I.* Bei den Büchern handelte es sich um den neuesten Roman von Camilla Barnet über das London der Régence. *Tu Geld in deinen Beutel!*, die Biographie des Finanziers Vassili Vandrian; die Memoiren von Sofya Bolkinska, der Bolschoi-Ballerina; eine Samelausgabe von drei Romanen über das Landleben von Giles de Coverley; das *Kosmosbuch der Sterne und Kalender* sowie Vernon Trevors Kurzgeschichtenband *Hilf mir aus, Samuel.* Wexford wunderte sich, ob er je Zeit finden würde, sie zu lesen, aber sie sahen so schön aus mit ihren glänzenden Umschlägen und rochen kultiviert, aromatisch, etwas scharf vom frischen Druck. Um zehn rief er Amyas Ireland an, dankte ihm für das Geschenk und sagte ihm, er hätte *Gift in Paraleash* gelesen.

«Wir können drüber sprechen?»

«Sicher. Ich bin den ganzen Samstag und Sonntag zu Hause.»

«Lassen Sie mich Sie und Mrs. Wexford für Samstag abend zum Essen einladen», sagte Ireland.

Aber Dora lehnte ab. Sie würde sie beide nur stören, was sie zu bereden hätten, ginge ohne sie viel besser, und sie würde in der Zeit einmal daheim versuchen, einen Topf zu drehen. Also ging Wexford alleine zu der Verabredung mit Ireland in die Bar *Olive und Taube*.

«Ich finde», sagte er, nachdem er ein Glas Mosel angenommen hatte, «wir können auf das Märchen verzichten, daß ich das Buch lesen sollte, um die polizeiliche und juristische Verfahrenstechnik zu überprüfen. Um es mal so ungefähr anzudeuten, Sie haben wohl befürchtet, Gandolph könnte wieder eine krumme Tour versuchen?»

«Aber ich bitte Sie», sagte Ireland. Er wirkte dünner denn je. Er blickte um sich, sah Wexford an und krauste seine Nase und seine Lippen zu einer Grimasse. «Also, wenn Sie es so haben wollen – ja.»

«Es muß allerdings keine krumme Tour gewesen sein, nicht? Paxton kann zwar James Conyngford nicht ermordet haben, das heißt aber noch nicht, daß er es ihm auch nicht erzählt hat. Andererseits hat man den Eindruck, daß die Leute, die Gandolph Informationen geben, bald darauf bequemerweise sterben. Er hält es mit den Todgeweihten, zuerst Paxton, dann Lina Hurst. Ich nehme an, Sie haben dieses Tagebuch gesehen?»

«Aber ja. Wir wollen Faksimiles der beiden relevanten Seiten zu den Illustrationen nehmen.»

«Keine Möglichkeit einer Fälschung?»

Ireland sah unglücklich drein. «Ada Hurst schrieb eine stark stilisierte Rundschrift, eine Ronde nennt man das, die sie sich anscheinend selbst beigebracht hatte. Sie wäre leicht zu fälschen. Ich kann doch keine Schriftsachverständigen hinzuziehen, oder? Ich bin kein Polizist. Ich bin bloß ein armer Lektor, der sehr gern diese Neubeurteilung des Falles Winchurch herausbringen möchte, wenn sie echt ist – und sie meiden wie die Pest, wenn nicht.»

«Ich glaube schon, daß sie echt ist.» Wexford lächelte, als Irelands Gesicht sich etwas aufhellte. «Es war sicher normal für Ada Hurst, manche Tage auszulassen, wie sie's am 2. und am 5. März gemacht hat?»

Ireland nickte. «Ganz normal. In jedem Monat gab es wohl ein halbes Dutzend Tage, an denen sie nichts eintrug.» Ein Kellner kam mit zwei großen Speisekarten zu ihnen. «Für mich die *Bouillabaisse* und Lamm *en croûte, Médaillon*-Kartoffeln und die französischen Bohnen.»

«Konsommee und den Parmaschinken», sagte Wexford nüchtern. Als der Kellner fort war, grinste er Ireland an. «Schade, daß sie keine *Filets de hareng marinés à la Rosette* machen. Das hätte uns vielleicht die authentische Atmosphäre geliefert.» Er schwieg einen Moment, schmeckte den delikaten, scharfen Wein. «Ich nehme an, Sie haben sich überzeugt, daß 1900 wirklich ein Schaltjahr war?»

«Jedes erste Jahr eines Jahrhunderts ist eins.»

Wexford dachte darüber nach. «Ja, natürlich, alle Jahre, die man durch vier teilen kann, sind Schaltjahre.»

«Ich muß sagen, es erleichtert mich sehr, daß Sie so zufrieden damit sind.»

«So würde ich's nicht unbedingt nennen», sagte Wexford. Sie gingen in den Speiseraum und bekamen auf Irelands Bitte einen geschützten Ecktisch zugewiesen. Ein Kellner brachte eine Flasche Château de Portets 1973. Wexford betrachtete den Korb mit den Brötchen, Hörnchen, kleinen prallen Briochen, Miniaturvollkornbroten und Salzstangen, schluckte seinen Appetit hinunter und lehnte mit einem jähen Kopfschütteln ab. Ireland nahm sich zwei Hörnchen.

«Wie meinten Sie das vorhin?» fragte er.

«Es kommt mir merkwürdig vor», sagte der Chief Inspector, «daß Ada Hurst in der Eintragung vom 29. Februar schreibt, ihr Bruder hätte zwanzig Ratten mit Strychnin vertilgt, daß sich aber Compton, der wohl der Gärtner war, in der Eintragung vom 1. März immer noch über Ratten beklagt. Wieso hat man ihm nicht gesagt, wie wirksam das Strychnin gewesen war? Hatte Fenton das Gift ausgelegt, ohne es ihn wissen zu lassen? Oder waren zwanzig Ratten nur ein kleiner Prozentsatz von den Horden, die das Haus befallen hatten?»

«Stimmt. Das ist merkwürdig. Was noch?»

«Ich weiß nicht, wieso sie am 6. März Fentons Rückkehr wegen der Zigarrendose erwähnt. Es war nicht interessant, und sie hatte nur wenig Platz zur Verfügung. Sie nennt nicht den Namen eines einzigen Gastes der Runde, schreibt nichts von der Bekleidung der Frauen, hält aber sorgfältig fest, daß ihr Bruder seine Zigarrendose im Eßzimmer von Paraleash House liegenließ und umkehren mußte, um sie zu holen. Warum nur?»

«Oh, sicher, weil sie jetzt immer nervös ist, wenn Frank mit Florence alleine ist.»

«Aber er war ja dort nicht allein mit Florence, Winchurch war doch auch da.»

Sie sprachen während des ganzen Essens über das Manuskript und brüteten auch später noch, Ireland bei seinem Brandy, Wexford bei Kaffee. Dora hatte gut daran getan, nicht mitzukommen. Das Ergebnis war indessen, daß die neuen Fakten wirklich neu und brauchbar waren und daß Carolyn Brent das Buch unbesorgt im Frühjahr veröffentlichen könnte. Als Wexford nach Hause kam, fand er Dora mit einem verwackelt aussehenden, halbfertigen Henkeltopf neben sich in das *Kosmosbuch der Sterne und Kalender* vertieft.

«Reg, wußtest du schon, daß bei den Griechen das Jahr mit dem Johannistag angefangen hat? Und daß die chinesischen und jüdischen Kalender in manchen Jahren zwölf Monate haben und in anderen dreizehn?»

«Nein, das wußte ich nicht.»

«Wir vermeiden das, weißt du, weil wir den Gregorianischen Kalender benutzen, und um die Abweichung zu korrigieren, richten wir alle vier Jahre ein Schaltjahr ein. Das Buch mußt du wirklich lesen, es fasziniert einen.»

Aber Wexford zog eher Vassili Vandrian und die Bauerntrilogie vor, wenn er auch, bei seiner geringen Zeit zum Lesen, nicht eines dieser Werke abgeschlossen hatte, als Burden in der folgenden Woche zurückkam. Burden war schön gleichmäßig braun, bis auf seine Nase, die sich geschält hatte.

«War es gut?» fragte Wexford mit automatischer Höflichkeit.

«Was für eine Frage», sagte der Inspector, «für einen Mann, der gerade frisch von seiner Hochzeitsreise kommt. Natürlich war es gut.» Er kratzte vorsichtig seine Nase. «Was hast du getrieben?»

«Bin mit deinem Schwager ins Gespräch gekommen. Er hat mich rumgekriegt, ein Manuskript für ihn zu lesen.»

«Ha?» sagte Burden. «Kann mir schon denken, was das war! Er hat mich auch drauf angesprochen, aber er wußte, daß ich mit Gandolph kurzen Prozeß machen würde. Ein Lügenbold wie er im Buch steht. Ist mir schleierhaft, wie einer seinen Ruhmdurst damit befriedigen kann, Geschichten unters Volk zu bringen, von denen er *weiß*, daß sie nicht wahr sind. Die ganze Paxtonstory war ein Sack voll Lügen, und für mich besteht kein Zweifel, daß er die neue Version der Winchurchaffäre wieder auf einem Haufen Lügen aufbaut. Die Wahrheit interessiert ihn nicht. Ihn interessiert nur, als der große Kriminologe bekannt zu werden, und als der Mann, der zeigt, wie dumm die Polizei ist.»

«Nun komm, Mike, das ist mir doch etwas zu verallgemeinernd. Ich habe Ireland gesagt, sie könnten meiner Ansicht nach das Buch ruhig rausbringen.»

Burdens Gesicht bekam einen Ausdruck, der sich fast zu einer Karikatur des weltklugen, scharfen Intellekts verfeinerte. «Na, ich hab's natürlich nicht gelesen, ich kann's nicht beurteilen. Mein Einwand gegen Gandolph basiert auf der Paxton-Geschichte. Paxton hat niemals einen Mord gestanden, und Gandolph weiß das.»

«Das kannst du nicht unbedingt sagen.»

Burden setzte sich. Er klopfte mit der Faust leicht auf die Schreibtischkante. «Kann ich doch. Ich habe Paxton gekannt, und zwar gut.»

«Das wußte ich nicht.»

«Nein, es liegt Jahre zurück; bevor ich hierherkam. Es war in Eastbourne, als Paxton zur Garfield-Bande gehörte. Bei uns wußten alle, daß man Paxton nicht zum Reden bringen kann. Er hat niemals geredet. Ich meine nicht, daß er bloß keine Informationen gegeben hätte, er hat überhaupt nicht geantwortet, wenn man mit ihm sprach. Sooft wir ihn verhörten, hat er einfach dieses vollkommene Schweigen bewahrt. Einer seiner Kumpel sagte mir, er hätte sich zur Regel gemacht, nicht mit Polizeibeamten, Sozialhelfern, Anwälten oder anderen sogenannten Vertretern der Obrigkeit zu reden, und er hielte sich daran. Mit seiner Frau, seinen Kindern und seinen Genossen sprach er schon. Aber ich entsinne mich, wie er im Schwurgericht in Lewes auf der Anklagebank saß und der Richter ihn ansprach. Er hat einfach nicht geantwortet, stur und stumm, und der Richter, es war der alte Clydesdale, entfernte ihn wegen Mißachtung. Also erzähl mir nicht, Paxton hätte Kenneth Gandolph irgendwas gestanden – nicht *Paxton*.»

Alle früheren Zweifel Wexfords erwachten damit wieder neu. Er vertraute Burden, er hatte eine hohe Meinung von dessen Urteil. Bald wünschte er sich, er hätte Ireland geraten, das Alter der in den Eintragungen vom 29. Februar und vom 6. März benutzten Tinte bestimmen zu lassen oder die Handschrift selbst einem Experten vorzulegen. Doch wenn Ada Hurst eine stilisierte, im Erwachsenenalter einstudierte Schrift hatte... Was überhaupt war von Schriftsachverständigen groß zu erwarten? Nicht viel, nach seiner Erfahrung. Und natürlich konnte Ireland Gandolph nicht den Vorschlag machen, die Tinte prüfen zu lassen, ohne den Mann in einem Maße zu beleidigen, daß er die Veröffentlichung von *Gift in Paraleash* durch Carolyn Brent ablehnen würde. Aber Wexford war mit einemmal sicher, daß diese Eintragungen unecht waren und daß Gandolph sie gefälscht hatte. Sehr schlau und geschickt hatte er sie gefälscht, aus der Erkenntnis heraus, daß durch die Hinzunahme von nur einunddreißig Wörtern zu dem Tagebuchtext das ganze Gewicht des Falles Winchurch verschoben und die Schuld von Florence auf ihren Liebhaber verlagert werden konnte.

Einunddreißig Wörter. Wexford hatte die Tagebucheintragungen abgeschrieben und sah sie sich jetzt noch einmal an. 29. Februar: *F hat zwanzig Ratten mit Strychnin aus seiner Praxis getötet. Welche Erleichterung!* 6. März: *F vergaß Zigarrendose im Speisezimmer, fuhr zurück, nachdem er mich heimgebracht. Ich hoffe und bete, es geschieht kein Unrecht.* Es gab keine Anachronismen – zweifellos hatten die Männer um 1900 Zigarrendosen benutzt –, keine Abweichung von Adas üblichem Stil. Das Wort «zwanzig» war in Buchstaben anstatt in zwei Ziffern geschrieben. Die Eintragung vom 6. März bezog sich nicht auf diesen Tag, sondern auf den vorhergehenden. War das irgendwie von Bedeutung? Wexford glaubte es nicht, obwohl er fast den ganzen Tag darüber nachbrütete.

Am Abend dann war er mitten im letzten Kapitel von *Tu Geld in deinen Beutel!*, als das Telefon läutete. Es war Jenny Burden. Würden Dora und er am Sonnabend zum Dinner kommen? Ihre Eltern und ihr Bruder würden auch dort sein.

Wexford sagte, Dora sei in ihrem Töpferkursus, aber sie

würden schon gern kommen; ob es in Kreta schön gewesen sei.

«Wie nett, daß Sie mich fragen», sagte Jenny. «Sie sind der erste. Ja, es hat uns sehr gefallen.»

Er hatte aus Überzeugung gesagt, sie würden gerne kommen, trotzdem war er bei dem Gedanken, Amyas Ireland wiederzusehen, nicht ganz glücklich. Er hatte das Gefühl, wenn das Buch erst einmal veröffentlicht war, würde prompt irgendein ungeahnter Burden oder Warren in Erscheinung treten, es verspotten, es verhöhnen und über den krassen Schnitzer, den er und Ireland nicht sehen konnten, lauthals lachen. Wenn er Ireland wiedersah, müßte er ihm sagen, lassen Sie es, gehen Sie das Risiko nicht ein, Drucken ohne Rücksicht auf Verluste, das kann auch eine andere Bedeutung haben als die übliche. Aber wie bringt man so eine Warnung vor, wenn man keine vernünftigen Gründe dafür hat, nichts als diese unguten Gefühle, diese Zeit der Vorahnung, die ihm zwar früher schon geholfen, ihm andererseits schon soviel Ärger beschert hatte? Nein, er konnte nichts tun. Er seufzte, las sein Kapitel zu Ende und wandte sich den Erinnerungsromanen des Bauern zu.

Hinterher pflegte Wexford zu sagen, er hätte während dieser Woche so viel gelesen wie seit Jahren nicht mehr. Vielleicht diente es ihm als Flucht vor unbequemen, störenden Gedanken. Bestimmt aber brachte er eine phantastisch träge Woche hinter sich, in der er meistens abends schon um sechs nach Hause kam. Er las sogar Miss Camilla Barnets *Das goldene Handtäschchen*, und am Freitagabend war nichts mehr übrig als das *Kosmosbuch der Sterne und Kalender*.

Es war eine große Gesellschaft, Mr. und Mrs. Ireland und ihr Sohn, Burdens Tochter Pat, Grace mit ihrem Mann und natürlich die Burdens selbst. Jennys Gesicht glühte vor Glück und ägäischer Sonne. Sie begrüßte die Wexfords mit Küssen und brachte ihnen Drinks in den Gläsern, die sie ihr zur Hochzeit selbst geschenkt hatten.

Die Begegnung mit Ireland brachte ihn nicht mehr in Verlegenheit, wie er noch kurz vor seinem Weggang von zu Hause befürchtet hatte. Und er wußte auch, daß er jetzt nicht bis nach dem Essen an sich halten konnte, bis zum Morgen oder gar, noch schlimmer, bis zu einem Anruf Montag früh. Er fragte seine Gastgeberin, ob sie ihn für sehr unhöflich halten würde, wenn er mit ihrem Bruder fünf Minuten allein sprach.

Sie lachte. «Ach, woher denn. Sie haben bestimmt die allerprächtigste Idee auf der Welt für einen Kriminalroman, und Amy soll ihn rausbringen. Aber ich weiß nicht, wohin mit euch, bleibt nur die Küche. Und du», sagte sie zu ihrem Bruder, «läßt die Finger vom Essen, denk daran.»

«Ich konnte es nicht abwarten», sagte Wexford, als sie sich in die Küche verdrückt hatten, die mit einem Dinner für zehn Personen angefüllt war. «Erst in letzter Minute, bevor wir hergekommen sind, hab ich's herausgefunden.»

«Sie meinen etwas in dem Winchurch-Buch?»

Wexford sagte ungeduldig: «Es ist noch nicht zu spät, oder? Ich hatte Angst, es könnte schon zu spät sein.»

«Lieber Himmel, nein. Wir hatten nicht geplant, es vor dem Herbst in Satz zu geben.» Ireland, der im Begriff stand, ungehorsam gegen seine Schwester zu sein und sich aus einer Silberschüssel eine Makrone zu nehmen, verlor plötzlich seinen Appetit. «Ist es ernst?»

«Sie hören es gleich. Ich hatte auf meine Frau gewartet, die noch nicht angezogen war.» Er grinste. «Sie sollten es sich zur Regel machen, Ihre eigenen Bücher zu lesen, wahrhaftig. Das hab ich nämlich getan, ich las in einem der Bücher, die Sie mir zugeschickt hatten, und dort fand ich es auch. Sie werden *Gift in Paraleash* nicht herausbringen können.» Sein Lächeln verschwand, und er sah fast grimmig drein. «Ich sage Ihnen ohne Zögern, daß Kenneth Gandolph ein Fälscher und Betrüger ist, und Sie täten gut daran, sich nicht mehr mit ihm einzulassen.»

Irelands Augen wurden schmal. «Besser, wir erfahren's jetzt als später. Was hat er denn gemacht, und wie kommen Sie darauf?»

Aus der Jackentasche zog Wexford die Abschrift, die er von den Tagebuchnotizen angefertigt hatte. «Ich kann nicht beweisen, daß die letzte Eintragung, die vom 6. März, in der es heißt: *F vergaß Zigarrendose im Speisezimmer, fuhr zurück, nachdem er mich heimgebracht,* gefälscht ist, ich nehme es nur an. Mit Sicherheit weiß ich allerdings, daß die Eintragung vom 29. Februar eine Fälschung ist.»

«War das nicht die von dem Strychnin?»

«F hat zwanzig Ratten mit Strychnin aus seiner Praxis getötet. Welche Erleichterung!»

«Woher wissen Sie, daß sie gefälscht ist?»

«Weil der Tag selbst nicht existiert hat», sagte Wexford. «Das Jahr 1900 hatte keinen 29. Februar, es war kein Schaltjahr.»

«Aber ja, doch. Wir hatten das doch schon besprochen.» Irelands Stimme klang sowohl erleichtert als ungeduldig. «Alle durch vier teilbaren Jahre sind Schaltjahre. Alle vollen Jahrhunderte sind durch vier teilbar, und 1900 war ein volles. 1897 hat sie das Tagebuch angefangen, im Anschluß an das Schaltjahr 1896. Selbstverständlich gab es weder 1897 noch 1899 einen 29. Februar, also muß 1900 einer gekommen sein.»

«Es war keine Schaltjahr», sagte Wexford. «Habe ich Ihnen nicht gesagt, daß ich durch eins Ihrer Bücher darauf gekommen bin, das *Kosmosbuch der Sterne und Kalender*? Es enthält eine Menge nützlicher Informationen, hübsch geordnet, und unter anderem wird berichtet, wie Papst Gregor, um den Unstimmigkeiten des Julianischen Kalenders abzuhelfen, einen neuen Staatskalender entwickelt hat. Eine seiner Korrekturen bestand darin, daß jedes vierte Jahr ein Schaltjahr sein sollte, abgesehen von bestimmten Ausnahmen...»

Ireland unterbrach ihn. «Das glaube ich nicht!» sagte er im Ton eines Menschen, der weiß, daß er jedes Wort glaubt.

Wexford hob die Schultern. Er fuhr fort: «Die vollen Jahrhunderte sollten keine Schaltjahre sein, es sei denn, sie waren nicht durch vier, sondern durch vierhundert teilbar. Folglich wäre 1600 ein Schaltjahr gewesen, wenn man damals schon nach dem Gregorianischen Kalender gerechnet hätte, und das Jahr 2000 wird ein Schaltjahr sein, aber 1800 war keins und 1900 auch nicht. Also gab es 1900 keinen 29. Februar, und Ada Hurst ließ diese Spalte auf der Seite aus dem sehr einleuchtenden Grund frei, daß der auf den 28. Februar folgende Tag der 1. März war. Zu seinem Pech hatte Gandolph, genau wie Sie und ich und die meisten Leute, davon keine Ahnung, sonst hätte er seine Strychnineintragung sicherlich auf den freien Platz vom 2. März gesetzt, und seine Fälschung wäre vielleicht nie herausgekommen.»

Ireland schüttelte langsam den Kopf über die Findigkeit und vielleicht auch die Schikanen der Menschen. «Ich bin Ihnen sehr dankbar. Wir hätten dumm ausgesehen, nicht wahr?»

«Ich bin froh, daß man Florence nicht irrtümlich gehängt hat», sagte Wexford, als sie zurück zu den anderen gingen. «Ihre Ehe begann nicht mit inniger Liebe, aber wenn sie am Schluß Angst hatte, kam es bestimmt nicht überraschend.»

WUNDERLICH TASCHENBUCH

Lady Crime. Jeden Monat neu als Wunderlich Taschenbuch.

Wir wünschen gute Unterhaltung!